Dr. Joseph Murphy

Entdecken Sie die Macht Ihres Unterbewusstseins neu

Dr. Joseph
MURPHY

Entdecken Sie die Macht Ihres Unterbewusstseins neu

DIE MENTALE TOOL-BOX
Mit Anleitungen und Erläuterungen
von C. James Jensen

Aus dem Amerikanischen von Isabel Klaas-Lamberty

ARISTON

Bibliografische Information der Deutschen Bibliothek

Die Deutsche Bibliothek verzeichnet diese Publikation in der Deutschen Nationalbibliografie; detaillierte bibliografische Daten sind im Internet unter www.dnb.de abrufbar.

MIX
Papier | Fördert gute Waldnutzung
FSC® C083411

Penguin Random House Verlagsgruppe FSC® N001967

2. Auflage

Redaktion: Evelyn Boos-Körner
Umschlaggestaltung: Nele Schütz Design
Satz: Satzwerk Huber, Germering
Druck und Bindung: CPI books GmbH, Leck

Printed in the EU

ISBN: 978-3-424-20267-0

Inhalt

Teil 2
Kommentare und Übungen

Dieses Buch ist meinen Enkeln Maya, Tucker, Cole und Reese und allen Kindern auf dem Planeten Erde gewidmet. Die Zukunft unserer Zivilisation liegt in euren Händen. Nur durch die Weiterentwicklung des menschlichen Bewusstseins können wir ganz in einer Welt des Friedens, der Liebe und der Harmonie leben.

Gemeinsam schaffen wir unsere eigene Wirklichkeit.

C. James Jensen

Vorwort

von Dr. Lee Pulos

Es ist mir wahrlich eine Ehre, das Vorwort zu *Die Macht Ihres Unterbewusstseins* schreiben zu dürfen. Die aktuellen und zeitgemäßen Lehren von Jim Jensen – die auf Dr. Joseph Murphys Werk beruhen – erinnern mich lebhaft an die visionäre und innere Begeisterung, die ich empfand, als ich Murphys Originalbuch vor über 40 Jahren zum ersten Mal las.

Der vorliegende Text ist nicht derselbe wie der meiner ersten Lektüre. Jims Teil 2 – Kommentare und Lehren – überbrückt 75 Jahre sozialer menschlicher Entwicklung. Zudem hat er einige der Konzepte, die 1963 Gültigkeit hatten, durch Neudefinition und Aktualisierung umsichtig und klug überarbeitet und angepasst, sodass sie mit der modernen Neurowissenschaft und aktuellen psychologischen Theorien und Forschungen übereinstimmen.

Dennoch hat sich die Kernaussage von Dr. Murphys Buch nicht geändert: Unser Ego oder Bewusstsein berührt nur die oberste Ebene der Wirklichkeit und der Wahrnehmung und konzentriert sich auf die engen Grenzen unserer fünf Sinne. Die unerkannten und wagemutigen Anteile unserer Seele liegen jedoch unterhalb des alltäglichen Lebens.

Der rationale Verstand kann ein Hindernis für die volle Ausschöpfung unseres Potenzials sein. Er begrenzt durch seinen engen Fokus unsere Fähigkeiten und hat uns theoretisch vom experimentellen Theater unseres Unterbewusstseins, unserer wahren Kraftquelle, abgeschnitten. Der Urbestand unseres Geistes enthält das wahre Potenzial – unsere Intuition, unsere nicht-alltägliche Wahrnehmung, unsere Träume, unsere Verbindung zum kosmischen Informationsfeld, unsere psychologischen und spirituellen Landschaften, und, ja, unseren Mystizismus.

Die meisten modernen Wissenschaftler glauben, dass der Verstand irgendwie aus einer geheimnisvollen, aber nicht beweisbaren Interaktion von Molekülen im Gehirn hervorgeht. Dass Materie Verstand schafft. Daraus resultieren reduktionistische, einschränkende Erklärungen dafür, wer wir sind – ein kosmischer Zynismus über das menschliche Potenzial und unser tieferes Sein. Joseph Murphys brillante Erkenntnisse – über die Tiefe und den Reichtum unserer vielen Grenzbereiche der Intelligenz und Bewusstseinskorridore – haben Millionen von Männern und Frauen geholfen, die tiefsten Regionen unserer Herzen und unseres Geistes wiederzuentdecken, die wir vergessen hatten. Dass wir mehr, viel mehr sind als unser rationaler Verstand.

Die Macht Ihres Unterbewusstseins erinnert uns an einige der ältesten Weisheiten, wie die von Buddha, der sagte: »Ein Mensch ist das Produkt seiner Gedanken.« Und aus einer noch älteren Tradition, der *Bhagavad Gita*: »Der Mensch wird durch seinen Glauben geschaffen – wie er glaubt, so ist er auch.« Dr. Murphy selbst betrachtet diese Materie meist ausdrücklich aus der Perspektive der *Heiligen Schrift*, obwohl die Konzepte, wie die überholten sozialen Rollen, über die religiösen und sozialen Dogmen jeder Kultur oder Epoche hinausgehen.

Dieses Buch richtet sich an alle Generationen. Ein evolutionäres Abenteuer, das in jedem Alter verstanden und nachvollzogen werden kann, vom Zwölfjährigen bis zu seinen Großeltern. Das Buch beherzigt und übernimmt zudem eine der Lieblingsaussagen von Albert Einstein: »Man sollte alles so einfach wie möglich machen – aber nicht einfacher.«

Es hat mir große Freude gemacht, den kühnen Gedankenschwüngen von Joseph Murphy und Jim Jensen zu folgen: über das Potenzial, Wunder zu schaffen, unseren tieferen Geist für physische und mentale Heilung zu wecken, einschränkende Überzeugungen und angstgesteuerte Verhaltensweisen zu überwinden, ein inneres Gefühl zu entwickeln, dass man Dinge verdient hat, die richtige Einstellung zum Reichtum zu gewinnen, heilende Träume zu kreieren und Hindernisse auf dem Weg zu Erfolg und Führerschaft zu überwinden. Jensen bietet zeitgemäße Tools und Anleitungen, wie wir unser Unterbewusstsein umerziehen und umprogrammieren können, um Ziele zu erreichen und eine möglichst optimale, liebevolle, erfolgreiche und gesunde Zukunft zu schaffen und in Angriff zu nehmen. Und das ist noch nicht alles.

Was mich besonders beeindruckt hat, ist die Tatsache, wie sehr unser Leben Ausdruck unserer Überzeugungen ist. Wir kreieren, worauf wir uns konzentrieren oder fokussieren. Unsere Erfahrungen folgen dann unserem Fokus, unserem Glauben, unseren Erwartungen und Absichten. Wenn wir unsere einschränkenden Überzeugungen nicht in den Griff bekommen, nehmen sie uns in den Griff: bei unserer Gesundheit, unserer Arbeit, unseren Beziehungen, unserem finanziellen Wohlstand oder anderen Lebensaspekten. Zum Glück liefert Jensen Techniken zur Ausschaltung der psychologischen Antikörper, die wir manchmal gegen uns selbst richten und damit Veränderungen behindern, und hilft uns, Selbstwertgefühl zu entwickeln.

Von den Tausenden von Patienten, die mich im Lauf der Jahre aus unterschiedlichsten Gründen aufgesucht haben, hatten schätzungsweise mindestens 95 Prozent ein Problem mit ihrem Selbstwertgefühl. Selbstwertgefühl ist ein Gefühl von Wert beziehungsweise Wertlosigkeit, das die innere Wahrnehmung beeinflusst, Liebe, Erfolg, Gesundheit und Wohlstand zu verdienen. Es ist die tiefste Wurzel jedes Erfolgs oder Misserfolgs. Es ist die allgemeingültige und wichtigste Ausgangsbasis dafür, welche Art von Erfahrungen wir in unserem Leben anziehen. Es ist die Nabe des Lebensrades, an der die Speichen befestigt sind, die wir brauchen, um unsere Träume leicht, mühelos und ohne Schwierigkeiten zu verwirklichen und zu leben. Dieses Buch beschreibt verschiedene Wege, um auf die drei wichtigsten Werkzeuge zur Manifestation des Unterbewusstseins zuzugreifen oder ihm eine Stimme zu geben.

Ein Verlangen oder Wunsch ist das erste Werkzeug, um Veränderung zu bewirken. Jede Veränderung beginnt mit Verlangen: das reinste Potenzial im Streben nach Manifestation oder Veränderung. Es ist der Treibstoff, der unser Tun befeuert. Platon erkannte die Bedeutung des Verlangens, als er sagte, dass es »die Seele mit gebändigtem Wahn vorantreiben muss«.

Das zweite Werkzeug ist die Erwartung, die dem Verlangen folgt. Erwartungen wecken den schlafenden Riesen in uns, das Unterbewusstsein; es lenkt unser Verhalten dann so, dass es zu selbsterfüllenden Prophezeiungen kommt. Die Erwartung ist die Wurzel und der Auslöser aller Placebo-Reaktionen in Doppelblindstudien. Wenn man seine Erwartungen senkt, führt das natürlich mit Sicherheit dazu, dass man sein Ziel nicht erreicht.

Das dritte Werkzeug, die Vorstellungskraft, können Sie benutzen, um Ihre angestrebten zukünftigen Erfolge zu visualisieren und als Film in Ihrem Kopf abzuspielen. Die Vorstellungskraft haucht Ihren Zielen Leben ein und liefert die mentale Energie für die Schaffung einer optimalen und brillanten Zukunft. Dieses Buch bietet Ihnen das vollständige mentale Toolkit – und die Auswirkungen der Erkenntnisse von Murphy und

Jensen sind grenzenlos. Sie haben jahrhundertealte Weisheiten in eine Sprache übertragen, die wir leicht verstehen und annehmen können, wenn wir lernen, die Vergangenheit loszulassen, und uns weiter entwickeln, als wir je für möglich gehalten hätten. Sie verbinden uns mit der Kühnheit unseres starken inneren Selbst, der Magie in uns, die sich danach sehnt, ihren Ausdruck zu finden.

Lee Pulos, PhD, klinischer Psychologe ABPP, Autor von *The Biology of Empowerment* und *The Power of Visualization*

Einleitung

Gib einem Menschen einen Fisch und du gibst ihm Nahrung für einen Tag. Lehre einen Menschen zu fischen und du gibst ihm Nahrung für sein ganzes Leben.

In diesem ganzen Buch geht es um die Arbeit von Dr. Joseph Murphy. Ich hatte das Glück, schon mit Mitte 20 in seine fundierten Lehren eingeführt zu werden, und freue mich, Ihnen einige Ereignisse erzählen zu dürfen, die dazu führten, dass ich per Zufall sein Buch *Die Macht Ihres Unterbewusstseins* entdeckte.

In meinem letzten Studienjahr begann ich für den weltweit tätigen Verlag Encyclopaedia Britannica, Inc. zu arbeiten. Schon bald wurde ich einer der besten Vertriebsmitarbeiter, und im Alter von 25 Jahren wurden meine Frau und ich nach Sydney in Australien geschickt, wo wir mit dem Vertrieb für ganz Australien und Neuseeland betraut wurden. Zwei Jahre später übertrug man mir die Leitung des weltweiten Vertriebs. Im selben Monat wurde ich im Magazin *Fortune* in dessen Titelgeschichte mit dem Titel »Eine Galerie der Wirtschaftswunder« erwähnt.

Damals wurde ich oft gefragt: »Wie erklären Sie Ihren Erfolg?« Ich hatte einige Standardantworten parat – »Ich habe eine positive Arbeitseinstellung«, »Ich verfüge über eine Menge Enthusiasmus«, »Ich bin sehr positiv eingestellt«, und so weiter –, aber nichts, was dem Fragesteller wirklich nützen konnte. Dann nahm ich an einem viertägigen Seminar namens Omega teil, das von seinem Gründer, dem verstorbenen John Boyle, geleitet wurde, und verstand zum ersten Mal die Prinzipien von Leistung. Durch das Seminar bekam ich ein völlig neues Vokabular an die Hand, mit dem ich in praktischen Worten beschreiben konnte, wie man Erfolge erzielt. Nicht nur bei der Arbeit, sondern auch in Beziehungen, bei der Erziehung, bei der Gesundheit und in allen anderen wesentlichen Lebensbereichen. Es war eine unglaublich tiefgreifende Erfahrung. Am Ende des Seminars ging ich auf John Boyle zu, knuffte ihn freundschaftlich vor die Brust und sagte: »Eines Tages werde ich Ihre Seminare leiten, und eines Tages wird Ihre Firma mir gehören!« Damals war seine einzige Reaktion ein verblüfftes »Ja, klar« und ein ungläubiger Gesichtsausdruck. Aber ich beschloss, das, was ich bei Omega und bei späteren Unternehmen, in denen ich CEO und Präsident wurde, gelernt hatte, in mein eigenes Unternehmen einzubringen. Und vierzehn Jahre nach dem Besuch meines ersten Seminars machte ich mein Vorhaben wahr und erwarb Omega von John Boyle.

Elf Jahre lang war ich einer von vier Ausbildern und leitete gleichzeitig die Firma.

Ich habe John Boyle oft gefragt, wo er den ganzen Omega-Stoff gelernt hat, und seine Antwort war einfach: »Ich habe bei Dr. Joseph Murphy gelernt.« Damals gab es weder Computer noch Internet, ich konnte Joseph Murphy also nicht einfach googeln. Als ich die Omega-Prinzipien aber immer besser verstand und sie mir immer geläufiger wurden, begann ich, darüber hinaus nach jedem Buch und jedem Seminar zu suchen, die mir helfen konnten, mein Verständnis des Unterbewusstseins und der Macht unserer Gedanken zu vertiefen. Erfahrungen, die mich immer wieder zu dem geheimnisvollen Dr. Murphy zurückführten.

Im Jahr 2005 kam einer meiner Mitarbeiter in mein Büro und reichte mir *Die Macht Ihres Unterbewusstseins* von Dr. Joseph Murphy mit den Worten: »Jim, ich hab dich sprechen hören und dachte, dieses Buch könnte dir gefallen.« Ich dachte, dass es derselbe Joseph Murphy sein könnte, und tatsächlich war er es.

Als ich das Buch las, wurde mir klar, dass der Inhalt des Omega-Seminars größtenteils aus diesem Buch stammte, wobei John Boyle die Lehren von Dr. Murphy auf brillante Weise in ein viertägiges Seminarformat umgesetzt hatte. Die Teilnehmer erhielten ein Toolkit an die Hand, das sie in die Lage versetzte, die von ihnen gewünschten Veränderungen in ihrem Leben herbeizuführen.

Während meiner eigenen Tätigkeit bei Omega habe ich persönlich miterlebt, wie Hunderte, vielleicht Tausende von Menschen nach der Teilnahme an einem dieser Omega-Seminare transformative Erfahrungen gemacht haben. Die Veränderungen beschränkten sich nicht auf die Arbeit, sondern halfen auch beim Wachstum in Beziehungen, bei der Erziehung, beim Unterrichten, beim Coaching, bei der persönlichen Gesundheit und in praktisch allen Lebensbereichen.

***

Was mir persönlich am meisten Freude bereitet, wenn ich anderen die Arbeit von Dr. Murphy vorstelle, ist es zu sehen, wie sie das Gelernte anwenden. Ich habe unzählige Male erlebt, dass Menschen in leitenden Positionen mehrere Exemplare von Dr. Murphys Buch kauften und an ihre Mitarbeiter weitergaben. Dutzende von Menschen haben mir erzählt, wie Dr. Murphys Lehren ihre Beziehung gerettet und ihr familiäres Engagement verbessert haben.

Durch die Art und Weise, wie wir mit uns selbst reden, bekommt das Unterbewusstsein ständig Anweisungen, die sicherstellen sollen, dass wir uns »benehmen«, aber diese Anweisungen stimmen vielleicht nicht mit dem überein, was wir uns wünschen. Wie oft haben Sie schon gehört, dass Menschen Dinge äußern wie:

»Ich kann mir keine Namen merken.«

»Ich werde immer nervös, wenn ich vor großen Gruppen sprechen muss.«

Oder zu ihren Kindern sagen:

»Warum ist dein Zimmer immer so unordentlich?«

»Warum kannst du die Dinge nicht richtig machen?«

Sobald wir erkennen, dass das, was wir (positiv oder negativ) zu uns selbst sagen, Auswirkungen auf Mitarbeiter, Kinder oder andere Menschen hat, die wir lieben, können wir damit beginnen, diese Werte zu ändern und sie in die positiven Ergebnisse umzuwandeln, die wir uns wirklich wünschen. Dr. Murphy liefert in dem Buch, das Sie gleich lesen werden, die speziellen Werkzeuge dazu.

Warum wir die Kraft unseres Unterbewusstseins brauchen

Dr. Murphys Schriften sind voller Schätze, aber wenn ich eine Kernlektion hervorheben müsste, dann wäre es die unglaubliche Beziehung zwischen dem bewussten und dem unterbewussten Bereich des Verstandes. Und wie wir die unbeschreibliche Macht unserer eigenen »inneren Monologe« nutzen können.

Es handelt sich nicht um zwei verschiedene Arten von Verstand, sondern um zwei Sphären unseres einen Verstandes. Der bewusste Bereich ist der Teil, der das gesamte Denken übernimmt. Während Sie diese Worte lesen, sprechen Sie mit sich selbst darüber, wie Sie sich bei dem fühlen, was Sie lesen – und denken gleichzeitig daran, was Sie heute zu Abend essen werden und an viele andere Dinge. Das sind innere Monologe.

Die meisten Menschen sind sich nicht bewusst, dass wir den ganzen Tag über mit uns selbst sprechen, und zwar in einer Geschwindigkeit von 150 bis 300 Wörtern pro Minute oder über 50 000 Gedanken pro Tag. Und was die meisten von uns *nicht* gelernt haben, ist, dass unsere inneren Monologe sich in Anweisungen an unser Unterbewusstsein verwandeln, das wie ein *Servomechanismus* (Steuerungssystem) funktioniert und diese Anweisungen des bewussten Bereichs des Verstandes umsetzt.

Die meisten von uns haben gelernt, dass unser Unterbewusstsein für alle unsere Körperfunktionen zuständig ist. Es heilt Wunden, lässt unsere Haare und Nägel wachsen, verdaut unsere Nahrung und so weiter. Aber den wenigsten von uns ist klar, dass das Unterbewusstsein immerzu die oben angesprochenen Anweisungen ausführt, rund um die Uhr und sieben Tage pro Woche. Das Unterbewusstsein ist völlig *unvoreingenommen*. Es wird sich genauso bemühen, negative Anweisungen Ihres inneren Monologs auszuführen, wie es positive Anweisungen ausführt. Dr. Murphys Arbeit lehrt uns, die unglaubliche Kraft unserer eigenen inneren Monologe zu nutzen, und sie zeigt uns, dass das, was wir zu anderen sagen, nicht annähernd so wichtig ist wie das, was wir zu uns selbst sagen.

In seinem Buch veranschaulicht Dr. Murphy auf wunderbare Weise, wie die Beziehung zwischen dem Bewusstsein und dem Unterbewusstsein funktioniert. Ich vergleiche es gern mit einem Ozeandampfer, der über das Meer fährt. Der bewusste Verstand ist der Kapitän, der der Mannschaft (dem Unterbewusstsein) Befehle gibt. Die »Mannschaft« widerspricht dem »Kapitän« nicht, sondern antwortet einfach mit »Aye, aye, Sir« und führt die Befehle ohne nachzudenken aus, ohne sich darum zu kümmern, ob das Schiff gegen die Felsen fährt, ein anderes Schiff rammt oder sicher an sein Ziel kommt.[1]

Unser Unterbewusstsein dient dem bewussten Verstand. Das ist sein Zweck.

Deshalb folgt das Unterbewusstsein fraglos jeder Anweisung oder jedem Befehl, den wir ihm geben, selbst zu seinem eigenen Schaden. Die obige Analogie wirft für jeden von uns eine grundlegende Frage auf: Sind Sie der Kapitän Ihres Schiffes? Mit anderen Worten: Sind Sie der Kapitän Ihrer Mannschaft, Ihres Unterbewusstseins? Wenn ja, dann haben Sie ein wirkungsvolles Tool in der Hand – ein Tool, mit dem Sie Ihr Lebensschiff steuern und bewusst lenken können, um das zu erreichen, was Sie sich wirklich wünschen. Dr. Murphy beschreibt es als …

> *»… eine Kraft, die Wunder bewirken kann, die Sie aus aller Orientierungslosigkeit herausreißen, von aller Niedergeschlagenheit befreien und vor jedem Misserfolg bewahren wird. Dieses Buch verleiht Ihnen die Macht, die Ihnen gebührende Stellung zu erlangen, es gibt Ihnen die Kraft, alle Schwierigkeiten zu lösen, es befreit Sie aus den Ketten seelischer und körperlicher Leiden und weist Ihnen den geraden Weg zu Freiheit, Glück und innerer Zufriedenheit. Die Macht Ihres Unterbewusstseins wird Ihnen Gesundheit bringen und neue Kräfte in Ihnen wecken.«* *(siehe S. 28)*

Wer war Dr. Joseph Murphy?

Joseph Murphy wurde am 20. Mai 1898 in einer kleinen Stadt in der Grafschaft Cork, Irland, geboren. Er wuchs mit einem jüngeren Bruder und einer Schwester in einem frommen katholischen Haushalt auf. Sein Vater war Dekan und Professor an der National School of Ireland, seine Mutter Hausfrau. Irland litt zu dieser Zeit unter einer großen Wirtschaftskrise. Obwohl sein Vater ein festes Einkommen hatte, war auch Murphys Familie wie viele andere irische Familien arm und hatte Mühe, ausreichend Essen auf den Tisch zu bekommen.

Der junge Murphy besuchte ebenfalls die National School und war ein hervorragender Schüler. Er zog in Erwägung, Priester zu werden, und wurde als Seminarist bei den Jesuiten aufgenommen. Im Alter von 24 Jahren änderte er jedoch seine Meinung und entschied sich stattdessen, Irland zu verlassen und nach Amerika zu gehen.

Ein neues Leben

Als er 1922 in New York ankam, wurde er schließlich Apotheker und erwarb einen Abschluss in Chemie. Während seines Studiums begann er, verschiedene östliche Religionen und Philosophien zu erforschen und zu studieren. Der Hinduismus begeisterte ihn so sehr, dass er nach Indien reiste, um unter der Anleitung indischer Gelehrter weitere Studien zu betreiben. Diese frühen und tiefgreifenden Erfahrungen mit östlichem Gedankengut und anderen Weltreligionen sollten ihn schließlich zu einem völlig neuen Lebens- und Berufsweg führen.

In den 1940er-Jahren zog Dr. Murphy nach Los Angeles und engagierte sich in der New-Thought-Bewegung, die Ende des 18. Jahrhunderts entstanden war und sich bis in das frühe 20. Jahrhundert weiterentwickelte. Er wurde zum Pfarrer der Church of Divine Science geweiht und baute in Los Angeles eine der größten Gemeinden auf. Als seine Kirche und sein Ruhm wuchsen, ergänzte er seine Sonntagspredigten durch eine wöchentliche Radiosendung sowie durch Bücher und Tonaufnahmen. Dr. Murphy schrieb im Lauf seines Lebens über

30 Bücher, doch sein bekanntestes ist *Die Macht Ihres Unterbewusstseins*, das 1963 zum ersten Mal veröffentlicht wurde und sofort ein Bestseller wurde. Mehr als 55 Jahre später ist es mit Millionen verkaufter Exemplare ein internationaler Klassiker, und Dr. Murphys Vermächtnis wirkt bis heute fort.

Wie man dieses Buch benutzt

Die erste Hälfte des Buches besteht aus Dr. Murphys Originaltext *Die Macht Ihres Unterbewusstseins*. Der Verlag und ich hielten es für wichtig, zunächst den ungekürzten Text von Dr. Murphy zu präsentieren, damit Sie seine Lehren in seinen eigenen Worten unmittelbar und persönlich erleben können. Wie Sie sehen werden, knüpfen viele seiner Ideen aufgrund seiner starken Verbindung zur christlichen Lehre an Wahrheiten an, die er in der *Heiligen Schrift* erkannt hat. Die Konzepte selbst sind jedoch nicht konfessionell gebunden. Auch wenn einige der Beispiele und die Sprache die gesellschaftlichen Verhältnisse der Zeit widerspiegeln, in der das Buch geschrieben wurde, werden Sie feststellen, dass Dr. Murphys Schreibstil auch über 55 Jahre später noch nachvollziehbar und fesselnd ist.

Die zweite Hälfte des Buches umfasst meine Texte: Kommentare und Lektionen, die Dr. Murphys Lehren aktualisieren und weiter ausführen und die mithilfe von Geschichten aus dem wirklichen Leben, Beispielen und einfachen Übungen, die jeder mit greifbaren Ergebnissen umsetzen kann, zeigen, wie transformativ und relevant Murphys Lehren heute noch sind. Nachdem ich Dr. Murphys Werk jahrzehntelang angewendet und gelehrt habe, freue ich mich, mit Ihnen zu teilen, was ich gelernt habe – Lektionen, von denen ich glaube, dass sie Ihnen helfen können, das Leben Ihrer Träume zu verwirklichen.

Um also den größten Nutzen aus diesem Buch zu ziehen, sollten Sie es zuerst durchblättern, ein Gefühl dafür entwickeln und Eindrücke sammeln. Lesen Sie dann den Originaltext von Dr. Murphy – von Anfang bis Ende, abschnittsweise oder je nach Interesse – und lassen Sie sich dabei von Ihrer Intuition leiten. Dann lesen Sie die zweite Hälfte. Ich hoffe, dass dieses Buch mit der Zeit zu einem wertvollen Leitfaden wird, zu Ihrem ganz persönlichen Werkzeugkasten, der Ihnen hilft, Ihr volles Potenzial zu entfalten und das Leben zu leben, das Sie sich wünschen.

Genießen Sie die Reise.

C. James Jensen

Teil 1

Die Macht Ihres Unterbewusstseins

Ungekürzter Originaltext von Dr. Joseph Murphy

Einführung

Wie dieses Buch in Ihrem Leben Wunder bewirken kann

Ich habe erlebt, wie für Menschen jeden Geschlechts und Alters, aller Gesellschaftsschichten und Nationen regelrechte Wunder geschahen. Auch Ihr Leben wird sich grundlegend verändern – sobald Sie die Macht Ihres Unterbewusstseins einzusetzen beginnen. Dieses Buch legt Ihnen dar, wie Ihre Art zu denken und Ihre inneren Bilder Ihr Schicksal beeinflussen; denn das Leben eines Menschen ist identisch mit dem Inhalt seines Unterbewusstseins.

Wissen Sie, warum?

Warum ist das Leben des einen Menschen von Trauer überschattet, das eines anderen von Glück erfüllt? Warum genießt ein Mensch Reichtum und Ansehen, während sein Nachbar am gesellschaftlichen Rand lebt? Warum ist der eine von Angst verunsichert, während der andere voll Selbstvertrauen und Zuversicht in die Zukunft blickt? Warum besitzt der eine ein luxuriöses Haus, während der andere sein Leben in einem Elendsviertel fristet? Warum reiht ein Mensch Erfolg an Erfolg, während ein anderer vom Regen in die Traufe gerät? Warum reißt ein Redner seine Zuhörer mit, während ein anderer ohne jedes Echo bleibt? Warum vollbringt einer geniale Leistungen, während ein anderer lustlos einer unbefriedigenden Tätigkeit nachgeht? Warum übersteht einer eine angeblich unheilbare Krankheit, die einem anderen den Tod bringt? Warum erfahren so viele selbstlose Menschen größten Schmerz an Körper und Seele, während sich mancher gewissenlose Zeitgenosse bester Gesundheit und strahlender Erfolge erfreut? Warum führt der eine Mensch eine glückliche Ehe, während seine Geschwister an der Seite ihrer Partner nur Leid und Enttäuschung erleben? Warum?

Die Antwort auf diese und weitere Fragen liegt in den Funktionen von Bewusstsein und Unterbewusstsein.

Warum ich dieses Buch schrieb

Als ich dieses Werk verfasste, wurde ich vom Wunsch geleitet, nicht nur Antworten auf diese und ähnliche Fragen zu geben, sondern auch die Zusammenhänge sichtbar zu machen. Ich versuchte, den Ursprung und die Geheimnisse Ihres geistigen Lebens in einfachen Worten zu erklären, denn ich war schon immer der festen Überzeugung, dass selbst diese komplexen Zusammenhänge des menschlichen Geistes leicht verständlich dargestellt werden können. Deshalb werden Sie in diesem Werk die einfache Sprache antreffen, die Ihnen aus Ihrem Berufsalltag und Privatleben vertraut ist. Ich möchte Ihnen das Studium dieser Seiten und die Anwendung der hier beschriebenen Methoden aufs Nachdrücklichste ans Herz legen, denn ich weiß mit absoluter Sicherheit, dass sich Ihnen hier eine

Kraft erschließt, die Wunder bewirken kann, die Sie aus aller Orientierungslosigkeit herausreißen, von aller Niedergeschlagenheit befreien und vor jedem Misserfolg bewahren wird. Dieses Buch verleiht Ihnen die Macht, die Ihnen gebührende Stellung zu erlangen, es gibt Ihnen die Kraft, alle Schwierigkeiten zu lösen, es befreit Sie aus den Ketten seelischer und körperlicher Leiden und weist Ihnen den geraden Weg zu Freiheit, Glück und innerer Zufriedenheit. Die Macht Ihres Unterbewusstseins wird Ihnen Gesundheit bringen und neue Kräfte in Ihnen wecken. Der bewusste Umgang mit Ihren seelischen Kräften wird Sie von den tausend Ängsten und Befürchtungen befreien, die Sie jetzt gefangen halten, und Ihnen ein Leben voll Freiheit ermöglichen, das schon der Apostel Paulus den Kindern Gottes in Aussicht gestellt hat.

Der Schlüssel zu der Macht, die Wunder bewirken kann

Eine selbst erlebte Heilung ist wohl der überzeugendste Beweis der unglaublichen Kräfte unseres Unterbewusstseins. Mehr als 42 Jahre bevor ich dieses Buch schrieb, wurde ich auf diese Weise von einer bösartigen Geschwulst befreit, die die Medizin als »Sarkom« bezeichnet, und genau dieselbe Macht, die mich erschuf, lenkt – das weiß ich jetzt – auch heute noch meinen Organismus. Die detaillierte Schilderung der von mir damals angewandten Technik wird zweifellos alle Leser überzeugen, sich vertrauensvoll jener *heilenden Macht* anzuvertrauen, die tief in der Seele jedes Menschen wohnt. Der Unterstützung meines Freundes und ärztlichen Beraters habe ich die plötzliche Erkenntnis zu verdanken, dass dieselbe *schöpferische Weisheit,* die meinen Körper formte, meine Organe schuf und mein Herz zum Schlagen brachte, auch ihr eigenes Geschöpf selbstverständlich am besten heilen kann. Ein altes Sprichwort unterstreicht dies: »Der Arzt verbindet die Wunde, und Gott heilt sie.«

Wunder sind Antworten auf »wirksame Gebete«

Unter einem »wirksamen Gebet« verstehen wir das harmonische Zusammenspiel der bewussten und unterbewussten geistigen Kräfte, die mittels wissenschaftlich gesicherter Methoden zur Verwirklichung eines bestimmten Ziels eingesetzt werden. Dieses Buch zeigt Ihnen die Technik, die Ihnen Zugang zu Ihren unerschöpflichen Reserven seelischer Kräfte schafft, mit der Sie sich Ihre Wünsche erfüllen können. Sie sehnen sich nach einem glücklicheren, erfüllteren und reicheren Leben? Setzen Sie deshalb diese neue Macht ein und ebnen Sie Ihren Weg durchs Leben; lösen Sie Ihre privaten und beruflichen Probleme und schaffen Sie Harmonie in Ihrer Familie. Lesen Sie dieses Buch unbedingt mehrmals! Es erklärt Ihnen die Wirkungsweise dieser starken Macht und zeigt, wie Sie selbst die Weisheit, die in Ihrer Seele verborgen ist, in Ihrem Leben einsetzen können. Lernen Sie, Ihr Unterbewusstsein zu beeinflussen – es ist ganz einfach! Wenden Sie die wissenschaftlich fundierte Methode an, die Ihnen die unermesslichen Energien Ihrer Seele erschließt. Lesen Sie dieses Buch sorgfältig und seien Sie offen für seine Ratschläge. Lassen Sie sich von den verblüffenden Ergebnissen dieser Methode überzeugen. Ich bin der festen Überzeugung, dass die Lektüre dieser Seiten einen Wendepunkt in Ihrem Leben darstellen kann und wird.

Jeder Mensch betet

Können Sie »wirksam« beten? Wie lange ist es her, dass das Gebet seinen festen Platz in Ihrem täglichen Leben hatte? In Zeiten der Not, der Gefahr, in Krankheit und Todesangst fällt Ihnen wie allen Menschen das Gebet wahrscheinlich sehr leicht. Sie brauchen nur jeden Tag die Fernsehnachrichten zu schauen. Immer wieder wird berichtet, dass Menschen aus aller Welt sich im Gebet vereinen für die Gesundung eines schwer kranken Kindes, für die Rettung einer verschütteten Gruppe von Bergleuten oder für die Erhaltung des Weltfriedens. Endlich befreit, berichten dann die Bergleute, wie sie die qualvollen Stunden bis zum Eintreffen der Rettungsmannschaften im Gebet verbrachten. Und der Pilot eines Charterflugzeugs gesteht, dass er betete, während er mit seiner Maschine zur Notlandung ansetzte. Kein Zweifel – die Kraft des Gebets steht uns in Notzeiten immer zur Verfügung. Warum wollen Sie seine wirkungsvolle Hilfe nicht jeden Tag nutzen, indem Sie es zum festen Bestandteil Ihres täglichen Lebens machen? Zeitungsartikel berichten von dramatischen Gebetserhörungen, und eidesstattliche Erklärungen verbürgen die Wirksamkeit des Gebets. Aber was ist von den vielen demütigen Gebeten zu halten, die Kinder sprechen, mit denen wir Gott für einen gedeckten Tisch danken und in denen sich der Einzelne in gläubigem Vertrauen an seinen Schöpfer wendet? Meine Arbeit im Dienste der Menschen ermöglichte es mir, die verschiedenen Arten und Beweggründe des Gebets zu erforschen. Ich habe die Macht des Gebets an mir selbst erfahren und mit vielen Menschen gesprochen und zusammengearbeitet, deren Gebete ebenfalls erhört wurden. Die eigentliche Schwierigkeit liegt darin, andere zu lehren, wie man »wirksam« betet. Im Augenblick der Not denkt und handelt der Mensch meist nicht mehr völlig rational und kontrolliert, und deshalb bedarf es einer einfachen, sicher wirkenden Formel.

Jeden Tag beten

Dieses Buch bietet Ihnen praktische Hilfe. Es macht Sie mit einer Reihe einfacher, leicht anwendbarer Methoden vertraut, die Sie überall und zu jeder Zeit anwenden können. Ich habe diese leicht verständlichen Regeln Männern und Frauen in der ganzen Welt gelehrt. Viele von ihnen hatten nicht einmal die Mühe einer 300 bis 400 Kilometer weiten Anreise gescheut, um meine Vorträge zu besuchen. *Die Macht Ihres Unterbewusstseins* wird unter anderem auch deshalb von besonderem Interesse für Sie sein, weil sie Ihnen erklärt, warum häufig das genaue Gegenteil von dem eintrat, worum Sie beteten. Viele Menschen in aller Welt stellten mir immer wieder die gleiche Frage: »Warum nur habe ich gebetet und gebetet, ohne jemals erhört zu werden?« Hier erfahren Sie die Gründe dafür. Die geschilderten Methoden, das Unterbewusstsein zu beeinflussen und auch dann, wenn Sie zweifeln, die richtige Antwort zu finden, machen dieses Buch zu einem in vielen Situationen hilfreichen und zuverlässigen Ratgeber.

Woran glauben Sie?

Nicht der Gegenstand oder Inhalt seines Glaubens ist es, der die Gebete eines Menschen wirksam werden lässt. Die Erfüllung tritt vielmehr dann ein, wenn das Unterbewusstsein des Betreffenden auf seine Gedanken oder Vorstellungen reagiert. Dieses Gesetz des Glaubens gilt in allen Religionen und verleiht ihnen ihren psychologischen Wahrheitsgehalt. Christen, Juden, Buddhisten, Hindus oder Moslems werden in gleicher Weise erhört, und das nicht etwa, weil sie einer bestimmten Religion oder Konfession angehören und an gewissen Zeremonien, Liturgien oder Gebeten festhalten, sondern einzig und allein deshalb, weil sie geistig und seelisch fest überzeugt sind, dass ihre Gebete erhört werden. Das Gesetz des Lebens ist identisch mit dem Gesetz des Glaubens, und der Begriff »Glaube« lässt sich ebenso kurz wie zutreffend definieren als »Gedanke« oder »Überzeugung«. Genau so, wie und was ein Mensch denkt, fühlt und glaubt, sind auch sein Geist, sein Körper und sein Leben beschaffen. Eine Technik, die auf einem grundlegenden Verständnis Ihrer Handlungsweisen und Beweggründe beruht, wird Ihnen durch den Einsatz Ihrer unterbewussten Kräfte viele Träume erfüllen. Im Grunde genommen ist die Erhörung eines Gebets nichts anderes als die Verwirklichung bestimmter Wünsche.

Wunsch und Gebet sind ein und dasselbe

Jeder sehnt sich nach Gesundheit, Glück, Sicherheit, Zufriedenheit und Selbstverwirklichung, doch nur wenige erreichen dies. Vor Kurzem sagte mir ein Universitätsprofessor: »Ich weiß, dass eine Veränderung meiner Denkgewohnheiten und eine Neuorientierung meiner Gefühle mich von meinen Magengeschwüren befreien würde. Leider verfüge ich aber über keine Technik, um dies in die Tat umzusetzen. Meine Gedanken irren unruhig von Problem zu Problem, und ich fühle mich enttäuscht, niedergeschlagen und unglücklich.« Dieser Professor sehnte sich nach Gesundheit; was er aber brauchte, war eine klare Einsicht in den Ablauf seiner geistigen Vorgänge, die ihm die Verwirklichung seines Wunsches ermöglichten. Die Anwendung der in diesem Buch geschilderten Methoden stellte seine Gesundheit in kurzer Zeit wieder völlig her.

»Jeder Mensch hat Anteil an dem die ganze Menschheit verbindenden Weltgeist«

Die Macht Ihres Unterbewusstseins und ihre Wirkungskraft bestanden schon, ehe Sie und ich geboren waren; ihre Existenz geht der jeder Kirche und sogar der unserer Welt voraus. Die Prinzipien des Lebens sind älter als alle Religionen. Davon bin ich fest überzeugt und ich lege Ihnen darum – hier unter dem in der Überschrift zitierten Satz von Ralph Waldo Emerson – das Studium der folgenden Kapitel ans Herz, denn sie erschließen Ihnen eine hochwirksame Kraft, die alle Verletzungen des Geistes und des Körpers heilt, die die Angst besiegt und Sie für immer vom Druck des Misserfolgs und der Enttäuschung befreien wird. Sie müssen sich nur mit dem identifizieren, das Sie verwirklichen möchten, und die Kräfte Ihres Unterbewusstseins werden entsprechend reagieren. Beginnen Sie noch heute, in diesem Augenblick, und Ihr Leben wird sich grundlegend ändern. Lassen Sie sich nicht entmutigen, schreiten Sie konsequent voran, bis Sie Ihre Ziele erreicht haben.

Ihr Unterbewusstsein ist eine Dunkelkammer

Ihr Unterbewusstsein ist Ihre große Dunkelkammer. Es ist der geheime Ort, an dem Ihr äußeres Leben entsteht.

So sind es auch nicht Ihr Name, Ihre Art, sich zu kleiden, Ihre Eltern, Ihre Umgebung oder das Auto, das Sie fahren, die Sie zu dem machen, was Sie sind. Sie sind die Überzeugungen, die Gestalt annehmen, Bild für Bild, Licht und Schatten, dort unten in Ihrer unterirdischen Dunkelkammer. In moralischer Hinsicht ist Ihr Unterbewusstsein völlig neutral und bereit, jede Gewohnheit anzunehmen, egal ob Sie oder die Welt sie für gut oder schlecht befindet. Daher – wenn immer wieder negative

Gedanken in unser Unterbewusstsein gelangen, in unsere Dunkelkammer, sind wir so überrascht, dass diese dunklen Gedanken in unseren alltäglichen Erfahrungen und Beziehungen Ausdruck finden ... immer und immer wieder. In der Tat passiert uns selten etwas, das wir nicht irgendwie auf diese Weise selbst geschaffen haben.

Damit Ihre Welt sich ändert, müssen Sie Ihren Geist ändern ... von innen heraus. Sobald Sie aber diese Vorstellung der Dunkelkammer akzeptieren, werden Sie sehen, dass Sie diesem Prozess erfreulich emotionslos gegenüberstehen. Dann wird es gar nicht so schwer sein, Ihr Leben zu ändern. Es kann nun nicht mehr so anstrengend sein, die existierenden mentalen Bilder durch neue zu ersetzen. Mit dieser Erkenntnis kann für Sie eine entspannte Phase positiver Veränderung beginnen.

Sie sind vielleicht überrascht zu erfahren, dass all diese Überzeugungen und Neigungen, die Ihnen von frühester Kindheit an eingeimpft wurden, noch immer da sind und dass sie die Macht haben, sich in Ihrem Leben zu äußern und es zu beeinflussen. Jeder von uns hat viele solcher Überzeugungen und Vorstellungen, die wir seit Langem vergessen haben, Überzeugungen und Vorstellungen, die ihren Ursprung vielleicht in der Kindheit haben. Diese sind in den Schlupfwinkeln dieser unterbewussten Dunkelkammer versteckt. Wenn Sie dies begriffen haben, sollte klar sein, warum es an der Zeit ist, Ihren Gedanken eine angemessene Aufmerksamkeit entgegenzubringen.

Sind Sie zum Beispiel überzeugt, dass Sie einen steifen Hals bekommen, wenn Sie neben einem Ventilator sitzen, wird Ihr Unterbewusstsein dafür sorgen, dass Sie tatsächlich einen steifen Hals bekommen. Es sind nicht der Ventilator und seine Wirkung selbst, also die ungefährlichen Energiemoleküle, die in hoher Frequenz oszillieren, die Ihnen Unannehmlichkeiten bereiten, sondern es sind Ihre falschen Überzeugungen. Der Ventilator ist harmlos.

Und wenn Sie befürchten, dass Sie eine Erkältung bekommen könnten, weil jemand im Büro niest, wird Ihre Angst zu einer Bewegung Ihres eigenen Geistes, die genau das erschafft, was Sie erwarten, wovor Sie Angst haben und wovon Sie überzeugt sind. Sie werden bemerken, dass andere Kollegen in Ihrem Büro keine Erkältung bekommen, weil sie nicht daran glauben. Sie glauben an die Gesundheit. Wie schon Hiob sagte: *Denn ich fürchtete einen Schrecken und er traf mich.*

Auf der anderen Seite: Woher kommt Ihrer Meinung nach die Kraft für spontane Wunderheilungen? Von genau demselben Unterbewusstsein …

Wenn Sie Ihre Dunkelkammer mit großen Wahrheiten füllen, werden Ihre äußeren Bilder diese widerspiegeln. Ihr Unterbewusstsein wird diese Wahrheiten akzeptieren, und Sie werden geleitet von einem unterbewussten Zwang zu heilen, friedlich zu sein. Genauso, wie ein Apfel irgendwann in Ihren Blutkreislauf gelangt, befinden sich diese Gedanken in Ihrem Geist und haben Einfluss auf Ihr Leben. Auf die gleiche Art haben Sie laufen, schwimmen, tanzen oder Klavier spielen gelernt. Man wiederholt einen Gedanken immer und immer wieder, und nach einer Weile geht er in Fleisch und Blut über. Es ist genau wie beim Beten, man gehorcht einem höheren Prinzip. Es ist nicht das Benzin, das Ihr Auto antreibt. Erst muss es in Dampf umgewandelt werden, es muss sich verändern, bevor es etwas bewirken kann, genauso wie Ihr Geist sich verändern muss, bevor Ihre Welt sich dahin bewegt, wo Sie sie haben wollen.

So wie die Heilung von Ihrer unterbewussten Dunkelkammer bewirkt wird, so wird dort auch Ihr Wohlstand hervorgebracht. Hierbei kommt es darauf an, das Unterbewusstsein reich zu machen, bevor der Reichtum in Ihrem Leben erkennbar wird.

Wenn Sie die Gesetze des Geistes studieren, werden Sie zu der Überzeugung kommen und definitiv wissen, dass Sie stets bestens versorgt sein werden, unabhängig von der wirtschaftlichen Lage, Börsenschwankungen, Flauten, Streiks, Krieg oder anderen Bedingungen und Umständen. Der Grund dafür ist, dass Sie Ihrem Unterbewusstsein die Idee des Wohlstands eingeprägt und Ihre Dunkelkammer mit einem Bild des Wohlstands versorgt haben – und dann werden auch Sie bestens versorgt sein. Sie werden Ihr Unterbewusstsein davon überzeugen, dass in Ihrem Leben für immer reichlich Geld fließt und Sie stets einen Überschuss verbuchen können. Sollte der Staat morgen einen finanziellen Zusammenbruch erleiden und sollten all Ihre gegenwärtigen Besitztümer wertlos sein, werden Sie dennoch weiterhin Wohlstand anziehen und ausreichend versorgt sein.

Ihre unterbewusste Dunkelkammer ist bereits mit großen neuen Ideen gefüllt, durch die Sie Ihre alten automatisch ersetzen. Denken Sie sofort an Dinge, die wahr, schön und edel sind, und diese Qualitäten werden Sie umgeben. Denken Sie daran, dass Gott nur Gutes verkündet hat, und genauso sollten auch Sie es machen. Diese Denkweise wird Ihnen eine neue, gesunde Grundlage für Ihre Gedanken geben, und Sie werden nicht länger ein Opfer von Bildern sein, von denen Sie dachten, Sie hätten keinen Einfluss auf deren Entwicklung.

Kapitel 1

Die Schatzkammer in Ihrem Inneren

Ihr Unterbewusstsein dient dem Leben. Sie sollten sich ausschließlich um das Bewusstsein kümmern. Nähren Sie Ihr Bewusstsein mit Voraussetzungen, die wahr sind. Ihr Unterbewusstsein reproduziert immer Ihre gewohnten Denkmuster.

Unermesslicher Reichtum umgibt Sie, sobald Sie sich auf Ihre Psyche konzentrieren und dort die unerschöpflichen Energien entdecken. Ihre Seele birgt eine Goldader, deren Erschließung Ihnen alles ermöglichen wird, was Sie von einem glücklichen Leben erwarten. Viele Menschen gleichen Schlafwandlern, weil sie die Existenz dieser Weisheit und Liebe nie entdecken. Aber jeder Mensch kann das erreichen, was er sich ersehnt. Ein Magnet hebt Lasten, die das eigene Gewicht um etwa das Zwölffache übersteigen – entmagnetisiert jedoch bewegt das gleiche Metallstück nicht einmal eine Feder von ihrem Platz. Dieser Vergleich trifft auch auf den Menschen zu. Der von magnetischer Kraft durchströmte Mensch ist voll Zuversicht und Selbstvertrauen. Er weiß, dass er geboren wurde, um erfolgreich zu sein. Der »entmagnetisierte« Mensch dagegen wird von Furcht und Zweifeln gequält. Bietet sich ihm eine günstige Gelegenheit, so sagt er sich: »Das geht ja doch schief. Das kostet mich höchstens mein Vermögen. Ich mache mich nur zur Zielscheibe des Spottes.« Menschen mit dieser Überzeugung werden es nie im Leben zu etwas bringen, weil sie nicht den Mut haben, sich zu verändern, und deshalb hilflos auf der Strecke bleiben. Dieses Buch erschließt Ihnen aber das Geheimnis des Unterbewusstseins, und wie ein Magnet werden Sie Glück, Reichtum und Macht anziehen.

Das größte Geheimnis aller Zeiten

Was ist Ihrer Meinung nach das größte Geheimnis aller Zeiten? Die Atomenergie? Die Freisetzung ungeheurer Kräfte durch Kernschmelze? Die Wirkungsweise der Gene und die Evolution in der Natur? Die Raumfahrt? Nein? Worum handelt es sich also? Wo ist dieses größte aller Geheimnisse zu entdecken? Wie ist es zu entschlüsseln? Wie anzuwenden? Die Antwort auf alle diese Fragen ist ebenso einfach wie überraschend: Das Geheimnis, von dem wir hier sprechen, besteht in nichts anderem als in der ungeheuren Kraft Ihres Unterbewusstseins. Wer hätte hier die Lösung der größten Rätsel gesucht?

Die wunderbare Kraft Ihres Unterbewusstseins

Sobald Sie einmal gelernt haben, die Kraft Ihres Unterbewusstseins zu erschließen, werden Macht, Reichtum, Gesundheit, Glück und Freude in ungeahntem Ausmaß Ihr Leben erfüllen. Diese Kraft müssen Sie nicht erst erwerben – Sie besitzen sie bereits. Sie brauchen nur noch ihre Beschaffenheit und ihre Wirkungsweise zu verstehen, um sie erfolgreich in allen Bereichen und bei allen Problemen Ihres Lebens einsetzen zu können.

Das hierzu nötige Wissen und Verständnis erwerben Sie ganz von selbst bei der Lektüre der hier beschriebenen einfachen Methoden. Alles wird Ihnen in einem neuen Licht erscheinen, und Sie werden von innen her die Energien erzeugen, mit deren Hilfe Sie Ihre Hoffnungen und Träume verwirklichen können. Fassen Sie also den festen Entschluss, dass Sie von nun an Ihr Leben reicher, glücklicher und besser gestalten wollen als bisher!

Die tiefsten Schichten Ihres Unterbewusstseins besitzen unendliches Wissen, unvorstellbare Macht und einen unerschöpflichen Vorrat an Möglichkeiten, Anlagen und Talenten in sich, die nur darauf warten, voll entwickelt zu werden und Ausdruck zu finden. Gestehen Sie sich die Existenz dieser seelischen Kräfte ein, und sie werden in kürzester Zeit Ihr Leben bestimmen. Die Ihrem Unterbewusstsein eigenen, unendlichen Kenntnisse werden Ihnen überall und jederzeit alles Wissenswerte enthüllen, sofern Sie dafür offen und aufnahmebereit sind. Das Unterbewusstsein ist eine Quelle neuer Gedanken und Ideen – vielleicht schlummert in Ihnen ein Entdecker oder ein Erfinder, vielleicht wartet in Ihnen ein Schriftsteller auf seine kreative Verwirklichung. Auf jeden Fall aber wird die Weisheit Ihres Unterbewusstseins Ihnen Auskunft über Ihr eigentliches Wesen geben, über Ihre wahren Talente und wie Sie diese vervollkommnen und verwerten können, um den Platz im Leben zu erreichen, der Ihnen zusteht und den Sie – und nur Sie allein – vollkommen ausfüllen können.

Die Kräfte Ihres Unterbewusstseins können Ihnen auch den idealen Lebens- oder Geschäftspartner zuführen. Indem Sie der Stimme Ihres Unterbewusstseins folgen, werden Sie zuverlässige Kunden finden und jene finanzielle Unabhängigkeit gewinnen, die es Ihnen erlaubt, das zu tun und zu werden, wovon Sie immer träumten.

Sie haben ein Recht darauf, diese innere Welt Ihrer Gedanken und Gefühle, diese riesigen Schätze an Macht, Einsicht,

Liebe und Schönheit zu entdecken. Diese Kräfte sind zwar unsichtbar, doch besitzen sie einen ungeheuren Einfluss. Ihr eigenes Unterbewusstsein bietet die Lösung für jedes Problem und verfügt über die Ursache jeder Wirkung. Da Sie jetzt diese verborgenen Kräfte zu nutzen lernen, wird Ihnen bald das nötige Wissen und die Macht zur Verfügung stehen, um über Ihr Leben zu bestimmen und in Sicherheit, Glück und Überfluss zu leben.

Ich habe selbst gesehen, wie die Macht des Unterbewusstseins Kranken und Behinderten wieder völlige Gesundheit und Kraft schenkte, sodass sie von Neuem ihr Leben genießen und Glück und Erfolg ernten konnten. Ihr Unterbewusstsein besitzt die wunderbare Kraft, die Körper und Seele wieder genesen lässt. Es zerreißt die Fesseln, die Ihren Geist lähmen, und befreit Sie von materiellen und physischen Beschränkungen.

Eine sichere Grundlage finden

Ohne sichere Grundlage und die Kenntnis allgemeiner Prinzipien sind auf keinem Gebiet der menschlichen Tätigkeit echte Fortschritte zu erzielen. Deshalb müssen Sie zunächst lernen, Ihr Unterbewusstsein als »Instrument« richtig zu handhaben. Seine Kräfte werden mit derselben Sicherheit und in dem Umfang wirksam werden, in dem Sie die geltenden Gesetze verstehen und für ganz bestimmte Ziele einzusetzen wissen.

Als früherer Chemiker finde ich einen Vergleich aus den Naturwissenschaften hilfreich: Wasserstoff und Sauerstoff verbinden sich im Verhältnis von zwei zu eins zu Wasser. Sicher ist Ihnen auch bekannt, dass ein Atom Sauerstoff zusammen mit einem Atom Kohlenstoff Kohlenmonoxid ergibt, also ein sehr giftiges Gas. Fügen Sie jedoch ein weiteres Sauerstoffatom hinzu, so wird daraus das viel harmlosere Kohlendioxid. Diese beiden Beispiele könnte man noch durch viele andere ergänzen.

Warum sollten wir annehmen, die Grundgesetze der Chemie, Physik und Mathematik unterschieden sich in irgendeiner Weise von jenen des Unterbewusstseins? Denken Sie nur an den Lehrsatz »Der Wasserspiegel sucht immer die horizontale Lage«. Dieses Naturgesetz gilt uneingeschränkt für alles Wasser, wo es sich auch befindet. Oder ein anderes Beispiel: »Erhitzte Stoffe dehnen sich aus.« Auch dieser Grundsatz gilt uneingeschränkt, überall und zu jeder Zeit. Erhitzt man ein Stück Stahl, so wird es sich ausdehnen, gleichgültig, ob der Versuch in China, England oder Indien vorgenommen wird. Bei der Wärmeausdehnung fester Stoffe handelt es sich eben um ein allgemeingültiges Naturgesetz.

Ein ebenso universelles Gesetz ist es aber auch, dass jeder Eindruck, der auf Ihr Unterbewusstsein wirkt, in Zeit und Raum Ausdruck findet als Umweltbedingung, Erfahrung und Ereignis.

Ihr Gebet wird erhört, weil es sich bei Ihrem Unterbewusstsein um ein universelles Prinzip handelt, wobei »Prinzip« den Grund und die Art einer bestimmten Funktion bedeutet. So ist es zum Beispiel das Prinzip der Elektrizität, dass sie vom höheren zum niedrigeren Kraftfeld strömt. Wenn Sie elektrischen Strom nutzen, so bleibt dies ohne Einfluss auf das grundlegende Prinzip – wohl aber ermöglicht dieses Eingehen auf die Natur und ihre Nutzung fantastische Entdeckungen und Erfindungen, die der ganzen Menschheit zugutekommen.

Auch bei Ihrem Unterbewusstsein handelt es sich um ein universelles Prinzip; es funktioniert nach dem Gesetz des Glaubens. Sie müssen wissen, was Glaube ist, wie er wirkt und was er bewirkt. Die Bibel drückt es in einfachen, klaren und schönen Worten aus: »Wahrlich, ich sage euch: Wer zu diesem Berg sagt: ›*Heb dich hinweg und stürze dich ins Meer!*‹, *und nicht zweifelt in seinem Herzen, sondern glaubt, dass alles geschieht, was er sagt, dem wird es geschehen. Darum sage ich euch: Alles, worum ihr betet und bittet – glaubt nur, dass ihr es schon erhalten habt, dann wird es euch zuteil.«* (Markus 11,23 f.)

Das Gesetz des menschlichen Geistes ist das Gesetz des Glaubens. Das bedeutet, an die Funktionsweise des Geistes zu glauben und auch an den Glauben selbst. Was Sie glauben, ist nichts anderes, als was Sie denken – darin liegt das Geheimnis.

Was immer Sie erleben und tun, alle Ereignisse und Umstände Ihrer Existenz sind Reaktionen des Unterbewusstseins auf Ihre Gedanken.

Nicht der Inhalt Ihres Glaubens also, sondern das bloße Vorhandensein dieses Glaubens in Ihrem Geist ist es, was diese Wirkungen hervorruft. Befreien Sie sich von falschen Überzeugungen und Meinungen, von Aberglauben und den grundlosen Ängsten, die die Menschen quälen. Beginnen Sie stattdessen, an die unveränderbaren Wirklichkeiten und Wahrheiten des Lebens zu glauben. Dann wird Sie Ihr Weg voran, nach oben und zu Gott führen.

Jeder Mensch, der dieses Buch liest und die Prinzipien des Unterbewusstseins anwendet, wird für sich und andere wissenschaftlich fundierte und wirksame Gebete formulieren können. Auch Ihre eigenen Gebete werden nach dem Gesetz von Ursache und Wirkung, Aktion und Reaktion verwirklicht werden. Der Gedanke ist der Beginn der Tat. Und das Ereignis ist nichts anderes als die Reaktion Ihres Unterbewusstseins auf die Art Ihres Gedankens. Vertrauen Sie Ihren Vorstellungen von Harmonie, Gesundheit, Glück und Erfolg – und Ihr Leben verändert sich von Grund auf.

Ihr Unterbewusstsein reagiert auf die Inhalte Ihres Geistes. Das entsprechende Ergebnis wird sich einstellen, gleichgül-

tig, ob Sie einem wahren Glauben oder einem Irrglauben anhängen. Betrachten Sie Ihren Glauben als eine geistige Wirklichkeit, und alles andere ergibt sich von selbst.
Sie können sich selbst neu erschaffen, indem Sie Ihrem Unterbewusstsein eine neue Blaupause unterlegen.

Die Dualität des Geistes

Zwar stellt Ihr Geist eine Einheit dar, aber er erfüllt, wie heute den meisten Menschen bekannt, zwei völlig verschiedene Funktionen. Darum weist er zwei völlig unterschiedliche Bereiche mit eigenen, unverwechselbaren Funktionen und Kräften auf. Die Existenz dieser beiden getrennten Bereiche findet in vielen gängigen und wissenschaftlichen Bezeichnungen Ausdruck. So unterscheidet man zwischen dem Bewusstsein und dem Unterbewusstsein, dem objektiven und dem subjektiven Geist, der rationalen und gefühlsbetonten Funktionsebene, dem wachen und dem schlafenden Geist, dem Oberflächen-Selbst und dem Tiefen-Selbst, dem willkürlichen und dem unwillkürlichen Geist und vielem anderen mehr. In dem vorliegenden Werk haben wir uns für die Verwendung der Begriffe »Bewusstsein« und »Unterbewusstsein« entschieden.

Das Bewusstsein und das Unterbewusstsein

Die unterschiedliche Funktion dieser beiden Bewusstseinssphären wird am deutlichsten, wenn wir den menschlichen Geist mit einem Garten vergleichen. Sie selbst sind der Gärtner und säen die Keime Ihrer Gedanken in den fruchtbaren Boden Ihres Unterbewusstseins. Die Art und Qualität Ihres Samens hängt von Ihren Denkgewohnheiten ab; denn was immer Sie

Ihrem Unterbewusstsein einpflanzen, wird wachsen und entweder in Ihrem Körper oder in Ihrer Umwelt Gestalt annehmen.

Sie sollten deshalb sofort beginnen, Ihrem Unterbewusstsein Bilder des Glücks, der Zufriedenheit und des Wohlstands anzubieten. Durchdenken Sie dies in Ruhe und stellen Sie sich alles mit Ihrem bewussten Verstand als bereits verwirklicht vor. Senken Sie diese Gedanken gleichsam als Samen unablässig in den Nährboden Ihres Unterbewusstseins, und Sie werden das fantastische Resultat erhalten. Das Unterbewusstsein lässt sich mit einem fruchtbaren Humusboden vergleichen, in dem alle Samen, ob gute oder schlechte, kräftig wachsen. *Erntet Ihr Trauben vom Dornbusch oder Feigen von Disteln?* Jeder Gedanke ist eine Ursache und jeder innere oder äußere Umstand eine Wirkung. Um Ihr Leben so zu beeinflussen, wie Sie es sich wünschen, müssen Sie deshalb uneingeschränkt über Ihre Gedanken herrschen können. Sobald Sie richtig denken und die Wahrheit begreifen gelernt haben und wenn die in Ihrem Unterbewusstsein verankerten Gedanken positiv, harmonisch und glücklich sind, wird die magische Kraft Ihres Unterbewusstseins zur Geltung kommen und angenehme, erfolgreiche Lebensbedingungen schaffen. Alles wird sich zum Besten verändern. Sobald Sie Ihre Gedanken unter Kontrolle gebracht haben, können Sie die Kräfte Ihres Unterbewusstseins zur Lösung jedes Problems und aller Schwierigkeiten einsetzen. Sie werden sich mit der unvorstellbar großen Kraft und dem wirksamen Gesetz verbünden, das den Kosmos regiert.

In welchem Teil der Welt Sie sich auch befinden, blicken Sie um sich, und Sie werden feststellen, dass die meisten Menschen ein Leben führen, das auf Oberflächlichkeiten beschränkt ist. Nur wenige widmen sich den seelischen und geistigen Vorgängen in ihrem Inneren. Denken Sie immer daran, dass es Ihr Innenleben ist – also Ihre Gedanken, Gefühle und

Vorstellungen –, das die äußere Welt kreiert. Genau deshalb ist das Unterbewusstsein die einzige schöpferische Macht, und was immer in der Welt unserer Sinne vorkommt, wurde – bewusst oder unbewusst – durch die Energie des Geistes und insbesondere des Unterbewusstseins geschaffen.

Das Verstehen der Wechselwirkungen zwischen Bewusstsein und Unterbewusstsein wird es Ihnen deshalb ermöglichen, Ihr ganzes Leben von Grund auf zu verändern. Um die äußeren Lebensumstände zu beeinflussen, müssen Sie zunächst auf ihre Ursachen einwirken. Die meisten Menschen versuchen, äußere Umstände mit äußeren Mitteln zu verändern. Um aber Ärger, Unsicherheit, Entbehrungen und alles andere, was Ihr Lebensgefühl beeinträchtigt, aus der Welt zu schaffen, müssen Sie das Problem an der Wurzel packen, das heißt: Ihr bewusstes Denken völlig umstellen und in Ihrer Gedanken- und Vorstellungswelt eine völlig neue Ordnung begründen.

Ihr Unterbewusstsein reagiert mit der Empfindlichkeit eines Seismografen auf jeden Ihrer Gedanken. Das bedeutet, dass die in Ihrem Unterbewusstsein angesiedelte Weisheit, Lebenskraft und Energie durch Ihren bewussten Willen geprägt werden und feste Form erhalten. Sie sind von einem regelrechten Meer unschätzbarer Reichtümer umgeben. Die praktische Anwendung der in diesem Buch vorgestellten Prinzipien des menschlichen Geistes wird Ihr ganzes Leben verwandeln: Luxus statt Mangel, Einsicht und Wissen statt Unsicherheit und Aberglauben, Balance statt schmerzvoller Unruhe. Sie werden Freude statt Leid, Licht statt Dunkelheit, Einigkeit statt Streit, Zuversicht und Selbstvertrauen statt Furcht und Zweifel, Erfolg statt Misserfolg und die Befreiung von der Diktatur des Durchschnittlichen erleben. Vom geistigen, seelischen und materiellen Blickwinkel aus gesehen gibt es kein größeres Glück. Die meisten großen Wissenschaftler, Künstler, Dichter, Sänger,

Schauspieler, Schriftsteller und Erfinder verstehen die Arbeits- und Wirkungsweise des menschlichen Bewusstseins und Unterbewusstseins.

Einmal bekam der weltberühmte Tenor Enrico Caruso plötzlich Lampenfieber. Er klagte, dass ihm die Angst buchstäblich die Kehle zuschnüre. Sein Gesicht war schweißbedeckt. Er schämte sich zutiefst vor den Menschen um ihn herum, doch der Gedanke, in wenigen Minuten auf die Bühne treten zu müssen, ließ ihn regelrecht zittern. »Ich mache mich zum Gespött«, dachte er, »ich kann nicht singen.« Plötzlich aber raffte er sich auf und rief mit lauter Stimme: »Mein *kleines Ich* will das *große Ich* in mir ersticken!« Darauf sprach er das, was er das »kleine Ich« nannte, unmittelbar an: »Geh weg! Das *große Ich* will durch mich singen!« (Mit dem »großen Ich« meinte er die jedem Menschen innewohnende Macht und Weisheit des Unterbewusstseins.) »Das *große Ich* will singen!« – und sein Unterbewusstsein reagierte, indem es die inneren Schleusen öffnete. Als sein Stichwort fiel, betrat er die Bühne, und der Glanz seiner Stimme schlug seine Zuhörer wie gewohnt in Bann.

Diese bekannte Anekdote lässt keinen Zweifel darüber, dass Caruso von der Existenz der beiden Geistesschichten wusste, nämlich der bewussten, verstandesmäßigen Sphäre einerseits und der Sphäre des Unterbewusstseins andererseits. Auch Ihr Unterbewusstsein reagiert auf Ihre Denkweise. Ist Ihr Bewusstsein (das »kleine Ich«) ängstlich und besorgt, dann löst dies in Ihrem Unterbewusstsein (dem »großen Ich«) eine negative Gefühlslage aus, die sich wiederum auf Ihr Bewusstsein – in Form von bösen Ahnungen, Verzweiflung und Panik – überträgt. Falls Sie sich also einmal in einer ähnlichen Lage befinden sollten, dann versuchen Sie, die in Ihrem Unterbewusstsein sich geltend machenden Negativtendenzen entschieden und mit Ihrer vollen Autorität etwa wie folgt anzusprechen: »Seid still, seid ruhig! Ich bin hier der Chef (die Chefin), und ihr habt meinem Befehl zu folgen. Ihr habt hier nichts zu suchen, weg mit euch!«

Es ist sehr interessant und faszinierend zu beobachten, wie ein entschiedenes und überzeugtes Ansprechen des Unterbewusstseins das gestörte seelische Gleichgewicht nahezu schlagartig wiederherstellt. Gerade weil das Unterbewusstsein den Geboten des Bewusstseins unterworfen ist, wird es als »*Unterbewusstsein*« oder »subjektives Bewusstsein« bezeichnet.

Die wichtigsten Unterschiede in Funktion und Wirkungsweise

Der folgende Vergleich stellt die Hauptunterschiede wohl am deutlichsten dar: Das Bewusstsein spielt etwa die gleiche Rolle wie der Steuermann oder Kapitän auf der Brücke seines Schiffes.

Er bestimmt den Kurs und erteilt den Männern im Maschinenraum die nötigen Befehle. Diese wiederum warten die Turbinen und bedienen ihre Instrumente und Maschinen. Die Besatzung in den Tiefen des Schiffes fragt nicht, wo es hingeht – sie gehorcht ganz einfach den Befehlen. Könnte der Mensch auf der Brücke die Navigationsinstrumente nicht bedienen und träfe er falsche Anordnungen, so würde die Mannschaft blind ins Verderben stürzen. Die Leute im Maschinenraum gehorchen aber dem Kapitän, weil er das Kommando hat und weil seinen Befehlen Folge zu leisten ist. Hier gibt es kein langes Hin und Her – der Matrose hat die Befehle einfach auszuführen.

Der Kapitän ist Herr seines Schiffes, und alles geschieht nach seinem Willen. Im übertragenen Sinn spielt Ihr Bewusstsein die Rolle des Kapitäns, der befiehlt, während Ihr Körper und alle Fragen, die Sie betreffen, mit dem oben erwähnten Schiff gleichzusetzen sind. Ihr Unterbewusstsein führt alle Befehle aus, die ihm Ihr Bewusstsein in Form von Urteilen und Überzeugungen mitteilt.

Falls Sie Ihren Freunden erzählen: »Das kann ich mir nicht leisten«, dann nimmt Sie Ihr Unterbewusstsein beim Wort und sorgt dafür, dass Sie sich das Ersehnte wirklich nicht kaufen können. Solange Sie anderen und sich selbst immer von Neuem einprägen: »Ich kann mir das neue Auto, die Amerikareise, das Haus, den schönen Mantel, die teure Uhr und anderes nicht leisten«, können Sie sicher sein, dass Ihr Unterbewusstsein dies als Befehl auffasst und Sie Ihr Leben lang an der Erfüllung dieser Wünsche hindern wird.

An Heiligabend erzählte mir einmal eine junge Frau, eine Studentin an der Universität von Südkalifornien: »Ich hatte oft nicht genug Geld, um mir etwas zu kaufen, das ich mir sehr wünschte. Jetzt aber weiß ich, wo ich mir die nötigen finanziellen Mittel und was ich sonst noch brauche beschaffen kann – nämlich aus der ungeheuren Kraft meines Inneren.«

Die Wirkungsweise des Unterbewusstseins möchte ich noch mit einem weiteren Beispiel erklären. Wenn Sie sagen: »Ich vertrage keine Pilze«, und wenn Ihnen tatsächlich Soßen oder Salate angeboten werden, die Pilze enthalten, so wird ganz sicher eine Magenverstimmung eintreten, weil sich Ihr Unterbewusstsein sagt: »Der Chef (also Ihr Bewusstsein) mag keine Pilze.«

Reaktionen dieser Art werfen ein interessantes Licht auf die unterschiedlichen Funktionen von Bewusstsein und Unterbewusstsein.

Sagt jemand: »Wenn ich noch spätabends Kaffee trinke, wache ich todsicher um drei Uhr morgens auf«, so wird Kaffeegenuss zu vorgerückter Stunde zuverlässig diese Wirkung hervorrufen. Die Stimme des Unterbewusstseins wird nämlich dann dem Körper zuflüstern: »Der Chef will, dass du heute um drei Uhr morgens aufwachst.«

Ihr Unterbewusstsein ist 24 Stunden am Tag rastlos um Ihr Wohlergehen bemüht und versorgt Sie zuverlässig mit den Ergebnissen Ihrer Denkgewohnheiten.

Neues Glück durch wirksame Gebete

Vor einiger Zeit schrieb mir eine Dame folgenden Brief: »Ich bin 75 Jahre alt, Witwe, und meine Kinder sind längst erwachsen und selbstständig. Ich beziehe eine Pension und lebte völlig zurückgezogen. Eines Tages besuchte ich einen Ihrer Vorträge über die Macht des Unterbewusstseins, in dem Sie erklärten, dass sich dem Unterbewusstsein durch häufige Wiederholung, Glauben und Vertrauen bestimmte Ideen einprägen lassen.

Darum begann ich, mit fester Überzeugung mehrmals am Tage laut zu mir zu sagen: ›Es gibt einen Menschen, der mich braucht. Ich bin glücklich verheiratet mit einem gütigen, liebevollen und geistig niveauvollen Mann. Mein Leben hat einen Sinn!‹

Zwei Wochen lang sprach ich diesen Satz immer wieder laut aus, bis ich eines Tages in einer Apotheke einem Pharmazeuten begegnete, der sich bereits aus dem Geschäftsleben zurückgezogen hatte. Er machte auf mich den Eindruck eines gütigen, verständnisvollen und sehr gläubigen Menschen. Er entsprach in allem dem Mann, um den ich gebetet hatte. Kaum eine Woche später machte er mir einen Heiratsantrag. Und im Augenblick befinden wir uns auf unserer Hochzeitsreise nach Europa. Ich weiß, dass die Kraft meines Unterbewusstseins uns beide mit Gottes Segen zusammenführte.«

Auch diese Dame hatte die Energie ihrer Psyche entdeckt. Sie war überzeugt, dass das Gebet eine Wirklichkeit schafft, und diese Gewissheit teilte sich ihrem Unterbewusstsein mit, das Sie ja bereits als das eigentliche schöpferische Medium kennengelernt haben. Sobald es ihr gelang, ihrem Unterbewusstsein das Wunschbild ihres zukünftigen Partners zu vermitteln, verwirklichte dieses den Inhalt ihres Gebetes. Die tiefen Schichten ihres Unterbewusstseins führten die beiden Menschen zusammen.

Es gibt keinen Zweifel: *»Im Übrigen, Brüder, was wahr ist, was ehrbar, was gerecht, was rein, was liebenswert, was ansprechend ist, was es an Tugenden und löblichen Dingen gibt, darauf richtet euren Sinn!«* (Philipper 4,8)

Leitgedanken

1. Ihr Inneres enthält eine unerschöpfliche Kraft. Blicken Sie nach innen, und Sie finden die Erfüllung Ihrer Wünsche!
2. Das Geheimnis erfolgreicher Menschen besteht in ihrer Fähigkeit, sich mit ihrem Unterbewusstsein zu verständigen und seine Energien freizusetzen. Das Gleiche können Sie auch!
3. Ihr Unterbewusstsein kennt die Lösung aller Probleme. Falls Sie ihm vor dem Schlafengehen suggerieren: »Ich will um sechs Uhr morgens aufstehen«, dann wird es Sie pünktlich aufwecken.
4. Ihr Unterbewusstsein hat Ihren Körper geformt und kann Sie auch gesund machen. Schlafen Sie jede Nacht mit der Vorstellung ein, dass Sie sich völliger Gesundheit erfreuen, und der treueste aller Dienstleister, Ihr Unterbewusstsein, wird Ihrem Befehl gehorchen.
5. Jeder Gedanke verursacht etwas – ist Ursache, und jeder Zustand ist durch etwas bewirkt worden – ist also Wirkung.
6. Was immer Sie verwirklichen wollen – beispielsweise durch einen Vortrag zu überzeugen oder ein Buch zu schreiben –, prägen Sie Ihre Ziele eindringlich und fest überzeugt dem Unterbewusstsein ein, und es wird entsprechend reagieren.

7. Ihre Lage gleicht der eines Kapitäns am Steuer seines Schiffes. Er muss die richtigen Kommandos geben. Und auch Sie müssen Ihrem Unterbewusstsein, das Ihr gesamtes Leben beeinflusst, in Form von Gedanken und Vorstellungen die richtigen Befehle erteilen.
8. Sagen Sie niemals: »Das kann ich mir nicht leisten«, oder: »Das kann ich nicht.« Ihr Unterbewusstsein nimmt Sie beim Wort und sorgt dafür, dass es Ihnen wirklich an den nötigen Mitteln oder Fähigkeiten fehlt. Stellen Sie stattdessen voll Selbstvertrauen fest: »Die Macht meines Unterbewusstseins öffnet mir alle Möglichkeiten.«
9. Das Gesetz des Lebens und das Gesetz des Glaubens sind ein und dasselbe. Glauben heißt denken, in Ihrem Geist denken. Glauben Sie – das heißt, denken Sie – an nichts, was Sie schädigen oder verletzen könnte! Glauben Sie an die heilende, stärkende und Glück bringende Macht Ihres Unterbewusstseins. Was immer Sie fest glauben, wird sich an Ihnen und für Sie erfüllen!
10. Verändern Sie Ihre Denkgewohnheiten, und Sie beeinflussen Ihr Schicksal!

Sie sind der Kapitän Ihrer Seele (Unterbewusstsein) und der Herr Ihres Schicksals. Denken Sie daran: Sie haben immer die Wahl. Wählen Sie das Leben! Wählen Sie die Gesundheit! Wählen Sie die Zufriedenheit!

Kapitel 2

Die Funktionsweise des Geistes

Was auch immer Ihr Bewusstsein für wahr annimmt und erachtet, Ihr Unterbewusstsein wird es akzeptieren und umsetzen. Glauben Sie an das Glück, an göttliche Führung, gutes Handeln und alle Segnungen des Lebens.

Sie müssen lernen, Ihren Geist voll zu nutzen. Wie Sie bereits wissen, gibt es zwei getrennte geistige Bereiche: einerseits die bewusste und durch den Verstand kontrollierte und andererseits die unterbewusste und den Gesetzen der Logik unzugängliche Sphäre. Sie denken mit Ihrem bewussten Geist, und Ihre Denkgewohnheiten prägen sich Ihrem Unterbewusstsein ein, das dann den jeweiligen Inhalten Gestalt verleiht. Die unterbewussten Schichten sind der Sitz Ihrer Gefühlswelt und stellen in ihrer Gesamtheit den kreativen Bereich dar. Wenn Sie positiv denken, so entsteht daraus auch Gutes, während negative Gedanken Misserfolge nach sich ziehen. Darin – und in nichts anderem – besteht die Funktionsweise Ihres Geistes.

Als entscheidender Punkt lässt sich festhalten: Das Unterbewusstsein beginnt, jede von ihm empfangene und akzeptierte Vorstellung zu verwirklichen. Besonders gravierend ist, dass sich das Unterbewusstsein in gleicher Weise positiven wie negativen Gedanken unterwirft und dementsprechend arbeitet. Negative Ideen bringen deshalb Misserfolg, Enttäuschung und Unglück. Sind Ihre Denkgewohnheiten erfolgs- und zukunftsorientiert, so werden Gesundheit, Erfolg und Wohlstand Sie begleiten.

Sobald Sie einmal gelernt haben, Ihre Gedanken und Gefühle bewusst zu kontrollieren, werden sich Zufriedenheit und körperliche Gesundheit ganz von selbst einstellen. Was auch immer Sie sich wünschen und als schon verwirklicht betrachten, wird Ihr Unterbewusstsein als bereits bestehende Tatsache akzeptieren und schnellstens umsetzen. Es liegt an Ihnen, Ihr Unterbewusstsein zu überzeugen, und das es bestimmende Prinzip wird wunschgemäß für Gesundheit, Glück oder berufliche Anerkennung sorgen. In *Ihren* Händen liegt die Kommandogewalt, *Sie* erteilen die Befehle – und Ihr Unterbewusstsein wird gehorchen und zuverlässig Ihre Träume verwirklichen. Das Gesetz Ihres Geistes lautet: *Ihre bewussten Gedanken und Vorstellungen rufen eine dem Wesen nach identische Reaktion Ihres Unterbewusstseins hervor.*

Psychologen und Psychiater erklären uns, dass alle Gedanken Eindrücke im Gehirn hinterlassen. Sobald Sie Ihrem Unterbewusstsein irgendeine Vorstellung vermitteln, wird es ohne Zögern für deren Verwirklichung sorgen. Mithilfe der Gedankenassoziation nutzt es dafür alles Wissen und alle Erfahrungen, die Sie bis zu diesem Zeitpunkt gesammelt haben. Es stützt sich dabei auf die Macht, Energie und das Wissen in Ihrem Inneren. Um das jeweilige Ziel zu realisieren, verbündet sich Ihr Unterbewusstsein mit allen Kräften und Gesetzen der Natur. Mitunter löst es Ihre Schwierigkeiten sofort, in anderen Fällen kann die Lösung Tage, Wochen oder sogar noch länger auf sich warten lassen – *der gesamte Vorgang ist im Detail nicht zu erforschen.*

Die genauere Unterscheidung der Begriffe »bewusst« und »unterbewusst«

Sie müssen sich stets vor Augen halten, dass der Geist – trotz seiner beiden Sphären – nicht etwa in zwei voneinander unabhängige Teile gespalten ist. Bei den bewussten und unbewussten Vorgängen handelt es sich lediglich um zwei Tätigkeitsbereiche ein und desselben Geistes. Der Denkprozess spielt sich im Bewusstsein ab. Denkend treffen Sie Ihre Entscheidung. Mithilfe Ihres Bewusstseins wählen Sie also zum Beispiel Ihre Lektüre, Ihren Wohnort und Ihren Lebensgefährten. Alle Ihre Entscheidungen werden von Ihrem Bewusstsein gefällt. Andererseits jedoch sind die inneren Vorgänge Ihres Körpers jeder willensmäßigen Einflussnahme entzogen. Das Unterbewusstsein steuert nach eigenen Gesetzen den Schlag Ihres Herzens, die Verdauung, die Blutzirkulation und die Atmung.

Ihr Unterbewusstsein hält alles für wahr, was Sie ihm einprägen und woran Sie bewusst glauben. Im Gegensatz zu Ihrem Bewusstsein unterzieht es aber die ihm angebotenen Sachverhalte und Zusammenhänge keiner logischen, wertenden inhaltlichen Überprüfung und erhebt auch keine Einwände gegen die ihm mitgeteilten Tatsachen. Ihr Unterbewusstsein gleicht dem Blumenbeet, das jeden Samen, ob gut oder schlecht, in sich aufnimmt. Auch Ihre Gedanken entfalten Wirksamkeit und können deshalb mit Samenkörnern verglichen werden. Negative, zersetzende Vorstellungen setzen ihre zerstörende Wirkung im Unterbewusstsein fort und beeinflussen früher oder später in Form unangenehmer Erlebnisse und Ereignisse Ihr Leben.

Denken Sie also immer daran: Ihr Unterbewusstsein prüft nicht nach, ob Ihre Gedanken positiv oder negativ, wahr oder falsch sind, sondern es reagiert einzig und allein in der Ihren Gedanken und Vorstellungen entsprechenden Weise. Sind Sie von der Wahrheit eines bestimmten Sachverhalts überzeugt, so wird ihn auch Ihr Unterbewusstsein als zutreffend akzeptieren und entsprechend reagieren, selbst wenn Ihre Meinung objektiv falsch ist.

Psychologische Experimente

Zahllose von Psychologen durchgeführte Experimente, darunter auch solche mit Hypnose, beweisen die Unfähigkeit des Unterbewusstseins, einen rationalen Denkprozess zu vollziehen, da es weder auswählen noch vergleichen kann. Hat es deshalb einmal eine Suggestion als vorgegebene Tatsache angenommen, wird es in Übereinstimmung mit deren Inhalt reagieren.

Für einen geübten Hypnotiseur ist es einfach, die Beeinflussbarkeit des Unterbewusstseins zu beweisen, denn er braucht der Testperson nur zu suggerieren, sie sei Napoleon Bonaparte, eine Katze oder ein Hund – und der Betreffende wird die jeweilige Rolle äußerst real verkörpern. Im hypnotisierten Zustand tritt eine Veränderung der Persönlichkeit ein, sodass sich die Testperson mit der suggerierten Gestalt und deren Lebensform identifiziert.

Man kann dem Hypnotisierten auch einreden, er sei in eine Marmorstatue verwandelt, sein Rücken schmerze oder seine Nase blute, es sei unerträglich heiß oder er zittere vor Kälte. Immer wird die entsprechende Reaktion eintreten, wobei die Testperson ihre Wahrnehmungsfähigkeit für alles verliert, was nicht mit der jeweiligen Suggestion zusammenpasst.

Diese einfachen Beispiele zeigen deutlich den wesentlichen Unterschied zwischen dem bewussten, vernunftgesteuerten Bereich des Geistes und dem Unterbewusstsein, das keiner individuellen und logischen Kritik fähig ist und deshalb alles akzeptiert, was ihm das Bewusstsein als Tatsache hinstellt. Aus diesem Grund ist es so wichtig, nur den Gedanken und Ideen Raum zu geben, die positiv und heilsam sind und die Ihre Wünsche erfüllen.

Was bedeutet »objektiver« und was »subjektiver« Geist?

Das Bewusstsein wird gelegentlich auch als »objektiver Geist« bezeichnet, da es sich mit den Objekten der sichtbaren Umwelt beschäftigt. Dieser Teil des Geistes bezieht seine Informationen von unseren fünf Sinnen. Der objektive Geist berät und leitet Sie in allen Ihren Beziehungen zu Ihrer Umgebung. Der Einsatz Ihrer fünf Sinne vermittelt Ihnen die nötigen Kenntnisse, Ihr objektiver Geist lernt durch Beobachtung, Erfahrung und Erziehung. Wie oben bereits erwähnt, besteht die hauptsächliche Fähigkeit und Aufgabe des Bewusstseins im logischen Denken.

Nehmen wir an, Sie seien einer der Tausenden von Touristen, die Jahr für Jahr Paris besuchen. Ihr persönlicher Eindruck von den weitläufigen Parks, prachtvollen Straßen, majestätischen Plätzen und beeindruckenden Gebäuden gipfelt in dem Gesamturteil: »Was für eine wunderschöne Stadt!« Auf diese Weise verarbeitet der objektive Geist Sinneseindrücke zu logischen Schlussfolgerungen.

Das Unterbewusstsein andererseits wird häufig als »subjektiver Geist« bezeichnet. Im Unterschied zum Bewusstsein ist es nicht auf die Vermittlung der Sinne angewiesen, sondern nimmt die Umwelt unmittelbar und ohne Reflexion – durch Intuition – wahr. Denn hier befindet sich der Sitz Ihrer Gefühle und ebenso der »Speicherplatz« Ihres Gedächtnisses. Das Unterbewusstsein erfüllt seine wichtigsten Funktionen erst dann, wenn die physischen Sinne ausgeschaltet sind. Es handelt sich also um die Wahrnehmungsfähigkeit, die sich im Zustand der Bewusstlosigkeit oder während des Schlafes offenbart.

Ihr Unterbewusstsein sieht sozusagen durch die Augen des Geistes und kann auf den Gesichtssinn verzichten. Außerdem besitzt es die Fähigkeit des Hellsehens – oder auch des Hellhörens. Der subjektive Geist kann den menschlichen Körper verlassen, ferne Länder erreichen und mit äußerst genauen und unbedingt zutreffenden Informationen wiederkehren. Mithilfe derselben geistigen Fähigkeiten können Sie die Gedanken anderer lesen, den Inhalt versiegelter Schreiben wissen und einen Blick in verschlossene Safes werfen. Auf dieselbe Weise können Sie Ihre Gedanken anderen Menschen mitteilen, ohne die üblichen Kommunikationsmittel zu benutzen. Ohne die detaillierte Kenntnis der Wechselbeziehungen zwischen objektivem und subjektivem Geist ist es unmöglich, die Fähigkeit des wirksamen Gebetes zu erlernen und zu beherrschen.

Das Unterbewusstsein kann nicht logisch denken

Das Unterbewusstsein ist nicht fähig, Tatsachen zu bewerten. Falls Sie deshalb Ihrem Unterbewusstsein etwas objektiv Falsches suggerieren, wird es diese Suggestion trotzdem als wahr akzeptieren und sie über kurz oder lang als Lebensumstand, Ereignis oder Erfahrung verwirklichen. Alle Ihre bisherigen Erlebnisse waren die Reaktion Ihres Unterbewusstseins auf Gedanken, von deren Richtigkeit Sie überzeugt waren. Die Schäden falscher Vorstellungen sind am effektivsten zu beheben, wenn Sie von nun an positiv denken und erfolgsorientierte Gedanken möglichst oft wiederholen, bis sie sich Ihrem Unterbewusstsein tief eingeprägt haben. Da Ihr Unterbewusstsein gleichzeitig der Hort Ihrer Gewohnheiten ist, wird diese

Veränderung Ihrer Denk- und Lebensprozesse bald eine deutliche Wendung zum Besseren herbeiführen.

Ihr gewohnheitsmäßiges Denken hinterlässt tiefe Spuren in Ihrem Unterbewusstsein. Dies wirkt sich gewinnbringend für Sie aus, sobald Ihr Denken um konstruktive Ziele und Wünsche kreist.

Falls Sie bisher unter Angst, Sorgen oder anderen negativen Denkmustern gelitten haben, so beginnen Sie nun ein neues Leben, indem Sie die Macht Ihres Unterbewusstseins anerkennen und lernen, ihm Gesundheit, Glück und beruflichen Erfolg einzuprägen. Ihr Unterbewusstsein – schöpferisch und eins mit dem göttlichen Prinzip – wird sofort für die Verwirklichung der ihm so nachdrücklich eingeprägten positiven Vorstellungen sorgen.

Die ungeheure Macht der Suggestion

Sie wissen jetzt, dass Ihr Bewusstsein eine Kontrollinstanz ist, dessen Hauptaufgabe darin besteht, Ihr Unterbewusstsein vor destruktiven Eindrücken zu schützen. Sie sind nun mit einem der Prinzipien des menschlichen Geistes vertraut und wissen, dass das Unterbewusstsein durch Suggestion beeinflussbar ist. Außerdem ist Ihnen bekannt, dass es weder Vergleiche zieht noch Unterschiede erkennt oder die Dinge unabhängig und folgerichtig durchdenkt. Das sind Aufgaben Ihres Bewusstseins. Das Unterbewusstsein reagiert einfach auf die ihm vom Bewusstsein vermittelten Eindrücke und enthält sich jeder logischen Folgerung.

Ein deutlicher Beweis für die ungeheure Macht der Suggestion ist folgendes Experiment: Stellen Sie sich vor, Sie sagen während einer Seereise zu einem ohnehin verängstigt wirkenden Mitpassagier: »Sie müssen doch krank sein. Wie blass Sie aussehen! Ihnen wird bestimmt gleich schlecht werden. Darf ich Sie nach unten bringen?« Der Angesprochene wird sofort erblassen, denn die ihm suggerierte Seekrankheit verbindet sich in seiner Vorstellung mit den eigenen Ängsten. Er wird sich dankbar auf Ihren Arm stützen und in seiner Kabine an den ihm eingeredeten Beschwerden leiden.

Unterschiedliche Reaktionen auf dieselbe Suggestion

Es kann vorkommen, dass mehrere Menschen aufgrund der unterschiedlichen Beschaffenheit ihres Unterbewusstseins auf ein und dieselbe Suggestion verschieden reagieren.

Stellen Sie sich vor, Sie machen auf der Seereise Ihr Experiment nicht mit einem Passagier, sondern mit einem Matrosen. Je nach Temperament wird er über Ihr Hilfsangebot entweder lachen oder verärgert sein. In diesem Fall gerät nämlich Ihre Suggestion an einen unempfindlichen Seebären, der weiß, dass er gegen Seekrankheit immun ist. Deshalb werden Ihre Worte ihn nicht verunsichern, sondern wirkungslos an ihm abprallen.

Laut Lexikon ist eine Suggestion eine gezielte geistige oder seelische Beeinflussung und die Erweckung bestimmter Vorstellungen, Empfindungen, Gedanken, die als wahr akzeptiert und realisiert werden. Eine bewusste Ablehnung einer Suggestion kann das Unterbewusstsein effektiv vor jeder ungewollten Beeinflussung schützen. Das Bewusstsein kann also jede unwillkommene Suggestion abwehren. Der Matrose zum Beispiel hatte keine Angst vor Seekrankheit. Er war sich seiner Immunität sicher, und deshalb konnte die negative Suggestion keine Angstgefühle in ihm wecken. Bei dem ängstlichen Passagier dagegen musste die Suggestion aufgrund seiner eigenen Angst vor der Übelkeit wirksam sein.

Jeder von uns hat innere Ängste. Jeder hat auch seine eigenen Meinungen und Glaubenssätze, von deren Richtigkeit und Wahrheit er überzeugt ist und die somit sein Leben bestimmen. Eine Suggestion besitzt keine eigene Macht außer der, die ihr der Glaube eines Menschen zugesteht. Ist sie aber einmal wirksam, dann lenkt sie den Strom der unterbewussten Kräfte in ganz bestimmte und eng definierte Kanäle.

Die Auswirkungen von Suggestionen

Im Abstand von zwei bis drei Jahren halte ich in der Caxton Hall in London eine Reihe von Vorträgen für das sogenannte Truth Forum. Diese Institution habe ich dort vor Jahren gegründet. Die derzeitige Leiterin, Dr. Evelyn Fleet, erzählte mir von einem englischen Zeitungsartikel, der sich mit der Macht der Suggestion beschäftigte. In diesem Fall suggerierte ein verzweifelter Vater seinem Unterbewusstsein mehr als zwei Jahre lang: »Ich gäbe gern meinen rechten Arm, wenn meine Tochter gesund würde.« Die Tochter litt gleichzeitig an einer schweren Arthritis, die ihre Glieder verkrüppelte, und an einer angeblich unheilbaren Hautkrankheit. Die Bemühungen der Ärzte waren ohne Erfolg, und dies brachte den Vater dazu, seinen Wunsch, seine Tochter möge gesund werden, mit den oben zitierten Worten auszudrücken.

Während eines Familienausflugs im Auto kam es zum Zusammenstoß mit einem anderen Wagen. Bei dem Unfall wurde dem Vater der rechte Arm in Schulterhöhe abgerissen. Nahezu gleichzeitig verschwanden Arthritis und Hautleiden der Tochter.

Dieses schier unglaubliche Beispiel beweist, wie wichtig es ist, dem Unterbewusstsein nur glückliche, positive und konstruktive Suggestionen einzuprägen, solche, die in jeder Beziehung eine Veränderung zum Besseren beinhalten. Denken Sie immer daran: Ihr Unterbewusstsein versteht keinen Scherz; es nimmt Sie beim Wort!

Wie Autosuggestion die Angst verscheucht ...

Unter Autosuggestion versteht man die Selbstbeeinflussung durch ganz bestimmte und gezielte Gedanken oder Vorstellungen. Herbert Parkyn berichtet in seinem Lehrbuch über die Autosuggestion vom folgenden besonders deutlichen Vorfall: »Ein New Yorker war nach Chicago geflogen und hatte vergessen, dort seine Uhr um eine Stunde zurückzustellen, wie es die unterschiedlichen Zeitzonen verlangt hätten. Ein Geschäftsfreund bat ihn um die genaue Uhrzeit, und kaum hörte dieser, die Mittagszeit sei schon überschritten, überfiel ihn plötzlich ein Heißhunger, obwohl ihn noch eine ganze Stunde von seiner gewohnten Essenszeit trennte.«

Die Autosuggestion lässt sich sehr effektiv gegen verschiedene Angstzustände und andere negative Gefühle einsetzen. So wurde zum Beispiel eine junge Sängerin zum Vorsingen aufgefordert. Einerseits war sie glücklich über diese Gelegenheit, ihr Können zu beweisen, andererseits hatte sie bereits dreimal in ähnlichen Situationen aus Angst versagt. Obwohl sie sich der Schönheit ihrer Stimme bewusst war, sagte sie sich immer wieder: »Ich habe solche Angst. Wahrscheinlich werde ich wieder versagen.«

Ihr Unterbewusstsein verstand diese Negativsuggestion als Aufforderung und führte umgehend die entsprechende Situation herbei. Hier handelt es sich um eine unfreiwillige Autosuggestion, das heißt, die in der Stille gehegten Befürchtungen verwandelten sich in Gefühle und wurden Wirklichkeit.

Die Sängerin überwand ihre Furcht mit folgender Methode: Sie zog sich in ihr Zimmer zurück und schloss sich dort völlig von ihrer Umwelt ab. Sie setzte sich in einen bequemen Sessel, entspannte sich und schloss die Augen. Auf diese Weise versetzte sie Körper und Geist in einen Ruhezustand. Körperliche Entspannung beruhigt auch den Geist und macht ihn für Suggestionen empfänglicher. In diesem Zustand schärfte sie sich immer wieder ein: »Ich singe hinreißend. Ich bin voller Ruhe, Gelassenheit und Selbstvertrauen.« Sie wiederholte diese Feststellung langsam, ruhig und mit fester Überzeugung fünf- bis zehnmal. Sie machte diese geistigen Übungen dreimal am Tag, das letzte Mal jeweils unmittelbar vor dem Schlafengehen. Nach einer Woche sah sie ihrer Zukunft mit Ruhe und Selbstvertrauen entgegen. Als eine neue Einladung zum Probesingen kam, begeisterte sie ihre Zuhörer.

Entwickeln Sie einen genauen Plan für die Übermittlung Ihrer Bitten und Wünsche an Ihr Unterbewusstsein.

Sagen Sie niemals: »Ich kann nicht.« Besiegen Sie diese Angst, indem Sie sie durch Folgendes ersetzen: »Ich kann durch die Macht meines Unterbewusstseins alles erreichen.«

... das Erinnerungsvermögen wiederherstellt

Eine 75-jährige Dame hatte sich angewöhnt zu sagen: »Ich verliere mein Gedächtnis.« Eines Tages beschloss sie, sich mehrmals am Tag das genaue Gegenteil zu suggerieren, und sagte sich: »Von heute an schärft sich mein Erinnerungsvermögen in jeder Hinsicht. Ich werde mir jederzeit und überall was immer ich auch will ins Gedächtnis zurückrufen können. Meine Sinneseindrücke werden sich klarer und dauerhafter einprägen. Ich werde alles ganz einfach und von selbst im Gedächtnis behalten. Woran ich mich auch erinnern will, ich werde es sofort und scharf umrissen vor mir sehen. Ich mache Tag für Tag beträchtliche Fortschritte, und bald wird mein Gedächtnis besser sein als je zuvor.« Nach drei Wochen bemerkte sie erfreut, dass ihr Erinnerungsvermögen wieder voll hergestellt war.

... die Unbeherrschtheit besiegt

Viele Männer, die ihre Aggressivität und ihren Jähzorn eindämmen wollen, zeigen sich besonders zugänglich für Suggestionen und verzeichnen außerordentliche Erfolge, wenn sie ungefähr einen Monat lang drei- bis viermal am Tag – also nach dem Aufstehen, am Vormittag, Mittag und vor dem Schlafengehen – die folgenden Modellsätze wiederholen: »Von nun an werde ich beherrschter und besser gelaunt sein. Freundlichkeit und Fröhlichkeit beherrschen jetzt meine Gedanken. Mit jedem Tag begegne ich meinen Mitmenschen mit größerer Verständnisbereitschaft und Liebe. Mein Wohlwollen und meine gute Laune werden sich meiner ganzen Umgebung mitteilen. Diese glückliche, freudige und frohe Stimmung wird nun der Normalzustand meines Geistes. Ich bin dafür zutiefst dankbar.«

Heterosuggestion

Heterosuggestion ist die Suggestionskraft, die von anderen ausgeht. Immer und überall auf der Erde hat die Macht der Suggestion als Autosuggestion oder Fremdsuggestion eine entscheidende Rolle im Leben und Denken der Menschen gespielt. In vielen Teilen der Welt bildet sie auch heute einen wesentlichen und wirkungsvollen Bestandteil von verschiedenen Religionen. Die Kraft der Suggestion lässt sich nutzen, um sich selbst zu verändern, doch man kann mit ihrer Hilfe auch diejenigen beeinflussen, die die Gesetze des Geistes nicht kennen. Für konstruktive Ziele eingesetzt, handelt es sich um eine sehr positive Macht. Wird sie aber missbraucht, so kann die Suggestion zur zerstörerischsten aller geistigen Waffen werden und Schmerzen, Misserfolg, Krankheit und Unglück heraufbeschwören.

Haben Sie eine dieser negativen Suggestionen verinnerlicht?

Von klein auf haben die meisten von uns erlebt, dass von allen Seiten negative Suggestionen auf uns einstürmten. Unfähig, uns dagegen zu wehren, begannen wir, sie für wahr zu halten. Sicher kennen Sie einige der folgenden Sätze: »Das kannst du nicht!« – »Aus dir wird nie etwas!« – »Das darfst du nicht!« – »Das geht schief!« – »Du hast nicht die geringste Chance!« – »Das ist völlig falsch!« – »Es hat keinen Zweck!« – »Es kommt nicht darauf an, was du kannst, sondern darauf, wen du kennst!« – »Die Welt geht vor die Hunde!« – »Was soll's – um mich kümmert sich ja doch kein Mensch!« – »Wozu soll ich mich so anstrengen?« – »Das Leben ist nichts als eine ewige Plackerei!« – »Wer glaubt schon an Liebe?« – »Dagegen ist man doch machtlos!« – »Über kurz oder lang gehe ich bankrott!« – »Warte nur, du wirst auch noch angesteckt!« – »Man kann keinem Menschen trauen!« Solchen und vielen ähnlichen negativen Suggestionen waren und sind wir täglich ausgesetzt.

Falls Sie als Erwachsener nicht darangehen, den seelischen Schaden, der in der Vergangenheit verursacht wurde, durch positive Autosuggestion wiedergutzumachen, werden Ihre pessimistischen Denkmuster mit großer Wahrscheinlichkeit Verhaltensweisen provozieren, die notgedrungen zu privaten und beruflichen Enttäuschungen führen. Die Autosuggestion ist ein Mittel, sich von negativen Einflüssen zu befreien, die sonst möglicherweise Glück und die Entwicklung positiver Gewohnheiten verhindern könnten.

So schützen Sie sich vor negativen Suggestionen

Ein Blick in die Zeitung genügt, um in jedem einigermaßen sensiblen Menschen Sorgen, Ängste und Zweifel zu wecken. Wer solchen negativen Gedanken nichts entgegensetzt, gefährdet seinen Lebenswillen. Deshalb ist es beruhigend zu wissen, dass positive Autosuggestionen einen wirksamen Schutz gegen alle negativen Einflüsse ermöglichen.

Überprüfen Sie von Zeit zu Zeit sorgfältig, ob und wie Ihre Umgebung Sie negativ zu beeinflussen versucht. Sie sind keinesfalls schutzlos gegenüber Fremdsuggestionen. Als Kinder und Teenager haben wir schon genug darunter gelitten. Denken Sie nur einmal an die vielen abwertenden Bemerkungen, die Ihre Familie, Freunde und Verwandte, vor allem aber Lehrer, Ausbilder und Berufskollegen machten. Eine kritische Überprüfung wird ergeben, dass vieles davon völlig unzutreffend ist und nur gesagt wurde, um Sie zu verunsichern oder zu unterdrücken.

Heterosuggestion wird in jeder Familie, jedem Büro, jeder Fabrik und jedem Verein angewendet. Sie werden feststellen, dass vieles davon nur genutzt wird, um Ihr Denken, Fühlen und Handeln im Sinne der anderen zu manipulieren.

Wie die Suggestion einen Menschen tötete

Das folgende Beispiel zeigt die Wirkung von Fremdsuggestionen: Einer meiner Verwandten suchte in Indien eine Wahrsagerin auf, die ihm eröffnete, er habe ein Herzleiden und werde beim nächsten Neumond sterben. Mein Verwandter teilte dies der ganzen Familie mit, ordnete seine Angelegenheiten und machte sein Testament.

Die Suggestion ergriff völlig von ihm Besitz, da er vollkommen an sie glaubte. Er erzählte mir, die Wahrsagerin besitze seltsame okkulte Kräfte, mit denen sie ihren Mitmenschen nützen oder schaden könne. Die Voraussage erfüllte sich an ihm, wobei ihm allerdings nicht bewusst war, dass er selbst dem eigenen Tod den Weg erleichterte. Sie kennen bestimmt ähnliche Fälle von Aberglauben und menschlicher Dummheit.

Betrachten wir dieses Beispiel aus dem Blickwinkel unseres Wissens über unterbewusste Vorgänge. Was immer wir bewusst glauben, hält auch das Unterbewusstsein für real, und es reagiert entsprechend. Mein Verwandter war ein glücklicher, gesunder und vitaler Mann, als er jene Wahrsagerin aufsuchte. Deren Prophezeiung bereitete ihm Todesangst, und er lebte danach in der festen Erwartung, beim nächsten Neumond sterben zu müssen. Er teilte dies allen mit und bereitete sich auf sein Ende vor. Alles begann und endete in seinem eigenen Geist – seine Gedanken waren die einzige Ursache für alles Folgende. Durch seine Angst und die feste Überzeugung von seinem baldigen Sterben hatte er selbst seinen Tod herausgefordert oder, genauer gesagt, seinen Körper zerstört.

Die Frau, die seinen Tod vorhergesagt hatte, besaß nicht den geringsten Einfluss auf sein Schicksal. Sie hatte keine diesseitige oder übersinnliche Macht, das von ihr prophezeite Ende herbeizuführen. Wäre mein Verwandter mit den Gesetzen des Geistes vertraut gewesen, hätte er die negative Suggestion einfach missachtet und ihren Worten nicht den geringsten Wert gegeben. An der Überzeugung, dass sein Handeln allein durch seine eigenen Gedanken und Gefühle gelenkt wird, wäre die vermeintliche Wahrsagung wirkungslos abgeprallt wie Steine an einem Panzerfahrzeug.

Die Suggestionen anderer haben keine Macht oder Kraft außer der, die Sie ihnen selbst durch Ihre persönliche Überzeugung verleihen. Erst durch Sie selbst besitzt die Fremdsuggestion eine Wirkung. Sie allein haben die Kontrolle über Ihre eigenen Gedanken und Gefühle. Vergessen Sie nie: Sie allein treffen die Entscheidung! Wählen Sie also das Leben! Wählen Sie die Liebe! Wählen Sie die Gesundheit!

Die Macht der Logik

Ihr Geist gehorcht dem Gesetz der Logik. Erkennt Ihr Bewusstsein eine Voraussetzung als zutreffend an, so wird diese auch von Ihrem Unterbewusstsein für wahr gehalten, denn das Urteil Ihres objektiven Geistes verbürgt Ihrem subjektiven Geist die Richtigkeit des Gedankens. Dieser Zusammenhang von Ursache und Wirkung entspricht ganz dem Aufbau des klassischen Syllogismus, dem aus drei Urteilen bestehenden Schluss vom Allgemeinen auf das Besondere:

> *Alles Geschaffene ist vergänglich. Die ägyptischen Pyramiden sind etwas Geschaffenes. Deshalb sind auch die Pyramiden vergänglich.*

Oder ein weiteres Beispiel:

> *Werte sind lobenswert. Güte ist ein hoher Wert. Deshalb ist Güte lobenswert.*

In beiden Fällen wird das erste Urteil als logische Voraussetzung beziehungsweise Prämisse bezeichnet, und dem Gesetz der Logik nach kann aus einer zutreffenden Voraussetzung nur eine zutreffende Schlussfolgerung gezogen werden.

Nach einem meiner Vorträge über die Gesetze des geistigen Lebens, die ich im Mai 1962 im Rathaus von New York hielt, sagte mir ein Universitätsprofessor: »Alles in meinem Leben geht drunter und drüber. Ich habe meine Gesundheit, mein Vermögen und meine Freunde verloren. Was immer ich in die Hand nehme, geht schief.«

Ich riet ihm, er solle in seinem bewussten Denken unentwegt an der Prämisse festhalten, das umfassende Wissen seines Unterbewusstseins zeige ihm zuverlässig den Weg zu Gesundheit, Wohlstand und Glück. Aus der Kraft dieser Überzeugung heraus würde dieses dann ganz von selbst alle seine Privat- und Berufsentscheidungen lenken, seine Gesundheit wiederherstellen und ihn von Neuem Glück und Zufriedenheit finden lassen.

Entsprechend meinem Rat formulierte der Professor seine Vorstellung vom idealen Leben und fasste sie in folgende Worte:

»Das Wissen meines Unterbewusstseins lenkt mich in allem. Ich bin völlig gesund und ausgeglichen. Mein Leben ist voller Schönheit, Liebe und Wohlstand. Ich handle im Einklang mit den Prinzipien menschlichen Zusammenseins. Ich weiß, dass diese Voraussetzung auf den festen Prinzipien des Lebens begründet ist, und ebenso weiß, fühle und glaube ich, dass mein Unterbewusstsein zuverlässig und bis ins Detail mein bewusstes Denken verwirklicht.«

Nicht lange danach schrieb er mir folgenden Brief: »Ich wiederholte diese Überzeugungen mehrmals am Tag langsam, ruhig und nachdrücklich und stellte mir vor, dass diese Gedanken tiefe Wurzeln in meinem Unterbewusstsein schlagen und positive Konsequenzen haben würden. Ich danke Ihnen von ganzem Herzen für die mir gewährte persönliche Aussprache und versichere Ihnen, dass sich seither mein Leben in jedem Sinn zum Besseren geändert hat. Ihre ›Gesetze des Geistes‹ sind wahr und effektiv!«

Das Unterbewusstsein macht keine logischen Einwendungen

Das Unterbewusstsein ist allwissend und kennt die Antwort auf jede Frage. Es prüft aber nichts logisch nach und lässt sich mit Ihnen auf keine Diskussionen ein. Es hält Ihnen nicht etwa vor: »Diese Vorstellung darfst du mir nicht einprägen.« Falls Sie also Gedanken nachhingen wie »Das kann ich nicht!«, »Dafür bin ich zu alt!«, »Diese Verpflichtung kann ich nicht erfüllen!«, »Ich habe nur Pech!«, »Ich kenne eben nicht die richtigen Leute!« und so weiter, füllen Sie Ihr Unterbewusstsein mit negativen Gedanken, und die entsprechende Reaktion lässt nicht lange auf sich warten. Durch solche Denkmuster verhindern Sie Ihr Glück und bringen selbst Misserfolge und Enttäuschungen in Ihr Leben.

Sobald Ihr Bewusstsein beginnt, angeblich unüberwindliche Hemmnisse vor Ihnen aufzutürmen, haben Sie sich selbst die Hilfe genommen, die Ihnen das Wissen Ihres Unterbewusstseins bieten könnte. Eine solche Einstellung beweist nur, dass Sie Ihren subjektiven Geist für unfähig halten, Ihnen eine Lösung für ein Problem zu zeigen. Das hat Fehleinschätzungen und Frustrationen zur Folge, die ihrerseits Krankheiten und neurotische Verhaltensweisen auslösen können.

Um Ihren Pessimismus zu überwinden und Ihre Träume zu verwirklichen, sagen Sie mehrere Male am Tag mit voller Überzeugung: »Mein Unterbewusstsein, das mir diesen Wunsch ermöglicht, führt und lenkt mich in allem und wird mir den besten Weg zur Erfüllung meiner Träume zeigen. Ich weiß, dass sich die tiefere Einsicht meines Unterbewusstseins durchsetzt und alle meine Gedanken, Gefühle und Vorstellungen verwirklicht. In mir und um mich herum herrschen Glück, Balance und Zufriedenheit.«

Sobald Sie sagen: »Es gibt keinen Ausweg, ich finde keine Lösung!«, können Sie auch keine Hilfe oder positive Reaktion von Ihrem Unterbewusstsein erwarten. Um seine ungeheure Macht für Ihre Ziele einzusetzen, müssen Sie es auf die richtige Weise ansprechen. Es ist ja sowieso immer für Sie tätig. Auch in diesem Augenblick kontrolliert es Ihren Herzschlag und Ihre Atmung. Es heilt jede Wunde und steuert Ihr Leben, pausenlos versucht es, Sie zu schützen. Ihr Unterbewusstsein hat zwar seinen eigenen Willen, doch lässt es sich widerspruchslos durch den Inhalt Ihrer Gedanken und Vorstellungen leiten.

Zwar reagiert Ihr Unterbewusstsein sofort auf Ihre Versuche, eine bestimmte Lösung zu finden – andererseits aber erwartet es von Ihrem Bewusstsein eine richtige Beurteilung der Lage und eine sachgerechte Entscheidung. Sie müssen sich vor Augen halten, dass die eigentliche Antwort von Ihrem Unterbewusstsein ausgeht. Sobald Sie aber sagen: »Meine Lage ist völlig ausweglos; warum gibt mir mein Unterbewusstsein keine Antwort?«, nehmen Sie Letzterem seine Möglichkeiten. Sie treten sozusagen auf der Stelle und kommen keinen Schritt weiter.

Beruhigen und entspannen Sie sich, sagen Sie voller Zuversicht: »Mein Unterbewusstsein kennt die Antwort. Es reagiert jetzt auf meine Frage. Ich bin dankbar für das Wissen meines Unterbewusstseins, das ihm alle Dimensionen des Problems aufzeigt und mir die beste Lösung eingibt. Meine feste Überzeugung setzt die starke, effektive und fantastische Macht meines Unterbewusstseins frei. Ich bin froh und dankbar!«

Leitgedanken

1. Denken Sie an Positives, und es wird sich verwirklichen! Denken Sie destruktiv, so wird Negatives eintreten. Was immer Sie denken, das sind und tun Sie in jeder Sekunde Ihres Lebens.
2. Ihr Unterbewusstsein hinterfragt nicht. Es akzeptiert, was Ihr Bewusstsein bestimmt. Wenn Sie sagen: »Ich kann mir dieses

oder jenes nicht leisten«, so kann dies im Augenblick durchaus zutreffen – trotzdem dürfen Sie diesem Gedanken nicht nachhängen. Entscheiden Sie sich für den positiven Gedanken: »Diesen Gegenstand werde ich mir kaufen können! Ich weiß, das ist wahr!«

3. Sie haben die freie Wahl. Wählen Sie Gesundheit und Glück. Sie haben es in der Hand, ob Sie freundlich oder unfreundlich sein wollen. Zeigen Sie sich hilfsbereit, froh, liebenswert – und die ganze Welt wird sich auf Sie einstellen. Es gibt keinen besseren Weg, sich zu einer gewinnenden Persönlichkeit zu entwickeln.
4. Ihr Bewusstsein beschützt Sie. Seine Hauptaufgabe besteht darin, Ihr Unterbewusstsein vor negativen Einflüssen zu bewahren. Entscheiden Sie sich aus freien Stücken für die Überzeugung, dass das Gute geschehen kann und jetzt geschieht. Ihre größte Macht liegt in Ihrer Entscheidungsfreiheit. Wählen Sie Glück und Reichtum!
5. Die Suggestionen und Eingebungen anderer können Ihnen nicht schaden, denn nur Ihre eigenen Gedanken haben Macht über Sie. Sie brauchen nur die Suggestionen und Meinungen der anderen zurückzuweisen und Ihr eigenes Denken ausschließlich auf positive Dinge zu konzentrieren. Sie allein bestimmen die Art Ihrer Reaktion.
6. Überlegen Sie sorgfältig Ihre Worte! Sagen Sie niemals: »Das wird fehlschlagen!« – »Ich werde meine Stellung verlieren!« – »Ich kann die Miete nicht zahlen!«

   Ihr Unterbewusstsein lässt nicht mit sich spaßen. Es verwirklicht jeden Ihrer Gedanken.
7. Ihr Geist ist weder böse noch schlecht. Nichts Ursprüngliches ist böse. Von Ihnen selbst hängt es ab, wie Sie die Mächte der Natur einsetzen. Nutzen Sie Ihren Geist, um Ihren Mitmenschen Gutes zu tun, ihnen zu helfen und sie für das Miteinander zu begeistern.

8. Sagen Sie niemals: »Ich kann nicht!« Überwinden Sie Ihre Furcht mit der Feststellung: »Dank der großen Macht meines Unterbewusstseins ist mir nichts unmöglich!«
9. Orientieren Sie Ihr Denken nach den Prinzipien und Grundsätzen des Lebens und lassen Sie sich nicht durch Furcht, Unwissen und Aberglauben täuschen! Lassen Sie sich Ihre Gedanken nicht vorschreiben! Denken und entscheiden Sie selbstständig!
10. Sie sind Chef Ihrer Seele, Ihres Unterbewusstseins und Ihres Schicksals. Denken Sie immer daran: Sie haben die freie Wahl. Wählen Sie das Leben! Wählen Sie die Liebe! Wählen Sie die Gesundheit! Entscheiden Sie sich für das Glück!
11. Was immer Ihr Bewusstsein für richtig hält und fest glaubt, wird Ihr Unterbewusstsein als wahr akzeptieren und verwirklichen. Glauben Sie an Ihr Glück, an Ihre Intuition, an die Richtigkeit Ihrer Entscheidung und an die wunderbaren Dinge des Lebens!

Ein genaues Bild Ihrer Vorstellungen in Ihrem Geist veranlasst Ihr Unterbewusstsein, darauf zu reagieren und es zu erfüllen.

Kapitel 3

Die Macht Ihres Unterbewusstseins

Es ist töricht, an Krankheit und an Dinge zu glauben, die Ihnen Schmerzen zufügen oder schaden. Glauben Sie an vollkommene Gesundheit, Wohlstand, Frieden, Reichtum und göttliche Führung.

Ihr Unterbewusstsein verfügt über eine sehr große Macht. Es inspiriert Sie, leitet Sie und ruft Ihnen alle in den Tiefen Ihres Gedächtnisses bewahrten Namen, Tatsachen und Szenen ins Bewusstsein. Es steuert Herzschlag, Blutkreislauf und den gesamten Verdauungs- und Ausscheidungsprozess. Wenn Sie ein Stück Brot essen, so verwandelt Ihr Unterbewusstsein es in organisches Gewebe, Muskeln, Knochen und Blut. Ihr Unterbewusstsein kontrolliert alle Lebensvorgänge und -funktionen Ihres Organismus und kennt die Lösung aller Probleme.

Ihr Unterbewusstsein macht keine Pausen. Es ist immer aktiv und bereit. Sie können sich selbst von der wunderbaren Macht Ihres Unterbewusstseins überzeugen, indem Sie ihm unmittelbar vor dem Einschlafen eine ganz bestimmte Aufgabe stellen. Sie werden sehen, dass dieser Entschluss innere Kräfte freisetzt, die das gewünschte Ergebnis bringen. Hier liegt die Quelle von

Macht und Wissen, die Ihnen Zugang zu ebenjener Energie schafft, die die Welt bewegt.

Das Unterbewusstsein ist die Quelle Ihrer Ideale, Ideen und Ziele. Durch diesen subjektiven Geist erkannte Shakespeare die Zusammenhänge, die dem Durchschnittsmenschen seiner Zeit verborgen blieben. Ohne Zweifel war es die Reaktion seines Unterbewusstseins, die den griechischen Bildhauer Phidias inspirierte, seinen Vorstellungen von Schönheit, Ordnung, Harmonie und Ebenmaß in Marmor und Bronze gültige Gestalt zu verleihen. Die gleiche Kraft war es, die Raffael beflügelte, seine Madonnen zu malen, und die Beethoven zur Komposition seiner Symphonien befähigte.

Im Jahre 1955 hielt ich eine Vorlesungsreihe an der Yoga Forest University in Rishikesh (Indien) und hatte Gelegenheit, mich mit einem Chirurgen aus Bombay zu unterhalten. Er erzählte mir von Dr. James Esdaille, einem schottischen Chirurgen, der in Bengalen praktiziert hatte, noch ehe die modernen Narkosemittel entdeckt worden waren. Zwischen 1843 und 1846 führte Dr. Esdaille an die 400 komplizierte Eingriffe durch, darunter Amputationen, Krebsoperationen und operative Behandlungen von Augen-, Ohren- und Kehlkopfleiden. Alle diese Eingriffe wurden ausschließlich unter Hypnose vorgenommen. Der indische Arzt in Rishikesh berichtete, dass die postoperative Sterblichkeitsquote der von Dr. Esdaille behandelten Patienten mit etwa zwei bis drei Prozent als äußerst niedrig betrachtet werden muss. Die chirurgischen Eingriffe waren völlig schmerzlos, und keiner der Patienten starb auf dem Operationstisch.

Dr. Esdaille hypnotisierte die Kranken und suggerierte ihrem Unterbewusstsein, dass sie keine Schmerzen haben würden und dass sich keine Infektion oder Sepsis entwickeln könne. Das ist umso bemerkenswerter, da Dr. Esdaille praktizierte, bevor Louis Pasteur, Joseph Lister und andere Forscher die bakterielle Ursache einer Reihe von Erkrankungen bewiesen und die mangelhafte Sterilisierung der Instrumente und Operationssäle für die gefährlichen Infektionen verantwortlich machten.

Der indische Chirurg führte die geringe Sterblichkeitsquote und die äußerst geringe Anzahl von Infektionen ausschließlich auf die suggestive Wirkung von Dr. Esdailles hypnotischer Behandlung zurück. Der Organismus der Patienten reagierte in voller Übereinstimmung mit den ihrem Unterbewusstsein eingeprägten Suggestionen.

Ich freute mich sehr zu hören, dass schon vor mehr als 120 Jahren ein Chirurg die fantastischen Kräfte des Unterbewusstseins entdeckt hatte! Empfinden Sie nicht auch bei dem Gedanken an die beinah unglaublichen Kräfte Ihres subjektiven Geistes nahezu Ehrfurcht und Glück? Denken Sie nur an die Fähigkeit metaphysischer Wahrnehmungen wie zum Beispiel Hellsehen und Hellhören, die Unabhängigkeit von Zeit und Raum, seine Macht, von allen Schmerzen zu befreien, und seine Fähigkeit, eine Lösung für alle Ihre Probleme zu finden! Diese und viele andere Tatsachen beweisen Ihnen die Existenz einer seelischen Macht und eines Wissens, die jede rationale Intelligenz übertrifft. Die Größe dieser Kräfte und die Größe der von ihnen bewirkten Wunder müssen jedes Herz berühren und mit Vertrauen in die einzigartige Macht des Unterbewusstseins erfüllen.

Ihr Unterbewusstsein ist das Buch Ihres Lebens

Welche Gedanken, Überzeugungen, Meinungen, Theorien und Dogmen Sie auch Ihrem Unterbewusstsein tief und dauerhaft einprägen – sie werden sich alle verwirklichen und als äußere Situation, Zustand oder Ereignis in Ihrem Leben Form annehmen. Jeder seelische Eindruck wird früher oder später zum realen Ausdruck. Ihr Leben besitzt zwei Seiten, die bewusste und die unterbewusste, die sichtbare und die unsichtbare, die Welt der Gedanken und die ihrer materiellen Ausprägung.

Jeder Gedanke wird von Ihrem Gehirn aufgenommen, das ja das Organ Ihres bewusst denkenden Geistes ist. Sobald Ihr objektiver, das heißt bewusster Geist den betreffenden Gedanken annimmt, wird er zum Solarplexus (dem Nervengeflecht im Oberbauch) weitergeleitet, das auch als das »Gehirn des Unterbewusstseins« bezeichnet wird. Dort entfalten Ihre Gedanken und Vorstellungen ihre reale Wirksamkeit und zeigen sich in Ihren Erlebnissen.

Wie bereits ausführlich erklärt, kann Ihr Unterbewusstsein keine logischen Einwendungen machen. Es führt ohne Zögern aus, was Sie ihm befehlen, und nimmt die Urteile und Schlussfolgerungen Ihres Bewusstseins uneingeschränkt als Tatsachen hin. So wird jeder Gedanke zum sichtbaren Schriftzug im Buch Ihres Lebens. Der berühmte amerikanische Schriftsteller und Philosoph Ralph Waldo Emerson sagte: *»Der Mensch ist das, was er den ganzen Tag lang denkt«*, und er fasste damit eine bereits in der Bibel verankerte Erkenntnis in etwas andere Worte.

Jeder seelische Eindruck nimmt materielle Gestalt an

William James, der Begründer der amerikanischen Psychologie, erklärte, das Unterbewusstsein beinhalte die Kräfte, die die Welt bewegen. Ihr Unterbewusstsein besitzt ein umfassendes Wissen. Seine unerschöpflichen Energien fließen aus tiefen Quellen – dem Gesetz des Lebens. Welchen Gedanken Sie Ihrem Unterbewusstsein auch einprägen mögen, es setzt alles daran, um ihn zu verwirklichen. Deshalb müssen Sie sehr vorsichtig sein und auf positive und konstruktive Gedanken achten.

Der Grund für Unordnung und Schmerzen liegt meistens in dem mangelnden Verständnis der Menschen für die Wechselbeziehungen zwischen Bewusstsein und Unterbewusstsein. Wenn und solange diese beiden Prinzipien zusammenwirken, ist das Ergebnis Gesundheit, Glück, Friede und Freude. Krankheit und Ärger können vor der gemeinsamen Kraft dieser beiden geistigen Sphären nicht bestehen.

Als das Grab des Hermes geöffnet wurde, erwartete man, darin das größte Geheimnis aller Zeiten zu finden. Das Geheimnis lautete: *»Wie drinnen, so draußen; wie oben, so unten.«*

Das bedeutet, dass jede unterbewusste Vorstellung auf dem Bildschirm von Raum und Zeit erscheint. Moses, Jesaja, Jesus, Buddha, Zarathustra, Laotse und alle anderen Propheten verkündeten die gleiche Wahrheit. Was immer Sie unterbewusst als wahr definieren, nimmt feste Gestalt an als Lebenssituation, Zustand oder Ereignis. Psychische und physische Bewegung bedingen sich gegenseitig und schaffen ihr eigenes Gleichgewicht. *Wie im Himmel* (in Ihrem eigenen Geist), *so auf Erden* (also in Ihrem Körper und in Ihrer Umwelt). Dies ist das große Gesetz des Lebens.

Das Gesetz von Aktion und Reaktion, Ruhe und Bewegung, gilt überall in der Natur. Die beiden gegensätzlichen Kräfte müssen sich ausgleichen – dann erst herrschen Harmonie und Gleichgewicht. Rhythmisch und harmonisch sollen Sie vom Prinzip des Lebens erfüllt sein. Input und Output müssen gleich groß sein. Eindruck und Ausdruck müssen sich entsprechen. Das Gefühl der Enttäuschung ist nur die Folge unerfüllter Wünsche.

Destruktive Gedanken werden negative Gefühle verursachen, die dann nach Ausdruck und Verwirklichung drängen.

Aufgrund ihrer negativen Art nehmen sie häufig die Gestalt von Magengeschwüren, Herzleiden sowie nervöser Furcht- und Angstzustände an. Was denken und fühlen Sie im Augenblick in Bezug auf sich selbst? Wofür halten Sie sich? Jeder Teil Ihres Wesens und Seins spiegelt Ihre Selbstvorstellung zuverlässig wider. Ihre Lebenskraft, Ihr Körper, Ihre finanziellen Verhältnisse, Ihre Freunde und Ihre gesellschaftliche Stellung spiegeln bis ins Detail Ihre Selbsteinschätzung wider. Es handelt sich um die Auswirkung des schon oft zitierten Prinzips »Was immer dem Unterbewusstsein eingeprägt wird, findet Ausdruck in allen Phasen und Bereichen Ihres Lebens«.

Jeder negative Gedanke schadet uns. Wie oft haben Sie sich schon selbst durch Zorn, Furcht, Eifersucht und Rache verletzt? Das sind die Gifte, die Ihr Unterbewusstsein verseuchen. Als neugeborenes Kind waren Sie frei von diesen negativen Einstellungen. Versorgen Sie Ihr Unterbewusstsein mit positiven Gedanken, und alle negativen Denkmuster und selbstzerstörerischen Vorstellungen der Vergangenheit werden spurlos verschwinden.

Das Unterbewusstsein heilt eine bösartige Hauterkrankung

Eine am eigenen Körper erlebte Heilung überzeugt wohl am besten von den Wunder wirkenden Kräften des Unterbewusstseins. Vor mehr als 40 Jahren befreiten mich meine Gebete von einer bösartigen Hauterkrankung. Die ärztliche Behandlung konnte ihre Ausbreitung nicht eindämmen, und meine Lage wurde von Tag zu Tag ernster.

Ein Geistlicher, der viel über Psychologie wusste, erklärte mir die tiefere Bedeutung des 139. Psalms, der lautet: »*Deine Augen sahen mich, als ich noch unfertig war, und in deinem*

Buch war schon alles verzeichnet; meine Tage waren schon gebildet, als noch keiner von ihnen da war.« (Psalm 139,16) Er erklärte mir, dass der Ausdruck »Buch« das Unterbewusstsein bedeutet, das alle Organe aus einer rein geistigen Zelle formt und gestaltet. Und was das Unterbewusstsein in Übereinstimmung mit einem ihm eingeprägten Vorbild geschaffen hat, kann es auch nach demselben Muster wiederherstellen und heilen.

Dann zeigte mir der Geistliche seine Uhr und sagte: »Auch diese Uhr wurde geschaffen; ehe sie aber materielle Gestalt annahm, musste der Uhrenhersteller sie sich genau vorstellen. Und wer eine Uhr plant und schafft, kann sie auch besser als jeder andere reparieren.« Er zeigte mir, dass das Unterbewusstsein, das meinen Körper erschaffen habe, mit dem Uhrmacher verglichen werden könne, da es wie er alle lebenswichtigen Vorgänge und Funktionen wiederherstellen und heilen könne. Dazu sei es nur nötig, diesem schöpferischen subjektiven Geist die Vorstellung völliger Gesundheit einzuprägen, die Wirkungskraft dieser Gedanken würde dann den entsprechenden Heilungsprozess herbeiführen.

Ich formulierte also das folgende sehr einfache Gebet: »Mein Körper wurde von dem großen Wissen meines Unterbewusstseins geschaffen, das mich auch heilen kann. Seine Weisheit formte meine Organe, Gewebe, Muskeln und Knochen. Dieselbe große und heilende Kraft in meinem Inneren ist nun dabei, jede Zelle, jedes Atom meines Organismus zu verwandeln und mich schnellstens wieder gesund zu machen. Ich bin dafür dankbar, denn ich weiß, dass ich auf dem Weg zur Besserung bin. Die Werke meiner schöpferischen Weisheit sind wunderbar.«

Zwei- oder dreimal pro Tag sprach ich dieses kurze Gebet. Nach etwa drei Monaten war meine Haut wieder völlig heil und gesund.

Wie Sie sehen, habe ich nichts anderes getan, als meinem Unterbewusstsein die Idee der Gesundung, Schönheit und Vollkommenheit einzugeben, um damit die negativen Vorstellungen und Denkmuster zu löschen, die sich dort eingeprägt hatten und der eigentliche Grund der Krankheit gewesen waren. Es gibt keine körperliche Erscheinung, die nicht zuerst geistige Idee gewesen ist, und indem Sie Ihren Geist unaufhörlich mit positiven Gedanken füllen, verändern Sie gleichzeitig auch Ihren Körper. Das ist der Grund, die Ursache und Quelle aller Heilungen… *»Wunderbar sind deine Werke, und meine Seele weiß das gar wohl.«* (Psalm 139,1)

Alle Krankheiten haben ihren Ursprung im Geist. Es gibt keine körperliche Erscheinung ohne ein entsprechendes Denkmuster.

Es gibt nur einen Heilungsprozess, und zwar den Glauben. Es gibt nur eine Heilkraft, nämlich Ihr Unterbewusstsein.

Finden Sie heraus, was Sie heilt. Erkennen Sie, dass Ihr Geist und Ihr Körper geheilt werden, wenn Ihrem Unterbewusstsein die richtige Richtung vorgegeben wird.

Wie das Unterbewusstsein alle Körpervorgänge steuert

Ob Sie nun hellwach sind oder tief schlafen – Ihr Unterbewusstsein steuert pausenlos und völlig unabhängig von Ihrem Bewusstsein alle lebenswichtigen Funktionen Ihres Organismus. So schlägt zum Beispiel auch während des Schlafs Ihr Herz rhythmisch weiter, Ihre Lunge kommt nicht zur Ruhe, sondern versorgt – genau wie im Wachzustand – Ihr Blut mit frischem Sauerstoff. Ihr Unterbewusstsein kontrolliert den Verdauungsprozess und die Drüsensekretionen sowie alle anderen Vorgänge in Ihrem Körper. Die Haare wachsen weiter, ob Sie nun schlafen oder wach sind. Naturwissenschaftler haben festgestellt, dass die Haut während des Schlafs viel mehr Schweiß absondert als während des Wachzustands. Ihre Augen, Ohren und anderen Sinne sind auch während des Schlafs voll einsatzfähig. Viele der größten Forscher fanden buchstäblich im Schlaf die Antwort auf verwickelte Probleme – die Lösung erschien ihnen im Traum.

Oft stört Ihr Bewusstsein durch Sorgen, Ängste und Zweifel den normalen Rhythmus des Herzens und der Lungen sowie die normale Funktion des Magen-Darm-Trakts. Negative Ideen erschüttern die reibungslose Funktionsweise Ihres Unterbewusstseins. Ist man seelisch aufgewühlt, ist es am besten, alles Belastende abzuschütteln, sich zu entspannen und die Gedanken zu beruhigen. Sprechen Sie zu Ihrem Unterbewusstsein und bitten Sie es, die übliche Ausgeglichenheit und Ordnung wiederherzustellen. Sie werden bald bemerken, dass sich die körperlichen Funktionen wieder normalisieren. Allerdings wird Ihr Unterbewusstsein Ihrer Bitte nur dann folgen, wenn Sie es selbstsicher und überzeugt ansprechen.

Ihr Unterbewusstsein setzt alles daran, Ihr Leben zu schützen und Ihre Gesundheit wiederherzustellen. Sein instinktives Bemühen, alles Lebendige zu bewahren, sehen Sie zum Beispiel daran, dass es die Quelle für die Liebe zu Ihren Kindern ist. Wenn Sie verdorbene Lebensmittel essen, sorgt das Unterbewusstsein dafür, dass alles Ungenießbare Ihren Körper wieder verlässt. Sollten Sie aus Versehen Gift nehmen, so würden die unterbewussten Energien sofort bewirken, dass es neutralisiert wird. Wenn Sie sich der heilenden Kraft des Unterbewusstseins ganz überlassen, werden Sie bald vollkommen gesund sein.

Wie Sie die Kräfte des Unterbewusstseins nutzen können

Unser Unterbewusstsein ist völlig unabhängig von jedem bewussten Antrieb Tag und Nacht ununterbrochen tätig. Es baut Ihren Körper auf und erhält ihn, ohne dass Sie diesen lautlosen Vorgang wahrnehmen. Das ist auch nicht nötig, denn Sie haben es ja auf bewusster Ebene nicht mit dem Unterbewusstsein, sondern mit Ihrem Bewusstsein zu tun. Ihr Bewusstsein müssen Sie also zunächst davon überzeugen, dass Sie ausschließlich das Beste erwartet, wenn Sie Ihre Gedanken nur noch auf das Positive, Schöne und Gute richten. Stellen Sie Ihr bewusstes Denken auf eine ausschließlich positive Grundlage, in der festen Überzeugung, dass Ihr Unterbewusstsein ununterbrochen damit beschäftigt ist, Ihre Gedanken zu verwirklichen.

Wie ein Rohr dem durchfließenden Wasserstrahl die Form verleiht, so gibt auch Ihr Denkmuster Ihrem Leben Richtung und Sinn. Sagen Sie sich deshalb aus voller Überzeugung: »Die große Kraft meines Unterbewusstseins durchströmt mein ganzes Leben; sie wird sichtbar als Harmonie, Gesundheit, Glück und materieller Überfluss!« Betrachten Sie Ihr Unterbewusstsein als einen klugen und liebevollen Freund, der Sie immer begleitet und Ihnen das Allerbeste wünscht. Glauben Sie ganz fest daran, dass seine Kräfte Ihnen helfen und nur Positives bringen. Das werden Sie erfahren. *»Jedem Menschen geschieht nach seinem Glauben.«* (Matthäus 9,29)

Wie die Kraft des Unterbewusstseins verkümmerte Sehnerven wiederherstellen kann

Die medizinischen Archive des Gesundheitsamtes von Lourdes berichten von dem sorgfältig geprüften und in Fachkreisen sehr bekannten Fall von Mme. Bire, die an einer Atrophie (Verkümmerung) der Sehnerven litt. Sie machte eine Wallfahrt nach Lourdes, wo – nach ihrer eigenen Darstellung – eine Wunderheilung eintrat. Ruth Cranston, eine junge Protestantin, reiste im Auftrag des McCall-Magazins in die berühmte südfranzösische Stadt, um den Geschehnissen auf den Grund zu gehen. Im November 1955 berichtete sie über Mme. Bire: »Unglaublicherweise wurde ihr in Lourdes das Augenlicht wiedergeschenkt, obwohl – wie mehrere Ärzte nach wiederholten Untersuchungen bezeugten – die Sehnerven nach wie vor unbrauchbar waren. Als der Fall etwa einen Monat später von Neuem überprüft wurde, erwies es sich, dass der Sehmechanismus mittlerweile regeneriert war. Im Licht der medizinischen Wissenschaft hatte Mme. Bire zunächst aber tatsächlich mit ›toten Augen‹ gesehen.«

Auch ich habe Lourdes mehrere Male besucht und wurde selbst Zeuge einiger ähnlicher Heilungen. Wie wir im nächsten Kapitel noch näher sehen werden, ist die Echtheit solcher Ereignisse an vielen christlichen und nicht christlichen Wallfahrtsstätten in der ganzen Welt nicht zu bezweifeln.

Im Fall von Mme. Bire ist die Heilung der Sehnerven nicht auf die Wirkung des heiligen Wassers zurückzuführen, sondern vielmehr auf eine durch ihren festen Glauben bedingte Reaktion des Unterbewusstseins, dessen heilende Kraft in Übereinstimmung mit dem Inhalt ihrer Gedanken wirkte. Der Glaube ist ein bestimmter Gedanke oder Zustand, der vom Bewusstsein – und damit auch vom Unterbewusstsein – als wahr angenommen wird. Und diese feste Überzeugung verwirklicht sich so bald wie möglich von selbst. Zweifellos hatte Mme. Bire die Wallfahrt mit der Erwartung und dem festen Vertrauen auf eine Heilung unternommen. Ihr Unterbewusstsein reagierte entsprechend und setzte seine Energien ein, denn dieser subjektive Geist, der das Auge geschaffen hat, kann auch einen verkümmerten Sehnerv wieder reparieren. Was das Unterbewusstsein einmal kreierte, kann es auch wieder schaffen. Und, wie gesagt: Jedem Menschen geschieht nach seinem Glauben.

Wie man dem Unterbewusstsein die Vorstellung völliger Gesundheit vermittelt

Ein protestantischer Geistlicher aus Johannesburg in Südafrika erklärte mir einmal die Methode, mit der er seinem Unterbewusstsein die Vorstellung völliger Gesundheit vermittelte. Er litt an Lungenkrebs. Das Folgende ist ein wörtliches Zitat aus seinen handschriftlichen Aufzeichnungen: »Mehrere Male am Tag sorgte ich für völlige geistige und körperliche Entspannung. Zunächst sprach ich meinen Körper mit folgenden Worten an: ›Meine Füße sind entspannt, meine Knöchel sind entspannt, meine Beine sind entspannt, meine Bauchmuskeln sind entspannt, Herz und Lunge sind entspannt, mein Kopf ist entspannt, ich bin völlig entspannt.‹ Nach etwa fünf Minuten fiel ich dann meist in eine Art Halbschlaf, in dem ich mir diese Wahrheit vor Augen hielt: ›Die Vollkommenheit Gottes findet nun Ausdruck durch meinen Körper. Die Vorstellung völliger Gesundheit füllt jetzt mein Unterbewusstsein. Gott schuf mich nach einem vollkommenen Bild, und mein Unterbewusstsein schafft nun meinen Körper von Neuem – in völliger Übereinstimmung mit dem vollkommenen Bild im Sinne Gottes.‹« Mit dieser einfachen Methode gelang es dem

Geistlichen, seinem Unterbewusstsein die Vorstellung völliger Gesundheit einzuprägen und eine aufsehenerregende Heilung herbeizuführen.

Auch durch den gezielten Einsatz der Fantasie lässt sich die Idee völliger Gesundheit dem Unterbewusstsein sehr effektiv vermitteln. Ich riet einem an funktioneller Lähmung leidenden Mann, er solle sich so realistisch wie möglich vorstellen, dass er im Büro hin und her gehe, sich an seinen Schreibtisch setze, den Telefonhörer abnehme, kurz: alles tue, was er als gesunder Mensch zu tun gewohnt war. Ich erklärte ihm, der Gedanke völliger Gesundheit und die damit verbundenen Vorstellungsbilder würden sich seinem Unterbewusstsein einprägen und von ihm als Tatsache akzeptiert werden.

Er lebte sich in diese Rolle ein und versetzte sich im Geist in sein Büro. Damit schuf er völlig bewusst die Grundlage für eine eindeutig bestimmte Reaktion seines Unterbewusstseins. Er benutzte es sozusagen als Film, den er mit den gewünschten Bildern belichtete. Nach mehreren Wochen intensiven geistigen Trainings, seinem Unterbewusstsein die gewünschten Vorstellungen einzuprägen, war der Augenblick gekommen, die Ergebnisse dieser Behandlung zu erproben. Wie vereinbart, ließen ihn seine Frau und die Pflegekraft allein, und kurze Zeit darauf läutete das Telefon. Obwohl es rund vier Meter von seinem Rollstuhl entfernt war, gelang es dem Mann aufzustehen und den Anruf entgegenzunehmen. Von diesem Moment an war er geheilt: Sein Unterbewusstsein hatte auf die geistigen Vorstellungsbilder reagiert und seine Gesundheit wiederhergestellt.

Bei dem Patienten lag eine Blockierung des Bewegungszentrums vor. Er sagte, er könne deshalb nicht gehen, weil die vom Gehirn ausgehenden Bewegungsimpulse seine Beine nicht erreichten. Sobald er sich aber auf die eigenen Heilkräfte konzentrierte, veranlassten sie die gewünschte Reaktion und stellten seine Bewegungsfähigkeit wieder her. »*Und alles, was ihr bittet im Gebet, wenn ihr glaubt, werdet ihr erhalten.*« (Matthäus 21,22)

Leitgedanken

1. Ihr Unterbewusstsein steuert alle lebenswichtigen Vorgänge Ihres Organismus und kennt die Antwort auf alle Fragen.
2. Erteilen Sie Ihrem Unterbewusstsein vor dem Einschlafen einen bestimmten Befehl, und Sie können sich von seiner Wirkungskraft überzeugen.
3. Was immer Sie Ihrem Unterbewusstsein einprogrammieren, erscheint schließlich in Ihrem Leben als Situation, Zustand oder Ereignis. Deshalb sollten Sie Gedanken und Vorstellungen Ihres bewussten Denkens sorgfältig auf ihre negativen und positiven Inhalte hin überprüfen.
4. Bei der Wechselbeziehung von Aktion und Reaktion handelt es sich um ein allgemeingültiges Gesetz. Die Wirkung geht von Ihrem Gedanken aus, und die Gegenwirkung besteht in der selbsttätigen Reaktion Ihres Unterbewusstseins darauf. Hüten Sie sich also vor negativen Gedanken!
5. Enttäuschung und Frustration sind die Folge unerfüllter Wünsche. Falls Ihre Gedanken immer nur die Schwierigkeiten einer Sache umkreisen, wird Ihr Unterbewusstsein entsprechend reagieren. Auf diese Weise zerstören Sie nur Ihr eigenes Glück.
6. Das Lebensprinzip wird sich durchsetzen. Füllen Sie Ihr Unterbewusstsein mit harmonischen, gesunden und positiven Gedanken, und alle Funktionen Ihres Organismus werden sich bald wieder normalisieren.
7. Gewöhnen Sie Ihr Bewusstsein daran, stets nur das Beste für Sie zu erwarten, und Ihr Unterbewusstes wird diese Vorstellung zuverlässig verwirklichen!

8. Schaffen Sie in Ihrer Fantasie das lebendige Bild des gewünschten Erfolgs und freuen Sie sich darüber; denn Ihre Gefühle und Vorstellungen werden vom Unterbewusstsein als Tatsache hingenommen und verwirklicht.
9. Sie müssen bewusst aussagen: »Ich glaube daran, dass die Macht des Unterbewusstseins, die in mir diesen Wunsch hat wachsen lassen, ihn nun durch mich erfüllt.« Das wird alle Zweifel beseitigen.

Stellen Sie sich das erwünschte Ziel vor und spüren Sie dessen Realität. Verfolgen Sie es bis zum Ende, und Sie werden deutliche Ergebnisse erzielen.

Kapitel 4

Die heilende Kraft des Unterbewusstseins in der Geschichte

Denken Sie an Positives, so wird es sich verwirklichen! Denken Sie destruktiv, so wird Negatives eintreten. Sie sind, was Sie in jeder Sekunde Ihres Lebens denken.

Zu jeder Zeit haben Menschen überall auf der Welt intuitiv an die Existenz einer heilenden Kraft geglaubt, die die gesunden Wahrnehmungen und die normalen Funktionen des Körpers wiederherstellen kann. Sie waren der Überzeugung, diese Macht könne unter bestimmten Voraussetzungen angerufen werden und den Menschen helfen. Solche Überzeugungen finden sich in der Geschichte aller Völker.

In den frühen menschlichen Kulturen wurde Priestern und Heiligen die Macht zugeschrieben, die Menschen heilen und zum Guten oder Negativen beeinflussen zu können. Sie beriefen sich dabei auf die ihnen angeblich direkt von Gott (oder Göttern) verliehene Kraft, und im Laufe der Zeit entwickelten sich in den verschiedenen Teilen der Welt sehr unterschiedliche Rituale. Es handelte sich dabei um Anrufungen einer Gottesinstanz, begleitet von Zeremonien oder Gesängen. Demselben Zweck dienten Handauflegungen, Talismane, Amulette, Ringe, Reliquien und Götterbilder.

Die Priester verschiedener antiker Religionen zum Beispiel suggerierten ihren Patienten unter dem Einfluss von Drogen oder in Hypnose, die Götter würden sie im Traum besuchen und sie heilen. Diese Behandlung hatte häufig den gewünschten Erfolg; es handelt sich ganz offensichtlich um die Auswirkung von Suggestionen auf das Unterbewusstsein.

So erschien zum Beispiel die Göttin Hekate ihren Anhängern im Traum, nachdem diese mithilfe der merkwürdigsten Zeremonien zu ihr gebetet hatten. Teil des vorgeschriebenen Rituals war es, einen Mörser mit Eidechsen, Harz, Weihrauch und Myrrhe zu füllen und das Ganze im Freien bei zunehmendem Mond zu einer Masse zu zerstampfen. So grotesk uns das heute auch erscheint – die zeitgenössischen Berichte schreiben ihr viele erfolgreiche Heilungen zu.

Selbstverständlich regten solche absonderlichen Prozeduren die Fantasie stark an und machten das Unterbewusstsein empfänglich für die jeweils vermittelten Suggestionen. Die eigentliche Heilkraft ging in allen Fällen vom Unterbewusstsein aus. Medizinisch ungeschulte Heilkünstler haben zu allen Zeiten bemerkenswerte Erfolge selbst in solchen Fällen erzielt, in denen die medizinische Wissenschaft versagt hatte. Das sollte uns zu denken geben. Wie konnten diese »Wundertäter« heilen? Sie appellierten ganz einfach an den blinden Glauben ihrer Patienten, der dann seinerseits umso stärker die Heilkräfte ihres Unterbewusstseins mobilisierte. Viele der dabei angewandten Mittel und Methoden waren so bizarr, dass sie die Fantasie der Kranken anregten und für eine Beeinflussung sensibler machten. In einem solchen Zustand fiel die Heilsuggestion auf fruchtbaren Boden und wurde sowohl vom Bewusstsein als auch vom Unterbewusstsein uneingeschränkt akzeptiert.

Die Bibel berichtet von der Macht des Unterbewusstseins

Achten Sie hier auf die außergewöhnliche Verwendung der Zeiten. Ein Evangelist fordert uns auf, als Tatsache zu glauben, dass unser Wunsch bereits erfüllt wurde, dass wir »empfangen haben« – und dass sich so auch die Verwirklichung einstellen wird.

Voraussetzung für den Erfolg dieser Methode ist das überzeugte Vertrauen, jeder Gedanke, jede Idee, jede Vorstellung ist eine im Geist bereits vollzogene Wirklichkeit. Denn im psychischen Bereich nimmt nur das feste Form an, was als aktuelle Wirklichkeit betrachtet wird.

Die Botschaft der oben zitierten kurzen Bibelstelle muss also als knappe und gezielte Anweisung verstanden werden, wie wir die schöpferische Kraft der Gedanken für unsere Zwecke nutzen können – nämlich indem wir dem Unterbewusstsein eine klar umrissene Vorstellung unseres Wunsches einprägen. Einem Gedanken, einer Idee, einem Plan wird so eine reale Existenz zugeschrieben. Vorstellungen sind im geistigen Sinne ebenso wirklich vorhanden wie unser Körper und alle Dinge in der materiellen Welt. Bei Anwendung dieser von der Bibel empfohlenen Methode schalten Sie von vornherein jeden störenden Gedanken an Ereignisse oder Umstände aus, die möglicherweise Ihre Pläne verhindern könnten. Sie geben Ihrem Geist einen Gedanken ein, der wie ein Samen in der Welt der Sinne aufgehen wird, wenn Sie ihn ungestört wachsen lassen.

Die Bedingung, die von Jesus Christus immer und überall gestellt wurde, hieß: Glaube! Immer wieder liest man in der Bibel: *»Es wird euch geschehen nach eurem Glauben.«* (Siehe beispielsweise Matthäus 8,13) In Ihrem Garten senken Sie das Saatgut im festen Vertrauen in die Erde, dass es wie geplant Blüten und Früchte hervorbringen wird. Das ist nach den Gesetzen der

Natur der Sinn des Samens. Bei dem in der Bibel geforderten Glauben handelt es sich um ein Denkmuster, eine geistige Einstellung, eine innere Gewissheit, derzufolge jede Vorstellung, die Ihr Bewusstsein als vollkommen wahr hinnimmt, samengleich in Ihrem Unterbewusstsein Wurzeln schlagen wird. In einem gewissen Sinn bedeutet glauben, das als wahr zu akzeptieren, was Verstand und Sinne leugnen. Sie müssen also den begrenzten, rationalen, analytischen, objektivierenden Geist ausschalten und sich stattdessen auf die unbegrenzte Macht des Unterbewusstseins verlassen.

Das Matthäusevangelium (9,28 ff.) enthält ein klassisches Beispiel dafür: *»Und als er nach Hause kam, traten die Blinden zu ihm. Und Jesus sagte zu ihnen: ›Glaubt ihr, dass ich das tun kann?‹ Sie antworteten ihm: ›Ja, Herr!‹ Da berührte er ihre Augen und sprach: ›Euch geschehe nach eurem Glauben!‹ Es öffneten sich ihre Augen, und Jesus schärfte ihnen ein: ›Seht zu, dass es niemand erfahre!‹«*

An den Worten *»Euch geschehe nach eurem Glauben«* ist klar erkennbar, dass sich Jesus unmittelbar an das Unterbewusstsein der Blinden wandte. Ihr Glaube bestand in der Erwartung, im besten Gefühl, in der inneren Überzeugung, es werde ein Wunder geschehen und ihre Gebete würden erhört werden. Und das geschah auch. Der älteste Arzt dieser Erde, die universellste Heilmethode dieser Welt sind völlig unabhängig von der jeweiligen Religionszugehörigkeit – *dem Glauben.*

Mit den Worten *»Seht zu, dass es niemand erfahre«* schärft Jesus den Geheilten ein, mit niemandem über das Wunder zu sprechen. Die Skepsis und die abwertenden Bemerkungen der Zweifler hätten nämlich möglicherweise die Neugenesenen verunsichert und somit die Worte Christi ihrer Heilkraft beraubt.

Die bei Jesus Hilfe suchenden Kranken wurden geheilt durch die gemeinsame Kraft ihres und seines Glaubens und seiner

Kenntnis der unterbewussten Kräfte. Er war von der Wahrheit und Richtigkeit seiner Gebote überzeugt. Seine Gedanken und die der Hilfesuchenden wurzelten in ein und demselben Unterbewusstsein, und da Jesus dessen Heilkraft kannte und aus Überzeugung anwandte, gelang es ihm, die negativen, selbstzerstörerischen Denkmuster im Unterbewusstsein der Kranken zu verändern und zu löschen. Die Heilungen waren nichts anderes als die automatische Reaktion auf den inneren Umschwung. Jesus kleidete seinen Appell an das Unterbewusstsein der Kranken in die Form eines entschiedenen Befehls, der sofort die gewünschte Reaktion hervorrufen musste.

Wunder geschehen an vielen Wallfahrtsorten, in aller Welt

Dass Wunderheilungen an verschiedenen sakralen Stätten dieser Erde – zum Beispiel in Europa, Amerika, Indien, Japan – stattgefunden haben, ist eine erwiesene Tatsache. Ich habe mehrere berühmte Wallfahrtsorte in Japan besucht. In dem weltbekannten Diabutsu-Tempel befindet sich die riesige Bronzestatue eines betenden Buddha, dessen Kopf sich in einer Haltung entrückter Meditation nach vorne neigt. Das Götterbild ist an die 13 Meter hoch und wird als »großer Buddha« bezeichnet. Ich sah, wie junge und alte Menschen ihm ihre Opfergaben zu Füßen legten. Geld, Reis, Orangen und andere Früchte lagen hier aufgehäuft. Brennende Kerzen, der Duft von Weihrauch und verzweifelte Gebete machten mir diesen Anblick unvergesslich.

Unser Fremdenführer übersetzte uns das Gebet eines jungen Mädchens, das gerade mit einer tiefen Verneigung zwei Orangen auf den Opferaltar legte und eine Kerze anzündete. Wir erfuhren, dass es früher stumm gewesen sei und vor diesem Heiligtum seine Stimme wiedergefunden hätte.

Nun dankte es Buddha für die wunderbare Heilung. Das war nur möglich geworden, weil das Mädchen von dem kindlichen Glauben erfüllt war, Buddha würde ihm helfen, wieder zu singen, wenn es nur ein bestimmtes Ritual befolgte, fastete und Opfer darbrachte. Dies tat es sehr zuversichtlich, und sein Unterbewusstsein beugte sich diesem unerschütterlichen Glauben und brachte die ersehnte Heilung.

Der Fall eines an Tuberkulose erkrankten Verwandten ist ein weiteres Beispiel für die Macht der Fantasie und des überzeugten Glaubens. Beide Lungenflügel waren bereits stark in Mitleidenschaft gezogen, als der Sohn beschloss, seinen Vater zu heilen. Er reiste in seine australische Heimatstadt Perth und erzählte dem Vater, er hätte einen Mönch getroffen, der gerade von einem europäischen Wallfahrtsort heimgekehrt sei. Dieser habe ihm für umgerechnet 2000 Euro ein kleines Stück des heiligen Kreuzes verkauft.

In Wirklichkeit jedoch hatte der junge Mann einfach einen Holzsplitter genommen und von einem Juwelier in Gold fassen lassen, um den Anschein einer echten Reliquie zu erwecken. Er erzählte seinem Vater, schon die bloße Berührung des Holzsplitters hätte viele Menschen geheilt. Er verstand es, die Fantasie und den Glauben des alten Mannes so stark zu wecken, dass dieser das Holz an sich riss, es sich auf die Brust legte, ein stilles Gebet sprach und dann erschöpft einschlief. Am Morgen darauf fühlte er sich bereits gesund. Anschließend durchgeführte klinische Untersuchungen führten zu negativen Testergebnissen und bewiesen, dass die Krankheit verschwunden war.

Die Heilung führte natürlich nicht der Holzsplitter herbei, sondern der Genesungswille des Kranken und seine vorbehaltlose Zuversicht, völlig geheilt zu werden. Hier verband sich die Vorstellungskraft mit der seinem Glauben zugrunde liegenden Überzeugung, und beide zusammen entfalteten ihre heilende Wirkung. Der Vater erfuhr nie, welcher List er seine Gesundheit zu verdanken hatte, denn diese Enttäuschung hätte leicht einen Rückfall herbeiführen können. Er lebte noch 15 Jahre lang völlig gesund und starb im Alter von 89 Jahren.

Der Glaube verhält sich wie ein Samen, der in die Erde gepflanzt wird; er trägt die entsprechenden Früchte. Pflanzen Sie Ihre Vorstellung wie einen Samen in Ihren Geist ein, glauben Sie fest daran, und sie wird in Erfüllung gehen.

Werden Sie der Bauherr Ihres Geistes und greifen Sie beim Bau eines schöneren und besseren Lebens auf vielfach erprobte und bewährte Techniken zurück.

Lernen Sie zu beten für Ihre Lieben, die krank sind. Beruhigen Sie Ihren Geist, und Ihre heilenden, vitalen, vollkommenen Gedanken, die durch den einen universellen subjektiven Geist wirken, werden auch im Geiste Ihrer Lieben spürbar sein und dort zu neuem Leben erweckt werden.

Die einzige universelle Heilkraft

Es ist bekannt, dass die unterschiedlichsten Behandlungsmethoden zu medizinisch unerklärlichen Heilungen führen. Aus dieser Tatsache lässt sich eindeutig auf die Existenz eines diesen Methoden zugrunde liegenden Prinzips schließen. Diese universelle Heilkraft liegt im Unterbewusstsein, und es gibt nur einen Weg dahin: *den Glauben.*

Erinnern wir uns noch einmal an die folgenden basalen Wahrheiten:

1. Sie besitzen geistige Fähigkeiten, deren unterschiedliche Formen wir als »Bewusstsein« und »Unterbewusstsein« bezeichnen.
2. Ihr Unterbewusstsein ist ständig durch Suggestionen beeinflussbar und steuert Ihren Körper in allen seinen Funktionen.

Sie wissen sicherlich, dass in Hypnose die Symptome nahezu aller Krankheiten durch Suggestion ausgelöst werden können. So genügt es zum Beispiel, dem Hypnotisierten zu suggerieren, er habe hohes Fieber, Schüttelfrost oder ein stark gerötetes Gesicht, und diese körperlichen Erscheinungen stellen sich sofort ein. Außerdem lässt sich die Testperson ohne Weiteres davon überzeugen, sie könne zum Beispiel ihre Beine nicht mehr bewegen. Oder man hält ihr ein Glas Wasser unter die Nase und sagt: »Das ist Pfeffer. Riechen Sie einmal daran!« Der folgende Niesanfall wird natürlich nicht durch das Wasser ausgelöst, sondern – wie alle anderen hier aufgeführten Erscheinungen – durch die Kraft der Suggestion.

Gibt man jemandem, der allergisch gegen Primeln ist, in der Hypnose einen Bleistift in die Hand und sagt ihm, das sei eine Primel, so treten sofort die üblichen allergischen Symptome auf. Gibt es deutlichere Beweise dafür, dass diese und ähnliche Krankheitssymptome ausschließlich in der geistigen Vorstellung des Betreffenden wurzeln? Aus dem gleichen Grund können solche Leiden aber auch auf geistigem Weg geheilt werden.

Wer hat nicht von den manchmal außergewöhnlichen und überraschenden Erfolgen von »Heilern«, Osteopathen, Chiropraktikern und Naturheilkundlern gehört? Wer hat nicht von den Wunderheilungen gelesen, die die unterschiedlichsten Religionsgruppen als Gnadenerweis der jeweils angerufenen Gottheit erklären? Wir kennen jetzt den einzigen Grund, warum hier Menschen so schnell gesund geworden sind: Sie wurden von ihrem Unterbewusstsein geheilt – der einzig wahren Heilkraft, die wir kennen.

Sie können beim Verheilen einer Wunde ihre Wirkung mit eigenen Augen beobachten. Das Unterbewusstsein weiß genau, was hier zu tun ist. Der Arzt bringt lediglich einen Verband an und sagt: »Den Rest tut die Natur (oder Gott)!« *(»Medicus curat, natura sanat«,* wissen die Ärzte schon seit alter Zeit: Der Arzt behandelt, die Natur – geleitet vom Unterbewusstsein – heilt.) Die Gesetze der Natur sind identisch mit den Prinzipien des Unterbewusstseins, dessen wichtigste Funktion der Schatz des Lebens ist. Der Selbsterhaltungstrieb ist das oberste Gesetz der Natur. Ihr allerstärkster Instinkt ist gleichzeitig auch die mächtigste aller Autosuggestionen.

Die widersprüchlichen Heilungstheorien

Es ist so langweilig wie unnötig, hier die zahlreichen Theorien aufzuzählen, die einerseits von den verschiedenen Glaubensgruppen und Sekten und andererseits von den Heilkünstlern angeboten werden. Nahezu alle bezeichnen die eigene Methode als die einzig richtige. Wie bereits gezeigt, ist die Widersprüchlichkeit der Theorien ein Beweis für ihre Unrichtigkeit.

Wie Sie wissen, gibt es eine unendliche Zahl von Heilmethoden. Franz Anton Mesmer (1734–1815), ein in Paris praktizierender österreichischer Arzt, glaubte, Magneten seien Allheilmittel, und verwendete sie bei den verschiedensten Krankheiten mit nahezu unglaublichem Erfolg. Bei anderen Kuren wandte er verschiedene Metalle und Glassorten an. Schließlich verzichtete er völlig auf die Verwendung von Gegenständen und führte seine Heilerfolge auf die Wirkung des sogenannten animalischen Magnetismus zurück, der seiner Theorie nach vom Arzt auf den Patienten ausstrahlte.

Von da an verließ er sich ausschließlich auf Hypnose, die zu seiner Zeit nach ihm »Mesmerismus« genannt wurde. Andere Ärzte stellten dagegen fest, es handle sich hier um nichts anderes als um Suggestion. Insgesamt wenden Psychiater, Psychologen, Osteopathen, Chiropraktiker, Ärzte und Kirchen – also alle Gruppen und Personen, die sich der seelischen und körperlichen Therapie verschrieben haben – ein und dasselbe Mittel an: die große und wirksame Macht des Unterbewusstseins. Jede Heilmethode möchte die Wirkung des Unterbewusstseins (*»natura sanat«*) gern für sich allein in Anspruch nehmen. Jedem Heilprozess liegt aber eine ganz bestimmte positive Einstellung zugrunde, genau die Denkweise, die wir als »Glauben« bezeichnen. Die Heilung entspringt der Zuversicht, die sich dem Unterbewusstsein als machtvolle Suggestion einprägt und alle seine Kräfte aktiviert. Sie allein hilft, egal mit welchen unterschiedlichen Namen, Methoden oder Techniken sie bezeichnet wird. Gute Ärzte wissen längst, wie ausschlaggebend der Wille ihrer Patienten ist.

Das einzige Heilprinzip, das existiert, ist der Glaube. Es gibt nur eine Heilkraft, und die liegt im Unterbewusstsein. Erforschen Sie dies ruhig und offen angesichts Ihrer eigenen Überzeugung. Sie dürfen auf den Erfolg vertrauen – Sie müssen nur fest daran glauben!

Die Ansichten des Paracelsus

Paracelsus, der berühmte Schweizer Alchemist und Arzt (1493–1541), war einer der größten Heiler seiner Zeit. Er vertrat eine für uns heute gesicherte wissenschaftliche Erkenntnis: »Ob der Inhalt deines Glaubens falsch oder richtig ist, die Wirkung ist die gleiche. Würde ich an eine bloße Statue des heiligen Petrus glauben, wie ich an den Apostel selbst geglaubt hätte, so würde dies – Glaube oder Aberglaube – in beiden Fällen die gleichen Ergebnisse bringen. Der Glaube selbst ist es, der echte Wunder wirkt. Und zwar wird er in jedem Fall dieselben Wunder wirken, egal ob es sich um den wahren Glauben oder um einen Aberglauben handelt.«

Pietro Pomponazzi, ein italienischer Philosoph und Zeitgenosse des Paracelsus, sagte dasselbe mit anderen Worten: »Man kann sich unschwer die wunderbaren Wirkungen vorstellen, die die Kräfte der Fantasie und des festen Vertrauens hervorrufen können, insbesondere wenn sie das Verhältnis zwischen Arzt und Patient bestimmen. Die dem Einfluss von Reliquien zugeschriebenen Heilungen sind letzten Endes nichts anderes als das Werk der von ihnen angeregten Fantasie und Zuversicht. Quacksalber und Philosophen wissen, dass, würden die Gebeine des Heiligen mit irgendwelchen anderen Knochen vertauscht, der Kranke gleichwohl die wohltuende Wirkung an sich erfahren würde, solange er glaubt, es handle sich um die echte Reliquie.«

Ob Sie persönlich nun an die wundersame Wirkung der Reliquien eines Heiligen oder an die Heilkraft bestimmter Wasser glauben – die suggestive Wirkung dieser Vorstellungen wird die gleiche Wirkung auf Ihr Unterbewusstsein ausüben. Und dieses allein ist für die Gesundung zuständig.

Die Bernheim'schen Experimente

Hippolyte Bernheim, von 1910 bis 1919 Professor an der medizinischen Fakultät der Universität Nancy in Frankreich, vertrat mit Nachdruck die Überzeugung, das Unterbewusstsein sei die Brücke, auf der die Suggestion des Arztes den Patienten erreiche.

In seiner *Suggestiven Therapeutik* berichtet Bernheim von einem Fall von Zungenlähmung, die auf keine Behandlung ansprach. Eines Tages erzählte der Arzt dem Patienten, er könne ihn nun mit einem eben entdeckten Instrument absolut sicher heilen. Darauf steckte er ihm ein Fieberthermometer in den Mund. Der Kranke hielt es für das unbedingt zuverlässig wirkende »neue Instrument«. Nach einigen Augenblicken rief er voll Freude, er könne seine Zunge nun wieder völlig frei bewegen.

Bernheim fährt fort: »Die gleiche Erscheinung kennen wir auch von unseren Patienten. So suchte mich einmal ein Mädchen auf, das bereits seit etwa vier Wochen seine Sprechfähigkeit völlig verloren hatte. Nach einer sorgfältigen Untersuchung gelangte ich zu einer eindeutigen Diagnose. Darauf stellte ich die Patientin meinen Studenten vor, denen aus meinen Vorlesungen bekannt war, dass Sprachhemmungen gelegentlich durch die rein suggestive und nicht etwa physiologische Wirkung eines Elektroschocks sofort zu beheben sind. Ich legte die Pole des Induktionsapparates am Kehlkopf an, bewegte sie einige Male hin und her und sagte dann: ›Jetzt können Sie wieder laut sprechen!‹ Und sofort ließ ich die Patientin zuerst ›A‹, dann ›B‹ und dann ›Maria‹ sagen. Sie formte die Laute völlig klar, und die Sprachstörung war restlos verschwunden.«

Bernheim liefert hier ein Beispiel für die Macht des Glaubens und der Zuversicht, die als machtvolle Suggestion auf das Unterbewusstsein eines Kranken einwirken.

An anderer Stelle berichtet Bernheim, am Nacken eines Patienten habe sich eine Blase gebildet, als er dort eine Briefmarke aufklebte und behauptete, es sei ein Zugpflaster. Solche Erscheinungen werden auch durch die Erfahrungen und Experimente vieler anderer Ärzte in allen Teilen der Welt bestätigt, die eindeutig beweisen, dass mündliche Suggestionen strukturelle Veränderungen bei den Behandelten hervorrufen können.

Die Ursache blutender Stigmata

In seinem Buch *Law of Psychic Phenomena* (Das Gesetz psychischer Erscheinungen) stellt Dr. Thomas J. Hudson fest: Blutstürze und blutende Stigmata (Wundmale) können in manchen Fällen durch Suggestion hervorgerufen werden.

So versetzte Dr. M. Bourru eine Versuchsperson, einen jungen Mann, in Hypnose und suggerierte ihm: »Sie werden heute Nachmittag um vier Uhr mein Sprechzimmer aufsuchen, sich an meinen Schreibtisch setzen, die Arme über der Brust kreuzen und Nasenbluten bekommen.« Zur festgesetzten Zeit erschien der junge Mann, tat, wie ihm suggeriert, und mehrere Tropfen Blut sickerten aus dem linken Nasenloch.

Bei einer anderen Gelegenheit schrieb Dr. Bourru mit einem stumpfen Instrument den Namenszug der Versuchsperson auf deren linken Unterarm. Dann versetzte er sie in Hypnose und sagte: »Heute Nachmittag um vier Uhr werden Sie einschlafen, und an den von mir eben berührten Stellen wird Blut austreten, sodass Ihr Name in Blut geschrieben auf Ihrem Arm erscheint.« Der junge Mann wurde unter Beobachtung gestellt. Um vier Uhr schlief er ein, und auf seinem linken Arm trat der Schriftzug deutlich hervor; an einigen Stellen sickerte sogar Blut durch die Haut. Die Buchstaben wurden im Lauf der Zeit schwächer, waren aber selbst noch nach drei Monaten deutlich sichtbar.

Diese und ähnliche wissenschaftliche Experimente beweisen eindeutig die Richtigkeit unserer beiden oben genannten Tatsachen. Erstens: *Das Unterbewusstsein ist stets durch die Macht der Suggestion beeinflussbar.* Und zweitens: *Das Unterbewusstsein steuert sämtliche physischen Funktionen, Empfindungen und Zustände.*

Alle hier geschilderten Erscheinungen beweisen eindeutig die Möglichkeit, durch Suggestion anomale Erscheinungen hervorzurufen. Sie liefern gleichzeitig den schlüssigen Nachweis für den Satz: »*Wie einer in seinem Herzen denkt, so ist er.*« (Sprüche 23,7. Das »Herz« ist das Unterbewusstsein.)

Leitgedanken

1. Machen Sie sich immer wieder deutlich, dass Ihr eigenes Unterbewusstsein die einzige und wahre Heilkraft bewirkt. Richten Sie Ihre Gedanken auf das zu heilende Organ und stellen Sie sich seine Gesundung vor!
2. Vergessen Sie nie: Der Glaube senkt sich wie ein Samen in Ihr Unterbewusstsein, schlägt dort Wurzeln und trägt die entsprechende Frucht. Pflanzen Sie Ihrem Geist Ihre Vorstellung als Samen ein, glauben Sie fest daran, und sie wird in Erfüllung gehen.
3. Ihre Idee für ein Buch, eine neue Erfindung oder etwas Ähnliches stellt eine geistige Wirklichkeit dar. Deshalb dürfen Sie auch glauben, dass Sie diesen Gedanken bereits besitzen. Glauben Sie fest an die Realität Ihrer Idee, Ihres Plans oder Ihrer Erfindung – und sie wird sich gleichzeitig verwirklichen. Das gilt in entsprechender Weise für Ihre Gesundheit.
4. Wenn Sie für einen anderen beten, so tun Sie das in der Überzeugung, dass Ihre Vorstellungen von Gesundheit, Schönheit und Vollkommenheit die negativen Denkmuster im Unterbewusstsein des Betreffenden ändern und somit einen grundlegenden Wandel schaffen können.
5. Die Wunderheilungen, die sich an vielen Wallfahrtsorten ereignen, sind auf die Suggestionswirkung zurückzuführen, die die Fantasie und der blinde Glaube auf das Unterbewusstsein ausüben, wodurch sie dessen Heilkräfte aktivieren.
6. Sehr viele Krankheiten sind psychischen Ursprungs. Es gibt kaum eine körperliche Erscheinung, die nicht die Reaktion auf eine Vorstellung Ihres Geistes wäre.

7. Durch hypnotische Suggestion können die Symptome nahezu aller Krankheiten hervorgerufen werden. Dies beweist die Macht der Gedanken.
8. Das einzige Heilprinzip, das existiert, ist der Glaube. Es gibt nur eine Heilkraft, und deren Quelle ist Ihr Unterbewusstsein.
9. Ihr Unterbewusstsein reagiert auf die Inhalte Ihres Geistes. Das entsprechende Ergebnis wird sich einstellen, gleichgültig, ob Sie einem wahren oder einem Irrglauben anhängen. Betrachten Sie Ihren Glauben als eine geistige Wirklichkeit, und alles andere ergibt sich von selbst.

Wer sich gesund fühlt, wird gesund. Wer sich reich fühlt, wird reich. Wie fühlen Sie sich?

Kapitel 5

Die heilende Kraft des Unterbewusstseins heute

Denken und planen Sie ohne Rücksicht auf bewährte Methoden. Es gibt immer eine Lösung – für jedes Problem.

Nahezu jeder Mensch denkt darüber nach, wie die körperlichen und seelischen Verletzungen der Menschen am besten zu heilen sind. Was bewirkt die Genesung? Wo findet man die Heilkraft? – Wer hat sich das noch nicht gefragt? Die Antwort ist, dass dieses Heilprinzip im Unterbewusstsein jedes Menschen liegt und der Kranke nur seine geistige Einstellung zu ändern braucht, um wieder gesund zu werden.

Kein Priester, Naturheilkundler, Psychologe, Psychiater oder Mediziner hat je einen Patienten geheilt. Ob Priester oder Arzt – sie haben »nur« das dem Menschen immanente Selbstheilungsvermögen in Gang gebracht oder unterstützt. Wie bereits zitiert: »*Medicus curat, natura sanat*«, »Der Arzt verbindet die Wunde, Gott heilt sie.« Der Psychologe oder Psychiater heilt seine Patienten, indem er die geistigen Hindernisse beseitigt, die die positive Kraft des Unterbewusstseins bremsen. In ähnlicher

Weise stellt der Chirurg den ungehinderten Kreislauf wieder her, indem er die physischen Hindernisse entfernt. Kein seriöser Arzt, Chirurg oder anderer Heilkundiger wird behaupten, er habe den Patienten »geheilt«. Es gibt nur eine einzige Heilkraft, und diese trägt viele Namen – Natur, Leben, Gott, schöpferisches Prinzip, Allweisheit, die Macht des Unterbewusstseins.

Wie bereits erklärt, gibt es eine Vielzahl von Methoden, um die geistigen, emotionalen und physischen Sperren zu entfernen, die das uns alle durchfließende Lebensprinzip behindern. Wird die in Ihrem Unterbewusstsein wohnende Energie von Ihnen selbst oder einem anderen in die richtigen Bahnen gelenkt, so kann und wird diese Geist und Körper von allen Krankheiten heilen. Dieses Prinzip wirkt in allen Menschen ohne Rücksicht auf Herkunft, Hautfarbe, Religion oder Konfession. Das Unterbewusstsein heilt auch die Wunden und Verletzungen von Atheisten oder Agnostikern.

Die Methode der mentalen Therapie beruht auf der Einsicht, dass die Macht Ihres Unterbewusstseins proportional zu Art und Tiefe Ihres Glaubens reagiert. Der weltliche wie der geistliche Vertreter der mentalen Therapie befolgt die Gebote der Bibel und »schließt sich ein in seinem stillen Kämmerlein«, das heißt, er entspannt sich, befreit sein Denken von allen Ablenkungen und konzentriert sich ausschließlich auf seine Kraft. Er verschließt seinen Geist vor den Einflüssen der äußeren Welt und vertraut seinem Unterbewusstsein sein Anliegen an – er weiß, dass eine innere Idee ihm die beste Lösung bringen wird.

Die wunderbarste Erkenntnis ist diese: Stellen Sie sich das gewünschte Ergebnis so lebendig wie nur möglich als bereits verwirklicht vor, und das Prinzip des Lebens wird auf Ihre bewusste Entscheidung und Ihren klar umrissenen Wunsch reagieren. Das ist die eigentliche Bedeutung des Bibelwortes *»Glaubt, ihr habet empfangen, und es wird euch gegeben werden«*. Genau darin besteht die Gebetstherapie.

Der Heilungsprozess

Es gibt nur ein einziges Heilprinzip, das überall und in jedem wirkt. Wir können es bewusst so lenken, dass es uns auf unzählige Weise Segen bringt.

Es gibt viele Techniken und Methoden, diese Macht für sich zu nutzen, aber es gibt nur einen einzigen Heilungsprozess: den Glauben. Denn, wie die Bibel sagt: *»Es geschieht euch nach eurem Glauben.«*

Das Gesetz des Glaubens

Alle Religionen lehren bestimmte Glaubensinhalte, die in sehr unterschiedlicher Weise erklärt werden. Das Gesetz des Lebens ist identisch mit dem Gesetz des Glaubens. Was glauben Sie in Hinsicht auf sich selbst, das Leben und das Universum? Denn: *Für was auch immer Sie im Geiste beten, es wird sich für Sie erfüllen.*

Der Glaube ist eine geistige, eine gedankliche Wirklichkeit, die – je nach Ihren Denkmustern – die Macht Ihres Unterbewusstseins in allen Phasen Ihres Lebens wirken lässt. Sie müssen sich vor Augen halten, dass die Bibel nicht von Ihrem Glauben an ein Ritual, eine Zeremonie, Form, Institution, an Menschen oder an eine Formel spricht – der Inhalt Ihres Glaubens ist identisch mit dem Inhalt Ihres Denkens. Was Sie denken, glauben Sie. *»Alles ist möglich dem, der glaubt.«* (Markus 9,23)

Es ist töricht zu glauben, es gäbe etwas, das Ihnen aus sich heraus schaden könnte. Es ist nicht entscheidend, *was* Sie glauben, sondern *dass* Sie es glauben. Denn alle Ihre Erlebnisse, Ihre Handlungen und alle Ereignisse und Umstände Ihres Lebens sind nur eine Reaktion auf Ihre Gedanken.

Die wissenschaftliche Steuerung von Bewusstsein und Unterbewusstsein

Bei der Gebets- oder Meditationstherapie werden die Funktionen des Bewusstseins und des Unterbewusstseins methodisch vereinigt und auf ein bestimmtes Ziel hingelenkt. Beim effektiven Gebet müssen Sie genau wissen, was Sie tun und warum Sie es tun. Sie setzen Ihr Vertrauen in das Prinzip der Heilung, und genau das wird bei der Gebets- oder Meditationstherapie – manchmal auch als »psychologische oder geistige Heilkunst« bezeichnet – umgesetzt.

Bei dieser Art von Therapie wählen Sie eine ganz bestimmte Idee, ein geistiges Bild oder einen Plan, die oder das Sie verwirklichen möchten. Der Inhalt der Gedanken und Vorstellung wird dem Unterbewusstsein dadurch eingeprägt, dass Sie sich dies sehr lebendig als bereits verwirklicht vorstellen. Falls Sie unerschütterlich an dieser Vorstellung des bereits erfüllten Wunsches festhalten, wird Ihr Gebet erhört werden. Die Gebets- oder Meditationstherapie besteht im Vollzug einer ganz bestimmten geistigen Handlung, die auf ein klar umrissenes, besonderes Ziel gerichtet ist.

Angenommen, Sie wollen mit dieser Methode eine bestimmte Schwierigkeit lösen. Sie sind sich bewusst, dass Ihr Problem (Ihre Krankheit oder worum es sich sonst handeln mag) durch negative Gedanken verursacht wurde, die – durch Furcht noch verstärkt – sich Ihrem Unterbewusstsein eingeprägt haben. Andererseits sind Sie sicher, sich von Ihrer Last befreien zu können, indem Sie alle negativen Gedanken aus Ihrem Geist verbannen.

Wenden Sie sich deshalb direkt an die in Ihrem Unterbewusstsein liegende Kraft und rufen Sie sich ihre Macht, ihr Wissen und ihre Fähigkeit, alles zum Guten zu wenden, ins Gedächtnis. Indem Sie sich dies bewusst machen, überwinden Sie die Angst und alle falschen Vorstellungen, die sich in Ihrem Geist breitgemacht hatten.

Bedanken Sie sich schließlich für Ihre Heilung und vermeiden Sie jeden weiteren Gedanken an Ihr Problem, bis Sie wieder beten oder meditieren möchten. Lassen Sie während Ihrer Gebete negative Gedanken und Zweifel an Ihrer Heilung nicht aufkommen. Diese Einstellung verbindet Bewusstsein und Unterbewusstsein zu einem effektiven Ganzen.

Was heißt »gesundbeten«, und wie wirkt blinder Glaube?

Das sogenannte Gesundbeten hat nichts mit dem biblischen Glauben zu tun, der ja im Wissen um die Wechselbeziehungen zwischen Bewusstsein und Unterbewusstsein besteht. Ein Gesundbeter heilt ohne wirkliches Verständnis der hier wirksamen Mächte und Kräfte. Meist behauptet er, er besitze eine »besondere Gabe« zu heilen, aber Erfolge sind nur auf den blinden Glauben des Kranken zurückzuführen.

So heilen Medizinmänner im südlichen Afrika und bei den Naturvölkern in aller Welt durch Zaubergesänge und magische Tänze. In anderen Fällen wird die Gesundung auf die Berührung von Reliquien zurückgeführt. Wichtig ist nur, dass der Kranke von der Wirksamkeit der angewandten Mittel und Methoden restlos überzeugt ist.

Jedes Vorgehen, das den Geist von Angst und Sorgen befreit und stattdessen mit Glauben und Zuversicht des Positiven erfüllt, wird Heilung bringen.

Es gibt viele Menschen, die – wie gesagt – in einem Atemzug auf die von ihnen mit ihren jeweiligen Theorien erzielten Erfolge hinweisen und diese völlig zu Unrecht als Beweise für die Richtlinien ihrer Theorien anführen.

Nehmen wir ein Beispiel blinden Glaubens. Den berühmten Arzt Franz Anton Mesmer habe ich Ihnen schon vorgestellt. Im Jahre 1776 führte er seine Heilerfolge auf die Anwendung künstlicher Magnete zurück, mit denen er über die erkrankten Körperteile hinwegstrich. Später verzichtete er darauf und entwickelte die Theorie des »tierischen Magnetismus«. Seiner Ansicht nach beruhte dessen Wirkkraft auf einem Fluidum, das den gesamten Kosmos erfüllt, jedoch im menschlichen Organismus am stärksten konzentriert ist.

Er behauptete, dieses magnetische Fluidum ginge von ihm auf die Patienten über und heile sie. Bald strömten die Kranken in Scharen zu ihm, und es gelangen ihm tatsächlich einige außergewöhnliche Heilungen.

Nachdem sich Mesmer in Paris niedergelassen hatte, ernannte die Regierung eine aus Ärzten und Mitgliedern der Akademie der Wissenschaften bestehende Untersuchungskommission, der auch Benjamin Franklin angehörte. Der von ihr vorgelegte Bericht bestätigte zwar die von Mesmer behaupteten Heilerfolge, fand aber keinerlei Anhaltspunkte für die Richtigkeit seiner Fluidum-Theorie, sondern betrachtete die Fantasie der Patienten als die eigentliche Quelle der überraschenden Heilwirkung.

Bald danach wurde Mesmer des Landes verwiesen, und er starb im Jahre 1815. Kurze Zeit später gelang Dr. Braid aus Manchester der wissenschaftliche Nachweis, dass zwischen dem angeblichen magnetischen Fluidum und Dr. Mesmers Heilungen kein ursächlicher Zusammenhang bestand. Dr. Braid versetzte seine Versuchspersonen in einen hypnotischen Schlaf und rief in diesem Zustand eine ganze Reihe der gleichen Erscheinungen hervor, die Mesmer der Wirkung des Magnetismus zugeschrieben hatte.

Ganz offensichtlich wurden alle diese Heilungen durch den Einfluss einer starken Suggestion auf die Fantasie und das Unterbewusstsein der Patienten bewirkt. Da die wahren Hintergründe zu jener Zeit noch nicht bekannt waren, kann man hier ausnahmslos von Fällen blinden Glaubens sprechen.

> *Ihr Geist ist nicht böse. Nichts Ursprüngliches ist böse. Es hängt lediglich davon ab, wie Sie sich ihn zunutze machen. Nutzen Sie Ihren Geist, um Menschen überall glücklich zu machen, zu heilen und zu inspirieren.*

> *Im Laufe von jeweils elf Monaten wird der menschliche Körper stofflich erneuert. Gestalten Sie also Ihren Körper neu, indem Sie Ihre Einstellung nachhaltig und positiv verändern.*

> *Wenn Ihr Geist entspannt ist und Sie einen Gedanken akzeptiert haben, arbeitet auch Ihr Unterbewusstsein daran, diesen Gedanken zu akzeptieren.*

Der subjektive Glaube

Wie bereits ausführlich dargestellt wurde, ist das Unterbewusstsein (der subjektive Geist) jedes Menschen ebenso sehr dem bestimmenden Einfluss des eigenen Bewusstseins (des objektiven Geistes) unterworfen wie der Suggestionskraft anderer Menschen. Wenn Sie aktiv oder passiv an etwas Bestimmtes glauben, wird sich Ihr Unterbewusstsein – völlig unabhängig von Ihrer objektiven Einstellung – ausschließlich von der betreffenden Suggestion leiten lassen, und Ihr Wunsch geht in Erfüllung.

Geistige Heilungen beruhen ausschließlich auf der Wirkung eines rein subjektiven Glaubens, und dieser kommt dadurch zustande, dass das Bewusstsein (der objektive Geist) alle verstandesmäßigen Einwände fallen lässt.

Für die physische Heilwirkung ist es förderlich, wenn sich objektive und subjektive Überzeugung decken. Das muss jedoch nicht unbedingt sein, wenn es Ihnen gelingt, Geist und Körper völlig zu entspannen, bis Ihr Unterbewusstsein in einer Art von Dämmerschlaf für subjektive Eindrücke besonders empfänglich wird.

Vor Kurzem fragte mich ein Herr: »Wieso konnte mich ein Geistlicher heilen? Ich glaubte ihm kein Wort, als er mir sagte, es gebe weder Krankheit noch ein stoffliches Universum.«

Dem Mann schien diese Behauptung völlig absurd, und er betrachtete sie zunächst als eine Beleidigung seiner Intelligenz. Trotzdem lässt sich seine Heilung leicht erklären. Er wurde aufgefordert, sich eine Weile völlig passiv zu verhalten und weder zu sprechen noch an irgendetwas zu denken. Der Geistliche versetzte sich selbst in einen tranceartigen Zustand und suggerierte seinem Unterbewusstsein etwa eine halbe Stunde lang ununterbrochen, dass sein Besucher völlig gesund werden würde und ein Leben in Glück und Zufriedenheit führen werde. Der Kranke fühlte sich plötzlich ungeheuer erleichtert und war von da an geheilt.

Indem er sich den Anordnungen des Geistlichen unterwarf und dessen Therapie völlig passiv über sich ergehen ließ, hatte der Patient einen Akt des subjektiven Glaubens vollzogen, der sein Unterbewusstsein den heilenden Suggestionen des Geistlichen öffnete. Es war damit eine direkte Verbindung zwischen dem Unterbewusstsein des Behandelnden und dem des Patienten geschaffen.

Der Erfolg der Behandlung wurde also nicht durch die entgegengesetzte Autosuggestion des Patienten behindert, die durch seinen Zweifel an der Theorie des Geistlichen ausgelöst wurde. Während des oben beschriebenen Dämmerzustands wird nämlich der Widerstand des Bewusstseins auf ein Mindestmaß beschränkt, und somit steht einer erfolgreichen Behandlung nichts mehr im Wege. Da das Unterbewusstsein des Patienten völlig der Macht der Fremdsuggestion ausgesetzt war, reagierte es entsprechend und führte die Gesundung herbei.

Wesen und Wirkung der Fernbehandlung

Stellen Sie sich vor, Sie erfahren, dass Ihre in einer anderen Stadt lebende Mutter schwer erkrankt sei. In diesem Fall wäre Ihnen eine sofortige physische Hilfeleistung unmöglich, aber Sie könnten ihr durch die Kraft des Gebets beistehen. *»Denn der Vater, der in dir wohnt, bringt Rat und Hilfe.«*

Das Lebensprinzip des Geistes wirkt immer und überall für Sie. Da Ihr Unterbewusstsein völlig automatisch reagiert, besteht die Fernbehandlung ganz einfach darin, dass Sie Ihr Denken und Fühlen auf Vorstellungen von Gesundheit und Lebensfreude richten. Da es nur ein einziges, allen gemeinsames Unterbewusstsein gibt, wird Ihr Vorstellungsbild auch auf das Unterbewusstsein Ihrer Mutter einwirken. Ihre auf Gesundheit, Vitalität und Lebenslust gerichteten Gedanken werden durch das Medium des universellen Unterbewusstseins übertragen und lösen einen geistigen Prozess aus, der den Organismus Ihrer Mutter heilt.

Für dieses geistige Prinzip gibt es keine zeitliche oder räumliche Begrenzung, und deshalb spielt auch der Aufenthaltsort Ihrer Mutter keine Rolle. Aufgrund der Ubiquität des universellen Geistes kann man eigentlich nicht von einer Fernbehandlung – im Gegensatz zu einer an Ort und Stelle persönlich vorgenommenen Therapie – sprechen. Dabei kommt es nicht darauf an, dass Ihre Gedanken immer fern bei Ihrer Mutter sind; vielmehr beruht die Behandlung auf der dynamischen Kraft lebendiger Vorstellungen von Gesundheit, Wohlbefinden und Entspannung, die sich auf das Unterbewusstsein

Ihrer Mutter übertragen und dort die gewünschte Wirkung entfalten.

Der folgende Fall ist ein typisches Beispiel einer sogenannten Fernbehandlung. Eine in Los Angeles ansässige Hörerin meiner Radiosendung betete Folgendes für ihre in New York wohnende, an einer schweren Thrombose leidende Mutter: »Die geistige Heilkraft ist überall und umgibt auch meine Mutter in der Ferne. Ihre körperliche Krankheit ist das Spiegelbild ihrer gewohnheitsmäßigen Vorstellungen und Gedanken. Der Geist projiziert seine Bilder auf den Körper, als ob dieser eine Filmleinwand wäre. Um den Ablauf der Geschehnisse zu ändern, muss ich also eine andere Filmspule einlegen. Mein Geist übernimmt die Aufgabe des Projektors, und ich strahle nun Vorstellungsbilder aus, in denen meine Mutter völlig geheilt und gesund erscheint. Die gleiche Kraft, die den Körper meiner Mutter mit all seinen Organen schuf, durchdringt und heilt nun jedes ihrer Atome; Friede und Harmonie durchfluten jede Zelle ihres Körpers. Eine göttliche Kraft hilft den behandelnden Ärzten, und jede Hand, die den Körper meiner Mutter berührt, bringt Segen und Heilung. Ich weiß, es gibt in Wirklichkeit keine Krankheit, sonst könnte niemand gesund werden. Ich verbünde mich mit dem Prinzip der Liebe und des Lebens, ich weiß und will, dass diese Gedanken meiner Mutter Harmonie, Gesundheit und Frieden bringen.«

Sie wiederholte dieses Gebet täglich mehrere Male, bis nach einigen Tagen zur großen Überraschung des behandelnden Spezialisten bei der Mutter eine außergewöhnliche Besserung eintrat. Er drückte ihr seine Bewunderung über ihren festen Glauben an Gottes Allmacht aus. Die Vorstellungen und Schlussfolgerungen der Tochter setzten den gesetzmäßigen Ablauf des geistig-schöpferischen Prinzips in Gang, das sich – im Körper der Mutter – als völlige Gesundheit auswirkte. Die von der Tochter als bereits verwirklicht visualisierte Heilung war sehr bald eingetreten.

Die kinetische Kraft des Unterbewusstseins

Ein befreundeter Psychologe unterzog sich einer Röntgenuntersuchung, bei der sich herausstellte, dass einer seiner Lungenflügel bereits deutliche Spuren von Tuberkulose aufwies. Daraufhin gewöhnte er sich an, jeden Abend vor dem Einschlafen die folgenden, von fester Überzeugung getragenen Gedanken zu sagen: »Jede Zelle, jeder Nerv, jedes Gewebe und jeder Muskel meiner Lunge wird in diesem Augenblick von aller Krankheit geheilt. Die Gesundheit und das Gleichgewicht meines Organismus werden wieder völlig hergestellt.«

Das ist zwar kein wörtliches Zitat, wohl aber der Sinn seiner Sätze. Eine etwa vier Wochen später wiederholte Röntgendurchleuchtung erwies, dass die Erkrankung vollständig ausgeheilt war.

Um seine Methode zu verstehen, fragte ich ihn, warum er die oben geschilderten Überlegungen gerade vor dem Schlafengehen anstellte. Er antwortete: »Die kinetische Wirkung des Unterbewusstseins hält die gesamte Schlafenszeit hindurch an. Deshalb sollte man sich gerade ehe man einschläft mit positiven Gedanken beschäftigen.« Das ist eine sehr kluge Erkenntnis, denn wer sich auf die Vorstellungen von Harmonie und völliger Gesundheit konzentriert, vermeidet jeden Gedanken an seine Probleme.

Ich möchte Ihnen deshalb sehr nachdrücklich ans Herz legen, über Ihre Schwierigkeiten nicht zu sprechen und sie nicht beim Namen zu nennen. Je mehr man sie nämlich beachtet und fürchtet, desto schlimmer werden sie. Werden Sie wie mein Freund, der Psychologe, geistiger Chirurg: Entfernen Sie mit einem entschlossenen Schnitt alles negative Denken, wie man ja auch vertrocknete Äste an einem gesunden Baum wegschneidet.

Solange Sie immer Ihre Probleme und deren Symptome im Blick haben, hemmen Sie die kinetische Wirkung des Unterbewusstseins und verhindern die volle Entfaltung seiner Heilkraft. Außerdem werden negative Vorstellungsbilder wegen der eigengesetzlich gestaltenden Kraft Ihres Geistes nur allzu leicht Wirklichkeit – gerade das, was man so sehr befürchtet.

Leitgedanken

1. Führen Sie sich vor Augen, was Ihnen wirklich Heilung schenkt. Gewinnen Sie die feste Überzeugung, dass Ihr Unterbewusstsein bei fachgerechter Beeinflussung Seele und Körper genesen lässt.
2. Legen Sie sich einen genauen Plan zurecht, wie Sie Ihrem Unterbewusstsein Ihre Wünsche und Anordnungen mitteilen wollen.
3. Malen Sie sich die Erfüllung Ihres Wunsches in kräftigen Farben aus und betrachten Sie ihn als bereits verwirklicht. Wer die nötige Ausdauer und Konzentration mitbringt, wird nicht lange auf den Erfolg warten müssen.
4. Bedenken Sie, was das Wort »Glaube« wirklich bedeutet: ein Ihrem Geist gegenwärtiger Gedanke. Und jeder Gedanke besitzt die schöpferische Kraft, sich zu verwirklichen.
5. Es wäre töricht zu glauben, eine Krankheit oder etwas anderes könne Ihnen Schaden oder Schmerz zufügen. Lassen Sie sich durch nichts von Ihrem festen Glauben an völlige Gesundheit, an Erfolg, Wohlstand und Zufriedenheit abbringen.
6. Machen Sie sich große und positive Gedanken zur Gewohnheit, und diese werden sich in große und gute Taten verwandeln.
7. Nützen Sie die unendliche Macht des Gebetes. Entwickeln Sie einen bestimmten Plan, eine Idee, ein geistiges Bild. Identifizieren Sie sich kraft Ihres Geistes und Ihrer Fantasie mit jener Vorstellung, halten Sie an der richtigen geistigen Einstellung fest, und Ihr Gebet wird erhört werden.

8. Denken Sie immer daran, dass die Macht zu heilen jedem geschenkt wird, der sie ersehnt und überzeugt an sie glaubt. Glaube bedeutet hier das Wissen um die eigentliche Arbeits- und Wirkungsweise von Bewusstsein und Unterbewusstsein. Der richtige Glaube stellt sich erst mit dem richtigen Verständnis ein.
9. Einen »blinden Glauben« besitzt, wer ohne wissenschaftliche Kenntnis der wirksamen Kräfte und Mächte Heilerfolge erzielt.
10. Lernen Sie, wie man für Kranke betet, die einem nahestehen. Beruhigen und entspannen Sie Ihren Körper und Geist, und Ihre Gedanken an Gesundheit, Vitalität und Lebensenergie werden durch den ubiquitären subjektiven Geist dem Unterbewusstsein Ihres Freundes oder Angehörigen mitgeteilt, wo sie ihre heilende Wirkung entfalten.

Im Schlafzustand wird der Widerstreit zwischen Bewusstsein und Unterbewusstsein aufgehoben. Stellen Sie sich vor dem Einschlafen immer wieder die Erfüllung Ihrer Wünsche vor. Schlafen Sie friedlich ein und erwachen Sie mit Vorfreude.

Kapitel 6

Die Anwendbarkeit in der Praxis

Das Gesetz des Lebens und das Gesetz des Glaubens sind ein und dasselbe. Glauben heißt denken, in Ihrem Geist denken. Glauben Sie nicht an Dinge, die Ihnen schaden oder Sie verletzen könnten. Glauben Sie an die heilende, inspirierende, stärkende und bereichernde Macht Ihres Unterbewusstseins. Was immer Sie auch glauben, es wird Ihnen widerfahren.

Jeder Fachingenieur beherrscht die zum Bau einer Brücke oder Maschine nötigen Techniken. Ganz ähnlich verfügt auch Ihr Geist über eine bestimmte Methode, mit deren Hilfe er über Ihr Leben bestimmt und lenkt. Die Beherrschung dieser Methoden und Techniken ist äußerst wichtig.

Der mit dem Bau der Golden Gate Bridge betraute Ingenieur besaß hervorragende Fachkenntnisse. Außerdem konnte er sich ein genaues Bild von dieser gewagten Konstruktion machen. Unter Verwendung gesicherter, wissenschaftlich erprobter Methoden baute er die Brücke, auf der wir heute die Bucht von San Francisco überqueren. Auch beim Beten sind bestimmte Regeln zu beachten, wenn Ihr Wunsch erhört werden soll. Dabei handelt es sich um einen genau festgelegten Vorgang. In unserer auf Gesetz und Ordnung beruhenden Welt geschieht nichts rein zufällig. Die folgenden Seiten führen Sie in einige praktische Techniken ein, die Ihr geistig-seelisches Leben bereichern und vervollkommnen werden. Ihre Gebete dürfen nicht in der Luft schweben bleiben wie ein Ballon, sondern müssen ans Ziel gelangen und Ihr Leben in der gewünschten Weise beeinflussen. Eine genauere Analyse des Gebets enthüllt die überraschende Vielzahl der möglichen Techniken und Methoden. Die rein formellen und rituellen Gebete, die einen festen Bestandteil des Gottesdienstes bilden, werden ausgeklammert, da sie nur für gemeinschaftliche Andachtsübungen von Bedeutung sind. Wir beschäftigen uns in diesem Buch ausschließlich mit dem persönlichen Gebet, insoweit es im täglichen Leben als Bitte um Hilfe für sich selbst und andere Anwendung findet.

Im Gebet formulieren wir einen auf ein ganz bestimmtes Ziel gerichteten Gedanken oder Wunsch. Der Betende verleiht der Sehnsucht seines Herzens Ausdruck. Mehr noch – Wunsch und Gebet sind ein und dasselbe. Als Gebet formulieren Sie Ihre wichtigsten Bedürfnisse, Ihre dringendsten Wünsche. *»Selig, die hungern und dürsten nach der Gerechtigkeit, denn sie werden gesättigt werden.«* (Matthäus 5,6) Das ist ein wirkliches Gebet: der Hunger und Durst des Menschen nach Frieden, Harmonie, Gesundheit, Freude und allen anderen Geschenken des Lebens.

Die Technik der gedanklichen Beeinflussung des Unterbewusstseins

Diese Technik besteht im Wesentlichen darin, das Unterbewusstsein zu veranlassen, die ihm vom Bewusstsein übermittelten Wünsche anzunehmen. Diese gedankliche Beeinflussung erfolgt am besten in einem tranceartigen Zustand. Die tiefen Schichten Ihres Geistes verfügen über tiefes Wissen und eine große Macht. Überdenken Sie also Ihren Wunsch in Ruhe und seien Sie überzeugt, dass von nun an seine Erfüllung näherrückt. Machen Sie es wie das kleine Mädchen, das an einem starken Husten und einer schmerzhaften Halsentzündung litt. Es erklärte wiederholt und voll Überzeugung: »Meine Erkältung vergeht bereits. Meine Erkältung vergeht bereits.« Nach einer Stunde waren die Symptome in der Tat verschwunden. Wenden Sie diese Technik mit dem gleichen unerschütterlichen, kindlichen Vertrauen an.

Das Unterbewusstsein nimmt jeden klar gezeichneten Plan an

Falls Sie für sich und Ihre Familie ein Haus bauen wollten, würden Sie den Plan sicher bis in die kleinsten Einzelheiten ausarbeiten und sorgfältig darüber wachen, dass er von den Bauleuten genauestens eingehalten wird. Auch auf das Material würden Sie achten und nur das beste verwenden. Wie aber steht es um das Heim Ihres Geistes und Ihre Pläne für ein Leben in Glück und Wohlstand? Alle Umstände und Ereignisse, alles in Ihrem Leben hängt ab von der Qualität der geistigen Bausteine, aus denen Sie das Heim Ihres Geistes errichten.

Ist Ihr Entwurf durch Sorgen und Ängste verzerrt und sind Sie niedergeschlagen, voll Zweifel und Zynismus, dann ist auch Ihr Geist von Mühe, Sorge, Spannungen, Befürchtungen und Einschränkungen gezeichnet.

Jeder wache Augenblick, den Sie dem Aufbau Ihres Lebens widmen, ist von grundlegendster und weitreichendster Bedeutung. Ein nur gedachtes Wort ist unhörbar und unsichtbar – aber dennoch existiert es in der Wirklichkeit. Sie sind ununterbrochen damit beschäftigt, die Heimstatt Ihres Geistes aus dem Material Ihrer Gedanken und Vorstellungsbilder zu erbauen. Jede Stunde, jede Sekunde können Sie nutzen, um auf der Grundlage Ihrer Gedanken, Ideen und Überzeugungen, deren szenische Abfolge sich ausschließlich auf der Bühne Ihres Geistes abspielt, ein von Gesundheit, Erfolg und Glück erfülltes Leben aufzubauen. In der Werkstatt Ihres Geistes schaffen Sie Ihre Persönlichkeit und Ihre Identität auf der Basis dieses Daseins. Auf diese Weise hinterlassen Sie in der Welt die Spuren Ihrer Lebensgeschichte.

Legen Sie sich einen neuen Plan zurecht. Führen Sie ihn ganz in der Stille aus, indem Sie von jetzt an Ihre Gedanken auf Glück, Erfolg, Freude und Positives richten. Indem Sie Ihr geistiges Auge auf diese Reichtümer konzentrieren und sie als ein Ihnen zustehendes Eigentum beanspruchen, werden Sie Ihr Unterbewusstsein zur Übernahme des neuen Planes bewegen und die Grundlage zur Verwirklichung Ihrer Träume legen. *»Bittet, so wird euch gegeben, suchet, so werdet ihr finden; klopfet an, so wird euch aufgetan.«* (Matthäus 7,7)

Die Methode und Kunst des richtigen Gebets

Das Wort »Methode« wird hier im Sinne von »Kenntnis« gebraucht, als ein geschlossenes System, das eine Reihe von Tatsachen sinnvoll vereinigt und ordnet. Wir verstehen also die »Methode und Kunst des richtigen Gebets« als die Vorgänge und Techniken, mit denen nicht nur Sie, sondern jeder gläubige Mensch die wahre Existenz der Prinzipien des Lebens beweisen und für sich und andere nutzen kann. Unter »Kunst« verstehen wir die von Ihnen gewählte Technik, die auf der bewiesenen Erkenntnis der Schöpferkraft des Unterbewusstseins und dessen Reaktion auf Vorstellungsbilder und Gedanken beruht.

»Bittet, und es wird euch gegeben werden; suchet, und ihr werdet finden; klopfet an, und es wird euch aufgetan werden.« (Matthäus 7,7) Diese Worte stellen Ihnen die Erfüllung aller Wünsche in Aussicht. Sie werden finden, wonach Sie suchen. Diese Bibelstelle lässt keinen Zweifel an der Existenz klarer geistiger und seelischer Gesetze. Das Wissen Ihres Unterbewusstseins wird immer und direkt auf Ihr bewusstes Denken reagieren. Wer um Brot bittet, wird keinen Stein erhalten. Doch nur das Gebet wird erhört werden, das mit Glauben unterstützt wird. Der Weg des Geistes führt vom Gedanken zum Gegenstand. Ohne ein bereits bestehendes Vorstellungsbild kann sich die Wirkung des Geistes nicht entfalten, da ihm Richtung und Ziel fehlen. Der Gegenstand Ihres Gebets – das ja, wie wir wissen, eine geistige Tätigkeit darstellt – muss Ihnen bereits als Vorstellungsbild gegenwärtig sein, denn andernfalls kann das Unterbewusstsein Ihren Wunsch weder erfassen noch verwirklichen. Ihr Geist muss sich also in einem vollkommenen, durch nichts eingeschränkten oder beeinträchtigten Zustand gläubiger Offenheit befinden.

Diese geistige Betrachtungsweise muss einhergehen mit einem Gefühl innerer Ruhe, das dem festen Vertrauen auf den gewünschten Erfolg entspringt. Die Kunst und Methodik des richtigen Gebets beruht also auf einer unabdingbaren Voraussetzung, nämlich dem klaren Wissen und restlosen Vertrauen, dass der bewusste Denkvorgang eine entsprechende Reaktion des Unterbewusstseins hervorrufen wird und dass dies identisch ist mit dem Prinzip des Lebens. Bei genauer Beachtung dieser Methode werden Ihre Gebete verwirklicht werden.

> *Unerfüllte Wünsche sind das Fundament aller Frustrationen. Wenn Sie sich durch Hindernisse oder Schwierigkeiten aufhalten lassen, reagiert Ihr Unterbewusstsein dementsprechend, und Sie blockieren sich selbst.*

Sie können durch die Gedanken, die Sie in dem verborgenen Atelier Ihres Geistes denken, vollkommene Gesundheit, Erfolg und Zufriedenheit erlangen.

Wünschen Sie sich, ohne Umwege ans Ziel zu gelangen – mit der sicheren Führung der Prinzipien des Geistes.

Die Technik der Visualisierung

Die einfachste und unmittelbarste Art, sich einen Gedanken zu vergegenwärtigen, ist, ihn zu visualisieren, ihn sich also bildlich vorzustellen und ihn mit dem geistigen Auge so lebendig zu erfassen, als würde man das Ziel tatsächlich sehen. Das Auge unseres Gesichtssinns erkennt nur, was in der sichtbaren Welt existiert. Ähnliches gilt für Ihr geistiges Auge, nur dass dieses die unsichtbaren Bereiche des Geistes durchdringt. Jedes Bild Ihrer Fantasie formt den Stoff Ihrer Träume und beweist die Existenz des Unsichtbaren. Die Produkte Ihrer Fantasie sind genauso wirklich vorhanden wie jeder beliebige Teil Ihres Körpers. Idee und Gedanke sind wirklich existent und werden eines Tages in der körperlichen Welt Gestalt annehmen, falls Sie fest und unbeirrt an dem betreffenden Vorstellungsbild festhalten.

Der Denkvorgang hinterlässt geistige Eindrücke, die ihrerseits feste Gestalt annehmen und als Ereignis in Ihr Leben treten. Der Bauherr hat eine genaue Vorstellung des Hauses, das er sich wünscht; noch vor dem ersten Spatenstich sieht er es vollendet vor sich. Die Bilder seiner Fantasie und seine Denkvorgänge werden zur Vorlage für das Gebäude. Der Zeichenstift macht seine Ideen sichtbar. Der Bauunternehmer beschafft die nötigen Materialien, die Handwerker errichten das Gebäude, bis es fertig ist – in völliger Übereinstimmung mit dem Vorstellungsbild des Bauherrn und Architekten.

Insbesondere vor öffentlichen Vorträgen wende ich gern die Technik der Visualisierung an. Ich entspanne mich, um dem Unterbewusstsein ungestört die gewünschten Bilder und Vorstellungen zu vermitteln. Als Nächstes stelle ich mir den Vortragssaal bis auf den letzten Platz von Frauen und Männern gefüllt vor, und alle sind sich der Kraft ihres Unterbewusstseins sicher. Ich sehe sie vor mir: befreit von Schmerzen und strahlend vor Glück.

Nachdem ich mir dieses Bild in allen Einzelheiten ausgemalt habe, halte ich an dieser Visualisierung fest und höre im Geiste begeisterte Rufe wie zum Beispiel »Es geht mir wieder gut!«, »Ich fühle mich herrlich!«, »Ich wurde auf der Stelle geheilt!«, »Ich bin völlig verändert!« Diese Vorstellungen genieße ich etwa zehn Minuten lang, in der festen Überzeugung, dass meine Zuhörer glücklich und zufrieden sein werden. Diese Vision erreicht einen Grad von Lebensechtheit, dass es mir vorkommt, als hörte ich tatsächlich viele Stimmen, die sich laut freuen. Zum Schluss lasse ich dieses Bild langsam verblassen und gehe zum Rednerpult. Kaum ein Vortrag vergeht, ohne dass nachher einige Zuhörer glückstrahlend versichern, ihre Gebete seien erhört worden.

Die mentale Film-Methode

Ein bekanntes Sprichwort lautet: »Ein Bild sagt mehr als tausend Worte.« William James, der Begründer der amerikanischen Psychologie, wies nachdrücklich darauf hin, dass das Unterbewusstsein jedes unbeirrt festgehaltene Vorstellungsbild verwirklicht: *»Tue so, als ob ich bereits da wäre, und ich werde da sein.«*

Während meiner Vortragsreisen durch mehrere Staaten im Mittleren Westen wünschte ich mir oft einen zentral gelegenen

Wohnsitz, von dem aus ich alle Vortragsstätten schneller erreichen könnte. Weite Strecken legte ich von diesem Wunsch begleitet zurück. Eines Abends in Spokane im Staat Washington zog ich mich auf mein Hotelzimmer zurück, legte mich entspannt auf mein Bett, schaltete alle bewussten Gedanken aus und stellte mir in diesem völlig passiven Zustand der Ruhe vor, ich stünde vor einer Zuhörerschaft, der ich sagte: »Ich freue mich, hier zu sein. Um diese ideale Gelegenheit habe ich gebetet.« So lebendig war diese imaginäre Zuhörerschaft vor meinem geistigen Auge, als ob sie tatsächlich da wäre. Ich sah mich sozusagen selbst als Hauptdarsteller in einem Film und war fest überzeugt, die Bilder meiner Fantasie würden in mein Unterbewusstsein übertragen, das auf seine eigene Weise für die Verwirklichung sorgen würde. Als ich am nächsten Morgen erwachte, erfüllte mich tiefe Zufriedenheit. Wenige Tage später erhielt ich ein Telegramm mit der Bitte, die Leitung einer Organisation im Mittleren Westen zu übernehmen. Begeistert ergriff ich die ersehnte Gelegenheit, auf Jahre hinaus einer lohnenden und befriedigenden Tätigkeit nachzugehen.

Diese Methode fand großen Anklang bei vielen Ratsuchenden, die sie als die »Film-Methode« bezeichneten. Im Anschluss an meine wöchentlichen Vorträge und Radiosendungen erhielt ich zahlreiche Briefe, die mir vom außerordentlichen Erfolg dieser Technik beim Verkauf von Immobilien berichteten. Deshalb möchte ich all jenen, die Häuser oder Grundstücke veräußern wollen, raten, sich zunächst von der Angemessenheit des gewünschten Preises zu überzeugen. Als Nächstes müssen Sie den festen Glauben gewinnen, Ihr Unterbewusstsein führe Ihnen den Käufer zu, der sich schon immer ein Haus oder Grundstück dieser Art gewünscht hat und damit glücklich wird. Darauf versetzen Sie sich am besten in einen Zustand völliger körperlicher und geistiger Entspannung, eine Art von Dämmerschlaf, in dem alle bewussten Anstrengungen auf ein

Mindestmaß beschränkt werden. In diesem Halbschlaf muss Ihre Fantasie tätig werden. Sie halten im Geiste voller Freude den Kauferlös in der Hand und bedanken sich aus vollem Herzen für diese günstige Wendung – leben Sie sich möglichst intensiv in diese Rolle hinein und malen Sie sich die Erfüllung Ihres Wunsches mit den stärksten Farben aus. Besonders geeignet sind hierfür die letzten Minuten vor dem Einschlafen. Sie müssen so tun, als wäre dies alles schon Wirklichkeit. Nur dann wird das Unterbewusstsein die Vorstellung annehmen und realisieren. Eine gläubig und beharrlich im Geist festgehaltene bildliche Vorstellung wird sich unbedingt verwirklichen.

Die Baudouin-Technik

Charles Baudouin war Professor am Rousseau-Institut in Frankreich. Er war ein hervorragender Psychotherapeut und leitete die Forschungsabteilung der neuen therapeutischen Schule in Nancy. Schon 1910 lehrte er, dass das Unterbewusstsein am leichtesten in einem schlafartigen Zustand zu beeinflussen sei, indem jede bewusste Anstrengung auf ein Minimum reduziert werde. Hatte er sich in diesen völlig passiven Zustand versetzt, so prägte er dem Unterbewusstsein durch Konzentration die gewünschte Vorstellung ein. Er fasste seine Methode in der folgenden Formel zusammen: »Am einfachsten und wirkungsvollsten wird dem Unterbewusstsein die gewünschte Vorstellung suggeriert, indem man sie zu einem kurzen, einprägsamen Satz verdichtet, der dann – gleichsam als Schlaflied – ständig wiederholt wird.«

Eine junge Dame aus Los Angeles war in einen langwierigen Erbschaftsprozess verwickelt. Ihr Mann hatte ihr sein ganzes Vermögen hinterlassen, aber die Söhne und Töchter aus erster Ehe versuchten mit allen Mitteln, dieses Testament anzufechten. In dieser Situation hörte sie von der Baudouin-Technik. Entsprechend der Verhaltensregeln setzte sie sich in einen bequemen Sessel, entspannte sich körperlich und geistig, versetzte sich in einen Dämmerzustand und fasste den Kern ihres Anliegens in dem folgenden einprägsamen Satz zusammen: »Gottes Wille schafft Ordnung.« Damit wollte sie sagen, dass die in den Gesetzen des Unterbewusstseins liegende Weisheit eine harmonische und gütliche Einigung herbeiführen würde. Zehn Abende hintereinander versetzte sie sich in Halbschlaf und wiederholte langsam, ruhig und überzeugt immer dieselbe Feststellung: »Gottes Wille schafft Ordnung.« Und mit dem Gefühl großer Zufriedenheit sank sie in einen tiefen, erholsamen Schlaf. Als sie am Morgen des elften Tages erwachte, fühlte sie sich außerordentlich wohl. Es gab für sie keinen Zweifel mehr: Gottes Wille hatte Ordnung geschaffen. Noch am selben Tag erfuhr sie von ihrem Anwalt, die Gegenpartei wolle einen Vergleich schließen. Die ersehnte gütliche Regelung setzte bald darauf dem Prozess ein Ende.

Die Schlaf-Technik

Jede bewusste Anstrengung ist im Halbschlaf weitestgehend ausgeschaltet. Gerade in den Augenblicken vor dem Einschlafen und unmittelbar nach dem Erwachen ist das Bewusstsein am wenigsten tätig, und die Türen zum Unterbewusstsein stehen weit offen. In diesem Zustand ist auch am wenigsten mit jenen negativen Gedanken zu rechnen, die sonst die dynamische Kraft der Wünsche aufheben und somit eine wirkungsvolle Übernahme durch das Unterbewusstsein verhindern.

Stellen Sie sich vor, Sie wollen sich von einer schlechten Gewohnheit befreien. Nehmen Sie eine bequeme Lage ein und entspannen Sie Körper und Geist. Versetzen Sie sich in eine Art Dämmerschlaf und wiederholen Sie dann in völliger innerer und äußerer Ruhe ein und denselben Gedanken, als wollten Sie sich damit in den Schlaf wiegen: »Ich bin völlig von meiner Gewohnheit befreit. Ich habe mein inneres Gleichgewicht und meine Zufriedenheit uneingeschränkt wiedergewonnen.« Wiederholen Sie diese Sätze jeden Morgen und Abend langsam, ruhig und intensiv etwa fünf bis zehn Minuten lang. Bei jedem Mal steigert sich die emotionale Wirksamkeit der Worte. Sobald Sie versucht sind, wieder in Ihre alte, schädliche Gewohnheit zu verfallen, sprechen Sie diese Formel laut vor sich hin. Auf diese Weise bringen Sie das Unterbewusstsein dazu, den betreffenden Gedanken anzunehmen, und die Befreiung wird nicht lange auf sich warten lassen.

Die Dank-Technik

Der Apostel Paulus empfiehlt uns in der Bibel, unsere Wünsche mit Dank und Lob zu äußern. So einfach diese Gebetstechnik klingt, sie führt immer wieder zu außergewöhnlichen Erfolgen. Die dankerfüllte Seele steht den schöpferischen Kräften des Lebens besonders weit offen, und das universelle Gesetz von Aktion und Reaktion löst eine Wechselwirkung aus, die ungeahnte Segnungen ermöglicht.

Ein junger Mann, dem sein Vater als Belohnung für ein schwieriges Examen ein Auto in Aussicht stellt, handelt also richtig, wenn er dankbar und glücklich ist, als hätte er das Geschenk tatsächlich schon erhalten. Er weiß ja, dass der Vater sein Versprechen erfüllen wird. Und in diesem Vertrauen lebt er in freudiger Erwartung – rein geistig hat er das Auto bereits voll Dankbarkeit in Besitz genommen.

Ein weiteres Beispiel zeigt die Effektivität dieser Technik. Mr. Broke sagte sich eines Tages: »Die Rechnungen häufen sich; ich bin arbeitslos, habe drei Kinder, und meine finanziellen Mittel sind erschöpft. Was tun?« Etwa drei Wochen lang wiederholte er regelmäßig jeden Morgen und Abend die folgenden Worte: »Himmlischer Vater, ich danke dir für meinen Wohlstand.« Er tat dies völlig entspannt und innerlich ausgeglichen. Er stellte sich dabei vor, er spreche die in ihm liegende Weisheit und Macht genauso direkt wie einen menschlichen Gesprächspartner an. Selbstverständlich wusste er, dass sich der schöpferische Geist der sinnlichen Wahrnehmung entzieht. Er richtete also sein geistiges Auge auf das lebendige Vorstellungsbild materiellen Wohlstands; dieses Produkt seiner Fantasie würde die gewünschte Wirkung – also eine geeignete Stellung, Nahrung und genügend Geld – zwangsläufig hervorrufen. Sein Denken und Fühlen konzentrierte sich fest auf die Vorstellung eines Lebens in gesicherten Verhältnissen. Die dauernde Wiederholung: »Ich danke dir, himmlischer Vater«, erfüllte ihn mit Zuversicht und befreite ihn von dem in seiner Notlage drohenden Gefühl der Niedergeschlagenheit. Er wusste, sein Geist würde sich an das Gefühl von materieller Sicherheit und Wohlstand gewöhnen, wenn er nur unbeirrt an dieser Einstellung festhielt. Und genau das geschah auch: Er traf auf der Straße einen früheren Arbeitgeber, den er seit 20 Jahren nicht mehr gesehen hatte. Dieser bot ihm eine sehr gut bezahlte Stellung an und streckte ihm sofort 1000 Dollar vor. Heute ist Mr. Broke stellvertretender Präsident dieser Firma. Vor Kurzem erst sagte er zu mir: »Niemals werde ich die Kraft meines Dankgebetes vergessen, denn ich habe sie selbst erlebt.«

Die Technik der positiven Behauptung

Diese Technik ergibt sich aus dem Sinn der Worte »*Das Gebet sei kein sinnloses Gestammel*«. Die eigentliche Macht einer Affirmation oder positiven Behauptung beruht auf der bewussten Feststellung objektiver Wahrheiten. 3 plus 3 ergibt 6 – und nicht 7, wie etwa ein Junge, der dies irrtümlich »errechnet« hat, unter Anleitung des Lehrers einsehen musste. Die Tatsache, dass 3 plus 3 die Summe von 6 ergibt, beruht nicht etwa auf der Feststellung des Lehrers, sondern ist ein mathematisches Gesetz. Der Schüler beugt sich also der objektiven Wahrheit der Mathematik und nicht etwa nur der subjektiven Feststellung seines Lehrers.

Im menschlichen Leben stellt Gesundheit den Normalzustand dar. Krankheit ist ein Ausnahmezustand; Gesundheit ist der wahre Seinszustand. Sobald Sie also hinsichtlich Ihrer selbst und Ihrer Mitmenschen mit Überzeugung die Tatsache der Gesundheit, Balance und der Zufriedenheit feststellen und sich dabei vor Augen führen, dass es sich hier um die universellen Prinzipien des Lebens handelt, wird die feste Überzeugung von der Wahrheit Ihrer Feststellung die negativen Verhaltensformen Ihres Unterbewusstseins korrigieren.

Der Erfolg dieser affirmativen Methode – die der gläubige Mensch wiederum im Gebet verwirklicht – hängt davon ab, ob Sie sich ohne Rücksicht auf den äußeren Schein ausschließlich an die Prinzipien des Lebens halten. Nehmen wir an, es gäbe ein Gesetz der Mathematik, aber keinen Irrtum, und es gäbe ein Gesetz der Wahrheit, aber keine Unwahrheit. Stellen Sie sich vor, es würde uneingeschränkt das Prinzip der Einsicht herrschen und es gäbe keine Unwissenheit; es gäbe das Prinzip der Harmonie, aber keinen Streit. So gibt es in der Tat zwar das Gesetz der Gesundheit, aber kein auf Krankheit abzielendes Prinzip; und so herrscht in der Tat das Prinzip des Überflusses, nicht aber das der Armut.

Ich habe diese affirmative Methode angewendet, als meine Schwester in einem englischen Krankenhaus an der Gallenblase operiert wurde. Klinische und röntgenologische Untersuchungen hatten die Dringlichkeit dieses Eingriffs erwiesen. Sie bat mich, für sie zu beten. Rein geografisch trennten uns an die 10 000 Kilometer, für das Prinzip des Geistes gibt es aber weder Zeit noch Raum.

Ich vermied sorgfältig jeden Gedanken an die Krankheitssymptome und überhaupt an die körperliche Verfassung meiner Schwester. Dann stellte ich folgende positive Behauptung auf: »Dieses Gebet ist für meine Schwester Katherina. Sie ist völlig entspannt, im Einklang mit sich und der Welt, ausgeglichen, voll Ruhe und Heiterkeit. Die heilende Weisheit ihres Unterbewusstseins, die ihren Körper schuf, verwandelt in diesem Augenblick jede Zelle, jeden Nerv, jedes Gewebe, jeden Muskel und jeden Knochen und bringt jedes Atom ihres Organismus wieder in Übereinstimmung mit dem vollkommenen Muster und Vorbild, das in ihrem Unterbewusstsein aufbewahrt ist. In aller Stille werden alle negativen Voreingenommenheiten ihres Unterbewusstseins spurlos verdrängt, und Vitalität, Ganzheit und Schönheit des Lebensprinzips durchdringen ihren gesamten Körper. Ihr Sein steht nun weit offen für die heilende Kraft, die ihren ganzen Organismus erfüllt und ihr von Neuem Gesundheit, Harmonie und Glück schenkt. Alle negativen Gedanken und Vorstellungen werden jetzt von Liebe und Zufriedenheit verdrängt. So und nicht anders geschieht es.«

Meine tiefe Überzeugung vergegenwärtigte ich mir täglich mehrere Male. Zwei Wochen später stellten die Ärzte verblüfft eine außergewöhnliche Heilung fest, die auch auf dem Röntgenschirm ihre Bestätigung fand.

»Behaupten« heißt ja nichts anderes als feststellen, dass etwas so und nicht anders ist. Und dies bekräftigen – das ist die Bedeutung von »Affirmation«. Hält man an dieser Einstellung fest – selbst wenn ihr der äußere Anschein noch so sehr widerspricht –, so wird der Wunsch verwirklicht werden. Wer eine Behauptung in bewusster Absicht ständig wiederholt und bekräftigt, versetzt den Geist in einen Bewusstseinszustand, in dem er alle gemachten Feststellungen als wahr hinnimmt. Halten Sie sich also an die Wahrheiten des Lebens und behaupten Sie diese, bis die gewünschte Reaktion des Unterbewusstseins eintritt.

Die Beweis-Methode

Der Name dieser Technik spricht für sich selbst. Sie geht zurück auf die von Dr. Phineas Parkhurst Quimby angewandte Methode. Dr. Quimby, ein Vorkämpfer der geistig-seelischen Heilkunst, lebte und praktizierte vor etwa 100 Jahren in Belfast, Maine. Seine von Horatio Dresser herausgegebenen Memoiren erschienen 1921 bei der Thomas Y. Crowell Company in New York. Dieses Buch enthält auch Zeitungsberichte über die bemerkenswerten Heilerfolge dieses Mannes, der als »Gesundbeter« galt. Quimby gelangen viele der bereits in der Bibel beschriebenen Wunderheilungen. Die Beweis-Methode nach Quimby besteht in einer logischen Beweisführung, mit der man sich selbst und den Patienten davon überzeugt, dass seine Krankheit nichts anderes als die Folge seines Irrglaubens, seiner grundlosen Befürchtungen sowie negativer Gedanken und Vorstellungen ist. Nur wer sich völlig im Klaren über die eigentlichen Zusammenhänge ist, wird den Patienten davon überzeugen können, dass Krankheiten oft nichts anderes als die körperlichen Erscheinungsformen destruktiver Denkmuster sind, die aufgrund des falschen Glaubens als Krankheit sichtbare Gestalt annehmen – ein Zustand, der sich durch einen entsprechenden Gesinnungswandel leicht beenden lässt.

Man erklärt also dem Kranken, zu seiner Heilung brauche es nur einer geistigen Umstellung. Als Nächstes legt man dar, dass das Unterbewusstsein den Körper und alle seine Organe schuf. Und wer wüsste besser Bescheid über sein Geschöpf als der Schöpfer selbst? Deshalb ist das Unterbewusstsein auch am besten in der Lage, den Schaden zu beheben. Seine heilende Wirkung setzt bereits ein, noch während diese Worte gesprochen werden. So plädiert man vor dem Richterstuhl des Geistes, dass eine Krankheit nur der Schatten einer krankhaften Vorstellungswelt ist. Man schmiedet eine möglichst lückenlose Beweiskette für die Existenz dieser inneren heilenden Macht, die alle Organe schuf und deshalb über ein vollkommenes Muster jeder Zelle, jedes Nervs und jedes Gewebes verfügt. Als Nächstes fällen Sie im kritischen Gericht Ihres Geistes eine Entscheidung – ein Urteil zu Ihren Gunsten oder zugunsten des Kranken. Sie sprechen ihn durch Glauben und seelisches Einfühlungsvermögen von seinem Leiden frei. Ihre Beweise sind überwältigend, und da es nur einen einzigen, allen Menschen gemeinsamen Allgeist gibt, werden sich Ihre Überzeugungen auf den Patienten übertragen und ihre heilsame Wirkung entfalten. Diese Behandlungsmethode entspricht in ihren Hauptzügen der von Dr. Quimby in den Jahren 1849 bis 1869 angewandten Therapie.

Die absolute Methode

Viele Menschen in aller Welt wenden diese Form der Gebetstherapie mit großem Erfolg an. Der Therapeut nennt den Namen des Patienten und konzentriert sich auf die Betrachtung Gottes und der göttlichen Eigenschaften. Er hält sich also zum Beispiel vor Augen: »Gott ist die Quelle allen Glücks, Gott ist die unendliche Liebe, Einsicht, Macht, Weisheit, die vollkommene

Harmonie, Gott ist vollkommen!« Die Kraft dieser stillen Meditationen hebt sein Bewusstsein auf eine neue Ebene und stellt seinen Geist auf eine andere Wellenlänge ein. Er fühlt, wie die göttliche Liebe alles mit ihr Unvereinbare im Geist und Körper des Patienten löscht, wie alles Böse und Negative weicht und Sorgen schwinden.

Diese absolute Gebetsmethode lässt sich mit der Ultraschalltherapie vergleichen. Die Ultraschallwellen, die im Gewebe zu örtlicher Erwärmung und einer Art Massageeffekt führen, lassen sich einsetzen, um arthritische Kalkablagerungen aufzulösen und Schmerzen zu beseitigen.

Je höher die Bewusstseinsebene ist, zu der uns die Betrachtung Gottes bringt, umso zahlreicher und stärker sind die geistigen Wellen, mit denen wir Harmonie, Gesundheit und Zufriedenheit ausstrahlen. Diese Gebetstherapie führte zu vielen außergewöhnlichen Heilungen.

Die Heilung einer gelähmten Frau

Dr. Phineas Parkhurst Quimby, von dem eben schon die Rede war, setzte die absolute Methode insbesondere in den letzten Jahren seiner Tätigkeit ein. Er war der eigentliche Begründer der psychosomatischen Medizin und der erste Psychoanalytiker. Er besaß die Fähigkeit, die den Krankheiten, Schmerzen und Leiden seiner Patienten zugrunde liegenden Ursachen hellsichtig zu diagnostizieren.

Der folgende gekürzte Bericht von der Heilung einer verkrüppelten Frau ist seinen Memoiren entnommen:

Dr. Quimby wurde in das Haus einer gelähmten, bettlägerigen alten Frau gerufen. Er betrachtete ihr Leiden als die Auswirkung eines äußerst engstirnigen Glaubens, der Macht über ihren Körper hatte und sie am Aufstehen und Gehen hinderte. Sie lebte in Angst und Unwissenheit. Außerdem fürchtete sie sich wegen allzu wörtlicher Auslegungen der Bibel. Wenn diese Frau andere um die Erklärung einer Bibelstelle bat, wurde das für sie ein weiterer Anlass für tiefen Kummer. Trotzdem wollte sie leben. Dr. Quimby diagnostizierte einen umnachteten, verkümmerten Geist, dessen Erregungs- und Angstzustände auf die Unfähigkeit der Patientin zurückgingen, eine bestimmte Bibelstelle zu verstehen. Körperlich äußerte sich diese Geistesverfassung als ein Gefühl der Schwere und Trägheit, das sich zu Lähmungserscheinungen steigerte.

An diesem Punkt seiner Einsicht fragte Dr. Quimby die Kranke, was ihrer Meinung nach die Bibelstelle bedeute: *»Noch kurze Zeit bin ich bei euch; dann gehe ich zu dem, der mich gesandt hat. Ihr werdet mich suchen, jedoch nicht finden, und wo ich bin, dahin könnt ihr nicht kommen.«* (Johannes 7,33 f.) Sie antwortete, diese Stelle berichte von Christi Himmelfahrt. Darauf gab ihr Dr. Quimby eine sehr persönliche und auf die augenblickliche Situation zutreffende Interpretation und erklärte, *»noch kurze Zeit bin ich bei dir«* bedeute nichts anderes als die Dauer, die er der Untersuchung der Ursache ihrer Krankheitssymptome und Gefühle widme – mit anderen Worten: Er fühle jetzt Mitleid mit ihr, könne aber nicht lange in diesem Zustand bleiben. Der nächste Schritt würde darin bestehen, *zu dem zu gehen, der ihn gesandt habe,* was nichts anderes bedeute als die allen Menschen innewohnende schöpferische Kraft Gottes.

Im gleichen Augenblick führte sich Dr. Quimby innerlich das göttliche Ideal vor Augen, das heißt die in der Kranken wirkende Vitalität, Einsicht, Harmonie und Macht Gottes. Deshalb sagte er zu der Frau: »Wohin ich gehe, dahin können Sie nicht folgen, denn Sie hängen an dem Glauben an Ihr Leid, ich aber bin gesund.« Das Gebet und diese Erklärung lösten in der Frau eine sofortige körperliche Reaktion aus, und in ihrem Geist trat eine dramatische Veränderung ein: Sie erhob sich und ging ohne ihre Krücken.

Dr. Quimby nannte dies den bemerkenswertesten aller seiner Heilerfolge. Die Frau war in einem tödlichen Irrtum befangen gewesen, sodass die Wahrheit für sie eine Auferstehung von den Toten bedeutete – gleichsam der biblische Engel war, der das Gewicht der Furcht, der Unwissenheit und des Aberglaubens wie einen Stein von ihrer Lebensenergie wegwälzte. Deshalb sprach Dr. Quimby von der Auferstehung Christi und setzte dieses Ereignis in Beziehung zu ihrer Gesundheit.

Die Beschluss-Methode

Die Macht des Wortes hängt von Ihrem Glauben ab. Wir brauchen uns also nur bewusst zu werden, dass die Macht, die die Welt bewegt, für uns wirkt und unsere Worte unterstützt. Dieser Gedanke lässt unser Vertrauen und unsere Selbstsicherheit wachsen. Es handelt sich ja nur darum, die eigene mit der göttlichen Macht zu verbinden – deshalb sind auch geistige Gewalt und geistiger Kampf völlig fehl am Platz.

Eine junge Frau wandte die Beschluss-Methode bei einem Mann an, der sie dauernd anrief, mit Bitten um ein Treffen belästigte und vor dem Büro abpasste. Sie konnte ihn nicht abschütteln. Deshalb formulierte sie eines Tages den folgenden Beschluss: »Ich gebe ihn frei und vertraue ihn Gottes Führung an. Er ist von nun an immer an dem Platz, an den er gehört. Ich bin frei, und er ist frei. Meine Worte werden Gehör finden, die Allweisheit wird meinen Beschluss ausführen. So und nicht anders ist es.« Wie sie mir später erzählte, hat sie von da an nie wieder etwas von dem jungen Mann gehört.

»Beschließt du eine Sache, wird's dir gelingen, und über deinen Lebenswegen strahlt ein Licht.« (Hiob 22,28)

Leitgedanken

1. Werden Sie der Baumeister Ihres Geistes und wenden Sie beim Bau eines schöneren und besseren Lebens vielfach erprobte und bewährte Techniken an.
2. Ihr Wunsch ist Ihr Gebet. Stellen Sie sich die bereits eingetretene Verwirklichung Ihres Wunsches lebhaft vor, und Ihr Gebet wird erhört.
3. Wünschen Sie sich, auf leichte Weise ans Ziel zu gelangen – mit der sicheren Hilfe der Prinzipien des Geistes.
4. Aus den auf der Bühne Ihres Geistes geprobten Szenen können Sie ein Leben voll Gesundheit, Erfolg und Glück aufbauen.
5. Experimentieren Sie, bis Sie sich selbst den Beweis geliefert haben, dass die Allweisheit Ihres Unterbewusstseins immer und unmittelbar auf Ihr bewusstes Denken reagiert.
6. Lassen Sie sich in der Erwartung, Ihren Wunsch erfüllt zu sehen, von einem Gefühl unendlicher Ruhe und Freude durchströmen. Jedes Ihrer geistigen Vorstellungsbilder bildet den Stoff Ihrer Wünsche und beweist die Existenz des Unsichtbaren.
7. Eine Visualisierung sagt mehr als tausend Worte. Ihr Unterbewusstsein wird jedes im Geist festgehaltene Bild verwirklichen.
8. Vermeiden Sie beim Beten jede gewaltsame geistige Anstrengung und versuchen Sie, nichts zu erzwingen. Versetzen Sie sich in einen Dämmerzustand und schlafen Sie mit der Zuversicht ein, dass Ihr Gebet erhört wird.
9. Denken Sie stets daran: Das dankerfüllte Herz steht den Geschenken des Universums offen.
10. Etwas behaupten heißt feststellen, dass es so und nicht anders ist. Bestehen Sie darauf, auch wenn es dem äußeren Anschein noch so sehr widerspricht, und Ihr Traum wird Wirklichkeit.
11. Erzeugen Sie Wellen der Harmonie, der Gesundheit und des Friedens, indem Sie über die Liebe und den Ruhm Gottes meditieren.

12. Was Sie beschließen und als wahr anerkennen, wird sich ereignen. Entscheiden Sie sich also für Harmonie, Gesundheit, Frieden, Glück und Wohlstand.

Was Sie bewusst behaupten, dürfen Sie nicht kurz darauf im Geiste verneinen. Denn dann wird Ihre positive Behauptung neutralisiert.

Kapitel 7

Das Unterbewusstsein dient dem Leben

Die Schatzkammer liegt in Ihrem Innern. Suchen Sie dort die Antwort, die Ihr Herz begehrt.

Mehr als 90 Prozent des geistigen Lebens finden auf unterbewusster Ebene statt, sodass Frauen und Männer, die auf den Einsatz dieser hilfreichen Kraft verzichten, von vornherein den Rahmen und die Möglichkeiten ihres Lebens deutlich einschränken.

Das Unterbewusstsein strebt immer danach, dem Leben zu dienen und konstruktiv zu wirken. Es baut den Körper auf und sorgt für den ungestörten Ablauf aller lebenswichtigen Funktionen. Es arbeitet pausenlos Tag und Nacht, immer bemüht, uns zu helfen und vor Schaden zu bewahren.

Ihr Unterbewusstsein ist in ständiger Verbindung mit dem unendlichen Leben, der Weisheit, dem göttlichen Prinzip, dem Weltgeist – wie immer Sie wollen. All seine Impulse und Gedanken dienen dem Leben. Wertvolle Ziele, plötzliche Erleuchtungen und große Visionen steigen immer aus dem Unterbewusstsein auf. Gerade Ihre tiefsten Überzeugungen sind es, die Sie nicht in Worte kleiden oder verstandesmäßig begründen können, da sie nicht dem Bewusstsein, sondern dem Unterbewusstsein entstammen. Es spricht zu ihnen mit der Stimme der Intuition, des Impulses, der Ahnung, des instinktiven Drangs und der schöpferischen Ideen. Immer drängt es Sie voranzuschreiten, von Ziel zu Ziel, zu immer größeren Herausforderungen. Die Eingebungen der Liebe, der Drang, das eigene Leben einzusetzen, um andere zu retten – auch sie kommen aus der Tiefe Ihres Unterbewusstseins. So erhoben sich zum Beispiel bei dem verheerenden Erdbeben und dem Brand in San Francisco am 8. April 1906 Kranke und Krüppel, die bereits viele Jahre ans Bett gefesselt waren, und vollbrachten regelrechte Wunder an Ausdauer und Tapferkeit. In ihnen war der unwiderstehliche Drang erwacht, ihre Mitmenschen – koste es, was es wolle – zu retten, und ihr Unterbewusstsein reagierte entsprechend.

Große Künstler, Musiker, Dichter, Redner und Schriftsteller suchen Kontakt mit den Kräften ihres Unterbewusstseins und schöpfen ihre Inspiration aus dieser niemals versiegenden Quelle. Robert Louis Stevenson beauftragte zum Beispiel vor dem Einschlafen regelmäßig sein Unterbewusstsein, für ihn im Schlaf Geschichten zu erfinden. Er pflegte es um eine spannende und erfolgreiche Abenteuergeschichte zu bitten, sobald sein Bankkonto erschöpft war. Stevenson berichtete, sein Unterbewusstsein hätte ihm die gewünschte Erzählung Stück für Stück geliefert, als wäre es ein Fortsetzungsroman.

Dies zeigt, dass das Unterbewusstsein über tiefe Einsichten und Ideen verfügt, von denen das Bewusstsein nichts weiß.

Mark Twain gestand jedem, der es hören wollte, er habe in seinem ganzen Leben keinen Strich getan. Seinen ganzen Humor und all seine vielen Schriften verdanke er der Fantasie seines Unterbewusstseins.

Die körperlichen Reaktionen auf geistige Vorgänge

Die Wechselbeziehung zwischen Bewusstsein und Unterbewusstsein fordert eine ähnliche Organisation in zwei Nervensystemen. Dabei bildet das zerebrospinale System den nervlichen Sitz des Bewusstseins und das sympathische System den des Unterbewusstseins. Die Nerven in Gehirn und Rückgrat bilden den Kanal, durch den die fünf Sinne dem Bewusstsein ihre physischen Wahrnehmungen zuführen; gleichzeitig stellen sie das Instrument dar, mit dem der Mensch alle Körperbewegungen steuert. Das Zentrum dieses Nervensystems befindet sich im Gehirn und ist die Quelle jeder bewussten Geistestätigkeit.

Das sympathische Nervensystem andererseits, das durch den Willen nicht zu beeinflussen ist, hat seinen Mittelpunkt in der als Sonnengeflecht (Solarplexus) bekannten Klasse von Ganglienzellen, die auch als »Gehirn des Unterbewusstseins« bezeichnet werden. Es bildet die Zentrale der Vorgänge, die unbewusst alle lebenswichtigen Funktionen des Körpers steuern.

Die beiden Systeme können entweder getrennt oder miteinander arbeiten. Thomas Troward sagt in *The Edinburgh Lectures on Mental Science:* »Der Vagus (Hauptnerv des parasympathischen Systems) verlässt die Gehirnregion als Teil des bewussten Nervensystems und kontrolliert an dieser Stelle die Stimmorgane. In seinem weiteren Verlauf durch die Brusthöhle sendet dieser Nerv Seitenstränge zum Herzen und zur Lunge aus. Auf seinem Weg durchs Zwerchfell verliert der Vagus jene äußere Beschichtung, die die Nerven des bewussten Systems auszeichnet, und nimmt völlig das Aussehen jener des sympathischen Bereichs an. Er bildet also ein Bindeglied zwischen beiden und stellt die physische Einheit des Menschen her. Ebenso unterschiedlich beschaffene Teile des Gehirns deuten auf eine Verbindung einerseits mit den bewussten und andererseits mit den unterbewussten Geistestätigkeiten hin. Grob gesagt ist der vordere Teil des Gehirns dem Bewusstsein zuzuordnen und der hintere Teil dem Unterbewusstsein; der mittlere schließlich nimmt auch funktionell eine Zwischenstellung zwischen beiden ein.«

Sehr vereinfacht lässt sich die Wechselwirkung zwischen Geist und Körper folgendermaßen darstellen: Das Bewusstsein fasst einen Gedanken, der im zerebrospinalen Nervensystem eine Schwingung auslöst. Diese lässt einen ähnlichen Stromimpuls im unbewussten Nervensystem entstehen, wodurch der Gedanke dem Unterbewusstsein – und damit dem eigentlich schöpferischen Medium – übermittelt wird. Auf diese Weise werden alle Gedanken verdinglicht.

Jeder von Ihrem Bewusstsein als zutreffend betrachtete Gedanke wird von Ihrem Gehirn an das Sonnengeflecht (Solarplexus), also an die Zentrale des Unterbewusstseins, weitergeleitet, welches dann dafür sorgt, dass diese Vorstellung als körperliche Reaktion, als Ereignis oder als äußere Lebenssituation realisiert wird.

Eine besondere Intelligenz nimmt die Interessen des Körpers wahr

Die Erforschung der Zellsysteme und der Struktur bestimmter Organe (wie zum Beispiel der Augen, der Ohren, des Herzens, der Leber, der Blase) bewies, dass diese aus Zellgruppen bestehen, die jeweils von einer eigenen Intelligenz geleitet werden, die es ihnen ermöglicht, gemeinsam zu einem bestimmten Zweck zu handeln und die Befehle der geistigen Zentrale (des Bewusstseins) auf deduktive Weise zu verstehen und auszuführen.

Die genauen Untersuchungen einzelliger Lebewesen lassen Rückschlüsse auf die weitaus komplizierteren Vorgänge im menschlichen Körper zu. Obwohl der einzellige Organismus keine Organe besitzt, lässt er doch gewisse geistige Vorgänge und Reaktionen erkennen, die die lebenserhaltenden Funktionen der Bewegung, Ernährung, Nährstoffverwertung und Ausscheidung steuern.

Vielfach wird behauptet, es gebe eine Intelligenz, die vollkommen die Interessen des Körpers vertreten würde, wenn man sie nur ungestört machen ließe. Diese Anschauung ist durchaus zutreffend – das eigentliche Problem entsteht aber dadurch, dass das Bewusstsein sich immer wieder störend einschaltet und ein wildes Durcheinander von irrigen Meinungen, unbegründeten Ängsten und falschen Einstellungen hervorruft. Sobald sich negative Denk- und Vorstellungsmuster dem Unterbewusstsein durch psychologische und emotionale Reflexgewöhnung einprägen, bleibt diesem nichts anderes übrig, als die ihm vom Bewusstsein gestellten Anforderungen zuverlässig und detailliert auszuführen.

Das Unterbewusstsein wirkt ständig für das allgemeine Wohl

Ihr subjektives Ich arbeitet pausenlos für das allgemeine Wohl, da es das allem Geschaffenen angeborene Prinzip des Lebens zu verwirklichen sucht. Das Unterbewusstsein besitzt seinen eigenen Willen und eine sehr reale Existenz. Es ist Tag und Nacht tätig, gleichgültig, ob Sie bewusst daran denken oder nicht.

Es baut Ihren Körper auf, ohne dass Sie dies sehen, hören oder fühlen können; denn es handelt sich um einen völlig unbemerkbaren Vorgang. Ihr Unterbewusstsein führt sein eigenes Leben, das unablässig nach der Verwirklichung von Gesundheit, Glück und Zufriedenheit strebt. Das ist die eigentliche göttliche Verhaltensnorm, die sich stets im Menschen realisieren möchte.

Das große Geheimnis erfolgreicher Menschen besteht seit jeher in ihrer Fähigkeit, sich mit den Kräften ihres Unterbewusstseins in Verbindung zu setzen und diese zu mobilisieren. Das können auch Sie.

Der Mensch stört das natürliche Prinzip der Harmonie

Wollen wir effektiv denken, müssen wir die »Wahrheit« kennen. Das bedeutet, sich als identisch mit der Allwissenheit und der Macht des Unterbewusstseins zu verstehen.

Wer aus Unkenntnis oder absichtlich die Harmonie stört, wird dafür mit allen möglichen Formen von Konflikten, Einschränkungen und Schmerzen bestraft.

Die Wissenschaft hat bewiesen, dass sich der menschliche Organismus innerhalb von elf Monaten fast vollständig erneuert. Von einem rein physischen Standpunkt aus sind Sie also höchstens elf Monate alt. Es ist allein Ihre Schuld, wenn Sie durch ängstliche, wütende, eifersüchtige und feindselige Gedanken Ihrem stets neu erstehenden Körper immer wieder destruktive Tendenzen einimpfen.

Der Mensch stellt die Summe seiner Gedanken und Vorstellungen dar. Es liegt an Ihnen, negative Gedanken und Vorstellungen auszuschalten. Dunkelheit verscheucht man durch Licht, Kälte durch Hitze, negative Gedanken schaltet man am wirksamsten durch positives Denken aus. Behaupten Sie nachdrücklich das Gute, und das Destruktive wird verschwinden!

Warum es natürlich ist, gesund, vital und stark zu sein

Die meisten Kinder kommen völlig gesund zur Welt; jedes ihrer Organe erfüllt seine Aufgabe vollkommen. Dies ist der Normalzustand, und eigentlich müssten wir das ganze Leben lang genauso gesund, vital und stark bleiben. Der Instinkt der Selbsterhaltung ist der am stärksten ausgeprägte der menschlichen Natur und stellt ein äußerst wirksames, stets aktives Naturprinzip dar. Es ist deshalb völlig einleuchtend, dass alle Ihre Gedanken, Ideen und Vorstellungen gerade dann am stärksten wirken, wenn sie mit dem in Ihnen tätigen Lebensprinzip im Einklang stehen, das ja stets bestrebt ist, Ihnen in jeder Weise zu nützen. Deshalb ist es natürlich auch viel leichter, den Normalzustand des Körpers wiederherzustellen, als ihn zu abweichenden Reaktionen zu zwingen.

Jede Krankheit, jedes Leiden steht im Widerspruch zur Natur: Wer gegen das Leben ankämpft, denkt negativ und kann erkranken. Das Gesetz des Lebens ist das Gesetz des Wachstums – die ganze Natur bewirkt dieses Gesetz, indem sie selbstständig wächst und blüht. Wo Wachstum und Selbstverwirklichung zu finden sind, da ist auch Leben. Und wo Leben ist, da herrscht Harmonie, und dort stellt sich vollkommene Gesundheit ein.

Solange Ihr Denken mit dem schöpferischen Prinzip des Unterbewusstseins übereinstimmt, sind Sie im Einklang mit dem natürlichen Prinzip der Harmonie. Weicht Ihr Denken davon ab, dann werden Ihnen Ihre Gedanken zur beunruhigenden, destruktiven Last und ziehen Krankheit, vielleicht sogar den Tod nach sich.

Bei jeder Therapie müssen Sie für eine vermehrte Zufuhr vitaler Kräfte und deren wirksame Verteilung im gesamten Organismus sorgen. Am besten geschieht dies durch völlige Ausschaltung aller ängstlichen, besorgten, eifersüchtigen, feindseligen oder sonstigen negativen Gedanken, die sonst Ihre Nerven und Drüsen zerstören.

Die Heilung von einer Rückenmarksschwindsucht

Die Zeitschrift *Nautilus* veröffentlichte im März 1917 einen Artikel über die außergewöhnliche Heilung eines Jungen, der an Rückenmarksschwindsucht litt. Er hieß Frederic Elias Andrews, stammte aus Indianapolis und wurde Geistlicher und Dozent an der Unity School of Christianity in Kansas City, Missouri. Die Ärzte hatten seine Krankheit für unheilbar erklärt. Daraufhin begann der Junge zu beten, und aus einem buckligen, missgebildeten Krüppel, der auf allen vieren kroch, wurde ein starker, aufrechter, attraktiver Mann. Er hatte sich seinen eigenen positiven Anspruch zurechtgelegt und verschaffte sich mit geistigen Mitteln genau die körperlichen Eigenschaften, die ihm versagt gewesen waren.

Er wiederholte oftmals am Tag die folgenden Worte: »Ich bin völlig gesund, stark, mächtig, voll Liebe, Harmonie und Glück.« Er ließ sich durch nichts beirren und erzählte, dieses Gebet sei am Morgen als Erstes und am Abend als Letztes auf seinen Lippen gewesen. Er betete auch für andere Kranke. Seine Unbeirrbarkeit, sein Glaube und seine christliche Nächstenliebe führten zu großem Erfolg. Sobald ihn Ängste, Ärger, Eifersucht oder Neid zu überfallen drohten, kämpfte er sofort mit der ganzen Kraft seiner positiven Einstellung dagegen an. Sein Unterbewusstsein reagierte in voller Übereinstimmung mit seiner neuen, positiven Denkgewohnheit. Das ist der eigentliche Sinn der Bibelstelle: *»Geh hin, dein Glaube hat dir geholfen.«* (Markus 10,52)

Wie der Glaube an die Macht des Unterbewusstseins heilt

Ein junger Mann, der meine Vorlesungen über die Heilkraft des Unterbewusstseins besuchte, hatte ein schweres Augenleiden, das nach dem Urteil eines Spezialisten nur operativ behoben werden konnte. Aber der Mann war überzeugt: »Das Unterbewusstsein schuf meine Augen, darum kann es sie auch heilen!«

Jeden Abend vor dem Schlafengehen versetzte er sich in einen tranceartigen Zustand. Er konzentrierte sein Denken und seine Fantasie auf den Augenarzt. Er stellte sich vor, dieser stünde vor ihm und sage klar und deutlich: »Ein Wunder ist geschehen!« Diese Szene vergegenwärtigte er sich jede Nacht etwa fünf Minuten lang, ehe er einschlief. Nach drei Wochen suchte er den Augenspezialisten zum zweiten Mal auf, und nach langer, sorgfältiger Untersuchung stellte dieser fest: »Das ist ein Wunder!«

Der junge Mann hatte sein Unterbewusstsein erfolgreich beeinflusst, indem er den Arzt als Mittel oder Medium benutzte, um seinen Wunsch auf die tiefen Bewusstseinsschichten zu übertragen. Durch ständige Wiederholung, unerschütterlichen Glauben und feste Zuversicht erfüllte er das Unterbewusstsein mit der Vorstellung seiner Wünsche. Es hatte seine Augen erschaffen; ihm war das vollkommene Modell bekannt, und deshalb brachte es ihm Gesundheit. Das ist ein weiteres Beispiel für die Heilkraft des Unterbewusstseins durch den Glauben.

Leitgedanken

1. Ihr Unterbewusstsein hat Ihren Körper geschaffen und ist Tag und Nacht aktiv. Durch negatives Denken stören Sie seine Leben spendende und erhaltende Tätigkeit.
2. Beauftragen Sie Ihr Unterbewusstsein vor dem Einschlafen mit der Lösung Ihres Problems, und Sie werden nicht lange darauf warten müssen.
3. Schenken Sie Ihren Denkmustern die nötige Beachtung. Jeder als wahr angenommene Gedanke wird durch Ihr Gehirn an das Sonnengeflecht – also an das körperliche Zentrum Ihres Unterbewusstseins – weitergeleitet, und es verwirklicht sich in Ihrem Leben.
4. Nehmen Sie es als Tatsache hin, dass Sie sich körperlich und geistig von Grund auf verändern können, indem Sie Ihrem Unterbewusstsein einen entsprechenden neuen »Bauplan« vorlegen.
5. Ihr Unterbewusstsein dient immer dem Leben. Es lässt sich aber durch das Bewusstsein beeinflussen. Halten Sie also Ihrem Unterbewusstsein immer nur positive Voraussetzungen und wahre Sachverhalte vor. Das Unterbewusstsein reagiert zuverlässig auf Ihre Denk- und Vorstellungsmodelle.
6. Im Laufe von jeweils elf Monaten wird der menschliche Körper stofflich erneuert. Gestalten Sie also Ihren Körper neu, indem Sie Ihre Einstellung anhaltend und positiv verändern.
7. Gesund zu sein ist der natürliche Normalzustand. Krankheit ist ein Ausnahmezustand. Allem Geschaffenen wohnt das Prinzip der Harmonie inne.
8. Eifersüchtige, ängstliche, sorgenvolle und feindselige Gedanken zerstören sowohl Nerven wie Drüsen und bringen verschiedene geistige und körperliche Krankheiten mit sich.

Was Sie bewusst bekräftigen und als wahr erachten, wird sich in Ihrem Geist, in Ihrem Körper und in Ihren Handlungen offenbaren. Bekräftigen Sie das Gute und genießen Sie die Lebensfreude.

Kapitel 8

Wie Sie Ihre Ziele verwirklichen

Ihre Gedanken sind die Aktion, auf die die Reaktion Ihres Unterbewusstseins folgt. Kluge Gedanken werden auch weise Entscheidungen zur Folge haben.

Misserfolge lassen sich meist auf zwei Hauptgründe zurückführen: zu wenig Zuversicht und Überanstrengung. In vielen Fällen verhindert das fehlende Verständnis für die Wirkungsweise des Unterbewusstseins die gewünschte Veränderung. Kenntnis der Funktionsweise des Unterbewusstseins gibt Ihnen gleichzeitig Zuversicht. Denken Sie immer daran: Sobald Ihr Unterbewusstsein eine Vorstellung akzeptiert, eine Idee annimmt, macht es sich sofort an deren Verwirklichung. Es setzt seine unerschöpflichen Energien ein und bringt seine Wirkungsweise zur Geltung. Das geistig-seelische Prinzip wirkt sowohl für positive wie für negative Gedanken. Sobald Sie dieses wirkungsvolle Mittel falsch, das heißt negativ, benutzen, hat dies nachteilige Folgen. Positiv verwendet bringt es Ihnen Hilfe, Erfolg, Zufriedenheit und Befreiung von Schmerz.

Positives Denken führt direkt zum Ziel. Aus dieser Tatsache ist ganz einfach zu folgern, dass jeder Misserfolg ausgeschlossen ist, sobald Ihr Unterbewusstsein die gewünschte Vorstellung akzeptiert hat. Sie brauchen sich Ihre Idee oder Ihr Anliegen nur als bereits verwirklicht vorzustellen, und Ihr Geist besorgt den Rest. Vertrauen Sie also dem Unterbewusstsein Ihr Problem an, und es wird die beste Lösung finden.

Geistige Gewaltanstrengung, um etwas zu erzwingen, führt nie zum Erfolg. Das Unterbewusstsein reagiert nur auf die feste Überzeugung des Bewusstseins.

Fehlschläge lassen sich auch auf Bemerkungen wie diese zurückführen: »Meine Lage wird von Tag zu Tag schlimmer!« – »Ich werde nie einen Ausweg finden!« – »Ich stehe vor einem unlösbaren Problem!« – »Es ist hoffnungslos!« – »Ich weiß nicht, was ich tun soll!« – »Ich weiß nicht, wo mir der Kopf steht!« Solche Formulierungen sind völlig ungeeignet, die Kräfte des Unterbewusstseins zu mobilisieren. Damit treten Sie auf der Stelle und kommen der Verwirklichung Ihrer Ziele um keinen Schritt näher.

Falls Sie bei einer Taxifahrt innerhalb von fünf Minuten ein halbes Dutzend Mal das Fahrziel ändern, so wird sich der hoffnungslos verwirrte Fahrer sehr wahrscheinlich weigern, Sie weiter zu befördern. Wenn Sie sich Ihrem Unterbewusstsein anvertrauen, gilt die gleiche Verhaltensregel. Zuerst muss eine scharf umrissene Idee oder eine klare Vorstellung vorhanden sein. Sie dürfen keinen Zweifel daran hegen, dass es einen Ausweg aus einem Problem oder eine Heilung gibt. Nur die Kraft Ihres Unterbewusstseins kennt die Lösung. Sobald sich Ihr Bewusstsein zu dieser klaren Einsicht durchgerungen hat, haben Sie die richtige Einstellung gewonnen, und alles folgt Ihren Überzeugungen.

Entspannung ist der Schlüssel zum Erfolg

Ein Hausbesitzer stellte einmal einen Heizungsmonteur zur Rede, warum er für eine Reparatur 200 Dollar berechnet habe, obwohl er nur eine Schraube ersetzt hatte, die nicht mehr als 5 Cent gekostet haben könne. Der Handwerker erwiderte: »Für die Schraube habe ich auch nur 5 Cent berechnet. Die restlichen 199,95 Dollar sind für das Gewusst-wo.«

Auch Ihr Unterbewusstsein lässt sich mit einem erfahrenen Handwerker vergleichen, der alle Mittel kennt, um Ihre Gesundheit wiederherzustellen und Ordnung in Ihre Angelegenheiten zu bringen. Fordern Sie Gesundheit, und Ihr Unterbewusstsein wird dafür sorgen. Vergessen Sie dabei nicht: Entspannung ist der Schlüssel zum Erfolg. Verschwenden Sie keine Gedanken daran, wie Ihr Wunsch verwirklicht wird, sondern betrachten Sie ihn – gleichgültig, ob es sich um Gesundheit, Finanzen oder Ihre Karriere handelt – als bereits erfüllt. Erinnern Sie sich noch an die Erleichterung, die mit der Genesung von einer schweren Krankheit einhergeht? Das Vorhandensein dieses Glücksgefühls ist der Prüfstein für jede unterbewusste Reaktion. Ihr Wunsch muss subjektiv an der Schwelle seiner Verwirklichung vorgestellt und empfunden werden.

Verlassen Sie sich auf Ihre Vorstellungskraft!

Dem Einsatz Ihres Unterbewusstseins steht kein Widerstand entgegen, und deshalb werden Sie auch keine besseren Ergebnisse erzielen, wenn Sie sich mehr anstrengen. Willensstärke wird Ihnen nicht weiterhelfen. Es genügt, sich das Ereignis oder den gewünschten Zustand vorzustellen. Sie werden zwar die Erfahrung machen, dass sich Ihre Vernunft dagegen auflehnt. Lassen Sie sich aber dadurch nicht beirren, sondern halten Sie an Ihrem Wunsch fest. Stellen Sie sich vor, wie es ist, wenn Sie von dem Problem oder Leiden befreit sind. Versetzen Sie sich in das beglückte Gefühl, das sich bei einem erfüllten Traum einstellt. Vermeiden Sie alle Umwege, alles Wenn und Aber. Der geradeste und einfachste Weg ist immer der beste.

Die wunderbare Kraft der gesteuerten Fantasie

Um die gewünschte unterbewusste Reaktion herbeizuführen, ist die Technik der gesteuerten oder gelenkten Fantasie besonders geeignet. Wie schon mehrmals erwähnt, bauen die Kräfte des Unterbewusstseins Ihren Körper auf und überwachen den Ablauf aller lebenswichtigen Funktionen.

Die Bibel sagt: *»Worum ihr gläubigen Herzens bittet, das wird euch gegeben werden.«* (Matthäus 21,22) Glauben heißt nichts anderes, als eine bestimmte Tatsache oder einen gewünschten Zustand für wahr und verwirklicht zu halten. Wem es gelingt, in diesem Sinne gläubig zu denken und zu handeln, dessen Wünsche werden sich erfüllen!

Die Fantasie ist Ihre mächtigste Fähigkeit. Stellen Sie sich nur schöne und gute Dinge vor. Sie selbst und Ihr Schicksal sind identisch mit Ihren Gedanken und Ihren Vorstellungsbildern.

Das Unterbewusstsein spricht zu Ihnen mit der Stimme des Gefühls, der Intuition, der Idee. Das Unterbewusstsein ist ein innerer Kompass – lassen Sie sich von ihm leiten!

Die drei Bestandteile des erfolgreichen Wunsches

Meist führt die folgende Methode zum Erfolg:

1. Betrachten Sie Ihr Problem von allen Seiten.
2. Beauftragen Sie Ihr Unterbewusstsein, die beste Lösung zu finden.
3. Geben Sie sich der sicheren Überzeugung hin, dass Ihr Anliegen schnellstens und bestmöglich erledigt wird.

Wenn Sie sagen: »Ich möchte geheilt werden, aber das ist unmöglich« – »Ich bemühe mich nach den besten Kräften« – »Ich ringe mir jedes Gebet ab« – »Ich setze meine ganze Willenskraft ein« – dann liegt Ihr entscheidender Fehler in dieser bewussten Anstrengung. Versuchen Sie niemals, Ihrem Unterbewusstsein die gewünschte Vorstellung durch reine Willenskraft aufzuzwingen. Solche Versuche sind von vornherein zum Scheitern verurteilt.

Denken Sie nur an folgende weitverbreitete Erscheinung: Sobald ein Student den ersten Satz seiner Prüfungsaufgabe liest, ist mit einem Schlag alles Gelernte scheinbar spurlos aus seinem Gedächtnis verschwunden. Im Kopf herrscht eine grauenhafte Leere, und er ist unfähig, sich auch nur an eine einzige wichtige Tatsache zu erinnern. Je mehr er die Zähne zusammenbeißt und seine gesamte Willenskraft einsetzt, desto weniger fällt ihm ein. Kaum hat er die Tür des Prüfungssaales und damit den seelischen Druck hinter sich gelassen, da kommt die Erinnerung wie zum Hohn zurück, und er weiß alles. Der Grund des Versagens liegt hier wie in allen ähnlichen Fällen in dem verzweifelten Bemühen. Dieses Beispiel ist besonders geeignet, das Prinzip der umgekehrten Wirkung zu verdeutlichen.

Der Widerstreit von Wunsch und Fantasie muss aufgehoben werden

Wer glaubt, Gewalt anwenden und sich zwingen zu müssen, rechnet von vornherein mit Widerstand. Sobald Sie sich aber darauf konzentrieren, *wie* ein Problem zu meistern ist, wendet sich Ihre Aufmerksamkeit ganz von selbst von den Hindernissen ab.

In Matthäus 18,19 steht: »*Wenn zwei von euch übereinstimmen auf Erden in irgendeiner Sache, um die sie bitten: es wird ihnen zuteilwerden von eurem Vater im Himmel.*« Hier geht es um die Übereinstimmung zwischen Ihrem Bewusstsein und Ihrem Unterbewusstsein hinsichtlich einer Idee, Sehnsucht oder geistigen Vision. Sobald Bewusstsein und Unterbewusstsein nicht mehr im Widerspruch zueinander stehen, sondern völlig einig sind, wird Ihr Wunsch erhört. Die zwei, von denen hier die Rede ist, können auch ausgelegt werden als Sie und Ihr Wunsch, Ihr Gedanke und Ihr Gefühl, Ihr Wunsch und Ihre Fantasie.

Jeder mögliche Konflikt zwischen Ihren Wünschen und Ihrer Fantasie wird dadurch vermieden, dass Sie sich in einen tranceartigen Zustand versetzen, in dem alle bewussten Anstrengungen weitestgehend ausgeschaltet sind. Im Schlaf oder in der Trance ist das Bewusstsein am wenigsten tätig. Deshalb sind gerade die Augenblicke unmittelbar vor dem Einschlafen und nach dem Erwachen am besten geeignet, das Unterbewusstsein nachhaltig zu beeinflussen, gerade dann stehen seine Türen am weitesten offen. In diesem Zustand tauchen die sonst geläufigen negativen Gedanken und Vorstellungen, die die Kraft des Wunsches aufheben können, am seltensten auf. Sobald Sie sich kraft Ihrer Fantasie in die Vorfreude, die die Erfüllung Ihres Wunsches begleitet, versetzen können, wird Ihr Unterbewusstsein für die Verwirklichung sorgen.

Sehr viele Menschen lösen alle ihre Probleme und Schwierigkeiten, indem sie ihre gesteuerte Fantasie einsetzen, im vollen Wissen und Vertrauen, dass alles, was ihrem Gefühl und ihrer Vorstellungskraft als wahr erscheint, *unbedingt eintreten muss.*

Am folgenden Beispiel einer Bekannten wird deutlich, wie der Widerspruch zwischen Wunsch und Vorstellung überwunden werden kann. Sie hoffte auf die friedliche Beilegung eines Rechtsstreits, in ihrer Fantasie sah sie jedoch ständig Misserfolg, Verlust, Konkurs und Armut. Es handelte sich um ein verwickeltes juristisches Problem, dessen Lösung von Mal zu Mal vertagt wurde, ohne dass ein Ende abzusehen war.

Auf meinen Vorschlag hin versetzte sie sich jede Nacht vor dem Schlafengehen in Trance und begann, sich möglichst lebendig in die Freude und Erleichterung einzuleben, die sie bei einem glücklichen Ausgang des Prozesses empfinden würde. Sie wusste, dass das Vorstellungsbild mit ihrem Wunsch in Einklang stehen musste. Immer vor dem Einschlafen sah sie sich in einem angeregten Gespräch mit ihrem Anwalt. Sie stellte ihm Fragen, die er entsprechend beantwortete. Und immer wieder ließ sie ihn im Gespräch die Worte sagen: »Die Angelegenheit hat eine allseits befriedigende Lösung gefunden und konnte auf gütliche Weise außergerichtlich bereinigt werden.« Sobald sie tagsüber wieder ihre alte Furcht befiel, pflegte sie sofort diesen geistigen Film ablaufen zu lassen. Bald fiel es ihr leicht, sich die Stimme, das Lächeln und die Gesten ihres Anwalts lebendig vorzustellen. Diese Szene wiederholte sie so oft, bis sie sich tief in Geist und Fantasie eingegraben hatte. Und tatsächlich rief nach einigen Wochen ihr Anwalt an, um ihr mitzuteilen, dass sich ihre Vision verwirklicht habe.

Der Psalm 19,14 besagt: *»Mögen dir gefallen meines Mundes Worte und die Gedanken meines Herzens, Herr, mein Fels und mein Erlöser!«* – Ihre Gedanken und Ihre Gefühle sollen

»gefallen«, und die Macht und das Wissen Ihres Unterbewusstseins kann Sie von Krankheiten, Misserfolgen und Schmerzen erlösen.

Leitgedanken

1. Jede Willensanstrengung ist die Folge von Angst und Furcht, die der gewünschten Lösung im Wege stehen. Erzwingen Sie nichts.
2. Sobald Sie sich geistig entspannt und von der Wahrheit eines Gedankens überzeugt haben, macht sich Ihr Unterbewusstsein an seine Verwirklichung.
3. Denken und planen Sie ohne Rücksicht auf die üblichen Methoden der Verwirklichung. Vergessen Sie nie: Es gibt immer eine Antwort, immer eine Lösung für jedes Problem!
4. Denken Sie nicht zu sehr daran, ob Ihr Herz richtig schlägt, Ihre Lungen tief genug atmen oder sonst Ihre organischen Funktionen normal verlaufen. Verlassen Sie sich ausschließlich auf Ihr Unterbewusstsein und vertrauen Sie darauf, dass der göttliche Wille in Ihnen wirkt.
5. Wer sich gesund fühlt, wird gesund; wer sich reich fühlt, wird reich. Wie fühlen Sie sich?
6. Die Fantasie ist Ihr stärkster Trumpf. Stellen Sie sich nur Schönes und Positives vor. Sie selbst und Ihr Schicksal sind identisch mit Ihren Gedanken und Vorstellungsbildern.
7. In einem schlafähnlichen Zustand ist der Widerstreit von Bewusstsein und Unterbewusstsein weitestgehend ausgeschaltet. Stellen Sie sich unmittelbar vor dem Einschlafen immer wieder voll Freude die Erfüllung Ihres Wunsches vor. Schlafen Sie friedlich und erwachen Sie voll Vorfreude.

Wenn Sie etwas bekräftigen, bestätigen Sie, dass es genau so ist. Wenn Sie diese Geisteshaltung entgegen aller Gegenbeweise beibehalten, wird Ihr Gebet beantwortet werden.

Kapitel 9

Das Unterbewusstsein als Schlüssel zum Reichtum

Mit der sicheren Unterstützung Ihres Unterbewusstseins wählen Sie die einfachste Art, reich zu werden. Durch harte Arbeit zu Reichtum zu kommen, ist eine zuverlässige Methode, Sie früh auf den Friedhof zu bringen.

Falls Sie mit finanziellen Schwierigkeiten zu kämpfen haben oder nicht wissen, woher Sie das Geld nehmen sollen, um notwendige Ausgaben zu bestreiten, so lässt dies darauf schließen, dass Sie Ihr Unterbewusstsein nicht davon überzeugen konnten, Sie würden immer in Reichtum und Überfluss leben. Sie kennen sicher Männer und Frauen, die nur wenige Stunden in der Woche arbeiten und trotzdem Unsummen verdienen. Dabei mühen sich diese Menschen nicht im Geringsten ab. Glauben Sie nicht, man könne nur durch harte Arbeit zu Geld und Vermögen kommen. Genau das Gegenteil trifft nämlich zu: Die leichteste Lösung ist die beste. Tun Sie genau das, was Sie sich wünschen, und tun Sie es aus reinem Vergnügen.

Ich kenne einen leitenden Angestellten in Los Angeles, der ein Jahresgehalt von etwa 150 000 Dollar bezieht. Letztes Jahr unternahm er eine neunmonatige Reise und besuchte die schönsten Orte in der Welt. Er erzählte mir, er habe sein Unterbewusstsein davon überzeugt, dass seine Arbeit so viel wert sei. Er meinte, dass viele seiner Arbeitskollegen, die im Monat nur 1000 Dollar verdienten, mehr vom Geschäft verstünden als er, dass es ihnen aber völlig an Ehrgeiz und kreativen Ideen mangele und sie sich nicht im Geringsten für die wunderwirkenden Kräfte ihres Unterbewusstseins interessierten.

Reichtum ist eine Frage des Geistes

Reichtum ist nichts anderes als eine unterbewusste Überzeugung. Natürlich werden Sie nicht einfach dadurch Millionär, dass Sie sich sagen: »Ich bin ein Millionär, ich bin ein Millionär!« Dieses Ziel werden Sie nur dann erreichen, wenn Sie die richtige geistige Einstellung gewinnen, indem Sie dem Gedanken an Reichtum und Wohlstand einen dauernden Platz in Ihrem Denken und Fühlen einrichten.

Ihre unsichtbaren Einkommensquellen

Das Handicap vieler Menschen ist es, dass sie über keine unsichtbaren Einkommensquellen verfügen. Völlig hilflos stehen sie jedem Geschäftsrückgang, jedem Kurssturz, jedem Verlust ihrer Anlagen, jedem Verdienstausfall gegenüber. So reagieren nur die, denen die unglaublichen Kräfte des Unterbewusstseins unbekannt sind.

Wer Armut fürchtet oder sich für arm hält, wird auch arm werden. Wenn Sie sich aber auf Reichtum konzentrieren, werden Sie bald im Luxus leben. Nirgends steht geschrieben, der Mensch müsse sein Leben in Not und Elend fristen. Auch Sie können reich sein und im Überfluss leben. Denn Ihre Worte haben die Macht, Ihren Geist von falschen Vorstellungen zu befreien und sie durch die richtigen Gedanken zu ersetzen.

Die ideale Methode, die richtige Einstellung zum Reichtum zu gewinnen

Vermutlich sagen Sie, während Sie dies lesen: »Ich möchte auch Reichtum und Erfolg!« Sie brauchen nur Folgendes zu tun: Wiederholen Sie für sich drei- bis viermal am Tag jeweils fünf Minuten lang: »Reichtum – Erfolg.« Diese Worte haben eine ungeheure Macht, denn sie mobilisieren die unendliche Kraft des Unterbewusstseins. Konzentrieren Sie Ihr Denken auf diese Kraft in Ihrem Inneren, und die von Ihnen gewünschten Bedingungen und Umstände werden sich bald in Ihrem Leben einstellen. Sagen Sie nicht: »Ich bin reich«, sondern verweilen Sie in Ihrem Denken bei den schöpferischen Kräften Ihres Geistes. So kann kein geistiger Widerstreit zwischen Verstand und Unterbewusstsein entstehen, wenn Sie nur das Wort »Reichtum« sagen. Außerdem wird Ihr Gefühl, reich zu sein, umso stärker und größer sein, je länger sich Ihre Gedanken mit der Vorstellung von Wohlstand und Überfluss beschäftigen.

Vergessen Sie niemals: Wer sich reich fühlt, wird reich. Ihr Unterbewusstsein ist wie eine Bank, eine Art Finanzierungsstelle für alle Wünsche. Was Sie auf dieses Konto an Gedanken und Wünschen einzahlen – ob sich diese nun um Reichtum oder Armut drehen –, wird sich mit Zins und Zinseszins, im Guten wie im Negativen, vermehren. Wählen Sie deshalb Wohlstand und Überfluss!

Warum die feste Behauptung, reich zu sein, nichts nützt

Während der letzten 35 Jahre habe ich mit vielen Menschen gesprochen, deren häufigste Klage ist: »Wochen- und monatelang habe ich mir gesagt: ›Ich bin wohlhabend, ich bin reich‹, und nichts ist geschehen.« Ich bemerkte bald, dass sie bei den Worten »Ich bin wohlhabend, ich bin reich« innerlich fühlten, dass sie sich selbst belogen.

Ein Mann sagte mir: »Bis zum Überdruss habe ich wiederholt, ich sei reich und wohlhabend. Mittlerweile hat sich meine Lage aber noch verschlechtert. Ich wusste eben, dass meine Behauptung einfach nicht den Tatsachen entsprach.« Aus genau diesem Grund wurde aber der Inhalt seiner Worte vom Unterbewusstsein abgelehnt, und das Gegenteil dessen, was er nach außen hin behauptete, trat ein.

Feststellungen dieser Art können sich nur verwirklichen, wenn sie einen klar umrissenen Gedanken zum Ausdruck bringen und keinen inneren Widerstreit hervorrufen. Die Lebensumstände dieses Mannes hatten sich nur deshalb verschlechtert, weil er im Grunde genommen immer an Armut dachte, wenn er von Reichtum sprach. Dem Unterbewusstsein prägen sich nämlich Ihre wirklichen Gedanken und echten Gefühle ein, nicht etwa nur leere Worte und Feststellungen ohne Überzeugung. Das Unterbewusstsein richtet sich ausnahmslos nach der in Ihrer Vorstellung vorherrschenden Idee.

Wie Sie einen inneren Widerstreit vermeiden

Die folgende Methode ist vor allem für jene ideal, die leicht in einen inneren Konflikt geraten. Sagen Sie sich insbesondere vor dem Schlafengehen: »Bei Tag und Nacht werde ich in jeder

Beziehung gefördert.« Diese Feststellung wird keinen Widerspruch wecken, da sie nicht im Gegensatz zu Ihrer unterbewussten Überzeugung steht, dass Ihnen etwas fehlt.

Einem Geschäftsmann, dessen Verkaufsziffern zurückgegangen waren und der in eine bedrohliche finanzielle Lage geraten war, riet ich, sich ruhig in sein Büro zu setzen und immer wieder die folgende Feststellung zu wiederholen: »Mein Verkaufserfolg wächst von Tag zu Tag.« Auf diese Weise gelang es ihm, sich der widerspruchslosen Unterstützung von Bewusstsein und Unterbewusstsein zu versichern, und das gewünschte Ergebnis ließ nicht lange auf sich warten.

Unterzeichnen Sie keine Blankoschecks!

Sie unterzeichnen Blankoschecks, sobald Sie zum Beispiel sagen: »Das wird ja nie ausreichen.« – »Ich bin zurzeit etwas knapp.« – »Die Hypothek ist zu hoch; ich werde das Haus verlieren.« Wenn Sie ängstlich in die Zukunft blicken, signieren Sie einen Scheck unbekannter Höhe und beschwören das Unglück. Ihr Unterbewusstsein hält Ihre Befürchtungen und negativen Feststellungen fälschlicherweise für einen Befehl und macht sich daran, die »gewünschten« Hindernisse, Verzögerungen, Einschränkungen und Beeinträchtigungen herbeizuführen.

Reichtum ist eine unterbewusste Überzeugung. Räumen Sie der Vorstellung, reich zu sein, einen festen Platz in Ihrem Geist ein.

Ihre wahre Quelle des Reichtums besteht aus den Gedanken in Ihrem Geist. Sie können eine Idee haben, die Millionen wert ist. Ihr Unterbewusstsein wird Ihnen die nötige Idee liefern.

Ihr Geist allein kann die Barriere errichten, die Sie vom Reichtum trennt. Beseitigen Sie dieses Hindernis unverzüglich, indem Sie sich um eine positive Einstellung zu Ihren Mitmenschen bemühen.

Ihr Unterbewusstsein zahlt mit Zinsen

Wer sich reich fühlt, wird noch reicher werden. Wer sich arm fühlt, dem wird auch noch das wenige genommen, das er hat. Ihr Unterbewusstsein vergrößert und vermehrt alles, was Sie ihm anvertrauen. Beschäftigen Sie sich deshalb jeden Morgen beim Erwachen mit Gedanken an Fortschritt, Erfolg, Reichtum und Glück. Bleiben Sie in Ihrer Fantasie bei diesen Vorstellungen. Malen Sie sich die entsprechenden Bilder sooft wie möglich in den kräftigsten Farben aus. Denn diese konstruktiven Gedanken werden sich in Ihrem Unterbewusstsein verwurzeln und Reichtum und Wohlstand hervorbringen.

Wenn nichts geschieht

Ich höre Sie sagen: »Das habe ich alles getan, und nichts ist geschehen!« Dieser Misserfolg ist mit größter Wahrscheinlichkeit darauf zurückzuführen, dass Sie schon zehn Minuten später wieder in Ihre negativen Denkmuster verfielen und die positive Wirkung der obigen Feststellung aufhoben. Wer sät schon etwas und gräbt den Samen dann sofort wieder aus? Man muss ihn eben Wurzel schlagen und wachsen lassen.

Angenommen, Sie wollten sagen: »Das Geld für die nächste Rate bringe ich niemals auf«, dann brechen Sie den Satz spätestens bei dem Wort »Rate« ab und konzentrieren sich stattdessen auf eine positive Behauptung wie zum Beispiel: »Bei Tag und Nacht werde ich in jeder Beziehung gefördert.«

Die Quelle des Reichtums

Ihrem Unterbewusstsein mangelt es nie an Ideen. Es ist eine unerschöpfliche Quelle von Einfällen, die nur darauf warten, in Ihr Bewusstsein zu treten, um umgesetzt zu werden. In diesem geistigen Vorgang tritt niemals eine Pause ein, gleichgültig, ob die Aktienkurse steigen oder fallen oder ob Dollar oder Euro an Kaufkraft einbüßen. Ihr Wohlstand hängt letzten Endes niemals von Aktien, Pfandbriefen oder Bankkonten ab, denn diese sind in Wirklichkeit nur Symbole – nützliche und notwendige zwar, aber doch nur Symbole.

Sie werden zu jedem Zeitpunkt Ihres Lebens in der einen oder anderen Form Reichtum genießen – dank der Ihrem Unterbewusstsein eingeprägten Überzeugung, dass der Wohlstand Ihnen zusteht.

Warum viele nicht mit ihrem Geld auskommen

Häufig hört man die Klage, das Geld reiche einfach nicht aus, um alle Verpflichtungen und Wünsche zu erfüllen. Haben Sie schon einmal darüber nachgedacht, um was für Leute es sich dabei meistens handelt? Sind es nicht immer Menschen, die alle die verdammen, die erfolgreich sind und sich in die Höhe gearbeitet haben? Typisch für diese Unzufriedenen sind Bemerkungen wie etwa diese: »Das ist ja nur ein Schwindler und Betrüger.« – »Der macht sein Geld auf die krumme Tour.« – »Der geht über Leichen.« Abwertende Urteile dieser Art sind selten Ausdruck echter moralischer Entrüstung, sondern fast immer nur von Neid und Habsucht diktiert! Die schnellste und sicherste Methode, jeden Wohlstand von sich fernzuhalten, ist es, andere, die reicher sind, herabzusetzen und zu verleumden.

Ein häufiger Fallstrick auf dem Weg zum Reichtum

Armut und Mangel im Leben vieler Menschen haben – wie mancher aus Erfahrung selbst lernen musste – ihre Ursache häufig im Neid. Werden Sie etwa neidisch, wenn Sie Ihren Kollegen einen Ihre eigenen Möglichkeiten übersteigenden Betrag von seinem Bankkonto abheben sehen? Überwinden Sie einen solchen negativen Gedanken, indem Sie sagen: »Das ist doch fabelhaft! Ich freue mich von Herzen über den Erfolg dieses Mannes. Möge sein Wohlstand von Tag zu Tag wachsen!«

Neidvollen Gedanken nachzuhängen hat verheerende Wirkungen. Sie setzen sich auf diese Weise selbst ins Unrecht und verscheuchen durch Ihre negative Einstellung jeden Reichtum, statt ihn anzuziehen. Sobald Sie merken, dass Sie den Erfolg oder Wohlstand eines Mitmenschen kritisieren wollen, geben Sie Ihren Gedanken sofort eine neue Richtung: Wünschen Sie dem Betreffenden ehrlich und aus vollem Herzen in jedem Sinne das Beste! Damit wird die negative Wirkung Ihrer Gedanken aufgehoben und gleichzeitig Ihnen selbst nach dem Gesetz Ihres Unterbewusstseins der Reichtum beschert, der Ihnen zusteht.

Beseitigen Sie die geistige Schranke auf dem Weg zum Reichtum

Falls Sie glauben, einer Ihrer Mitmenschen sei nur durch Betrug reich geworden, so überlassen Sie den Betreffenden ruhig seinem Schicksal. Trifft Ihre Annahme wirklich zu, so missbraucht der Mensch das universelle Gesetz des Geistes, und das wird sich an ihm rächen. Sie müssen aus den oben genannten Gründen jede Kritik sorgfältig vermeiden. Denken Sie immer daran: Einzig und allein Ihr Geist kann die Schranke aufrichten, die Sie vom Reichtum trennt. Diese Hindernisse können Sie ein für alle Mal beseitigen, indem Sie sich um eine positive Einstellung zu all Ihren Mitmenschen bemühen.

Wie man im Schlaf reich wird

Nachdem Sie sich zu Bett gelegt haben, entspannen Sie sich dadurch, dass Sie immer wieder in völliger Ruhe und mit viel Gefühl das Wort »Reichtum« wiederholen. Schlafen Sie ein mit dem Wort »Reichtum« auf Ihren Lippen, und Sie werden erstaunt sein über die Wirkung. Der Wohlstand wird von allen Seiten überreichlich auf Sie einströmen.

Leitgedanken

1. Beschließen Sie, mit der unfehlbaren Hilfe Ihres Unterbewusstseins auf einfache Weise reich zu werden.
2. Durch harte Arbeit zu Reichtum zu kommen, ist eine zuverlässige Methode, Sie früh auf den Friedhof zu bringen.
   Es ist völlig unnötig, seine Kräfte auf diese Weise zu verschwenden.

3. Reichtum ist ausschließlich die Folge einer unterbewussten Überzeugung. Räumen Sie der Vorstellung, wohlhabend zu sein, einen festen Platz in Ihrem Denken und Fühlen ein.
4. Der Fehler der meisten Menschen ist es, dass sie über keine unsichtbaren Einkommensquellen verfügen.
5. Wiederholen Sie vor dem Schlafengehen das Wort »Reichtum« etwa fünf Minuten lang ganz ruhig und mit Gefühl, und Ihr Unterbewusstsein wird Ihre Vorstellung bald verwirklichen.
6. Wer sich reich fühlt, wird reich. Behalten Sie diese Tatsache immer im Auge.
7. Bewusstsein und Unterbewusstsein müssen von der gleichen Tatsache überzeugt sein. Ihr Unterbewusstsein nimmt nur das an, was Sie wirklich für wahr halten. Es richtet sich immer nach dem vorherrschenden Gedanken, und deshalb müssen Sie Ihr Denken auf Reichtum und nicht auf Armut richten.
8. Einen etwaigen inneren Konflikt zwischen Bewusstsein und Unterbewusstsein können Sie am besten mit der Überzeugung aufheben: »Bei Tag und Nacht werde ich in jeder Beziehung gefördert!«
9. Steigern Sie Ihren beruflichen Erfolg, indem Sie immerzu wiederholen: »Meine Ertragszahlen steigen von Tag zu Tag. Ich erziele immer größere Fortschritte. Mein Reichtum nimmt täglich zu.«
10. Gewöhnen Sie es sich ab, Blankoschecks auszustellen: »Ich habe nicht genug Geld.« – »Das kann ich mir nicht leisten.« Solche Feststellungen verschlechtern sowohl Ihre augenblickliche Lage als auch Ihre Zukunftsaussichten.
11. Vertrauen Sie Ihrem Unterbewusstsein die Vorstellung an, Sie seien wohlhabend und erfolgreich, und diese geistige »Kapitalanlage« wird hohe Zinsen einbringen.
12. Bleiben Sie in dem, was Sie behaupten, konsequent. Wenn Sie im nächsten Augenblick die Richtigkeit Ihrer Behauptung bezweifeln oder das Gegenteil denken, wird die positive Wirkung Ihrer Gedanken wieder aufgehoben.

13. Ihre Gedanken- und Vorstellungswelt ist die eigentliche Quelle allen Wohlstands. Ihre Ideen können Millionen wert sein. Ihr Unterbewusstsein wird Sie zuverlässig mit den nötigen Einfällen versorgen.
14. Neid und Habgier sind Hindernisse auf dem Weg zum Reichtum. Freuen Sie sich ehrlich über das Glück und den Erfolg Ihrer Mitmenschen!
15. Ihr Geist allein kann die Barriere aufrichten, die Sie vom Reichtum trennt. Beseitigen Sie dieses Hindernis unverzüglich, indem Sie sich um eine positive Einstellung zu Ihren Mitmenschen bemühen.

Denken Sie nicht nur an Geld. Legen Sie auch großen Wert auf Gesundheit, Glück, Zufriedenheit, echte Selbstverwirklichung und Liebe und begegnen Sie Ihren Mitmenschen mit Zuneigung und gutem Willen. Das wird Ihnen Ihr Unterbewusstsein mit Zins und Zinseszins vergelten.

Kapitel 10

Ihr Recht auf Reichtum

Ihr Bewusstsein und Ihr Unterbewusstsein müssen übereinstimmen. Ihr Unterbewusstsein akzeptiert nur, was Sie wirklich als wahr erachten. Ihr Unterbewusstsein nimmt immer den vorherrschenden Gedanken an. Dieser sollte die Vorstellung von Reichtum und nicht von Armut sein.

Sie haben ein Anrecht auf Reichtum. Sie sind geboren, um ein sorgenfreies, glückliches Leben in Wohlstand und Sicherheit zu führen. Deshalb müssten Sie auch über die notwendigen Geldmittel verfügen, die zu so einem erfüllten Leben nötig sind.

Sie sind auf diese Welt gekommen, um sich körperlich, geistig und seelisch zu entfalten, und Sie haben ein unbestreitbares Recht auf alles, was Ihnen hilft, den Sinn Ihres Lebens zu erfüllen. Sie sollten sich mit Schönheit und Luxus umgeben können.

Warum sollten Sie sich mit dem Allernotwendigsten begnügen, wenn Sie die Kraft Ihres Unterbewusstseins nutzen können? In diesem Kapitel lernen Sie, wie Sie sich das Geld zum Freund und ständigen Begleiter machen. Ihr Wunsch, reich zu sein, ist nichts anderes als die Sehnsucht nach einem erfüllteren, glücklicheren und schöneren Leben. Es handelt sich um einen natürlichen Instinkt. Ihr Streben ist deshalb nicht nur gut, sondern sogar sehr gut.

Geld ist ein Symbol

Geld ist ein symbolisches Tauschmittel. Sein Besitz bedeutet nicht nur Freiheit von Armut und Mangel, sondern Schönheit, Luxus, Überfluss und Lebensart. Es ist nicht mehr und nicht weniger als ein Symbol der wirtschaftlichen Gesundheit eines Landes. Solange das Blut ungehindert im Organismus kreist, ist der Mensch physisch gesund. Solange das Geld frei im Leben des Einzelnen zirkuliert, ist dieser wirtschaftlich gesund. Wenn die Leute anfangen, ihr Geld aus Angst im Sparstrumpf zu sammeln, steht es schlecht um die Wirtschaft.

Im Laufe der Jahrhunderte und Kulturen hat es viele Tauschmittel gegeben, zum Beispiel Salz, Glasperlen oder andere kleinere Wertgegenstände. In der Frühzeit bemaß sich der Reichtum eines Menschen nach der Größe seiner Schaf- und Rinderherden. Heute verwenden wir stattdessen Geld und Wertpapiere, und es ist wesentlich praktischer, Banknoten, Kredit- und Scheckkarten mit sich zu führen als Schafe und Kühe.

Der bequeme und kürzeste Weg zum Reichtum

Der Weg zu Glück und Erfolg auf jedem Gebiet – sei dies nun seelisch, geistig oder materiell – steht dem offen, der mit den wunderbaren Kräften des Unterbewusstseins vertraut ist. Der Kenner der geistigen Prinzipien glaubt felsenfest und weiß mit absoluter Gewissheit, dass er niemals auf etwas verzichten muss, und zwar ohne Rücksicht auf die wirtschaftliche Konjunktur, die Kurse an der Börse oder Krisen aller Art wie zum Beispiel Streiks oder Kriege. Sobald er seinem Unterbewusstsein die Vorstellung von Wohlstand eingeprägt hat, wird dieses ihn – wo immer er sich auch befinden mag – mit dem Nötigen ausreichend versorgen. Er hat die feste geistige Überzeugung gewonnen, dass das Geld zu jeder Zeit ungehindert in seinem Leben zirkulieren und er immer mehr als genug davon besitzen wird. Selbst wenn die Staatsbank morgen ihren Bankrott erklärte und der gesamte gegenwärtige Besitz des Betreffenden seinen Wert verlöre, so würde dieser Mensch trotzdem bald wieder reich sein, gleichgültig, wie das neue Wirtschaftssystem oder die neue Währung beschaffen wäre.

Warum Sie nicht mehr Geld haben

Vielleicht sagen Sie bei der Lektüre dieses Kapitels: »Mir würde ein größeres Gehalt zustehen, als ich es im Augenblick beziehe.« – Meiner Meinung nach werden die Leistungen der meisten Menschen unterbewertet und zu niedrig entlohnt. In vielen Fällen kann die Unterbezahlung unter anderem daran liegen, dass die Betreffenden heimlich oder offen Geld verdammen; sie bezeichnen es als »schmutzig« oder sagen: »Geldgier ist die Wurzel allen Übels.« Ein weiterer Grund, warum sie wirtschaftlich keine Fortschritte erzielen, ist, dass irgendwo in ihrem Geist der Aberglaube herumspukt, Armut sei tugendhaft und moralisch hochwertig. Diese unterbewusste Einstellung geht meistens auf in der Jugend empfangene Lehren, häufig auch auf Missdeutung von Bibelstellen zurück.

Geld und ein ausgewogenes Leben

Jemand sagte mir einmal: »Ich bin pleite. Ich verabscheue Geld. Es ist die Wurzel allen Übels.« Nur ein neurotischer Wirrkopf kann so etwas sagen. Ebenso verzerrt und einseitig ist die Einstellung jener, die ausschließlich am Geld hängen. Der Mensch muss seine Fähigkeiten geschickt einsetzen. Manche verzehren sich nach Macht, andere nach Geld. Falls Sie sich ganz auf Geld konzentrieren und sich sagen: »Geld ist alles, was ich will; ich werde mich voll und ganz dem Ziel widmen, möglichst viel Geld anzuhäufen, alles andere ist mir unwichtig!«, dann werden Sie zweifellos zu Geld und Vermögen kommen. Nur übersehen Sie dabei, dass der Mensch ein ausgewogenes Leben führen sollte und auch seinen Wunsch nach Ausgewogenheit, Harmonie, Liebe, Freude und Gesundheit erfüllen muss.

Wer Geld zum ausschließlichen Lebensinhalt macht, hat eine falsche Entscheidung getroffen. Er wird entdecken, dass der Mensch neben Geld noch viele andere Dinge benötigt. Dazu gehören die Entdeckung und Entfaltung der eigenen Talente, das Streben, seinen Platz im Leben richtig auszufüllen, die Sehnsucht nach Liebe und die Freude, zum Wohlergehen und Erfolg seiner Mitmenschen beitragen zu können. Wer die Prinzipien des Unterbewusstseins erkennt und richtig einzusetzen weiß, wird nicht nur – falls er es will – Millionen besitzen, sondern darüber hinaus auch noch innere und äußere Harmonie, Gesundheit und restlose Selbstverwirklichung genießen.

Armut hat auch eine geistige Ursache

Armut ist keineswegs etwas Tugendhaftes oder Verdienstvolles, sondern es handelt sich oft um ein geistiges Fehlverhalten. Wenn Sie sich körperlich nicht wohlfühlten, würden Sie dies auf eine Erkrankung Ihres Organismus zurückführen. Sie würden alles unternehmen, um möglichst rasch gesund zu werden. Auch dauernde Geldknappheit ist ein Symptom dafür, dass etwas in Ihrem Leben in Unordnung geraten ist.

Das in jedem Menschen aktive Lebensprinzip will Wachstum, Erfüllung und Überfluss. Sie sind nicht auf diese Welt gekommen, um in einer elenden Hundehütte zu hausen, sich in Lumpen zu kleiden und zu hungern. Das Gesetz des Lebens will, dass Sie glücklich, wohlhabend und erfolgreich sind.

Warum Sie niemals geringschätzig von Geld sprechen dürfen

Befreien Sie Ihr Denken von den weitverbreiteten seltsamen und abergläubischen Auffassungen von Geld. Betrachten Sie Geld niemals als etwas Negatives oder Schmutziges – Sie würden es nur mit Gewalt wegscheuchen. Denken Sie immer daran: Das Unterbewusstsein hält Ihnen alles vom Leib, was Sie mit Überzeugung ablehnen. Wie könnte es auch das anziehen, was Sie bewusst zurückweisen?

Wie Sie die richtige Einstellung zum Geld gewinnen

Mit dieser einfachen Technik können Sie Ihre finanziellen Mittel vervielfachen. Wiederholen Sie mehrmals am Tag: »Mir ist Geld willkommen, ich mag es, ich verwende es klug, überlegt und für gute Zwecke. Ich gebe es gern mit vollen Händen aus, und es kehrt auf wundervolle Weise vermehrt zu mir zurück. Geld ist nicht nur etwas Gutes, sondern sogar etwas sehr Gutes. Geld strömt von allen Seiten im Überfluss zu mir. Mit seiner

Hilfe werde ich viel Gutes und Nützliches tun, weshalb ich dankbar bin für meine materiellen und geistigen Schätze.«

Geld – vom wissenschaftlichen Standpunkt aus betrachtet

Angenommen, Sie stießen auf ein Vorkommen von Gold, Silber, Blei, Kupfer oder Eisen. Würden Sie diese Metalle als etwas Böses betrachten? Verblendung, Unwissenheit, eine falsche Einstellung zum Leben und der Missbrauch der unterbewussten Kräfte sind die einzige Quelle des Negativen. Jedes Mineral – ob Uran, Blei oder Erdöl – könnte uns als Tauschmittel dienen. Stattdessen verwenden wir Papierscheine und -schecks, Plastikkarten, Münzen aus Kupfer, Nickel und Silber – lauter Stoffe, die wirklich nichts Schlechtes an sich haben. Physiker und Chemiker wissen, dass der einzige Unterschied zwischen den Metallen in der Anzahl und Beschleunigung der Elektronen besteht, die um einen gemeinsamen Mittelpunkt kreisen. Mithilfe eines starken Zyklotrons kann man heute ein Metall in ein anderes verwandeln, indem man es mit Atomen beschießt. Unter gewissen Bedingungen verwandelt sich auf diese Weise Gold in Quecksilber. Ein intelligenter Mensch sollte in dieser Ansammlung von Elektronen, Neutronen, Protonen und Isotopen nichts Böses sehen – egal ob Münze oder Papiergeld.

Sie können jeden inneren Konflikt in Bezug auf Reichtum bewältigen, indem Sie häufig wiederholen: »Tag und Nacht werde ich in jeder Beziehung in Wohlstand leben.«

Neid und Eifersucht sind Hindernisse auf dem Weg zum Reichtum. Freuen Sie sich über den Wohlstand anderer.

Benutzen Sie niemals den Ausdruck »stinkreich« und sagen Sie nie: »Ich verachte Geld.« Was Sie da kritisieren, geht Ihnen verloren. Geld ist weder gut noch schlecht, es kommt nur darauf an, aus welchem Blickwinkel man es betrachtet.

Wie Sie das nötige Geld an sich ziehen

Einst lernte ich in Australien einen Jungen kennen, der Chirurg werden wollte, aber kein Geld hatte. Ich erklärte ihm, jeder Wunsch besitze die Fähigkeit, alles, was er zu seiner Verwirklichung braucht, an sich zu ziehen. Das sollte er sich vorstellen und in seinem Unterbewusstsein verankern. Um seinen Lebensunterhalt zu verdienen, reinigte der äußerst begabte Junge Praxisräume, putzte Fenster und führte alle möglichen Gelegenheitsarbeiten aus. Er erzählte mir, dass er sich jede Nacht vor dem Einschlafen mit aller Deutlichkeit eine ärztliche Zulassungsurkunde ausmale, die in großen, klaren Buchstaben seinen Namen trug. Durch seine Gelegenheitsarbeiten kannte er solche Dokumente genau. Deshalb fiel es ihm leicht, sich das entsprechende Vorstellungsbild einzuprägen. Es dauerte etwa vier Monate – jede Nacht faszinierte ihn dieses Wunschbild –, da stellte sich der sichtbare Erfolg ein. Die weitere Lebensgeschichte dieses Mannes ist sehr aufschlussreich. Einer der Ärzte fand großen Gefallen an dem Jungen. Er zeigte ihm, wie man Instrumente sterilisiert, Injektionen gibt, Erste Hilfe leistet und andere in einer ärztlichen Praxis wichtige Tätigkeiten ausführt. Schließlich stellte er ihn als medizinisch-technischen Assistenten an. Später ließ ihn derselbe Arzt auf eigene Kosten Medizin studieren. Mittlerweile ist aus dem Jungen ein berühmter Arzt geworden, der in Montreal praktiziert. Durch den richtigen Einsatz seines Unterbewusstseins brachte er das uralte Gesetz der Anziehungskraft zum Wirken, das besagt: »Wer sein Ziel klar vor sich sieht, braucht nur die Mittel zu seiner Verwirklichung herbeizuwünschen.« In diesem Fall war das Ziel eine eigene Arztpraxis. Dem jungen Mann gelang es, sich eine Wirklichkeit als Arzt vorzustellen, zu sehen und zu fühlen. Er lebte mit dieser Idee und erfüllte sie mit der ganzen Kraft seiner Liebe zum Arztberuf, bis sie dank seiner Fantasie tief im Unterbewusstsein zur festen Überzeugung wurde. So wurden alle Voraussetzungen für die Erfüllung seines Traumes geschaffen.

Warum manche Menschen niemals eine Gehaltsaufbesserung bekommen

Falls Sie für ein großes Unternehmen arbeiten und insgeheim denken, Sie seien sowohl unterbezahlt wie unterbewertet und verdienten eigentlich mehr Anerkennung und eine bessere Bezahlung, dann haben Sie sich innerlich bereits von Ihrem Arbeitgeber losgesagt. Sie lösen damit einen gesetzmäßigen Vorgang aus, und eines Tages wird Ihr Chef zu Ihnen sagen: »Wir müssen leider auf Ihre weiteren Dienste verzichten.« Im Grunde genommen haben Sie vorher schon selbst Ihr Arbeitsverhältnis gelöst. Ihr Vorgesetzter war nur das Werkzeug zur Verwirklichung Ihrer eigenen negativen Einstellung. Das will das Gesetz von Wirkung und Gegenwirkung. Der erste Anstoß ging von Ihren Gedanken aus, und alles Weitere war nur das Ergebnis der unterbewussten Reaktion.

Hindernisse und Fallen auf dem Weg zum Reichtum

Sie haben sicher schon Bemerkungen gehört wie beispielsweise: »Der ist auch nicht auf ehrliche Weise zu seinem Geld gekommen.« – »Das ist ein Schwindler.« – »Den habe ich gekannt, da hatte er noch gar nichts.« – »Mit solchen Ellenbogen ist es keine Kunst, erfolgreich zu sein.«

Betrachtet man denjenigen näher, der so ein Urteil fällt, so stellt sich meist heraus, dass er an Geldmangel oder einer körperlichen oder geistigen Krankheit leidet. Vielleicht waren seine Studienkollegen auf der Erfolgsleiter schneller als er und weckten damit seinen Neid. Diese Missgunst ist die eigentliche Ursache seines eigenen Misserfolgs. Die negative Einstellung zu seinen früheren Freunden und ihrem Wohlstand macht den für sich selbst gewünschten Reichtum unmöglich.

Genau genommen bittet er um die Erfüllung zweier entgegengesetzter Wünsche. Einerseits sagt er: »Reichtum und Wohlstand kommen von allen Seiten zu mir«, und im nächsten Augenblick verkündet er: »Ich missgönne diesem Mann seinen Reichtum.« Machen Sie es sich zur festen Gewohnheit, das Glück und den Erfolg Ihrer Mitmenschen mit echter Freude zu betrachten.

Schützen Sie Ihr Vermögen!

Falls Sie in Geldangelegenheiten Rat suchen oder sich wegen des Kurses Ihrer Aktien und Wertpapiere Sorgen machen, so stellen Sie voller Ruhe und Zuversicht die folgende Behauptung auf: »Mein Unterbewusstsein wacht über alle meine finanziellen Transaktionen und gibt mir die richtigen Entscheidungen ein, sodass alle meine Unternehmungen Gewinn abwerfen.«

Wiederholen Sie dies häufig, und Sie werden feststellen, dass Ihre Geldanlagen klug gewählt sind und Sie dadurch auch vor Verlusten bewahrt werden.

Alles hat seinen Preis

In Kaufhäusern, Supermärkten und Einkaufszentren werden Hausdetektive eingesetzt, um Diebstähle zu verhindern. Jeden Tag fassen sie eine Reihe von Ladendieben, die auf diese Weise versuchen, etwas umsonst zu bekommen. Das Denken solcher Menschen ist bestimmt von der Angst vor Mangel und der Notwendigkeit, sich einzuschränken. Sie bestehlen aber nicht nur andere, sondern berauben auch sich selbst des inneren Gleichgewichts, des Glaubens, der Ehrlichkeit, der Unbescholtenheit, des guten Willens und des Vertrauens ihrer Mitmenschen. Darüber hinaus ziehen sie Verlust an sich, nämlich den Verlust von Selbstachtung, gesellschaftlicher Stellung und innerer Ruhe. Diesen Leuten fehlt die Überzeugung, immer mit allem Nötigen versorgt zu sein, und jedes Verständnis für die Wirkungsweise ihres Geistes. Würden sie die Kraft ihres Unterbewusstseins einsetzen und aus Überzeugung glauben, es werde ihnen den Weg zu echter Selbstverwirklichung zeigen, so fänden sie viel eher Arbeit und ein geregeltes Einkommen. Durch Ehrlichkeit und Ausdauer würden sie bald in den eigenen Augen und denen ihrer Mitmenschen als Vorbild dastehen.

Ihre unerschöpfliche Geldquelle

Die richtige Kenntnis von der Macht des Unterbewusstseins und der kreativen Kräfte von Gedanken und Vorstellungsbildern ist der schnellste und sicherste Weg, inneren und äußeren Mangel zu beseitigen und für immer in Wohlstand zu leben. Nehmen Sie also das Geschenk des Reichtums an, das Ihnen Ihr Unterbewusstsein bietet. Die richtige Einstellung zum Wohlstand und die feste Zuversicht, ihn bald verwirklicht zu sehen, lösen einen Prozess aus, der seinen eigenen Prinzipien gehorcht. Sobald es Ihnen gelingt, das Lebensgefühl eines wohlhabenden Menschen in sich zu erzeugen, werden Sie alles das besitzen, was dazu nötig ist.

Wiederholen Sie die folgende Feststellung jeden Tag und glauben Sie fest daran: »Ich bin identisch mit dem unendlichen Reichtum meines Unterbewusstseins. Ich habe ein Anrecht darauf, wohlhabend, glücklich und erfolgreich zu sein. Das Geld kommt zu mir aus unversiegbaren Quellen. Ich bin mir in jedem Augenblick meines Wertes bewusst. Was ich kann und besitze, stelle ich gern in den Dienst meiner Mitmenschen, und ich bin reich gesegnet. Das Leben ist herrlich!«

Leitgedanken

1. Scheuen Sie sich nicht zu behaupten, dass Sie ein Recht auf Reichtum haben, und Ihr Unterbewusstsein wird diesen Anspruch honorieren.
2. Geben Sie sich nicht mit dem Nötigsten zufrieden. Sie wollen über Summen verfügen, die es Ihnen ermöglichen, sich jeden Wunsch sofort zu erfüllen. Machen Sie sich mit dem unerschöpflichen Reichtum Ihres Geistes vertraut.
3. Wo Geld ungehindert zu- und abströmt, herrscht wirtschaftliche Gesundheit.

   Betrachten Sie das Geld als eine Erscheinung, die den Gezeiten gleicht: Ebbe und Flut folgen einander in einem steten Wechsel. Wenn Ebbe herrscht, dann steht die Flut mit unbedingter Sicherheit unmittelbar bevor.

4. Die Kenntnis der Prinzipien des Unterbewusstseins wird Ihnen stets Reichtum bringen, in welcher Form dieser auch in Ihr Leben treten mag.
5. Ein Grund, warum viele Menschen finanziell nur mit knapper Not über die Runden kommen und nie genug Geld haben, besteht darin, dass sie es verdammen. Was man aber verdammt, weist man von sich.
6. Verehren Sie Geld nicht zu sehr. Es ist nur ein Symbol. Vergessen Sie nie: Der wahre Reichtum wohnt in Ihrem Geist. Sie sind geboren worden, um ein ausgeglichenes Leben zu führen – und dazu gehört auch genug Geld, damit Sie sich all Ihre Wünsche erfüllen können, nicht aber ausschließlich.
7. Denken Sie nicht nur an Geld. Erheben Sie auch Anspruch auf Gesundheit, Glück, Zufriedenheit, echte Selbstverwirklichung und Liebe und begegnen Sie Ihren Mitmenschen mit Zuneigung und gutem Willen. Das wird Ihnen Ihr Unterbewusstsein mit Zins und Zinseszins vergelten.
8. Armut als solche ist weder verdienstvoll noch tugendhaft. Ganz im Gegenteil – sie ist womöglich die Auswirkung einer geistigen Fehlhaltung, eines Leidens, von dem Sie sich sofort heilen müssen.
9. Sie sind nicht auf die Welt gekommen, um in einer Hütte zu hausen, sich in Lumpen zu kleiden und zu hungern. Sie sind dazu bestimmt, ein erfülltes Leben zu führen.
10. Sagen Sie niemals: »Das schmutzige Geld!« Oder: »Ich verachte Geld.«

    Was man gering schätzt, verliert man. Nichts ist an sich gut oder schlecht, erst unser Denken führt zu dieser oder jener Wertung.
11. Wiederholen Sie häufig: »Geld ist mir willkommen. Ich verwende es klug und zum Nutzen meiner selbst und aller Mitmenschen. Ich gebe es freudig und mit vollen Händen aus, und es kehrt tausendfach vermehrt zu mir zurück.«

12. Geld ist nicht schlechter als Kupfer, Blei, Zinn oder Eisen. Alles Negative entstammt einzig und allein der Unkenntnis und dem Missbrauch der geistigen Kräfte.
13. Die bewusste und lebendige Vorstellung des erwünschten Endergebnisses führt eine zielführende Reaktion Ihres Unterbewusstseins herbei.
14. Alles hat seinen Preis. Versuchen Sie nicht, irgendetwas umsonst zu bekommen. Wenn Sie Ihren Zielen, Idealen und Unternehmungen genügend Beachtung schenken, wird Ihr Unterbewusstsein seine Kräfte in diesem Sinne einsetzen. Wer Reichtum sucht, muss sein Unterbewusstsein mit der lebendigen Vorstellung eines Lebens in Wohlstand und Überfluss erfüllen.

Verehren Sie Geld nicht zu sehr. Es ist nur ein Symbol. Denken Sie daran, dass sich die wahren Reichtümer in Ihrem Kopf befinden. Sie sind hier, um ein ausgeglichenes Leben zu führen – und das bedeutet auch, so viel Geld zu bekommen, wie Sie brauchen.

Kapitel 11

Unterbewusstsein und Erfolg

Erfolg haben heißt erfolgreich leben. Ein langer Zeitraum des Friedens, unbeschwerte Freude und Glück sind Erfolge. Wirklicher Reichtum und ein sinnvolles, erfolgreiches Leben – in Frieden, Sicherheit und Glück – kommen aus dem Geistigen. Sie entstammen dem Unterbewusstsein. Dies ist der wahre Ort, an dem »*... sie weder Motten noch Rost fressen und da die Diebe nicht nachgraben noch stehlen.*« (Matthäus 6,20).

Die drei Schritte zum Erfolg

Drei Schritte führen direkt zum Erfolg. Der *erste Schritt* besteht darin, sich klar zu werden, was man wirklich im Leben machen und erreichen will. Nur wer seine Arbeit liebt, hat darin auch Erfolg. Wer zum Beispiel Arzt werden will, darf sich nicht damit begnügen, die entsprechenden Prüfungen abzulegen, sondern muss vor allem das Wohl der Menschen zum Ziel haben, er muss sich stets auf dem Laufenden halten, Kongresse besuchen und niemals müde werden, den menschlichen Organismus und seine Arbeitsweise zu studieren. Der erfolgreiche Arzt besucht immer wieder Kliniken und liest Fachzeitschriften, um sich begeistert mit den neuesten Erkenntnissen auf seinem Gebiet vertraut zu machen. Mit anderen Worten: Er ist stets auf der Höhe der wissenschaftlichen Forschung und somit bestens vorbereitet, um Krankheiten zu heilen. Dem erfolgreichen Arzt muss vor allem das Interesse seiner Patienten am Herzen liegen.

Sie können einwenden: »Das ist alles schön und gut, aber ich kann ja nicht einmal den *ersten Schritt* zum Erfolg machen, denn ich habe nicht die geringste Ahnung, zu welcher Tätigkeit ich wirklich berufen bin.« Leser, auf die dies zutrifft, sollten mit beispielsweise folgenden Worten um Hilfe bitten: »Mein Unterbewusstsein wird mir meinen wahren Platz im Leben zeigen.« Dieser Wunsch muss mit Ruhe, Zuversicht und Gefühl ständig wiederholt werden. Nach einiger Zeit werden Ausdauer und Zuversicht mit einer Eingebung oder einer Fähigkeit belohnt, die in eine bestimmte Richtung weist. Die Antwort wird Ihnen das Gefühl von Klarheit und Sicherheit geben.

Der *zweite Schritt* zum Erfolg besteht in der Spezialisierung auf einem bestimmten Gebiet und dem Bemühen, darin besser zu sein als alle anderen. Hat zum Beispiel ein junger Mensch erkannt, dass er Chemiker werden will, so sollte er sich auf einen der vielen Bereiche dieser Wissenschaft konzentrieren. Diesem Spezialgebiet sollte er seine ganze Zeit und Aufmerksamkeit widmen. Er muss mit Begeisterung an seine Aufgabe herangehen und den Ehrgeiz haben, das Wissensgebiet bis zum letzten Winkel kennenzulernen und darin besser Bescheid zu wissen als jeder andere. Neben diesem brennenden Interesse an seiner Aufgabe muss der Betreffende auch ehrlich wünschen, den Menschen zu dienen.

»Wer unter euch der Größte ist, der soll euer Diener sein.« Welch riesiger Unterschied besteht zwischen dieser Einstellung und jener eines Menschen, der nur seinen Job machen und eben so »durchkommen« will! Echter Erfolg besteht nicht

im »Gerade-so-Durchkommen«. Die Tätigkeit eines Menschen muss von einem größeren Beweggrund motiviert sein. Er muss dem Gemeinwohl dienen, um nicht nur Geld zu erarbeiten, sondern auch Ansehen zu erlangen.

Der *dritte Schritt* ist der wichtigste. Sie müssen sich restlos darüber im Klaren sein, dass die von Ihnen gewählte Tätigkeit nicht nur darauf zielt, Ihren persönlichen Erfolg zu sichern und zu vergrößern. Sie dürfen sich keinesfalls nur von egoistischem Ehrgeiz leiten lassen, Ihr Ziel muss vielmehr der Wunsch sein, der Menschheit zu dienen. Ihr Denken, Fühlen und Streben muss in sich geschlossen sein. Ihr Wunsch, Ihr Unterbewusstsein möge Ihnen Ihren Platz im Leben zeigen, muss von dem Ziel getragen sein, der Welt und Ihren Mitmenschen zu nützen. Diese Einstellung wird Ihnen selbst hundertfach zugutekommen. Konzentriert sich jemand nur auf seinen eigenen Vorteil, so kann leicht ein Kurzschluss entstehen, der Krankheit und Not verursacht.

Der Maßstab des Erfolgs

Vielleicht denken Sie nun: » Herr Müller hat mit einer Schwindelfirma ein Riesenvermögen verdient.« Auch Betrüger können dem äußeren Anschein nach durchaus eine Weile großen Erfolg haben – doch das ist nie von Dauer. Wenn wir einen anderen bestehlen, berauben wir uns selbst, denn eine solche Verhaltensweise zeigt innere Unsicherheit und Unzufriedenheit, eine negative Einstellung, die unsere Gesundheit, unser Familienleben und unsere geschäftlichen Beziehungen schädigen wird. Alle unsere Gedanken und Gefühle verwirklichen sich und nehmen eine sichtbare Form an. Wir schaffen das, woran wir glauben. Selbst wenn ein Mensch durch Betrug vermögend geworden ist, kann man nicht von Erfolg sprechen.

Wer nicht in Frieden mit seinem Gewissen lebt, kann seinen Scheinerfolg nicht genießen. Was hilft großer Reichtum, wenn der Betreffende nachts nicht schlafen kann, krank ist oder von Gewissensbissen geplagt wird?

In London lernte ich einmal einen Mann kennen, der mir seine Lebensgeschichte erzählte. Er war berufsmäßiger Taschendieb gewesen und hatte auf diese Weise ein beträchtliches Vermögen angehäuft. Er besaß ein Landhaus in Frankreich und lebte auch in seinem eigenen Land auf großem Fuß. Er gestand mir aber, er sei ständig von der Furcht verfolgt worden, er könne in jedem Augenblick verhaftet werden. Er litt an einer Reihe von Beschwerden, die zweifellos auf diesen dauernden Angstzustand und sein schlechtes Gewissen zurückzuführen waren. Er war sich der Unrechtmäßigkeit seiner Handlungsweise völlig bewusst. Dieses tiefe Schuldbewusstsein zog Unglück geradezu an. Eines Tages stellte er sich freiwillig der Polizei, legte ein umfassendes Geständnis ab und nahm ohne Widerspruch Gefängnisstrafe und Wiedergutmachung des Schadens auf sich. Nach seiner Entlassung suchte er Rat und Hilfe bei einem Psychologen und einem Geistlichen. Von innen heraus völlig gewandelt, ergriff er einen Beruf und wurde zu einem ehrlichen, loyalen Bürger. Er hatte eine Beschäftigung gefunden, die ihm zusagte, und war zufrieden und glücklich.

Ein erfolgreicher Mensch liebt seine Arbeit und verwirklicht sich in ihr. Zum Erfolg gehört mehr als nur der Wunsch, reich zu werden. Nur der ist wirklich erfolgreich, der zutiefst zufrieden ist. Viele leitende Menschen der Wirtschaft haben ihren Erfolg auf dem richtigen Einsatz ihres Unterbewusstseins begründet.

Vor vielen Jahren erschien ein Zeitungsartikel über einen Ölmagnaten namens Flagler. Der Interviewte ließ keinen Zweifel darüber, dass er seine Erfolge der Fähigkeit zuschrieb, sich in

Gedanken ein geplantes Projekt als bereits verwirklicht vorzustellen. Mit geschlossenen Augen sah er sich im Geist an der Spitze eines Ölimperiums, hörte Güterzüge vorüberdonnern, begleitet vom schrillen Pfeifen der Lokomotiven. Sobald er auf diese Weise die Erfüllung seines Wunsches gesehen hatte, war es bis zur Verwirklichung nur noch ein Schritt. Wenn es Ihnen also gelingt, ein bestimmtes Ziel vollkommen klar vor sich zu sehen, dann wird Ihr Unterbewusstsein alles daransetzen, das Bild zu verwirklichen.

Sie dürfen niemals die Kraft Ihres Unterbewusstseins außer Acht lassen; sie ist es, die die nötige Energie zur erfolgreichen Durchführung jedes Planes liefert. Ihr Denken ist eine schöpferische Macht. Sobald sich Ihre Gedanken und Gefühle zu einer Einheit verschmelzen, entsteht der subjektive Glaube. *»Euch geschehe nach eurem Glauben!« (*Matthäus 9,29)

Das Vertrauen in die Macht Ihres Unterbewusstseins, das alle Ihre Wünsche erfüllen kann, verleiht Ihnen Sicherheit und Zuversicht. In welcher Branche Sie auch arbeiten, Sie dürfen nicht länger zögern, sich mit den Prinzipien Ihres Unterbewusstseins vertraut zu machen. Sobald Sie diese seelischen Kräfte anzuwenden verstehen, sobald Sie sich zu verwirklichen gelernt haben und Ihre Fähigkeiten gezielt einsetzen, sind Sie auf dem sicheren Weg zum wahren Erfolg.

Die Verwirklichung eines Traums

Ein Schauspieler erzählte mir einmal, er habe schon als Junge auf dem väterlichen Bauernhof davon geträumt, ein Star zu werden, obwohl er wusste, dass es mit seiner Schulbildung nicht weit her war. Nie ließ ihn dieser Gedanke los: »Immer sah ich meinen Namen in großen, hell leuchtenden Buchstaben über dem Eingang eines Filmpalastes. Jahrelang hing ich diesem

Traum nach, bis ich endlich von zu Hause fortlief. Ich nahm jede noch so kleine Beschäftigung an. Ich spielte in der Komparserie und avancierte vom Statisten zu immer größeren Sprechrollen, bis ich eines Tages in der Tat meinen Namen in dem hellen Licht erstrahlen sah, wie ich es mir als kleiner Junge erträumt hatte!« Er schloss mit den Worten: »Ich habe an mir selbst erfahren, dass zielstrebiges Wunschträumen Erfolg bringt!«

Die Traumdrogerie wurde Wirklichkeit

Einst lernte ich einen jungen Drogisten kennen, der sich wöchentlich 30 Dollar zusätzlich mit einer geringfügigen Verkaufsprovision verdiente. »In 35 Jahren«, sagte er zu mir, »bekomme ich meine Rente und setze mich zur Ruhe.«

Ich fragte den jungen Mann: »Warum wollen Sie nicht ein eigenes Geschäft gründen? Bleiben Sie hier doch nicht kleben! Stecken Sie sich größere Ziele! Denken Sie an die Zukunft Ihrer Kinder. Vielleicht will Ihr Sohn Medizin studieren, oder Ihre Tochter hat das Talent zu einer großen Pianistin.«

Seine Antwort war, er habe kein Geld. Immerhin aber hatte diese Überlegung ihm den Blick für völlig neue Möglichkeiten gegeben und ihn stark beeindruckt.

Er ließ sich von mir die Wirkungsweise der Kräfte seines Unterbewusstseins erklären. Dem folgte bald der zweite Schritt: die Erschließung dieser Kräfte. Er fing an, sich vorzustellen, er stehe in seinem eigenen Laden. Im Geiste richtete er ihn ein, ordnete die Regale, schrieb Bestellzettel aus, überwachte seine Angestellten, die die Kunden bedienten, und sah sein Bankguthaben wachsen. Wie ein guter Schauspieler lebte er sich völlig in seine Rolle ein.

Handle, als ob es Wirklichkeit wäre, und es wird Wirklichkeit werden! Entsprechend diesem Grundsatz ging der junge Drogist in der Vorstellung des selbstständigen Geschäftsinhabers auf.

Sein weiteres Leben nahm eine interessante Entwicklung. Er wurde aus seiner Angestelltenposition entlassen, fand eine neue Stelle bei einer im ganzen Land verbreiteten Drogeriekette, wurde mit der Leitung einer Filiale und schließlich mit der Verwaltung eines ganzen Verkaufsbezirks betraut. In vier Jahren sparte er genug Geld, um die Anzahlung für ein eigenes Geschäft leisten zu können. Er nannte es seine »Traumdrogerie«.

»Das Geschäft«, so berichtete er mir, »entsprach bis ins Kleinste meinen Traumvorstellungen.« Er war überaus erfolgreich und bewahrte sich stets die Liebe zu seiner Arbeit.

Denken Sie daran, dass das dankbare Herz den Reichtümern des Universums stets nah ist.

Steigern Sie Ihren beruflichen Erfolg, indem Sie diese Aussage immer und immer wieder wiederholen: »Mein Umsatz verbessert sich jeden Tag; ich komme vorwärts, mache Fortschritte und werde jeden Tag reicher.«

Sprechen Sie keine Allgemeinsätze mehr aus wie zum Beispiel »Es reicht nicht aus« oder »Das kann ich mir nicht leisten«. Solche Aussagen verstärken und vergrößern Ihre Verluste.

Der Einsatz des Unterbewusstseins im Berufsleben

Vor einigen Jahren hielt ich vor einer Gruppe von Geschäftsleuten einen Vortrag über die Macht der Fantasie und des Unterbewusstseins. Unter anderem wies ich darauf hin, dass auch Goethe in schwierigen Lagen Zuflucht zu seinem Vorstellungsvermögen gesucht hatte.

Er hatte sich stundenlang mit Gesprächspartnern unterhalten, die nur in seiner Fantasie existierten. Außerdem ist seine Gewohnheit bekannt, sich sehr lebendig die Gegenwart, Gesten und Stimme eines guten Freunds vorzustellen, der ihm die gewünschten Antworten gab und die besten Lösungen zeigte.

Unter meinen damaligen Zuhörern befand sich auch ein junger Börsenmakler. Er beschloss, es selbst einmal mit Goethes Technik zu versuchen. Er malte sich Unterhaltungen mit einem befreundeten millionenschweren Bankier aus, der seinen klaren Blick für aussichtsreiche Kapitalanlagen und andere geschäftliche Möglichkeiten lobte. Diese imaginären Gespräche führte er so lange, bis Vorstellung und Wirklichkeit ineinander verschmolzen.

Die Selbstgespräche und die gesteuerte Fantasie dieses jungen Börsenmaklers waren identisch mit seinem Lebensziel, das darin bestand, das Geld seiner Klienten sicher und gewinnbringend anzulegen. Noch heute lässt er sich in allen geschäftlichen Fragen von seinem Unterbewusstsein leiten und gilt als einer der scharfsinnigsten und erfolgreichsten Börsenmänner.

Ein 16-Jähriger verwandelt Fehlschläge in Erfolg

Ein Mittelschüler klagte mir einmal: »Ich bekomme lauter schlechte Noten. Mein Gedächtnis taugt nichts. Ich weiß nicht, was mit mir los ist.« Es dauerte nicht lange, und ich hatte die Ursache entdeckt: Er begegnete vielen seiner Lehrer und Klassenkameraden bestenfalls mit Gleichgültigkeit, oft sogar mit Neid und Feindseligkeit.

Meinem Rat folgend wiederholte er mehrere Male am Tag – insbesondere vor dem Einschlafen und nach dem Erwachen – mit tiefer Überzeugung die folgenden Feststellungen: »Ich weiß, dass mein Unterbewusstsein auch der Speicher meiner Erinnerungen ist. Es hält alles fest, was ich in den Schulbüchern lese oder von den Lehrern höre. Ich besitze ein vollkommenes Gedächtnis, und mein Unterbewusstsein weiß jederzeit die Antwort auf alle Fragen, die mir in Prüfungen gestellt werden. Ich mag alle meine Lehrer und Mitschüler, und meine Zuneigung wird von ihnen erwidert. Ich wünsche ihnen von ganzem Herzen Erfolg und alles Gute!« Der junge Mann war nach kurzer Zeit so frei von schulischen Sorgen wie noch nie zuvor und schnitt bei allen Prüfungen ausgezeichnet ab.

Wie Sie erfolgreich kaufen und verkaufen

Wer etwas kaufen oder verkaufen will, muss sich vor Augen halten, dass das Bewusstsein wie ein Anlasser und das Unterbewusstsein wie ein Motor wirkt. Um Letzteren in Gang zu setzen, muss man ihn zunächst starten. Man könnte das Bewusstsein auch mit einem elektrischen Schalter vergleichen, der die Stromversorgung des Unterbewusstseins steuert.

Um dem Unterbewusstsein einen klar umrissenen Wunsch, einen bestimmten Gedanken oder ein deutliches Vorstellungsbild zu übermitteln, müssen Sie sich innerlich und äußerlich entspannen und jede bewusste Anstrengung vermeiden. So brauchen Sie nicht zu befürchten, dass das Wunschbild gestört wird. Außerdem wird jede destruktive Gewaltanstrengung vermieden, denn wir wissen ja: Der leichteste Weg ist immer der beste. Nur so gelingt es, sich das Wunschbild als bereits verwirklicht vorzustellen.

Wollen Sie zum Beispiel ein Haus kaufen, so entspannen Sie sich und sagen Sie sich: »Mein Unterbewusstsein weiß, wo sich das ideale Haus befindet, das verkehrsgünstig und schön gelegen ist, allen meinen Vorstellungen und Ansprüchen genügt und meinem Einkommen entspricht. Ich gebe meinem Unterbewusstsein die Aufgabe, dieses Objekt zu finden, und ich weiß, dass es in diesem Sinne reagiert. Ich bitte es mit der festen Zuversicht, dass es den Wunsch erfüllt.«

Ihre Bitte kann in Form einer Zeitungsannonce, eines freundschaftlichen Hinweises oder der persönlichen Entdeckung des gesuchten Hauses Erhörung finden. Ihr Wunsch kann also auf vielfältige Weise in Erfüllung gehen. Das Wichtigste ist Ihre unerschütterliche Zuversicht, dass sich Ihr Problem unfehlbar lösen wird, wenn Sie der Wirkungsweise Ihres Unterbewusstseins vertrauen.

Vielleicht wollen Sie ein Haus nicht kaufen, sondern verkaufen. Einigen Immobilienmaklern erzählte ich, wie ich seinerzeit für mein Haus in der Orlando Avenue in Los Angeles einen Käufer fand. Meine Technik wurde seitdem oft und mit bemerkenswertem Erfolg angewandt. Ich stellte in meinem Garten vor meinem Haus ein Schild auf mit der Aufschrift: »Zu verkaufen, direkt vom Eigentümer.« Am Abend stellte ich mir unmittelbar vor dem Einschlafen die Frage: »Angenommen, du hättest einen Käufer gefunden – was würdest du tun?«

Ich antwortete mir selbst: »Ich würde das Hinweisschild entfernen und wegwerfen.« Darauf malte ich mir aus, wie ich den Pfosten mit dem Plakat fasste, aus dem Boden herauszog, das Ganze auf die Schulter nahm und mit den Worten »Ich brauche dich nicht mehr!« in die Mülltonne warf. Und ein Gefühl tiefer Befriedigung erfüllte mich. Mein Wunsch schien bereits verwirklicht.

Bereits am nächsten Tag gab mir ein Interessent eine Anzahlung von 1000 Dollar und sagte mir: »Entfernen Sie doch das Schild, ich werde mir unverzüglich den Rest der Kaufsumme beschaffen.«

Sofort tat ich mit meinem Hinweisplakat, was ich mir bereits im Geist vorgestellt hatte – die äußere Handlung entsprach somit der innerlich bereits verwirklichten Vorstellung. Daran ist absolut nichts Neues. *Wie drinnen, so draußen* – das heißt, das Ihrem Unterbewusstsein eingeprägte Bild drückt sich auch in den äußeren Lebensumständen aus. Das Außen spiegelt das Innen wider. Die äußere Handlung folgt auf die innerlich bereits vollzogene Aktion.

Hier noch eine weitere erprobte Methode, die beim Verkauf von Häusern, Grundstücken oder anderen Besitztümern angewendet wird: Stellen Sie bedachtsam, ruhig und mit Gefühl die folgende Behauptung auf: »Mein Unterbewusstsein sendet mir den Käufer, der dieses Haus wünscht und in ihm glücklich wird. Wie viele andere Häuser er auch anschauen mag, meines ist das einzige, das er wirklich kaufen will, weil ihm die klare Einsicht seines eigenen Unterbewusstseins diesen Entschluss eingibt. Ich weiß mit Sicherheit: Es ist der richtige Käufer, die richtige Zeit und der richtige Preis. Alles an dieser Transaktion hat seine Richtigkeit.«

Denken Sie immer daran, dass das, was Sie suchen, seinerseits zu Ihnen hinstrebt, und dass es für alles, was Sie verkaufen wollen, immer auch jemanden gibt, der es kaufen will. Durch den richtigen Einsatz Ihres Unterbewusstseins befreien Sie Ihren Geist von Unsicherheit und Angst. In Kapitel 6 schilderte ich Ihnen auch bereits die mentale Film-Methode als »Verkaufshilfe«.

Wunderbare Wunscherfüllung

Eine junge Dame, die meine Kurse besuchte, brauchte, da sie mit dem Autobus fahren und dreimal umsteigen musste, regelmäßig eineinhalb Stunden, um das Institut zu erreichen. Eines Tages erzählte ich ihr, wie ein junger Mann zu dem Auto gekommen war, das er zur Arbeit benötigte – und sie machte es genauso.

Das Folgende ist ein Auszug aus ihrem Brief, in dem sie mir von ihrem Erfolg berichtete und den ich mit ihrer Erlaubnis hier veröffentliche:

> *»Lieber Dr. Murphy,*
> *lassen Sie mich Ihnen erzählen, wie ich zu einem Auto kam – ich brauchte ja eines, um beweglicher zu werden. Ich suchte im Geist einen Autoverkäufer auf, und dieser lud mich zu einer Probefahrt ein. Nach einiger Zeit setzte ich mich selbst auf den Fahrersitz und steuerte den Wagen im stärksten Verkehr. Immer wieder stellte ich mir dies in allen Einzelheiten vor und lebte in der Überzeugung, dieses Auto gehöre mir.*
>
> *Vor kurzer Zeit hat ein entfernter Verwandter, von dem ich viele Jahre nichts gehört hatte, mir testamentarisch sein Auto vermacht. Als er starb, ging mein Wunsch in Erfüllung.«*

Eine von vielen Geschäftsleuten angewandte Erfolgstechnik

Es gibt eine große Anzahl prominenter Geschäftsleute, die viele Male am Tag still den abstrakten Begriff »Erfolg« so lange vor sich hinsagen, bis sie vollkommen überzeugt sind, dass sie Erfolg haben werden – im Bewusstsein, dass die Vorstellung bereits alle wesentlichen Bestandteile des wirklichen Erfolgs enthält. Warum wollen Sie sich nicht auch das Wort »Erfolg« mit Zuversicht immer von Neuem einprägen? Ihr Unterbewusstsein wird, von diesem Gedanken durchdrungen, Ihnen direkt den Weg zum Erfolg weisen.

Jeder Mensch hat das Bedürfnis, seine Träume und Vorstellungen zu verwirklichen. Was verstehen nun Sie unter Erfolg? Bestimmt gehören dazu ein glückliches Familienleben und gute Beziehungen zu Ihren Mitmenschen. Sicher wollen Sie in Ihrem Beruf Erfolg haben. Sie werden von einem schönen Haus und dem für die sonstigen Annehmlichkeiten des Lebens notwendigen Geld träumen. Letztlich wünschen Sie ein glückliches Leben und die wirkungsvolle Anwendung der Kräfte Ihres Unterbewusstseins.

Nicht nur berufliche Probleme wollen gelöst werden, auch Ihr Privatleben verlangt Lösungen. Werden Sie in jedem Sinn ein Erfolgsmensch! Stellen Sie sich vor, Sie übten bereits Ihre Lieblingstätigkeit aus und besäßen alles, was Sie wünschen. Bedienen Sie sich Ihrer Fantasie und versetzen Sie sich in die Lage eines in Glück und Wohlstand lebenden Menschen. Machen Sie sich diese Einstellung zur Gewohnheit. Legen Sie sich jeden Abend in der tiefen Überzeugung schlafen, Sie würden von Glück und Erfolg verwöhnt – und es wird nicht lange dauern, bis Ihr Unterbewusstsein von dieser Vorstellung durchdrungen ist. Glauben Sie fest daran, Sie seien zum Erfolg geboren, und Ihre Träume werden Wirklichkeit!

Leitgedanken

1. Erfolg haben bedeutet erfolgreich leben. Wenn Sie im Frieden mit sich selbst und der Welt leben, wenn Sie glücklich und zufrieden sind und Ihrer Lieblingstätigkeit nachgehen, dann sind Sie ein erfolgreicher Mensch.
2. Entdecken Sie Ihre innere Berufung und folgen Sie ihr. Ist Ihnen unbekannt, welcher Tätigkeitsbereich Ihnen die ideale Möglichkeit bietet, Ihr Wesen zu entfalten und Ihren Talenten Ausdruck zu verleihen, so bitten Sie Ihr Unterbewusstsein um Hilfe, und Sie werden einen Hinweis erhalten.
3. Wählen Sie ein Spezialgebiet und versuchen Sie, darin besser zu sein als jeder andere.
4. Ein erfolgreicher Mensch ist nicht selbstsüchtig. Er bleibt dem Dienst an der Menschheit verpflichtet.
5. Ohne inneren Frieden gibt es keinen wahren Erfolg!
6. Ein erfolgreicher Mensch besitzt großes psychisches und emotionales Einfühlungsvermögen.
7. Sobald Sie sich von Ihrem Ziel ein klares Bild machen können, wird die Kraft Ihres Unterbewusstseins die nötigen Voraussetzungen zu seiner Verwirklichung schaffen.
8. Sobald Vorstellungs- und Gefühlswelt zu einer Einheit verschmelzen, steht die Verwirklichung Ihrer Träume kurz bevor.
9. Die Macht des gezielten und gesteuerten Vorstellungsvermögens erweckt die Kräfte des Unterbewusstseins.
10. Wer sich einen Karriereschritt erträumt, sollte sich im Geiste vorstellen, wie ihn sein Arbeitgeber, Vorgesetzter oder Lebenspartner dazu beglückwünscht. Dieses Bild der Fantasie muss der Wirklichkeit so nahe kommen wie nur möglich: Man muss die Stimme des Gratulierenden deutlich hören, seine Gesten sehen und sich von dem Gefühl der Wirklichkeit dieser Szene durchdringen lassen. Werden Sie dieser Vorstellungen nicht müde, und Ihr Wunsch wird erhört werden.

11. Ihr Unterbewusstsein ist gleichzeitig der Speicher Ihrer Erinnerungen. Wer sein Gedächtnis verbessern will, muss überzeugt sein: »Mein Unterbewusstsein zeigt mir jederzeit und überall das, was ich wissen muss.«
12. Wollen Sie ein Haus oder etwas anderes verkaufen, so wiederholen Sie mit Ruhe und Gefühl immer wieder: »Mein Unterbewusstsein bringt mir den Käufer dieses Hauses (oder was es sonst sei), einen Interessenten, der dies gesucht hat und damit glücklich wird.« Halten Sie an dieser Überzeugung fest, und Sie werden den idealen Geschäftspartner finden.
13. Die Vorstellung des Erfolgs enthält alle seine wesentlichen Bestandteile. Wiederholen Sie das Wort »Erfolg« zuversichtlich und konsequent, dann wird Ihnen Ihre innere Stimme den sicheren Weg zum Ziel zeigen.

Ein Grund dafür, dass viele Menschen gerade nur so über die Runden kommen und nie genug Geld haben, ist, dass sie Geld verurteilen: Was Sie verurteilen, bekommt Flügel und fliegt davon.

Kapitel 12

Das Unterbewusstsein in der Wissenschaft

Experimentieren Sie, bis Sie sich selbst den Beweis geliefert haben, dass die grenzenlose Intelligenz Ihres Unterbewusstseins immer auf Ihr bewusstes Denken reagiert.

Vielen erfolgreichen Wissenschaftlern war und ist die wichtige Rolle des Unterbewusstseins bekannt. Edison, Marconi, Kettering, Poincaré, Einstein und viele andere haben auf ihr Unterbewusstsein vertraut und es bewusst eingesetzt. Ihm verdanken wir die Einsichten und Methoden, die allen großen Neuerungen der modernen Wissenschaft und Industrie zugrunde liegen. Studien erbrachten den Beweis, dass der Erfolg großer Wissenschaftler und Forscher eng mit ihrer Fähigkeit verbunden war, die Kräfte des Unterbewusstseins zu entfalten.

Es ist nur wenigen bekannt, wie zum Beispiel der berühmte Chemiker Friedrich Kekulé von Stradonitz ein schwieriges naturwissenschaftliches Problem mithilfe des Unterbewusstseins löste. Lange schon hatte er sich vergeblich abgemüht, die je sechs Kohlenstoff- und Wasserstoffatome der Benzolformel in der richtigen Anordnung darzustellen. Immer wieder stand er vor unüberwindlichen Schwierigkeiten, und die verstandesmäßige Lösung blieb ihm versagt, sodass er schließlich das Problem seinem Unterbewusstsein anvertraute. Die blitzartige Erleuchtung kam ihm, als er nicht lange danach einen Londoner Omnibus bestieg. Er sah im Geiste eine Schlange, die sich in den Schwanz biss und wie ein Rad um die eigene Achse drehte. Sein Unterbewusstsein hatte die Lösung gefunden und ihm symbolisch die kreisförmige Anordnung der Atome gezeigt, die heute als der »Benzolring« bekannt ist. Eine andere Variante lautet, die Ringformel sei ihm im Traum erschienen.

Wie ein hervorragender Naturwissenschaftler seine Erfindungen entwickelte

Nikola Tesla, dem wir viele umwälzende Erfindungen verdanken, war ein brillanter Forscher auf dem Gebiet der Elektrotechnik. Sobald ihm eine neue Idee kam, pflegte er sie in seiner Fantasie weiterzuentwickeln und auszubauen, wohl wissend, dass sein Unterbewusstsein ihm alle zur praktischen Verwirklichung nötigen Einzelheiten eingeben würde. Indem er so die Erfindung völlig in seinem Geist ausreifen ließ, konnte er seinen Ingenieuren eine bis ins Detail vollkommene Konstruktion, die keiner Verbesserungen mehr bedurfte, anvertrauen.

Er selbst kommentierte seine Pioniertätigkeit: »Ohne jede Ausnahme haben meine Erfindungen in 20 Jahren restlos alle Erwartungen erfüllt, die ich und andere in sie gesetzt hatten.«

Wie ein berühmter Naturforscher sein Problem löste

Professor Agassiz, ein hervorragender amerikanischer Paläontologe, entdeckte an sich die unermüdliche Tätigkeit des Unterbewusstseins, während er selbst schlief. In der von seiner Witwe veröffentlichten Biografie des berühmten Mannes wird folgendes Erlebnis geschildert:

»Schon zwei Wochen lang hatte er sich bemüht, die unvollständige und äußerst verschwommene Versteinerung eines prähistorischen Fisches zu ergänzen. Müde und entmutigt legte er schließlich das Fossil beiseite und zwang sich, nicht mehr daran zu denken. Bald darauf wachte er mitten in der Nacht auf: Er hatte im Traum den Fisch in seiner Gesamtheit gesehen. Als er versuchte, dieses Bild festzuhalten, entschwand es ihm wieder. Trotzdem machte er sich in aller Frühe auf den Weg zum Jardin des Plantes (einem Tierpark mit angegliedertem zoologischen Institut), in der Hoffnung, dort irgendetwas zu sehen, was ihm sein Traumbild wieder ins Gedächtnis rufen würde. Es war jedoch vergebens – seine Erinnerung hatte ihn im Stich gelassen. In der nächsten Nacht erschien ihm der Fisch im Traum, ohne dass es ihm aber gelungen wäre, sich nachher an die Einzelheiten erinnern zu können. In der Hoffnung, sein Erlebnis könne sich ein drittes Mal wiederholen, legte er in der darauffolgenden Nacht vor dem Schlafengehen einen Bleistift und ein Stück Papier griffbereit in die Nähe.

Und tatsächlich – in den frühen Morgenstunden erschien das Abbild des Fisches wiederum, zu Anfang noch etwas undeutlich, schließlich aber mit so kristallener Klarheit, dass das geübte Auge des Zoologen selbst die winzigsten Details erkennen konnte. Halb noch in seinem Traum befangen, zeichnete er in völliger Dunkelheit das Fossil auf ein Stück Papier. Und am Morgen entdeckte er völlig überrascht in seiner Skizze gewisse biologische Merkmale, die er bei diesem prähistorischen Lebewesen niemals vermutet hätte. Er eilte zum Jardin des Plantes, und mithilfe der Zeichnung gelang es ihm, mittels eines feinen Meißels an verschiedenen Stellen die Oberschicht des Fossils so abzutragen, dass er alle Einzelheiten sehen konnte. Der freigelegte Fisch stimmte genau mit seinem Traumbild und der angefertigten Skizze überein, sodass es ihm leichtfiel, das Lebewesen richtig zu klassifizieren.«

Wie ein begnadeter Arzt die Behandlungsmethode für die Zuckerkrankheit fand

Vor einigen Jahren wurde mir ein Zeitungsausschnitt zugesandt, der die Entdeckung des Insulins schilderte. Im Folgenden gebe ich kurz die wichtigsten Tatsachen wieder, so wie sie sich meinem Gedächtnis eingeprägt haben:

Etwa um 1920 wandte sich Dr. Frederick Banting, ein kanadischer Physiologe und Arzt, der Erforschung der Zuckerkrankheit zu. In jener Zeit verfügte die Medizin noch über keinerlei Mittel, die Krankheit in den Griff zu bekommen. Dr. Banting widmete jede freie Minute seinen Experimenten und der Lektüre internationaler Fachliteratur. Eines Nachts fielen ihm wieder einmal vor Erschöpfung die Augen zu, und er ging zu Bett. Im Schlaf hatte er die Eingebung, einen Extrakt aus den verkümmerten Pankreasdrüsen von Hunden herzustellen. Aus dieser Substanz wurde das Insulin gewonnen, das seitdem Millionen von Menschen hilft.

Es ist bemerkenswert, dass Dr. Banting sich bereits lange Zeit um die Lösung des Problems bemüht hatte, ehe ihm sein Unterbewusstsein den richtigen Weg zeigte.

Die Erleuchtung kommt nicht immer bereits in der ersten Nacht. Bis sich die Antwort einstellt, kann durchaus Zeit verstreichen. Lassen Sie sich aber deshalb nicht entmutigen, sondern stellen Sie Ihrem Unterbewusstsein die betreffende Frage immer wieder vor dem Einschlafen, ganz als hätten Sie es noch nie vorher getan.

Die Verzögerung kann unter anderem daran liegen, dass Sie – zu Recht oder zu Unrecht – die betreffende Frage als besonders verwickelt betrachten. Daraus ergibt sich dann der bewusste Glaube, eine Lösung könne unmöglich in kurzer Zeit gefunden werden. Ihr Unterbewusstsein ist weder zeitlichen noch räumlichen Begrenzungen unterworfen. Legen Sie sich also in der vollen Überzeugung schlafen, die Antwort sei bereits gefunden. Verursachen Sie keine unnötige Verzögerung, indem Sie die Lösung erst für irgendeinen zukünftigen Zeitpunkt erwarten. Vertrauen Sie sich voll Zuversicht Ihrem Unterbewusstsein an und lassen Sie sich von den vielen hier geschilderten Beispielen überzeugen, dass es für jede Ihrer Fragen und Probleme die richtige Antwort und eine vollkommene Lösung gibt.

Spüren Sie die Freude und die Ruhe, die sich einstellen, wenn Sie die sichere Erfüllung Ihres Wunsches voraussehen. Jedes Vorstellungsbild in Ihrem Geist ist die Substanz von Dingen, die Sie sich erhoffen, und der Beweis für Dinge, die Sie noch nicht gesehen haben.

Wissenschaftler, die alte Schriftrollen, Tempel, Fossilien und Ähnliches erforschen, können Szenen der Vergangenheit rekonstruieren und diese heute wieder lebendig machen. Ihr Unterbewusstsein hilft ihnen dabei.

Wenn Sie ratlos, verwirrt und besorgt sind und nicht wissen, welche die richtige Entscheidung ist, denken Sie daran, dass Sie eine innere Stimme haben, die Sie auf all Ihren Wegen führen und Ihnen Orientierung geben wird, die Ihnen den perfekten Plan enthüllt und Ihnen zeigt, welchen Weg Sie einschlagen müssen.

Wie ein berühmter Physiker einem russischen Arbeitslager entkam

Dr. Lothar von Blenk-Schmidt, ein Mitglied der Rocket Society (einer Vereinigung führender Raketenfachleute) und hervorragender Forscher auf dem Gebiet der Elektronik, gibt im Folgenden eine kurze Zusammenfassung, wie es ihm mithilfe seines Unterbewusstseins gelang, dem sicheren Tod in einem russischen Kohlebergwerk zu entgehen:

»Als Kriegsgefangener kam ich in ein russisches Straflager und musste in einem Kohlebergwerk arbeiten. Ringsum starben meine Kameraden. Wir wurden von erbarmungslosen Wächtern, hochmütigen Offizieren und nur an das Plansoll denkenden Kommissaren überwacht. Nach einer kurzen ärztlichen Untersuchung wurde jedem Gefangenen eine bestimmte Quote an Kohle, die täglich zu fördern war, auferlegt. Meine Quote belief sich auf 150 Kilo. Blieb ein Gefangener unter seinem Tagessoll, so wurde seine kärgliche Lebensmittelration zur Strafe verringert, und bald ruhte der Unglückliche auf dem Friedhof.

Ich richtete mein ganzes Denken auf eine einzige Frage: Wie konnte ich rechtzeitig entkommen? Ich wusste, mein Unterbewusstsein würde einen Weg finden. Mein Zuhause und meine ganze Familie waren dem Krieg zum Opfer gefallen. Alle meine Freunde und früheren Kollegen waren entweder tot oder interniert.

In tiefster Not wurde mir folgende Eingebung zuteil: ›Ich will nach Los Angeles, und mein Unterbewusstsein wird mich dorthin bringen.‹ Ich hatte Bilder dieser Stadt gesehen und erinnerte mich sehr deutlich an einzelne Straßen und Gebäude.

Tag und Nacht stellte ich mir nun vor, ich ginge Arm in Arm mit einem amerikanischen Mädchen, das ich vor dem Krieg in Berlin kennengelernt hatte (sie ist jetzt meine Frau), den Wilshire Boulevard hinunter. Im Geiste pflegte ich in den Geschäften einzukaufen, mit dem Autobus zu fahren und in erstklassigen Restaurants zu essen. Jede Nacht beschäftigte ich meine Fantasie besonders intensiv mit der Vorstellung, ich säße am Steuer eines Luxuswagens und führe über die breiten Prachtstraßen von Los Angeles. Diese Bilder malte ich mir in allen Einzelheiten und mit größtmöglicher Lebensechtheit aus. Schließlich war mir diese erträumte Welt ebenso wirklich geworden wie der das Gefangenenlager umgebende Verhau.

Jeden Morgen ließ der Oberaufseher die Gefangenen in einer Reihe antreten und zählte sie ab. Er pflegte laut abzuzählen: ›Eins, zwei, drei …‹, und jeder hatte nach Aufruf zur Gruppe der bereits Abgezählten zu treten. Eines Tages wurde der Aufseher während des Morgenappells, als er mich mit Nummer 17 bereits abgezählt hatte, einen Augenblick weggerufen und setzte bei seiner Rückkehr die Zählung versehentlich beim nächsten Mann nach mir nochmals mit der Nummer 17 fort. Dies war das Signal für meine Flucht. Ich wusste, meine Arbeitsgruppe würde am Abend bei der Rückkehr ins Lager für vollständig befunden und somit meine Abwesenheit lange Zeit unbemerkt bleiben.

Es gelang mir zu entkommen. Ich marschierte ununterbrochen 24 Stunden lang und ruhte mich erst am folgenden Tag in einer menschenverlassenen, zerstörten Stadt aus. Ich lebte von Fischen und Wild und fuhr jeweils nachts als blinder Passagier auf den nach Polen rollenden Kohlengüterzügen mit. So gelangte ich tatsächlich nach Polen, und von dort aus halfen mir Freunde weiter in die Schweiz.

Eines Abends unterhielt ich mich in Luzern im Palasthotel mit einem amerikanischen Ehepaar, das mich zu sich nach Santa Monica in Kalifornien einlud. Ich nahm an. Als ich in Los Angeles ankam, holte mich der Chauffeur meiner Freunde ab und fuhr mich über den Wilshire Boulevard und andere Prachtstraßen, die ich mir in den langen Monaten meiner Gefangenschaft in dem russischen Bergwerk so lebendig vorgestellt hatte. Ich erkannte die Gebäude wieder, die ich im Geiste 100-mal gesehen hatte, und hatte den Eindruck, als wäre ich in der Tat bereits einmal in Los Angeles gewesen. Ich hatte mein Ziel erreicht.«

Dr. Blenk-Schmidt schließt seinen Bericht mit der Versicherung, dass er »niemals aufhören werde, über die wunderbare Kraft des Unterbewusstseins und dessen Mittel und Wege, die sich unserer Kenntnis und unserem Verständnis entziehen, zu staunen«.

Wie Archäologen und Paläontologen unsere Vorzeit rekonstruieren

Die Vertreter dieser Wissenschaften sind geradezu angewiesen auf die Tatsache, dass ihr Unterbewusstsein die Erinnerung an alle früheren Ereignisse aufspeichert. Angesichts der meist nur spärlichen Hinweise anhand der Überreste alter Wohnstätten und prähistorischer Funde gelingt es ihnen nur mithilfe ihrer Fantasie und der Kraft des Unterbewusstseins, die Vergangenheit, sogar unsere vorgeschichtliche Urzeit, zu rekonstruieren. Was tot war, wird wieder lebendig und spricht zu uns. Der Untersuchung alter Tempel und Kunstgegenstände, uralter Werkzeuge und Haushaltsgeräte durch diese Wissenschaftler und ihren Eingebungen verdanken wir den Aufschluss über menschliche Entwicklungsstufen, als sich unsere frühesten Vorfahren mit noch unartikulierten Lauten und Zeichen verständigten. Die starke Konzentration und gesteuerte Fantasie des Archäologen weckt die Kräfte seines Unterbewusstseins, die vor seinem Auge die antiken Tempel wiedererstehen lassen, umgeben von Parkanlagen, Springbrunnen und Teichen. Der Paläontologe seinerseits sieht an den versteinerten Überresten prähistorischer Tiere Muskeln, Sehnen und Fleisch, bis ihr Abbild wirklichkeitsnah vor ihm steht. So wird aus der Vergangenheit lebendige Gegenwart, und wir sehen, dass der menschliche Geist Raum und Zeit überwindet. Sobald Sie gelernt haben, Ihre eigene Fantasie ebenso zu beherrschen und zu steuern, ist der Weg offen, dass Sie ebenbürtig neben die gelehrtesten Geister aller Zeiten treten.

Wie Sie sich von Ihrem Unterbewusstsein leiten lassen

Sehen Sie sich einer sogenannten schwierigen Entscheidung oder einem scheinbar unlösbaren Problem gegenüber, so gehen Sie die Frage zunächst mit bewusstem und konstruktivem Denken an. Befreien Sie sich von Furcht und Angst, denn nur dann ist erfolgreiche Denkarbeit möglich.

Mit folgender einfacher Technik können Sie sich in allen Fragen den Rat und die Hilfe Ihres Unterbewusstseins zusichern: Sorgen Sie für völlige geistige und körperliche Ruhe. Entspannen Sie Körper und Geist. Der menschliche Organismus verfügt ja weder über einen eigenen Willen noch über bewusste Einsicht. Man könnte ihn mit einem Diktier- oder Videogerät vergleichen, das Ihre Meinungen, Gedanken und Eindrücke aufzeichnet. Konzentrieren Sie sich ganz auf Ihr Problem und stellen Sie sich vor, wie glücklich die richtige Lösung Sie machen würde. Fühlen Sie die Erleichterung, die sich einstellt, wenn Sie den richtigen Weg gefunden hätten. Genießen Sie eine Zeit lang dieses Gefühl und schlafen Sie dann beruhigt ein. Falls Ihnen beim Aufwachen noch kein Ausweg einfällt, dann beschäftigen Sie sich mit etwas anderem. Mit größter Wahrscheinlichkeit wird sich Ihnen dann die Lösung völlig unerwartet in Form einer plötzlichen Idee bieten.

Wer sich von seinem Unterbewusstsein leiten lassen will, tut gut daran, den einfachsten Weg zu wählen. Eines Tages stellte ich fest, dass ich einen wertvollen Ring verloren hatte, der noch dazu ein unersetzliches Erbstück war. Vergeblich durchstöberte ich jeden Winkel. Am Abend vor dem Einschlafen sprach ich dann mein Unterbewusstsein mit folgenden Worten an, ganz als sei es ein echter Gesprächspartner: »Dir ist nichts verborgen, und deshalb weißt du auch, wo sich mein Ring befindet. Zeige mir bitte den Ort.«

Am Morgen darauf war es mir, als ob mich eine Stimme mit dem Ruf aus dem Schlaf weckte: »Frage Robert!«

Dieser Rat erschien mir sehr seltsam, da es sich bei Robert um meinen kleinen Jungen von neun Jahren handelte. Trotzdem gehorchte ich meiner inneren Stimme.

Von mir befragt, sagte Robert: »Der Ring? O ja, den habe ich beim Spielen gefunden. Er liegt auf meinem Tisch im Kinderzimmer. Ich dachte, der ist nichts wert, und hab deshalb auch niemandem davon erzählt.«

Das Unterbewusstsein hat auf seine Weise immer eine Antwort bereit, wenn Sie ihm nur vertrauen.

Ein verlorenes Testament

Einer meiner Zuhörer hatte Folgendes erlebt: Sein Vater war gestorben, anscheinend ohne eine letzte Verfügung hinterlassen zu haben. Die Schwester des jungen Mannes erzählte ihm aber, der Vater habe ihr anvertraut, er habe ein Testament gemacht, in dem jeder gerecht bedacht sei. Aber alle Versuche, dieses Dokument zu finden, scheiterten.

Darauf richtete der junge Mann vor dem Einschlafen folgende Aufforderung an sein Unterbewusstsein: »Ich vertraue das ganze Problem meinem Unterbewusstsein an. Ihm ist der Aufbewahrungsort des Testaments bekannt, und es wird ihn mir enthüllen.« Dann fasste er sein Anliegen in dem einzigen Befehl zusammen – »Antworte!« – und wiederholte dieses Wort, bis er einschlief.

Am nächsten Morgen suchte der junge Mann gleichsam unter einem inneren Zwang eine bestimmte Bank in Los Angeles auf, wo er in einem von seinem Vater gemieteten Schließfach das Testament vorfand.

Wer vor dem Einschlafen sein Denken auf einen bestimmten Gegenstand richtet, mobilisiert so seine seelischen Kräfte. Ob Sie nun Ihr Haus verkaufen, eine bestimmte Aktie erwerben, sich von Ihrem Teilhaber trennen, in eine andere Stadt umziehen, Ihr Arbeitsverhältnis lösen oder ein neues eingehen wollen – immer verfahren Sie am besten folgendermaßen: Sie setzen sich völlig ruhig an Ihren Schreibtisch im Büro oder in Ihren Sessel zu Hause. Erinnern Sie sich an die Tatsache des universellen Prinzips von Ursache und Wirkung. Ihr Gedanke stellt die Ursache dar, die Wirkung besteht in der Reaktion Ihres Unterbewusstseins. Gemäß dem Prinzip von Aktion und Reaktion folgt Positives oder Negatives, Belohnung oder Strafe. Jede bewusste, verstandesmäßige Bemühung um die richtige Lösung führt deshalb völlig automatisch eine unbewusste Reaktion herbei, die sich Ihnen als Antwort oder Idee mitteilt.

Um sich also vom Unterbewusstsein helfen zu lassen, genügt es, in Ruhe über die richtige Lösung nachzudenken, denn die spricht das Wissen und die Erfahrung Ihres Unterbewusstseins an, bis Ihnen die richtige Antwort klar wird. Ist Ihr Unterbewusstsein einmal für Sie tätig, so werden Sie gar nicht anders können, als die besten Entscheidungen zu treffen und die richtigen Schritte zu tun. Sie handeln ja unter dem Zwang eines großen Erfahrungsschatzes und somit zwangsläufig richtig. Ich verwende den Ausdruck »Zwang« mit voller Absicht, da sich das Gesetz des Unterbewusstseins als unwiderstehlicher Zwang zum Guten auswirkt.

Das Geheimnis der Erleuchtung

Das Geheimnis der Erleuchtung und sicheren Führung durch das Unterbewusstsein besteht darin, sich so lange bewusst um die richtige Antwort zu bemühen, bis sie einem plötzlich eingegeben wird. Die Reaktion des Unterbewusstseins kann – wegweisend und zielführend – die Form einer Intuition, einer inneren Einsicht oder eines überwältigenden Dranges annehmen. Ist es einmal gelungen, den »Motor« des subjektiven Geistes in Gang zu setzen, so entwickelt dieser seine eigene Kraft und führt alles zum Besten. Wer sich von der Weisheit seines subjektiven Geistes leiten lässt, wird niemals einen Fehlschlag erleben oder einen falschen Schritt tun. Wer sich dieser Lebensleitung anvertraut, wird Glück, Erfolg und Zufriedenheit erfahren.

Leitgedanken

1. Denken Sie immer daran, dass alle Erfolge und Leistungen der Wissenschaft mithilfe des Unterbewusstseins zustande gekommen sind.
2. Sobald Sie sich bewusst um die Lösung eines schwierigen Problems bemühen, sammelt das Unterbewusstsein alle nötigen

Informationen und verarbeitet sie zur richtigen Antwort, die Ihnen dann als Intuition oder Erleuchtung bewusst wird.

3. Wer sich in einer schwierigen Lage befindet, muss zunächst einmal rein verstandesmäßig nach einem Ausweg suchen. Beschaffen Sie sich durch Lektüre oder Befragung geeigneter Fachleute die nötigen Auskünfte. Bietet sich trotzdem keine Lösung an, so übertragen Sie die Aufgabe vor dem Einschlafen Ihrem Unterbewusstsein, und mit Sicherheit wird sich ein Ausweg finden.
4. Nicht immer kommt die Lösung über Nacht. Werden Sie deshalb nicht müde, Ihrem Unterbewusstsein die Frage wieder zu stellen, denn über kurz oder lang wird Ihnen das Licht der Erkenntnis zuteil.
5. Wer die Lösung von vornherein für schwierig oder langwierig hält, verzögert damit nur die Antwort des Unterbewusstseins. Für den subjektiven Geist gibt es keine Probleme, er hat Antworten auf alle Fragen.
6. Glauben Sie fest daran, dass Ihr Unterbewusstsein die gesuchte Antwort bereithält. Versetzen Sie sich in das befreite und beglückende Gefühl, das die Lösung Ihrer Probleme begleitet. Das Unterbewusstsein wird auf Ihre Gefühle reagieren.
7. Die Kraft des Unterbewusstseins verwirklicht jedes Vorstellungsbild, das Sie entwerfen. Vertrauen Sie fest darauf, und die Erfüllung Ihres Wunsches wird nicht ausbleiben.
8. Ihr Unterbewusstsein ist gleichzeitig der Speicher Ihrer Erinnerungen. Es bewahrt alle Ihre Erlebnisse und Erfahrungen seit der frühesten Kindheit auf.
9. Wissenschaftler und Gelehrte, die sich mit den überlieferten Zeugnissen versunkener Kulturen beschäftigen, machten mithilfe ihres Unterbewusstseins die Vergangenheit lebendig.
10. Betrauen Sie vor dem Schlafengehen Ihr Unterbewusstsein mit der Lösung Ihrer Probleme. Setzen Sie Vertrauen in seine Macht, und die Antwort wird nicht ausbleiben. Es ist allwis-

send und allmächtig, aber Sie dürfen nicht an seinen Kräften zweifeln.

11. Ihre Gedanken bestimmen die Reaktion Ihres Unterbewusstseins. Kluge Gedanken werden auch richtige Entscheidungen und Maßnahmen zur Folge haben.
12. Das Unterbewusstsein spricht zu Ihnen mit der Stimme des Gefühls, der Intuition, der Idee. Das Unterbewusstsein ist ein innerer Kompass – lassen Sie sich von ihm leiten!

Ihr Unterbewusstsein antwortet Ihnen auf unerwartete Weise. Es kann Sie in einen Buchladen führen und Sie ein Buch heraussuchen lassen, das eine Antwort auf Ihre Fragen bietet, oder vielleicht sind Sie Zeuge einer Unterhaltung, die die Lösung zu Ihrem Problem bietet. Die Antwort kann auf unzähligen und unerwarteten Wegen zu Ihnen finden.

Kapitel 13

Das Unterbewusstsein und der Schlaf

Ihr Unterbewusstsein schläft nie. Es ist immer für Sie tätig, denn es steuert alle Lebensfunktionen.

Der Mensch verbringt etwa acht Stunden des Tages, also ungefähr ein Drittel seines Lebens, mit Schlaf. Das gilt nicht nur für Menschen, sondern erstreckt sich auch auf das Tier- und Pflanzenreich. Es handelt sich hier um eine kosmische Einrichtung, und es ist viel Wahres an dem Psalm »*Den Seinen gibt's der Herr im Schlaf*«. (Psalm 127,2)

Viele Menschen glauben, der Schlaf diene einfach nur dazu, die von den Anstrengungen des Tages erschöpften Kraftreserven wieder aufzufüllen. Diese Ansicht trifft nur mit gewissen Einschränkungen zu. Auch im Schlaf setzen ja alle lebenswichtigen Organe wie Herz und Lunge ihre Tätigkeit fort. Vor dem Schlafengehen verzehrte Speisen werden verdaut und verwertet. Die Haut verdunstet weiterhin die Körperfeuchtigkeit, und die Haare wachsen ebenso wie die Finger- und Zehennägel.

Das Unterbewusstsein kommt nie zur Ruhe. Es ist immer im Einsatz und steuert alle lebenswichtigen Funktionen. Im Schlaf verläuft der Heilungsprozess sogar noch schneller als im Wachen, weil er nicht durch bewusstes Denken gestört wird. Und viele Antworten sind den Menschen schon im Traum eingefallen.

Warum wir schlafen

Dr. John Bigelow, eine Kapazität auf dem Gebiet der wissenschaftlichen Erforschung des Schlafs und Autor des Buches *The Mystery of Sleep* (Das Geheimnis des Schlafs), lieferte den Nachweis, dass auch während des Schlafs sinnliche Wahrnehmungen möglich sind, da sowohl die Augen-, Ohren- und Geschmacksnerven als auch die Gehirnzellen uneingeschränkt tätig sind. Seiner Ansicht nach schläft der Mensch, »weil sich ein Teil seiner Seele durch Abstraktion mit seiner höheren Natur verbindet und somit an der Weisheit und den prophetischen Fähigkeiten der Gottheit Anteil nimmt«.

Dr. Bigelow stellt weiterhin fest: »Die Ergebnisse meiner Forschungen haben nicht nur meine Überzeugung verstärkt, dass die Erholung von den Mühen des Tages nicht den einzigen Zweck des Schlafs darstellt, sondern sie lassen auch keinen Zweifel darüber bestehen, dass kein Aspekt des menschlichen Lebens unersetzlicher für die harmonische und vollkommene Entwicklung der seelischen Kräfte ist als der Schlaf, der den Menschen von aller Ablenkung durch die Sinnenwelt befreit.«

Gebet und Meditation sind eine Form des Schlafs

Das menschliche Bewusstsein ist sehr damit beschäftigt, mit den Schwierigkeiten, Ärgernissen und Anforderungen des Alltags fertigzuwerden. Deshalb ist es unbedingt notwendig, sich regelmäßig vor der Flut der Eindrücke zu verschließen und stille Zwiegespräche mit dem Unterbewusstsein zu halten. Wer dabei um sichere Führung, Kraft und größere Einsicht in allen Dingen des Lebens bittet, wird einen Ausweg aus allen Schwierigkeiten finden und die täglichen Probleme meistern können.

Umgekehrt könnte man ebenso das Gebet oder die Meditation als eine Form des Schlafs definieren, denn es handelt sich auch hier um ein Gespräch mit sich selbst, das jenseits dieser Welt der Sinne und der Wirrnisse des Alltags die Seele der Macht des Unterbewusstseins öffnet.

Schlafmangel

Schlafmangel führt zu Reizbarkeit, Konzentrationsstörungen und Depressionen. Dr. George Stevenson von der National Association for Mental Health (Gesellschaft zur Förderung der geistigen Gesundheit) sagt: »Es ist erwiesen, dass zur Erhaltung der menschlichen Gesundheit ein Mindestmaß von sechs Stunden Schlaf nötig ist. Die meisten Menschen brauchen sogar mehr. Wer glaubt, mit weniger Schlaf auskommen zu können, betrügt sich nur selbst.«

Führende Mediziner, die sich der Erforschung des Schlafs und der Folgen des Schlafentzugs widmeten, entdeckten, dass schwere Schlafstörungen oft zu Nervenzusammenbrüchen führen. Der Schlaf füllt die seelischen Kraftreserven wieder auf und ist die Quelle der Lebenskraft und Lebensfreude.

Schlaf bringt Hilfe

Eine in Los Angeles arbeitende junge Dame erzählte mir einmal, ihr sei in New York eine doppelt so gut bezahlte Stellung angeboten worden. Vor die Frage gestellt, ob sie das Angebot annehmen sollte oder nicht, sagte sie sich vor dem Einschlafen: »Mein Unterbewusstsein weiß, was am besten für mich ist. Es gibt mir die richtige Entscheidung ein, die sich zu meinem Besten und dem aller Beteiligten auswirkt. Ich bin dankbar, denn ich weiß, dass mir mit Sicherheit der richtige Entschluss mitgeteilt wird.«

Sie wiederholte diese einfache Bitte immer wieder, bis sie einschlief, und am Morgen darauf warnte sie eine innere Stimme nachdrücklich davor, nach New York zu gehen. Sie lehnte also das Angebot ab, und bald sollte es sich erweisen, wie gut ihre Entscheidung war: Wenige Monate später meldete nämlich die Firma, die sie hatte einstellen wollen, den Konkurs an.

Der bewusste Verstand ist durchaus dazu fähig, aus bekannten Tatsachen eine richtige Entscheidung abzuleiten; dem Unterbewusstsein jedoch liegen viel tiefere und umfassendere Zusammenhänge offen, weshalb auch seine Ratschläge und Warnungen – wie in diesem Fall – sehr ernst genommen werden sollten.

Vor einer sicheren Katastrophe gerettet

Auch ich habe erlebt, wie mein Unterbewusstsein half, im Zweifel die richtige Entscheidung zu treffen.

Vor vielen Jahren, noch vor dem Zweiten Weltkrieg, wurde mir eine sehr gute Position im Fernen Osten angeboten, und ich erbat mit den folgenden Worten den Rat und die Hilfe des Unterbewusstseins: »Meinem subjektiven Geist ist nichts verborgen, und er wird mir in Übereinstimmung den richtigen Weg zeigen. Ich werde die Antwort erkennen und verstehen.«

Diese einfache Bitte wiederholte ich immer wieder, bis ich darüber einschlief. Im Traum sah ich eine äußerst lebendige Vision der Ereignisse, die erst drei Jahre später eintreten sollten. Ein Freund erschien und sagte zu mir: »Lies diese Schlagzeilen – geh nicht hin!« Ich warf einen Blick auf die Zeitung und las in großen Buchstaben: »Japanischer Angriff auf Pearl Harbor! Der Krieg ist erklärt!«

Wahrträume, wie ich sie gelegentlich habe, sind eine weitere Möglichkeit des subjektiven Geistes, sich uns verständlich zu machen. Bei der erwähnten Vision handelte es sich zweifellos um eine Dramatisierung der Lage durch das Unterbewusstsein, das seine Warnung in der Person eines vertrauenswürdigen Mannes verkörperte. Bei anderen Menschen erscheint als warnende Gestalt oft die Mutter, die von einer bestimmten Entscheidung abrät und die Gründe nennt. Oft wählt das Unterbewusstsein zu seinen Mitteilungen auch die Stimme eines Menschen, dem wir im Wachzustand uneingeschränkt vertrauen. Wir kennen Fälle, in denen Passanten auf der Straße die Warnung eines geliebten Menschen zu hören glaubten, wie versteinert stehen blieben und somit dem sicheren Tod durch einen herabstürzenden Gegenstand entgingen.

Erteilen Sie Ihrem Unterbewusstsein vor dem Einschlafen die Aufgabe, eine Antwort auf ein beliebiges Problem zu finden, und es wird Ihnen antworten.

Ihr Unterbewusstsein ist gleichzeitig der Speicher Ihrer Erinnerungen. Es bewahrt alle Ihre Erlebnisse und Erfahrungen seit der frühesten Kindheit auf.

Ihre Zukunft liegt in Ihrem Unterbewusstsein

Bedenken Sie immer, dass die Zukunft – also die Auswirkung Ihrer Denkgewohnheiten – bereits in Ihrem Geist vorhanden ist, es sei denn, Sie ändern den Verlauf der Dinge bewusst. Ganz entsprechend dazu ist die Zukunft eines Landes bereits in seinem kollektiven Unterbewusstsein enthalten. Meine Traumvision, die mir in Form von Schlagzeilen der New Yorker Zeitung den Ausbruch des Krieges schon Jahre voraus ankündigte, ist deshalb keineswegs so außergewöhnlich, wie sie auf den ersten Blick erscheinen mag. Die Unternehmungen dieses Krieges hatten ja bereits im Geiste stattgefunden, alle Angriffspläne waren bereits von jenem Präzisionsinstrument aufgezeichnet worden, das wir als das »kollektive Unterbewusstsein« bezeichnen. Genauso sind die Ereignisse des morgigen Tages bereits heute Ihrem Unterbewusstsein gegenwärtig, und von Menschen mit besonders hoher Sensibilität können auch fernere Zukunftsereignisse vorausgesehen werden.

Es gibt keine unabänderliche Vorherbestimmung. Ihre eigene geistige Einstellung bestimmt Ihr Schicksal. Mithilfe des effektiven Gebets, das ja bereits in einem vorhergehenden Kapitel erläutert wurde, können Sie Ihrem zukünftigen Leben die gewünschte Richtung geben.

Im Schlaf 15 000 Dollar verdient

Vor drei oder vier Jahren schickte mir einer meiner Studenten einen Zeitungsbericht über einen Mann namens Ray Hammerstrom, der in einem Walzwerk der Jones & Langhlin Stahl AG in Pittsburgh arbeitete. Er hatte mit einem Traum 15 000 Dollar verdient.

Dem Artikel zufolge waren sämtliche Bemühungen der Betriebsingenieure vergeblich gewesen, eine schlecht funktionierende Weiche zu reparieren, mit der die glühenden Eisenblöcke zu den acht Walzbahnen gelenkt wurden. Mehrfach war ergebnislos bereits alles Mögliche versucht worden. Hammerstrom stellte intensive Überlegungen an, wie die Zuverlässigkeit der Anlage verbessert werden könnte, aber auch er stieß zunächst auf unüberwindliche Schwierigkeiten. Mitten im Grübeln überraschte ihn eines Tages der Schlaf, und im Traum sah er eine bis in die letzte Kleinigkeit ideal durchdachte Weichenkonstruktion, die er sofort nach dem Erwachen in einer Zeichnung festhielt.

Dieses »visionäre Nickerchen« brachte Hammerstrom einen Scheck in Höhe von 15 000 Dollar ein, die größte Summe, mit der das Unternehmen je den Verbesserungsvorschlag eines Mitarbeiters belohnt hatte.

Wie ein berühmter Professor sein Problem im Schlaf löste

Dr. H. V. Helprecht, ordentlicher Professor der Assyriologie an der Universität von Pennsylvania, berichtete mir Folgendes: »Eines Samstagabends brach ich wieder einmal erschöpft meine vergeblichen Versuche ab, die Herkunft zweier kleiner Achatfragmente zu enträtseln, die möglicherweise Bestandteil eines babylonischen Fingerringes gewesen waren.

Nachdem ich gegen Mitternacht schlafen gegangen war, hatte ich einen bemerkenswerten Traum. Ein hochgewachsener Priester von Nippur, seinem Aussehen nach etwa 40 Jahre alt, führte mich zur Schatzkammer des Tempels, einem kleinen, niedrigen Raum ohne Fenster, auf dessen Boden Achat- und Lapislazuli-Splitter lagen. Hier wandte er sich um und sagte zu mir: ›Die zwei Ringfragmente, die Sie getrennt auf den Seiten 22 und 26 Ihres Buches veröffentlichten, waren niemals Teile eines Fingerrings, sondern der Ohrringe einer Götterstatue gewesen. Sie können die Richtigkeit meiner Angaben nachprüfen, indem Sie die Fragmente zusammenfügen.‹ Ich erwachte, untersuchte sofort die Fragmente und fand zu meiner größten Überraschung den Traum bestätigt. Das Problem war gelöst.«

Wir haben hier also wieder einmal einen klaren Beweis für die schöpferische Kraft des Unterbewusstseins, das auf alle Fragen eine Antwort hat.

Wie das Unterbewusstsein im Schlaf für einen berühmten Schriftsteller arbeitete

Robert Louis Stevenson widmet in einem seiner Bücher (dem Essay-Band *Across the Plains*, 1892) ein ganzes Kapitel seinen Traumerlebnissen. Seine Visionen waren immer äußerst lebendig, und er hatte die feste Gewohnheit, seinem Unterbewusstsein jeden Abend vor dem Einschlafen genaue Anweisungen zu geben. Meistens erteilte er ihm den Auftrag, im Schlaf den Stoff für neue Veröffentlichungen zu entwickeln. Sobald Stevensons Bankkonto dringend eine Auffrischung brauchte, pflegte er seinem Unterbewusstsein etwa folgenden Befehl zu erteilen: »Liefere mir einen guten, spannenden Roman, der sich gut verkauft und mir viel Geld einbringt.« – Sein Unterbewusstsein ließ ihn nie im Stich.

Stevenson sagt: »Diese kleinen ›Heinzelmännchen‹ (also die schöpferische Kraft seines Unterbewusstseins) geben mir die gewünschte Geschichte Stück um Stück ein, wie einen Fortsetzungsroman, und lassen mich, den angeblichen Autor, bis zuletzt über das Ende im Unklaren.« Er fügte hinzu: »Der

Teil meiner Arbeit, den ich tagsüber erledige (also im Wachen und mithilfe des bewussten Verstandes), ist keineswegs uneingeschränkt als eigene Leistung zu bezeichnen, da vieles dafür spricht, dass die ›Heinzelmännchen‹ auch hier ihre Hand im Spiel haben.«

Schlafen Sie tief ein und erwachen Sie in Freude!

Wer an Schlaflosigkeit leidet, wird das folgende Gebet erfolgreich anwenden können. Wiederholen Sie vor dem Schlafengehen ruhig und intensiv: »Meine Zehen sind entspannt, meine Waden sind entspannt, meine Schenkel sind entspannt, meine Becken- und Gesäßmuskeln sind entspannt, meine Bauchmuskulatur ist entspannt, mein Herz und meine Lunge sind entspannt, mein Gehirn ist entspannt, mein Gesicht ist entspannt, meine Augen sind entspannt, mein ganzer Körper und mein ganzer Geist sind entspannt. Ich vergebe allen alles und wünsche jedem Menschen aus ganzem Herzen Gesundheit, Glück und Zufriedenheit. Ich bin in Frieden mit mir und der Welt, ich bin voll klarer und heiterer Ruhe. Ich fühle mich sicher und geborgen. Eine große Stille überkommt mich, und meine Seele ist glücklich, denn ich fühle die Nähe Gottes. Meine Gedanken sind von Liebe erfüllt und schenken mir Kraft. Ich bin umgeben von Liebe und schlafe mit den besten Wünschen für all meine Mitmenschen ein. Mein Friede bleibt ungestört die ganze Nacht hindurch, und am Morgen erwache ich voller Lebensfreude und Liebe. Die Liebe beschützt mich.«

Leitgedanken

1. Falls Sie fürchten zu verschlafen, nennen Sie Ihrem Unterbewusstsein die gewünschte Zeit zum Aufstehen, und es wird Sie von selbst wecken. Es braucht keine Uhr. Verfahren Sie auf die gleiche Weise mit all Ihren Problemen, denn Ihr Unterbewusstsein meistert alle Schwierigkeiten.
2. Versöhnen Sie sich mit sich selbst und Ihren Mitmenschen vor dem Einschlafen, und alles wird gut.
3. Im Schlaf wird Ihnen geholfen, vielleicht in der Form eines Traums. Sie erleben die heilenden Kräfte des Schlafs ungehindert wie sonst nie, sodass Sie am Morgen erfrischt und verjüngt erwachen.
4. Falls Sie auch noch im Schlaf von den Ärgernissen und Schwierigkeiten des Tages verfolgt werden, so entspannen Sie Ihren Geist und wenden Sie Ihre Gedanken der Erfahrung Ihres Unterbewusstseins zu, das stets dazu bereit ist, Ihnen zu helfen. Dies wird Ihnen Frieden, Kraft und Zuversicht schenken.
5. Der Schlaf ist von ausschlaggebender Bedeutung für den Frieden der Seele und die Gesundheit des Körpers. Mangel an Schlaf hat Reizbarkeit, Depressionen, Krankheitsrisiken und Störungen des geistig-seelischen Gleichgewichts zur Folge. Sie brauchen acht Stunden Schlaf.
6. Medizinische Forschungen haben erwiesen, dass Schlaflosigkeit häufig die Ursache von Nervenzusammenbrüchen ist. Der Schlaf ist die Quelle der Lebenslust und Lebenskraft.
7. Ihr Geist erneuert sich während des Schlafs, er lädt sich wieder auf. Ein entspannter Schlaf ist von essenzieller Bedeutung für Ihre Lebensfreude und -kraft.
8. Das übermüdete Gehirn empfindet ein so unwiderstehliches Schlafbedürfnis, dass es ihm alles andere opfert. Viele, die am Steuer ihres Wagens eingeschlafen sind, können dies bestätigen – falls sie es überlebt haben!

9. Schlafmangel führt häufig zu Gedächtnisschwäche und mangelhafter körperlicher Kondition und Widerstandskraft. Wer übermüdet ist, der ist zu keinem klaren Gedanken mehr fähig.
10. Schlaf bringt Hilfe. Prägen Sie sich vor dem Einschlafen ein, dass Ihr Unterbewusstsein Sie in allen Dingen leiten und führen wird. Achten Sie sorgfältig auf den Fingerzeig, der Ihnen vielleicht bereits beim Erwachen gegeben wird.
11. Setzen Sie volles Vertrauen in Ihr Unterbewusstsein. Vergessen Sie nie, dass es immer den guten Kräften des Lebens dient. Gelegentlich spricht es zu Ihnen durch einen Traum oder eine Vision. Oft warnt das Unterbewusstsein auf diese Art einen Menschen, so wie ich es erlebt habe.
12. Ihre gewohnten Gedanken und Gefühle enthalten bereits in sich Ihre Zukunft. Glauben Sie fest daran und sagen Sie sich voller Zuversicht, dass Ihr Unterbewusstsein Sie in allen Dingen führt und leitet, dass Ihnen die Geschenke des Lebens in reichem Maße zuteilwerden und Ihre Zukunft von Glück überstrahlt sein wird. Glauben Sie fest daran und nehmen Sie es als erwiesene Tatsache hin. Erwarten Sie immer das Beste, und das Beste wird Ihnen geschehen.
13. Falls Sie kreativ tätig sind, so sprechen Sie Ihr Unterbewusstsein vor dem Einschlafen an und behaupten Sie voll Zuversicht, dass seine Weisheit, Einsicht und Kreativität Ihnen vollkommene Lösungen bieten werden. Wunder wird der erleben, der fest daran glaubt.

Bitten Sie Ihr Unterbewusstsein vor dem Einschlafen um eine Lösung. Seien Sie zuversichtlich und glauben Sie daran, und Sie werden eine Antwort erhalten. Das Unterbewusstsein weiß alles und sieht alles, Sie dürfen jedoch seine Macht nicht anzweifeln oder infrage stellen.

Kapitel 14

Das Unterbewusstsein und Ihre Partnerschaft

Ihr Geist geht eine Verbindung mit zahlreichen Gedanken ein. Sie gehen eine Verbindung mit Überzeugungen, Konzepten, Dogmen, Theorien ein; bei allem, mit dem Sie sich in Ihrem Geist mental oder emotional verbinden, handelt es sich um eine Partnerschaft. Psychologisch gesehen ist Ihr Partner Ihre Überzeugung, Ihr Selbstbild, Ihr Selbstvertrauen, Ihre Blaupause.

Mangelnde Kenntnis der eigentlichen Funktionen und Kräfte des Geistes liegt vielen Schwierigkeiten und Problemen zugrunde. Durch den richtigen Einsatz des geistigen Prinzips können alle Reibungsflächen und Konflikte zwischen Lebenspartnern beseitigt werden. Wer gemeinsam betet, bleibt auch zusammen.

Die Orientierung an hohen Idealen, das Studium der Gesetze des Lebens, die Verfolgung eines gemeinsamen Plans und gemeinsamer Ziele sowie der Genuss verantwortlicher Freiheit schaffen die Voraussetzungen für eine ideale Partnerschaft, jenes Glück und Gefühl der Zusammengehörigkeit, das zwei Menschen unzertrennlich vereinigt.

Eine Scheidung wird am besten frühzeitig verhindert, nämlich bereits vor der Eheschließung! Man kann niemandem einen Vorwurf machen, wenn er sich aus einer untragbaren Situation befreit. Warum aber soll man es überhaupt so weit kommen lassen? Wäre es nicht besser, von vornherein die eigentlichen Ursachen ehelicher Schwierigkeiten zu erkennen, also das Übel an der Wurzel zu packen?

Wie alle anderen menschlichen Probleme sind auch Scheidungen, Trennungen und die damit verbundenen seelischen Verletzungen und endlosen Rechtsstreitigkeiten auf die mangelnde Kenntnis der Wechselbeziehungen zwischen Bewusstsein und Unterbewusstsein zurückzuführen.

Die Grundlage einer jeden Partnerschaft

Eine echte und dauerhafte Liebesbeziehung ruht auf einer geistigen Grundlage. Sie muss eine Sache des Herzens sein, und das Herz ist der Sitz der Liebe. Ehrlichkeit, Aufrichtigkeit, Güte und persönliche Integrität sind zugleich Voraussetzungen und Folgen der Liebe. Wer den anderen beispielsweise nur wegen des Geldes, seiner gesellschaftlichen Stellung oder als Mittel zur Selbstbestätigung heiratet, schließt keine echte Ehe. Eine solche Handlungsweise zeigt den Mangel an wahrer Liebe. Eine solche Ehe bleibt, was sie schon beim Abschluss war: ein Betrug und eine Farce.

Wenn eine Frau sagt: »Ich will in meinem Beruf nicht mehr arbeiten und möchte heiraten, um ein gesichertes Leben führen zu können«, dann geht sie ebenso von falschen Voraussetzungen aus. Sie wendet die Gesetze des Geistes falsch an und kann damit nicht glücklich werden. Kein Mensch, der die in diesem Buch vorgestellten Methoden richtig anwendet, wird je über Armut oder Krankheit klagen müssen. Niemand ist in seinem Streben nach Gesundheit, Friede, Freude, Erleuchtung, sicherer Führung, Liebe, Reichtum, Sicherheit und Glück auf die Erfolge des Ehe- oder Lebenspartners angewiesen. Nur muss auch jeder die in ihm liegenden Kräfte und die Gesetze seines eigenen Geistes kennen – als die einzig verlässliche Grundlage für eine geborgene und befriedigende Existenz.

Wie man den idealen Mann findet

Sie sind keine ahnungslose Frau, die die Arbeitsweise ihres Unterbewusstseins nicht kennt. Sie wissen, dass in Ihrem Leben alles sichtbar wird, was Sie Ihrem Unterbewusstsein einprägen. Füllen Sie es also mit der lebhaften Vorstellung all jener Eigenschaften und Charakterzüge, die Sie an Ihrem Partner wünschen.

Es gibt keinen Grund zu resignieren. Es gilt vielmehr zu handeln – heute noch! Setzen Sie sich am Abend in einen bequemen Sessel, schließen Sie die Augen, vergessen Sie die Sorgen des Tages, entspannen Sie sich und versetzen Sie sich in eine friedvolle Stimmung. Sie sind völlig passiv und aufnahmebereit. Nun sprechen Sie Ihr Unterbewusstsein mit zum Beispiel diesen Worten an: »Ich spüre, wie sich mir ein Mann zuwendet, der ehrlich, aufrichtig, loyal, treu, friedlich, zärtlich und wohlhabend ist. Alle diese Vorzüge prägen sich tief meinem Unterbewusstsein ein. Während ich sie betrachte, werden sie Teil meines Ichs und nehmen im Unterbewusstsein Gestalt an. Ich weiß, es gibt ein Prinzip der Anziehung, und im Vertrauen darauf suche ich den Mann, der meinen unterbewussten Überzeugungen entspricht. Ich bin davon überzeugt, dass sich alles verwirklicht, woran mein Unterbewusstsein glaubt. Ich weiß, ich kann zum Glück des Mannes beitragen. Wir haben dieselben Ideale. Er will mich so, wie ich bin, und auch ich möchte ihn nicht ändern. Wir werden verbunden durch das Gefühl der Liebe, der Freiheit und gegenseitiger Hochschätzung.«

Sagen Sie diese Sätze, bis sie Ihnen zur festen Gewohnheit geworden sind. Sie werden erleben, dass genau der Mann in Ihr Leben tritt, der die erträumten Eigenschaften und Charakterzüge besitzt. Ihr Unterbewusstsein wird Sie beide zusammenführen. Wecken Sie in sich das Beste, das Sie zu geben haben: alle Liebe und Hingabe, zu der Sie fähig sind. Und die Liebe, die Sie schenken, werden Sie erleben.

Wie man die ideale Frau findet

Mit ähnlichen Worten sollte sich auch ein Mann wünschen: »Ich spüre, wie sich mir die Frau zuwendet, die mich vollkommen und harmonisch ergänzt. Zwischen ihr und mir besteht ein tiefes geistiges Band, und unsere gegenseitige Zuneigung wird zur Liebe. Ich weiß, ich kann dieser Frau Herzenswärme, Frieden, Glück und Freude schenken. Ich kann das Leben dieser Frau mit allem Schönen erfüllen. Ich sehe sie vor mir. Sie weist folgende Eigenschaften und Vorzüge auf: Sie ist sensibel, gütig, treu, offen und liebevoll. Sie ist harmonisch, friedvoll und glücklich. Wir fühlen uns unwiderstehlich zueinander hingezogen. Wir werden in Liebe, Wahrheit und Schönheit miteinander leben. Ich finde die ideale Lebensgefährtin.«

Während Sie ruhig und konzentriert über die Wesenszüge Ihrer Lebensgefährtin nachdenken, werden ebenjene Vorzüge Teil Ihrer eigenen geistigen Persönlichkeit. Die kommunizierende Kraft des Unterbewusstseins wird Sie und die Frau Ihrer Liebe zusammenführen.

Wozu einen dritten Fehler begehen?

Vor Kurzem sagte mir eine Lehrerin: »Nun war ich schon dreimal verheiratet, und meine Partner waren durchweg passiv, nachgiebig und ohne jede Initiative. Warum nur falle ich immer wieder ausgerechnet auf den gleichen Typ Mann herein?«

Meine Gegenfrage war, ob sie denn ihren zweiten Mann schon von vornherein als wenig markante Persönlichkeit erkannt habe, und sie erwiderte: »Natürlich nicht, sonst hätte ich ihn ja niemals geheiratet!« Offensichtlich hatte sie aus ihrem ersten Fehler nichts gelernt. Die Ursache lag in ihrer eigenen Persönlichkeitsstruktur. Sie war eine eher dominante Natur – energisch und stark. Unbewusst ersehnte sie sich einen Menschen, der passiv und nachgiebig genug war, um ihr die Führungsrolle zu überlassen. Ihr Verhalten war also unterbewusst motiviert, und so konnte es nicht ausbleiben, dass sich ihre geheimen Vorstellungsbilder verwirklichten. Sie musste lernen, durch richtiges Wünschen diese Folge von Ursache und Wirkung zu unterbrechen.

Sich von einer negativen Einstellung befreien

Zunächst lernte die Frau eine einfache Wahrheit: Wer glaubt, seinen Idealpartner an sich ziehen zu können, wird ihn bald in sein Leben treten sehen. Um sich aus ihrer negativen Vorstellungswelt zu befreien und den wirklich idealen Lebensgefährten zu finden, sprach sie folgende Sätze: »Ich präge mir die Wesenszüge des Mannes ein, nach dem ich mich sehne. Mein idealer Gefährte ist eine starke und originelle Persönlichkeit. Er ist männlich-liebevoll, initiativ, ehrlich, loyal und treu. Bei mir findet er Liebe und Glück. Ich weiß, er begehrt mich, und ich begehre ihn. Ich bin ehrlich, aufrichtig, liebevoll und gütig. Ich habe ihm viel Schönes zu schenken: meinen besten Willen und ein frohes Herz. Das Gleiche schenkt auch er mir; alles ist gegenseitig, ich gebe und empfange. Mein Unterbewusstsein kennt diesen Mann und weiß, wo er ist. Es führt uns zusammen, und wir erkennen einander sofort. Ich vertraue meinem Unterbewusstsein. Ich danke schon jetzt von ganzem Herzen für diese Lösung!«

Diesen Wunsch sprach sie jeden Morgen und jeden Abend aus, überzeugt von der Wahrheit des Gesagten und sich bewusst, dass die dauernde geistige Beschäftigung mit ihrem Wunschbild gleichsam spiegelbildlich ihr eigenes Wesen veränderte.

Die Erhörung ihres Wunsches

Mehrere Monate vergingen. Obwohl sie einen großen Bekanntenkreis hatte und sich viel in Gesellschaft aufhielt, lernte sie niemanden kennen, der ihren Erwartungen entsprochen hätte. Sobald aber ihre Überzeugung bröckelte und sie an den unterbewussten Kräften zu zweifeln begann, rief sie sich ins Gedächtnis, dass eben das Unterbewusstsein seine eigenen, aber unbedingt zuverlässigen Methoden hat, jedes Problem zu lösen. Kurz nachdem ihre Scheidung rechtskräftig geworden war, nahm sie eine neue Stellung an. Wie sie mir später erzählte, wusste sie schon auf den ersten Blick, dass ihr neuer Arbeitgeber der Mann ihrer Träume war. Offensichtlich ging es ihm ähnlich, denn schon nach kurzer Zeit gemeinsamer Arbeit machte er ihr einen Heiratsantrag, und seitdem leben beide in einer glücklichen Ehe. Dieser Mann war kein passiver Typ, sondern ein kraftvoller Mensch, ein hervorragender Sportler und dabei geistig niveauvoll und trotz der Freiheit seines Denkens ein religiös veranlagter Mann.

Ihr Traum war Wirklichkeit geworden. Sie hatte ihr Wunschbild ihrem Unterbewusstsein so lange eingeprägt, bis sie geistig und gefühlsmäßig mit ihrer Vorstellung eins geworden war.

Aufrichtigkeit, Ehrlichkeit, Güte und Rechtschaffenheit sind ebenfalls Formen der Liebe. In einer Partnerschaft sollten beide Liebespartner vollkommen aufrichtig und ehrlich zueinander sein.

Wenn sich die Liebe in Ihrem Leben nicht einstellen mag, sprechen Sie wiederholt dieses Gebet: »Ich bin jetzt Ausdruck der Liebe Gottes, der Weisheit und der Harmonie. Inneres Gleichgewicht, Balance und Ausgeglichenheit stehen unangefochten an erster Stelle in meinem Leben.«

In einer Liebesbeziehung oder Partnerschaft muss man Zugeständnisse machen, aber das bedeutet nicht, dass man versucht, seinen Partner zu ändern. Solche Versuche zerstören lediglich den Stolz und das Selbstwertgefühl des anderen und führen zu Verärgerung und Verbitterung, die für eine Partnerschaft verheerend sind.

Soll ich mich scheiden lassen?

Die Frage einer Scheidung ist immer ein individuelles Problem, das sich jeder Verallgemeinerung entzieht. In manchen Fällen war die Heirat schon von vornherein ein schwerer Irrtum, in anderen bietet die Trennung ebenso wenig eine Lösung, wie die Heirat ein Patentrezept gegen Einsamkeit ist. Manchmal erscheint die Scheidung als der einzige Ausweg, manchmal würde sie die Lage nur verschlimmern.

Ich unterhielt mich zum Beispiel einmal mit einer Frau, deren Mann ein vorbestrafter Drogensüchtiger war, der keinen Cent zum Lebensunterhalt beitrug und seine Frau außerdem schwer misshandelte. Sie hatte sich nie ganz von der Ansicht befreien können, Scheidung sei eine Sünde. Ich erklärte ihr, dass die Heirat eine Sache des Herzens sei. Nur wenn zwei Menschen sich wirklich lieben, kommt die ideale Ehe zustande. Und jede aus einem reinen Herzen kommende Handlung ist eine Tat der Liebe.

Nachdem sie dies begriffen hatte, stand ihr Entschluss fest. Im Grunde hatte sie immer gewusst, dass niemand sie zwang, sich seelisch und körperlich misshandeln zu lassen, nur weil dies seitens des legitim angetrauten Ehegatten geschah.

Falls Sie sich unsicher sind, was zu tun ist, so bitten Sie um Unterstützung. Sie werden sie erleben. Folgen Sie dem Fingerzeig Ihres Unterbewusstseins – es weist Ihnen den Weg zur Zufriedenheit.

Wie eine Scheidung immer wahrscheinlicher wird

Vor Kurzem beschloss ein erst seit wenigen Monaten verheiratetes junges Paar, die Scheidung einzureichen. Es stellte sich heraus, dass der junge Mann in der dauernden Furcht lebte, seine Frau könne ihn verlassen. Er fühlte sich anderen gegenüber minderwertig und war von der Untreue seiner Frau überzeugt. Diese Gedanken verfolgten ihn Tag und Nacht, bis sie zur fixen Idee wurden. In seinem Misstrauen hatte er sich völlig auf den Gedanken an eine Trennung eingestellt. Auch seiner Frau gelang es immer seltener, ihm liebevoll zu begegnen, da sie seine Ablehnung instinktiv fühlte. Im Kreis dieser negativen Gedanken- und Vorstellungswelten verschlechterte sich das Verhältnis zusehends. Dies ist ein Beispiel für das uns bereits bekannte Gesetz von Ursache und Wirkung, von Aktion und entsprechender Reaktion. Der Gedanke ist die Ursache und die Reaktion des Unterbewusstseins die Auswirkung.

Die junge Frau verließ eines Tages die gemeinsame Wohnung und verlangte die Scheidung, womit sich die schlimmsten Befürchtungen ihres Mannes bestätigten.

Die Scheidung beginnt im Geist

Jede Trennung beginnt im Geist der Betroffenen – die juristische Formalität des Scheidungsprozesses ist nur die spätere sichtbare Folge. Die beiden jungen Menschen waren erfüllt von Furcht, Misstrauen, Eifersucht und Zorn. Eine solche Einstellung schwächt und erschöpft Geist und Körper. Nun mussten sie erfahren, dass der Hass trennt und die Liebe verbindet. Es begann ihnen bewusst zu werden, welche Fehler sie begangen hatten. Keiner von ihnen hatte zuvor vom Prinzip geistiger Ursache und Wirkung gehört, sodass sie den Missbrauch ihrer Geisteskräfte und die daraus resultierenden Folgen nicht erkannten. Auf meinen Vorschlag hin machte das junge Paar einen letzten Versuch, seine Ehe zu retten. Ich riet ihnen zur Gebetstherapie.

Sie begannen, sich gegenseitig in jeder erdenklichen Weise Liebe, guten Willen und Verständigungsbereitschaft zu beweisen. Noch sind sie nicht am Ende ihres Weges, aber bereits heute gestaltet sich ihre Ehe von Tag zu Tag schöner und befriedigender.

Die unzufriedene Frau

Oft nörgelt eine Frau nur deshalb, weil sie sich unbeachtet fühlt und mehr Liebe und Aufmerksamkeit wünscht. Zeigen Sie also Ihrer Frau mehr Interesse und würdigen Sie ihre vielen guten Seiten und Eigenschaften so rückhaltlos, wie sie es verdient. Bei anderen Frauen ist das Meckern auf ihr Bemühen zurückzuführen, den Mann nach ihrem Willen zu verändern. Aber es gibt auf der ganzen Welt wohl kaum eine sicherere und schnellere Methode, seinen Partner loszuwerden, als diese!

Lebenspartner dürfen nicht dauernd auf der Lauer liegen, um sich nur ja nicht den geringsten Fehler des anderen entgehen zu lassen. Jeder Partner muss dem anderen danken für all das Gute, das er an ihm und durch ihn findet.

Der wütende Ehemann

Sobald ein Mann anfängt, wütend auf seine Frau zu sein und über alles nachzubrüten, was sie ihm angeblich angetan hat, begeht er in einem gewissen Sinn Ehebruch. Denn wie der in der Liebe untreue Mann geht auch er eine negative, destruktive Bindung ein. Wer seine Frau im Herzen ablehnt und ihr dominant, aggressiv und feindselig gegenübersteht, ist untreu. Er bricht sein Ehegelöbnis, mit dem er versprach, sie zu lieben, zu umsorgen und zu ehren.

Wer dazu neigt, über echtes oder eingebildetes Unrecht mit Bitterkeit nachzubrüten, sollte seinen Zorn überwinden und sich nach besten Kräften bemühen, jederzeit rücksichtsvoll, gütig und höflich gegenüber seiner Frau zu sein. Es wird ihm nicht schwerfallen, Meinungsverschiedenheiten aus dem Weg zu gehen. Die Beachtung und Würdigung der positiven Seiten seines Ehepartners wird den verbitterten Mann von seiner negativen Gewohnheit befreien. Sobald er sich zu einer positiven Geisteshaltung durchgerungen hat, wird sich nicht nur die Beziehung zu seiner Ehefrau, sondern auch die Beziehungen zu allen anderen Mitmenschen befriedigender gestalten. Sorgen Sie für innere Harmonie, und Sie werden mit sich und aller Welt in Frieden leben.

Der größte Fehler

Den größten Fehler begeht der, der seine Eheprobleme mit Bekannten und Verwandten erörtert. »Fritz gibt mir nie genug Geld. Er behandelt meine Mutter abscheulich, betrinkt sich regelmäßig und wird mir gegenüber immer ausfälliger und beleidigender.« – Wer kennt nicht eine Frau, die so oder ähnlich ihren Partner vor anderen Menschen beschimpft?

Besprechen Sie Eheprobleme nur mit erfahrenen Beratern und wirklich berufenen Personen! Warum wollen Sie, dass viele Menschen schlecht über Ihre Ehe denken? Ganz abgesehen davon, dass die Erörterung der Fehler und Schwächen des Partners die gleichen negativen Wesenszüge auch Ihrem eigenen Wesen einprägt. Denn wer spricht diese negativen Gedanken aus, wer denkt sie, wer fühlt sie? Sie sind es! Und wie man denkt und fühlt, so ist man auch.

Verwandte wissen meistens keinen guten Rat, da ihnen eine Ehekrise in der Regel persönlich nahegeht und sie von vornherein für die eine oder andere Partei voreingenommen sind. Denken Sie daran, dass auch in den besten Ehen gelegentliche Spannungen, Meinungsverschiedenheiten und Zeiten einer gewissen Entfremdung auftreten. Behalten Sie solche Streitigkeiten für sich und geben Sie Ihren Freunden und Bekannten niemals Einblick in die Schattenseiten Ihres Ehelebens. Vermeiden Sie es um jeden Preis, Ihren Ehepartner vor anderen zu kritisieren und herunterzusetzen.

Versuchen Sie nicht, Ihre Frau von Grund auf zu ändern!

Ein Ehemann, der seine Frau zu einer »zweiten Ausgabe« seiner selbst machen will, handelt unklug und setzt seine Ehe aufs Spiel. Die Frau wird den Versuch, sie von Grund auf zu ändern, als eine Vergewaltigung ihres Wesens empfinden. Das Verhalten des Mannes zerstört ihren Stolz, ihre Selbstachtung und motiviert Trotz. Kein Wunder also, dass dadurch die Ehe einer ernsten Belastungsprobe ausgesetzt wird.

Selbstverständlich ist es nötig, dass sich die Partner aufeinander einstellen. Wer aber ehrlich sich selbst hinterfragt, um seinen Charakter und sein eigenes Verhalten zu prüfen, wird dabei auf so viele Fehler und Schwächen stoßen, dass er sein Leben lang genug damit zu tun hat, zunächst bei sich selbst reinen Tisch zu machen. Wer sagt: »Ich möchte meinen Partner nach meinen eigenen Vorstellungen umgestalten«, bringt sich in Schwierigkeiten und seine Ehe in Gefahr. Es wird ihm kaum die harte Lehre erspart bleiben, dass jeder Mensch zuerst die Pflicht hat, sich selbst zu vervollkommnen.

Drei Schritte für eine glückliche Partnerschaft

Der erste Schritt: Legen Sie kleine Reibereien und Missstimmungen möglichst bald, am besten noch am gleichen Tag bei. Versäumen Sie niemals, Ihrem Ehegatten noch vor dem Schlafengehen aus vollem Herzen zu verzeihen. Bitten Sie sofort beim Erwachen, dass Ihr Unterbewusstsein Sie den ganzen Tag über in allen Dingen leiten möge. Denken Sie voller Liebe an Ihren Ehepartner, alle Familienmitglieder und die ganze Menschheit.

Der zweite Schritt: Beten Sie beim Frühstück vielleicht gemeinsam ein stilles Tischgebet. Danken Sie sowohl für die Speisen als auch für die vielen anderen Geschenke des Lebens. Vermeiden Sie es, sich bei Tisch über Probleme, Sorgen oder strittige Punkte zu unterhalten. Sagen Sie zu Ihrer Frau oder Ihrem Mann: »Ich bin dankbar für alles, was du für mich tust, und werde den ganzen Tag über in Liebe an dich denken.«

Der dritte Schritt: Mann und Frau sollten jeden Abend abwechselnd beten. Nehmen Sie die Anwesenheit Ihres Ehepartners nicht als eine Selbstverständlichkeit hin. Zeigen Sie ihm Ihre Liebe und Hochschätzung. Überlegen Sie, wie Sie Ihrem Partner eine Freude machen können, anstatt an ihm herumzunörgeln, ihn herunterzusetzen und zu kritisieren. Die sicherste Grundlage eines glücklichen Familien- und Ehelebens sind Liebe, Harmonie, gegenseitige Achtung und der Glaube an das Gute im Menschen. Lesen Sie vor dem Einschlafen spirituelle, inspirierende Werke über die vielen Religionen und Philosophien, die den Menschen von jeher eine Orientierung gegeben haben.

Wer sich an diese Regeln hält, wird sehen, dass sich seine Ehe von Jahr zu Jahr liebevoller gestaltet.

Leitgedanken

1. Die Unkenntnis der geistig-seelischen Gesetze ist die Ursache aller unglücklichen Paarbeziehungen. Wer gemeinsam betet, wird zusammenbleiben.
2. Scheidungen verhindert man am besten schon vor der Eheschließung. Wer richtig beten lernt, wird auch den geeigneten Partner finden.
3. Die Partnerschaft vereint Mann und Frau durch Liebe. Einigkeit und Gemeinsamkeit ist ihre Bestimmung und ihr Glück.
4. Die Ehe ist nicht an sich schon eine Quelle des Glücks. Erst im Bewusstsein der Lebensprinzipien und der geistigen Werte können Mann und Frau einander Glück und Freude schenken.

5. Den geeigneten Lebenspartner findet man durch Meditation über die erwünschten Eigenschaften und Wesenszüge. Das Unterbewusstsein führt die Partner zusammen.
6. Das Ihrem Geist vorgestellte Ebenbild des idealen Lebenspartners wandelt auch Ihr eigenes Wesen. Wer einen ehrlichen, aufrichtigen und liebevollen Lebensgefährten finden will, muss selbst ehrlich, aufrichtig und liebevoll sein.
7. Man sollte aus seinen Fehlern lernen und nicht auf ihnen beharren. Wer fest davon überzeugt ist, seinen Idealpartner zu finden, der wird ihm begegnen.
8. Machen Sie sich keine Gedanken darüber, wie, wann oder wo Sie den ersehnten Partner oder die ersehnte Partnerin finden werden. Vertrauen Sie Ihrem Unterbewusstsein. Es kennt alle Mittel und Wege.
9. Wer seinem Partner mit Nörgelei, Böswilligkeit und Ablehnung begegnet, ist geistig bereits von ihm geschieden. Halten Sie, was Sie mit Ihrem Ehegelöbnis versprachen: Ihren Ehepartner alle Tage Ihres Lebens zu lieben, zu achten und zu umsorgen.
10. Geben Sie sich in Bezug auf Ihren Partner keinen negativen Vorstellungen hin. Strahlen Sie Liebe, Frieden, Harmonie und guten Willen aus, und Ihre Partnerschaft wird von Jahr zu Jahr schöner und glücklicher werden.
11. Gedenken Sie einander in Liebe, Frieden und gutem Willen. Ihre Ausstrahlung auf das Unterbewusstsein schafft Vertrauen, Zuneigung und Achtung.
12. Wenn Ihre Frau beziehungsweise Ihr Mann zu Kritiksucht neigt – versuchen Sie Ihrer Aufmerksamkeit und Wertschätzung Ausdruck zu geben. Meistens sehnt sie oder er sich nach mehr Liebe und Wärme. Heben Sie also die vielen guten Wesenszüge Ihres Partners hervor und zeigen Sie ihm, dass Sie ihn lieben und schätzen.
13. Wer seinen Lebenspartner liebt, wird ihn weder in Worten noch in Taten verletzen. Liebe ist, was Liebe tut.

14. Lassen Sie sich in Beziehungsfragen grundsätzlich nur von berufenen Menschen beraten. Sie würden ja auch nicht zu einem Tischler gehen, um sich einen Zahn ziehen zu lassen. Ebenso ungeeignet ist bei partnerschaftlichen Problemen der Rat von Verwandten oder Freunden.
15. Versuchen Sie niemals, Ihre Frau oder Ihren Mann von Grund auf zu ändern. Solche Versuche schlagen immer fehl und sind eine Gefahr für Ihre Beziehung. Sie sind höchstens geeignet, den Stolz und das Selbstgefühl des Partners zu zerstören und den Geist des Widerspruchs zu wecken.
16. Beten Sie gemeinsam, und Sie werden zusammenbleiben. Das wirksame Gebet löst alle Probleme. Stellen Sie sich im Geist Ihre Frau so fröhlich, glücklich, gesund und schön vor, wie sie sein soll. Sehen Sie Ihren Mann so, wie er Ihrem Ideal entspricht: stark, zuverlässig, liebevoll, ausgeglichen und gütig. Machen Sie sich diese Gedanken und Vorstellungen zur Gewohnheit, und Sie werden die Erfahrung machen, dass Partnerschaften nicht nur »im Himmel geschlossen« sind, sondern auch der »Himmel auf Erden« sein können.

Beten Sie jeden Abend gemeinsam, dann werden Sie zusammenbleiben. Tragen Sie nie Ihren Ärger oder Enttäuschungen bis zum nächsten Tag mit sich herum. Vergeben Sie sich gegenseitig sämtliche Unstimmigkeiten, bevor Sie abends zu Bett gehen. Wenn Sie morgens aufwachen, sagen Sie sich, dass Sie stets von der göttlichen Intelligenz geführt werden. Strahlen Sie Liebe, Frieden und Harmonie aus und denken Sie an Gott und Seine Liebe. Sagen Sie: »Ich danke Dir, Vater, für all die Wohltaten dieses Tages.«

Kapitel 15

Das Unterbewusstsein und Ihr Glück

Beginnen Sie jeden Tag mit der Aussage: »Das Glück wird mir widerfahren. Ich habe absolutes Vertrauen in diese Macht.«

William James, der Vater der amerikanischen Psychologie, sagte einmal, die größten Entdeckungen des 19. Jahrhunderts seien nicht auf dem Gebiet der Naturwissenschaften gemacht worden. Die umwälzendste Erkenntnis sei vielmehr die der ungeheuren Macht gewesen, die das geleitete Unterbewusstsein entfalten kann.

Wahres und dauerhaftes Glück wird an jenem Tag in Ihr Leben treten, an dem Sie klar erkennen, dass Sie mithilfe Ihres Unterbewusstseins jede Ihrer Schwächen besiegen und alle Ihre Probleme lösen können, dass es den Körper heilt und Ihre kühnsten Träume von Glück und Erfolg bei Weitem übertrifft.

Vielleicht glaubten Sie, den Augenblick Ihres größten Glücks zu erleben, als Sie Ihr Abschlussexamen ablegten oder einen ersten Preis gewannen, als Sie sich verheirateten oder als Ihr erstes Kind geboren wurde. Ich könnte noch vieles nennen, was Menschen freut. Doch so unvergleichlich solche Erlebnisse auch sind, sie schenken nicht das wahre, dauernde Glück – denn sie sind vergänglich.

Die einzig wirklich gültige Antwort finden wir in der Bibel, im Buch der Sprüche, wo es heißt: »*Glücklich ist, wer dem Herrn vertraut.*« Sobald Sie sich uneingeschränkt und in allen Dingen der Führung Ihres Unterbewusstseins anvertrauen, werden Sie allen Problemen des Lebens gelassen begegnen. Erfüllt von Liebe, Frieden und Zuversicht werden Sie die sichere Grundlage für ein Glück schaffen, das Sie alle Tage Ihres Lebens begleiten wird.

Sie müssen das Glück wählen!

Glück ist eine Frage der geistigen Einstellung. Wie das Bibelwort sagt: »*Erwählet euch an diesem Tage den, dem ihr dienen wollt*«, steht es Ihnen frei, das Glück zu wählen. Das klingt überraschend einfach – und ist es auch. Vielleicht scheitern viele Leute aus ebendiesem Grund bei ihrer Suche nach dem Glück, denn sie können einfach nicht glauben, dass es so leicht zu finden ist. Doch alle großen Dinge des Lebens sind einfach, dynamisch und schöpferisch; sie alle schaffen Wohlbefinden und Glück.

Der Apostel Paulus erklärt mit den folgenden Worten, wie man sich in ein Leben voll dynamischer Kraft und Glückseligkeit hineindenken kann: »*Im Übrigen, Brüder, was wahr ist, was ehrbar ist, was gerecht, was rein, was liebenswert, was entsprechend ist, was es an Tugend und löblichen Dingen gibt, darauf richtet euren Sinn!*« (Philipper 4,8)

Wie man das Glück erwählt

Lernen Sie noch heute, sich für das Glück zu entscheiden. Die Methode ist denkbar einfach. Sobald Sie am Morgen die Augen öffnen, sagen Sie zu sich: »Der göttliche Wille ordnet mein Leben. Alles wendet sich heute zu meinem Besten. Heute beginnt ein neuer und wunderschöner Tag, glücklicher als jeder zuvor. Die göttliche Weisheit lenkt mich auf meinem Weg, und der göttliche Segen ruht auf allem, was ich heute beginne. Die göttliche Liebe umgibt und beschützt mich. Sobald meine Gedanken von dem abzuschweifen beginnen, was gut und konstruktiv ist, werde ich mich sofort zur Ordnung rufen und mich wiederum ausschließlich auf das Schöne und Gute konzentrieren. Ich bin ein geistiger und seelischer Magnet, der Glück und Segen an sich zieht. Alle meine heutigen Unternehmungen werden sich zu außerordentlichen Erfolgen entwickeln. Ich werde den ganzen Tag über uneingeschränkt glücklich sein.«

Beginnen Sie jeden Tag auf diese Weise, dann werden Glück und Freude Sie begleiten.

So wird das Glück zur Gewohnheit

Vor mehreren Jahren verbrachte ich etwa eine Woche in einem Bauernhaus in Connemara an der Westküste Irlands. Jeden Tag sang und pfiff der Bauer vor sich hin und war strahlendster Laune. Als ich ihn nach dem Grund seiner Zufriedenheit fragte, antwortete er: »Ich bin es gewöhnt, glücklich zu sein. Jeden Morgen, wenn ich erwache, und jeden Abend, ehe ich die Augen schließe, segne ich meine Familie, die Äcker, die Felder und das Vieh und danke Gott für die reiche Ernte.«

40 Jahre lang hatte er sich dies zur täglichen Gewohnheit gemacht. Dieser einfache irische Bauer hatte das auf der Funk-

tion des Unterbewusstseins beruhende Geheimnis entdeckt, dass Glück nichts anderes ist als Gewohnheit und die Folge positiven Denkens.

Sie müssen sich ehrlich wünschen, glücklich zu sein

Wer das Glück sucht, muss eine wichtige Vorbedingung erfüllen: Er muss es von ganzem Herzen wünschen. Manche Menschen waren so lange niedergeschlagen und traurig, dass sie bei einer plötzlichen guten und freudigen Nachricht, anstatt glücklich zu sein, genauso wie jene Frau reagieren, die einmal zu mir sagte: »Es ist sündhaft, so glücklich zu sein!« Menschen, die so reagieren, haben sich so sehr an ihre negativen Denkmuster gewöhnt, dass sie mit dem Glück nichts mehr anzufangen wissen! So unglaublich es klingt, sie sehnen sich direkt nach ihrer lieb gewonnenen Depression.

In England kannte ich einmal eine Frau, die schon seit vielen Jahren an Rheumatismus litt. Sie pflegte ihr Knie zu tätscheln und zu sagen: »Heute ist mein Rheuma aber wieder schlimm! Ich kann keinen Schritt vors Haus tun. Ach, was habe ich doch unter diesem Rheumatismus zu leiden!«

Die ständigen Klagen der alten Dame erregten das Mitleid ihres Sohnes, ihrer Tochter und der Nachbarn, sodass sie von allen Seiten mit Aufmerksamkeiten überschüttet wurde. Deshalb war ihr der Rheumatismus eigentlich höchst willkommen. Sie kostete ihre »Leiden« sichtlich aus. Im Grunde genommen wollte diese Frau gar nicht gesund sein.

Ich schlug ihr eine sicher wirkende Heilmethode vor. Ich schrieb ihr einige Bibelverse auf und sagte ihr, eine entsprechende Konzentration auf diese Wahrheiten würde zweifellos ihre geistige Einstellung ändern, ihre Lebenslust von Neuem erwecken und Heilung bringen. Sie zeigte aber nicht das geringste Interesse. Viele Menschen haben einen sonderbaren und krankhaften Hang zur Selbstzerfleischung und Selbstbemitleidung. Elend und Traurigkeit sind ihre liebsten Begleiter.

Warum das Glück wählen?

Nicht wenige Leute stehen ihrem Glück selbst im Weg, weil sie etwa folgenden Gedanken nachhängen:

- Heute ist ein schwarzer Tag; alles wird schiefgehen!
- Heute gelingt mir ja doch wieder nichts!
- Jeder ist gegen mich!
- Das Geschäft geht immer schlechter!
- Ich komme immer zu spät!
- Ich bin eben ein Pechvogel!
- Er kann sich alles leisten und ich nichts!

Wer seinen Tag mit solchen Gedanken beginnt, der kann kein Glück haben und muss unglücklich sein. Mark Aurel, der römische Kaiser, Philosoph und Weise, sagte: »Die Gedanken sind es, die das Leben des Menschen glücklich oder unglücklich gestalten.« Der große amerikanische Philosoph Ralph Waldo Emerson drückte sich so aus: »Der Mensch ist, was er den ganzen Tag über denkt.« Denkmuster bewirken also, wie wir bereits aus anderen Zusammenhängen wissen, die ihnen entsprechenden Ergebnisse und bestimmen so die Geschehnisse.

Vermeiden Sie deshalb um jeden Preis negative Gedanken und ebenso alle mutlosen und depressiven Stimmungen. Rufen Sie sich immer wieder ins Gedächtnis, dass Ihnen nichts widerfahren kann, was nicht in Ihrem eigenen Geist seinen Ursprung genommen hat.

Wenn ich eine Million besäße …

In psychiatrischen Heilanstalten habe ich immer wieder Menschen angetroffen, die – obwohl sie vermögend waren – behaupteten, völlig verarmt zu sein. Sie waren aufgrund psychotischer, paranoider oder manisch-depressiver Leiden eingewiesen worden. Reichtum allein macht nicht glücklich. Andererseits aber ist es keineswegs so, dass Reichtum mit Glück unvereinbar ist. Viele versuchen heutzutage, indem sie teure Reisen machen oder Computer, Fernsehgeräte, Autos, ein Haus, einen Landsitz, eine Jacht oder einen Swimmingpool kaufen, ihr Glück zu finden. Aber das sind nur Ersatzbefriedigungen; das Glück ist nicht käuflich.

Nur aus der richtigen Geisteshaltung erwächst das Glück. Viele Menschen legen ihr Glücksstreben rein äußerlich fest: »Wenn ich zum Bürgermeister gewählt würde, dann wäre ich glücklich!«

Sind Sie aber, wenn Sie dann wirklich Bürgermeister, Geschäftsführer, Generaldirektor sind, tatsächlich glücklicher? Glück ist ein geistiger und seelischer Zustand. Stärke, Freude und Glück bestehen darin, das dem Unterbewusstsein innewohnende dynamische Gesetz der kosmischen Ordnung und des richtigen Handelns zu entdecken und in allen Lebensbereichen zu verwirklichen.

Das Fundament des Glücks: innere Ruhe

Als ich einmal in San Francisco eine Vortragsreihe hielt, sprach mich ein Mann an, der äußerst unglücklich über den Gang seiner Geschäfte war. Er war Prokurist und lehnte sich innerlich gegen den Geschäftsführer und dessen Stellvertreter auf. Er behauptete, die beiden legten ihm alle möglichen Hindernisse in den Weg. Diese innere Abneigung beeinträchtigte seine Leistung und den Geschäftsgang, und er erhielt weder Leistungsprämien noch Gewinnanteile.

Er löste sein berufliches Problem mit der uns bekannten Methode. Er gewöhnte sich an, gleich beim Aufwachen voll Vertrauen festzustellen: »Alle meine Mitarbeiter und Vorgesetzten sind aufrichtig, hilfsbereit, loyal und guten Willens allen anderen gegenüber. Sie bilden die wichtigen geistigen Glieder einer Kette, die zum Wachstum, Wohlergehen und Erfolg dieses Unternehmens beiträgt. In meinen Gedanken, Worten und Taten bekunde ich gegenüber meinen Vorgesetzten und den Mitarbeitern Liebe, Verständnisbereitschaft und guten Willen. Auch die Geschäftsleitung wird von der göttlichen Weisheit gelenkt. Die allumfassende Einsicht meines Unterbewusstseins inspiriert alle meine Entscheidungen. Unsere sämtlichen geschäftlichen Transaktionen und menschlichen Beziehungen sind geprägt durch das Bestreben, das Richtige zu tun. Meinem Gang ins Büro sende ich bereits Gedanken des Friedens, der Liebe und des guten Willens voran. Ausgeglichenheit und Verständnisbereitschaft walten – wie in mir – in allen dort Beschäftigten. Voller Vertrauen und zuversichtlichem Glauben an das Gute beginne ich diesen neuen Tag!«

Der Prokurist wiederholte diese wohlüberlegte Meditation an jedem Morgen dreimal. Sobald sich tagsüber sorgenvolle und ärgerliche Gedanken regten, sagte er zu sich: »Friede, Harmonie und Ausgeglichenheit herrschen den ganzen Tag über in meinem Herzen und in meinem Geist!«

Nachdem er sich einige Zeit lang dieser geistigen Disziplin unterworfen hatte, blieben seine früheren negativen Gedanken aus, und nichts mehr vermochte seine auf innerem Frieden beruhende Seelenruhe zu beeinträchtigen. Diese neue verinnerlichte Einstellung zog Gewinn nach sich. Wie er mir schrieb, riefen ihn nämlich nach einiger Zeit die beiden Geschäftsführer zu sich und sprachen ihm ihre Anerkennung für seine Arbeit und seine neuen konstruktiven Vorschläge aus. Sie hatten in ihm einen fähigen Mitarbeiter erkannt, er aber hatte entdeckt, dass der Mensch sein Glück nur in sich selbst finden kann.

Die Blockade entsteht im Geist

Vor einigen Jahren las ich in der Zeitung von einem Pferd, das beim Anblick eines Baumstumpfes am Straßenrand plötzlich scheute. Dies wiederholte sich von da an jedes Mal, wenn es daran vorbeimusste. Daraufhin grub der Bauer den alten Baumstumpf aus, verbrannte ihn und ebnete den Boden ein. Doch noch 25 Jahre später scheute das Pferd jedes Mal, wenn es an diese Stelle kam. Seine Reaktion wurde also ausschließlich durch die Erinnerung ausgelöst.

Auch auf dem Weg zu Ihrem Glück befinden sich keine Hindernisse außer denen, die Sie in Ihrer eigenen Denk- und Vorstellungswelt errichten. Werden Sie durch Furcht oder Sorgen geschreckt? Furcht ist nur ein Gedanke. Doch in diesem Augenblick können Sie alle Barrieren beseitigen, indem Sie an ihre Stelle den Glauben an Ihren Erfolg, Ihre Leistungsfähigkeit und Ihren Sieg über alle Probleme setzen.

Ich kannte einmal einen gescheiterten Geschäftsmann. Dieser sagte mir: »Ich habe Fehler gemacht, aus denen ich viel gelernt habe. Jetzt gründe ich ein neues Unternehmen, das ich mit großem Erfolg führen werde.« Er hatte den Mut gehabt, das Hindernis in seinem eigenen Geist ins Auge zu fassen. Er verschwendete keine Zeit auf unnütze Klagen, sondern »grub den Baumstumpf aus«: Er verbannte seine als abträglich erkannten Depressionen kraft unerschütterlichen Glaubens an seine innerlichen Kräfte. Gewinnen Sie Selbstvertrauen, und Sie werden Glück und Erfolg haben!

Die glücklichsten Menschen

Am glücklichsten ist, wer immer und überall sein Bestes gibt. Glück und Zufriedenheit sind untrennbar miteinander verbunden. Die besten Menschen sind nicht nur die glücklichsten, sondern die glücklichsten sind meist auch die besten in der Kunst, erfolgreich zu leben. Das Höchste und Beste in Ihnen ist Gott. Bringen Sie daher mehr von Gottes Liebe, Licht, Wahrheit und Schönheit zum Ausdruck, und Sie werden zu einem der glücklichsten Menschen der Welt.

Epiktet, der griechische Philosoph der stoischen Schule, sagte: »Nur ein Weg führt zum Glück und zu innerer Ruhe. Er besteht darin, niemals – sei es am frühen Morgen, wenn du erwachst, sei es den ganzen Tag über oder wenn spät sich der Schlaf auf deine Lider senkt – einen Gedanken auf Besitz und alle Äußerlichkeiten des Lebens zu verschwenden, sondern dies alles und sein ganzes Leben Gott anzuvertrauen.«

Leitgedanken

1. William James sagte, die größte Entdeckung des 19. Jahrhunderts sei die Erkenntnis der ungeheuren Macht des Unterbewusstseins gewesen.
2. In Ihnen wohnt eine unendliche Macht. Das Glück wird in Ihr Leben treten, sobald Sie lernen, auf diese inneren Kräfte zu vertrauen.

   Bald werden sich dann Ihre Träume verwirklichen.
3. Sie können siegreich jedes Problem, jede Schwäche überwinden und sich alle Wünsche erfüllen, indem Sie der Kraft, die Ihr Unterbewusstsein besitzt, vertrauen. Dies nämlich ist die Bedeutung des Bibelwortes »*Glücklich ist, wer dem Herrn vertraut*«.

4. Sie müssen sich für das Glück entscheiden. Glück ist eine Gewohnheit. Es ist empfehlenswert, sich dies immer wieder ins Gedächtnis zu rufen.
5. Sagen Sie beim Erwachen: »Heute entscheide ich mich für das Glück! Heute entscheide ich mich für den Erfolg! Heute entscheide ich mich für die richtige Handlungsweise! Heute entscheide ich mich für die Liebe und den guten Willen allen meinen Mitmenschen gegenüber! Heute entscheide ich mich für den Frieden!« Erfüllen Sie diese Entscheidungen mit Leben, Liebe und Interesse, und Sie haben das Glück gewählt!
6. Danken Sie mehrere Male am Tag für das Gute in Ihrem Leben. Beten Sie für das Glück und das Wohlergehen aller Mitglieder Ihrer Familie, Ihrer Kollegen und aller Menschen in der ganzen Welt.
7. Sie müssen sich das Glück ehrlich wünschen. Ohne echte Sehnsucht kommt nichts zustande. Die Sehnsucht ist ein Wunsch, der von Fantasie und Glaube beflügelt wird. Stellen Sie sich die Erfüllung Ihres Wunsches vor, glauben Sie an seine Verwirklichung, und er wird wahr werden. Das Glück, das Sie erfahren, sind erhörte Gebete.
8. Wer ständig an Furcht, Zorn, Hass und Misserfolg denkt, wird sich zutiefst niedergeschlagen und unglücklich fühlen. Denken Sie immer daran: Ihr Leben wird von Ihrem Denken gestaltet.
9. Man kann Glück mit allem Geld der Welt nicht erkaufen. Manche Millionäre sind sehr glücklich, andere sehr unglücklich. Viele Menschen mit geringen irdischen Besitztümern sind sehr glücklich, andere sehr unglücklich. Manche Verheiratete sind glücklich, andere sehr unglücklich. Manche Singles sind glücklich und andere wieder sehr unglücklich. Glück ist vielmehr das Ihre Gedanken und Gefühle leitende »Regime«.
10. Glück ist die Frucht innerer Ruhe. Konzentrieren Sie Ihr Denken auf Ausgeglichenheit, Sicherheit und göttliche Führung, und Ihr Geist wird zur Glücksquelle.

11. Es gibt kein Hindernis auf dem Weg zum Glück. Äußerlichkeiten vermögen nichts, sind niemals Ursache. Lassen Sie sich von dem Ihnen innewohnenden schöpferischen Prinzip leiten. Jeder Gedanke ist eine Ursache, und jede neue Ursache schafft eine neue Wirkung. Entscheiden Sie sich für das Glück.
12. Am glücklichsten ist, wer immer sein Bestes verwirklicht und gibt. Gott ist das Höchste und Beste in jedem Menschen, und das Reich Gottes ist in jedem von uns bereitet.

Denken Sie daran, dass Ihr Unterbewusstsein nicht handeln kann, wenn Ihr Geist nicht daran glaubt. Sie können das Glück nicht finden, wenn Sie daran zweifeln, dass Sie je dauerhaft glücklich sein werden.

Kapitel 16

Das Unterbewusstsein und Ihre Mitmenschen

Sie haben stets die Wahl. Erstellen Sie ein persönliches Inventar der Gedanken in Ihrem Geist und wählen Sie Gedanken der Gesundheit, des Glücks, des Friedens und des Reichtums aus, und Ihre Beziehungen werden Ihnen sagenhafte Gewinne bringen.

Im Laufe dieses Buches konnte ich Ihnen zeigen, dass das Unterbewusstsein eine Art Speicher ist, der alle Eindrücke festhält.

Aus diesem Grund sollten wir in unseren Beziehungen zu unseren Mitmenschen eines besonders beachten:

»Alles nun, was ihr wollt, dass euch die Menschen tun sollen, das tut ihnen auch!« (Matthäus 7,12)

Dieser Satz stellt nicht nur eine praktische Verhaltensregel dar, sondern hat eine tiefere Bedeutung. Dabei geht es um die Verbindung zwischen Ihrem Bewusstsein und Ihrem Unterbewusstsein.

- Wie Sie wollen, dass die Menschen über Sie denken, genau so sollten Sie über die anderen denken.
- Was Sie wollen, dass die Menschen für Sie fühlen, das sollten Sie für andere fühlen.
- Wie Sie wollen, dass die Menschen sich Ihnen gegenüber verhalten, so sollten Sie sich anderen gegenüber verhalten.

Vielleicht geben Sie sich einem Arbeitskollegen gegenüber in seiner Gegenwart freundlich und höflich, aber kaum ist er weg, sind Sie ihm gegenüber voreingenommen. Vermeiden Sie das um jeden Preis! Negative Gedanken schaden Ihnen selbst am meisten. Sie schädigen Ihr Denken, sodass Sie Ihre Lebenslust, Begeisterung, Kraft, innere Einsicht und Verständnisbereitschaft verlieren. Diese Gedanken und Gefühle sinken in Ihr Unterbewusstsein ab und führen – destruktiv, wie sie sind – Schwierigkeiten und Probleme herbei.

Der Schlüssel zu einer guten Beziehung

»Richtet nicht, damit ihr nicht gerichtet werdet. Denn mit dem Urteil, mit dem ihr richtet, werdet ihr gerichtet werden, und mit dem Maß, mit dem ihr messt, wird euch zugemessen werden.« (Matthäus 7,1 f.)

Wer diese Bibelstelle verstanden hat und sie in seinem Leben berücksichtigt, hat den richtigen Umgang mit seinen Mitmenschen gefunden.

Urteilen ist ein gedanklicher Prozess, der zu bestimmten Schlussfolgerungen hinsichtlich eines Menschen oder eines Umstands führt. Ihr Urteil über Ihre Umwelt ist die Leistung Ihres eigenen Denkens, weil Sie selbst das Urteil fällen. Gedanken besitzen jedoch eine dynamisch-schöpferische Kraft, die in Ihnen selbst alles das verwirklicht, was Sie über andere denken und fühlen. Ebenso beeinflusst alles, was Sie einem anderen suggerieren, Sie selbst.

Das sagt die Bibelstelle: »*Denn mit dem Urteil, mit dem ihr richtet, werdet ihr gerichtet werden.*« Wer mit diesem Prinzip und der Wirkungsweise des Unterbewusstseins vertraut ist, wird dafür sorgen, über seine Umwelt nur das Beste zu denken, zu fühlen und zu tun. Wenn Sie dieses Gesetz erst einmal verstanden haben und wissen, wie Ihr Unterbewusstsein arbeitet, werden Sie mit Ihren Gedanken, Gefühlen und Handlungen Ihren Mitmenschen gegenüber stets umsichtig sein, denn nur so denken, fühlen und handeln Sie sich selbst gegenüber umsichtig.

»*Und mit dem Maß, mit dem ihr messt, wird euch zugemessen werden.*« Wenn Sie Ihren Mitmenschen helfen, dann werden sie auch Sie unterstützen. Jemand, der andere betrügt oder täuscht, betrügt oder täuscht sich selbst. Seine Schuldgefühle und Verlustängste werden ihm früher oder später unwiederbringlich Verlust einbringen. Das Unterbewusstsein speichert alle mentalen Vorgänge und reagiert entsprechend Ihrer Absichten und Motivation.

Ihr Unterbewusstsein ist überpersönlich und unveränderlich. Es handelt ohne jede Rücksicht auf Person, Religion oder Stellung. Es kennt weder Mitleid noch Rache. Die Art und Weise, wie Sie Ihren Mitmenschen gegenüber denken, fühlen und handeln, bestimmt letztlich den Verlauf Ihres eigenen Lebens.

Die täglichen Schlagzeilen können krank machen

Beginnen Sie von nun an, sich selbst zu beobachten und Ihre Reaktionen auf Menschen, Umstände und Tatsachen zu prüfen. Welchen Eindruck hinterlassen die Ereignisse und Neuigkeiten des Tages auf Sie? Es ist völlig gleichgültig, ob Ihre Ansichten berechtigt sind oder nicht. Falls eine Nachricht Sie erregt, so sollten Sie sie schon allein deshalb ablehnen, um Ihren inneren Frieden und das Gleichgewicht nicht zu stören.

Eine Dame schrieb mir einmal, ihr Mann gerate regelmäßig in Zorn, wenn er in der Tageszeitung die Schlagzeilen und die Artikel eines bestimmten Journalisten lese. Sie fügte hinzu, dieser dauernde Ärger und die jeweils nur mühsam unterdrückte Wut hätten bei ihrem Mann zu Magengeschwüren geführt, sodass der Hausarzt dringend eine psychotherapeutische Behandlung empfohlen habe. Ich bat den Mann, mich aufzusuchen, setzte ihm die Wirkungsweise des menschlichen Geistes auseinander und zeigte ihm, wie unreif es sei, sich über von seiner Meinung abweichende Zeitungsartikel so zu erregen.

Bald sah er ein, dass er einem Journalisten die Freiheit zugestehen müsse, seine Meinung auszudrücken, auch wenn diese im Widerspruch zu seinen eigenen Ansichten stehe. Schließlich räume ihm ja die Zeitungsredaktion ebenso selbstverständlich die Freiheit ein, in einem Leserbrief eine Gegendarstellung zu verfassen. Mein Patient musste lernen, dass man anderer Meinung sein kann, ohne deshalb ausfallend zu werden. Schließlich verstand er die grundlegende und einfache Wahrheit, dass für ihn nicht die Worte oder Taten anderer wichtig sind, sondern ausschließlich seine eigene Reaktion.

Dank dieser Einsicht war mein Patient geheilt, und bald gehörten seine morgendlichen Tobsuchtsanfälle der Vergangenheit an. Später erzählte mir seine Frau, er nehme jetzt die Artikel mit Humor hin und lächle jetzt über seine früheren Wutanfälle. Der zuvor so verhasste Journalist konnte ihn nicht mehr reizen. Kurz nachdem mein Patient sein inneres Gleichgewicht wiedergefunden hatte, verschwanden auch seine Magengeschwüre.

»Ich mag Frauen nicht, mir sind nur Männer sympathisch«

Eine Sekretärin stand mit einigen ihrer Arbeitskolleginnen auf Kriegsfuß, da diese ständig über sie klatschten und angeblich Lügen verbreiteten. Sie gab mir gegenüber offen zu, dass sie Frauen nicht leiden könne. Ihre eigenen Worte waren: »Ich mag Frauen nicht, mir sind nur Männer sympathisch.« Ich bemerkte, dass sie gegenüber ihren Mitarbeiterinnen einen sehr hochmütigen, dominanten und gereizten Ton anschlug. Sie rechtfertigte diese Verhaltensweise damit, dass ihre Mitarbeiterinnen ihr das Leben schwer machten. Allerdings hatte sie eine Art an sich, die geeignet war, ihre Umgebung gegen sie aufzubringen. Falls Ihnen Ihre Arbeitskolleginnen und -kollegen auf die Nerven gehen, wäre es da nicht möglich, dass die Spannungen von Ihnen selbst ausgehen, durch eine unterbewusste Ablehnung?

Manche Tiere, insbesondere Hunde, haben eine feine Witterung für feindlich gesinnte Menschen und reagieren mit Gereiztheit. Auch viele Menschen besitzen eine Art sechsten Sinn für seelische Schwingungen dieser Art.

Ich empfahl der Sekretärin, es mit dem wirksamen Gebet zu versuchen. Außerdem erklärte ich ihr, die Erkenntnis und Anwendung der grundlegenden Prinzipien des Lebens würden sehr bald ihr Wesen, ihre Sprechgewohnheiten und andere Verhaltensweisen ändern und ihre Abneigung gegenüber Frauen verschwinden lassen. Sie war überrascht zu hören, dass sich Hass in den Worten, Handlungen, Schriftzügen und anderen Lebensäußerungen eines Menschen verrät. Sie arbeitete eine Gebetsübung aus, der sie sich regelmäßig und systematisch unterzog.

Ihr Gebet lautete: »Ich denke, spreche und handle voller Liebe, Ruhe und Ausgeglichenheit. Von nun an begegne ich allen

Mitarbeiterinnen, die mich kritisieren und über mich klatschen, mit Sympathie, Verständnisbereitschaft und Güte. Mein Denken konzentriert sich ausschließlich auf innere und äußere Ausgeglichenheit, auf Verständnisbereitschaft und Eintracht. Sobald ich mich zu einer negativen Reaktion versucht fühle, rufe ich mich zur Ordnung – nach dem Grundsatz ›Ich werde immer und überall auf der Grundlage des mir innewohnenden Prinzips der Harmonie, der Gesundheit und des Friedens denken, sprechen und handeln‹. Mein Unterbewusstsein führt und leitet mich.«

Nachdem sie sich dieses Gebet zur täglichen Gewohnheit gemacht hatte, veränderte sich ihr Leben von Grund auf, und die Reibereien hörten auf. Ihre früheren »Untergebenen« wurden zu echten Mitarbeitern und Freundinnen. Das verdankte sie der Entdeckung, dass man nur sich selbst ändern kann.

Der innere Monolog verhinderte die Beförderung

Eines Tages suchte mich ein Vertreter auf und erzählte mir von seinen Schwierigkeiten mit dem Leiter der Verkaufsabteilung. Obwohl er schon zehn Jahre lang für das Unternehmen tätig war, sei er nie befördert worden, außerdem werde seine Arbeit kaum gewürdigt. Anhand seiner Verkaufsziffern zeigte er mir, dass er vergleichsweise mehr Abschlüsse getätigt hatte als mehrere seiner Kollegen. Er war davon überzeugt, der Verkaufsleiter habe etwas gegen ihn, er werde ungerecht behandelt, sein Vorgesetzter lehne von ihm kommende Vorschläge grundsätzlich ab und mache sich bei Meetings höchstens darüber lustig.

Ich erklärte ihm, dass ein Teil der Schuld bei ihm selbst liege und das Verhalten des Verkaufsleiters nichts anderes sei als die unbewusste Reaktion auf die negative Einstellung seines Mitarbeiters. In der Einschätzung meines Besuchers war der Verkaufsleiter ein engstirniger und streitsüchtiger Mensch, den er einfach nicht mochte. Schon auf dem Weg zur Arbeit dachte sich der Vertreter in Wut, indem er den Verkaufsleiter innerlich beschimpfte.

Die verheerende Auswirkung dieser negativen Einstellung ließ nicht lange auf sich warten. Der Vertreter war sich nicht bewusst, dass sein innerer Monolog und seine starke Abneigung sich seinem Unterbewusstsein einprägten und somit zur Ursache nicht nur der feindseligen Einstellung seines Vorgesetzten wurden, sondern auch bei ihm selbst verschiedene körperliche und emotionale Störungen verursachten.

Er machte sich folgendes Gebet zur täglichen Gewohnheit: »Ich schaffe meine eigene Welt. Ich allein entscheide und bin dafür verantwortlich, was ich über meinen Vorgesetzten denke. Ich kann dem Verkaufsleiter nicht meine eigenen Denkmuster zum Vorwurf machen. Hiermit spreche ich jedem Menschen, jedem Ort, jedem Ding, jedem Umstand das Recht und die Macht ab, mich irgendwie innerlich zu treffen. Ich wünsche meinem Vorgesetzten Gesundheit, Erfolg, Zufriedenheit und Glück. Ich wünsche ihm alles Gute.«

Ich riet ihm, sich seinen Geist als Garten vorzustellen, in dem jeder Samen entsprechende Früchte entwickelt, und empfahl ihm, vor dem Einschlafen in seiner Fantasie wie in einem Film zu sehen, wie der Leiter der Verkaufsabteilung ihm mit herzlichen Worten zu seinen hervorragenden Leistungen, seinem Engagement und der außerordentlich guten Zusammenarbeit mit den Kunden gratuliert. – Diese Szene visualisierte der Vertreter so stark, dass er den Handschlag zu spüren, die Stimme seines Gegenübers zu hören und sein Lächeln zu sehen meinte. Nacht für Nacht ließ er diesen Film vor seinem geistigen Auge ablaufen.

Aufgrund der Veränderungen, die in seinem Unterbewusstsein wirkten, wurde aus der Vision Wirklichkeit. Eines Tages rief ihn sein Vorgesetzter zu sich, sprach ihm seine Anerkennung aus und beförderte ihn gleichzeitig unter bedeutender Aufbesserung seines Gehalts zum Abteilungsleiter, dem mehr als 100 Mitarbeiter unterstellt waren. Die veränderte innere Einstellung zu seinem Chef hatte auch bei Letzterem einen entsprechenden Gesinnungswandel bewirkt.

Geben Sie niemandem auf der Welt die Macht, Sie von Ihrem Lebensziel abzuhalten, das darin besteht, Ihren versteckten Begabungen Ausdruck zu verleihen, im Dienste der Menschheit zu stehen und allen Menschen auf der Welt nach und nach die Weisheit Gottes, die Wahrheit und die Schönheit zu offenbaren.

Liebe ist der Schlüssel zu einer guten Beziehung mit Ihren Mitmenschen. Liebe bedeutet Verständnis, Wohlwollen und Respekt vor der Göttlichkeit des anderen.

Der Weg zur emotionalen Reife

Die Worte oder Handlungen eines anderen besitzen – außer in dem von Ihnen selbst zugestandenen Maß – keine Macht, Sie zu treffen oder zu reizen. Für jede negative Reaktion ist ausschließlich Ihre eigene Denkweise verantwortlich. Wer sich ärgert, muss die folgenden Stadien durchlaufen: Man denkt über das Gehörte nach. Man sieht Anlass zum Ärger und versetzt sich selbst in Wut. Die Wut drängt zum Handeln, und man entscheidet sich, es dem Gegner heimzuzahlen. Alle diese Vorgänge nehmen ihren Ursprung ausschließlich in Ihrem eigenen Geist.

Ein emotional gereifter Mensch reagiert auf Kritik oder Angriffe nie negativ. Wer sich hinreißen lässt, mit gleicher Münze heimzuzahlen, sinkt ganz automatisch auf die seelisch-geistige Stufe seines Gegners herab. Verlieren Sie nie Ihr Lebensziel aus den Augen und gestatten Sie es keinem Menschen, Sie so zu beeinflussen, dass Sie Ihre Ausgeglichenheit verlieren.

Die Bedeutung der Liebe

Sigmund Freud, der Begründer der Psychoanalyse, sagte, dass die menschliche Persönlichkeit ohne Liebe verkümmert und abstirbt. Zur Liebe gehören Verständnis, Offenheit und Achtung für die Persönlichkeit unserer Mitmenschen. Je mehr Liebe und guten Willen Sie ausstrahlen, umso mehr erleben Sie dies auch von anderen.

Wer die Selbstachtung eines anderen verletzt, wird ihn niemals zum Freund gewinnen. Vergessen Sie nie, dass jeder Mensch geliebt, geschätzt und geachtet werden will. Denken Sie immer daran, dass sich Ihr Gegenüber seines wahren Wertes bewusst ist. Wer seine Mitmenschen aus diesem Blickwinkel betrachtet und behandelt, wird dessen Selbstbewusstsein stärken und mit Liebe und gutem Willen belohnt werden.

Er hasste das Publikum

Ein Schauspieler erzählte mir einmal, das Publikum habe ihn bei seinem ersten Auftritt ausgepfiffen. Er fügte hinzu, dass es sich um ein schlechtes Stück gehandelt und auch er selbst seine Rolle nicht besonders gut gespielt habe. Er gestand offen ein, das Theaterpublikum sei ihm noch nach Monaten verhasst gewesen – eine Ansammlung von Dummköpfen, Ignoranten,

Besserwissern und Banausen. Völlig angewidert gab er seine Bühnenlaufbahn auf und arbeitete ein Jahr lang als Verkäufer.

Eines Tages lud ihn ein Freund ein, einen Vortrag zum Thema »Wie man sich mit sich selbst verträgt« zu besuchen. Was er dort hörte, gab seinem Leben eine neue Richtung. Er wandte sich wieder der Bühne zu und begann, für sich und seine Zuhörer zu beten. Jeden Abend vor seinem Auftritt dachte er an das Publikum voll Liebe und gutem Willen. Damit schlug er von der Bühne herab seine Zuschauer in Bann, und seine Ausstrahlung löste ein entsprechendes Echo aus. Heute ist er ein großer Schauspieler, der die Menschen liebt und achtet. Seine positive Einstellung teilte sich den anderen mit und wird von ihnen erwidert.

Wie man schwierige Menschen behandelt

Leider gibt es viele schwierige Menschen, die eine eigenartige Einstellung zum Leben haben. Mangelnde Hilfsbereitschaft, Unfreundlichkeit, Streitsucht oder Verbitterung sind Anzeichen einer seelischen Erkrankung. Psychische Schäden dieser Art gehen oft auf traumatische Kindheitserlebnisse zurück, andere sind ererbt oder später entstanden. Kein vernünftiger Mensch würde einem anderen vorwerfen, an Tuberkulose zu leiden. Ebenso unangebracht ist es, einen geistig oder seelisch Kranken zu verachten oder zu verurteilen. Man muss ihnen mit Mitleid und Verständnisbereitschaft begegnen.

Das Unglück liebt Gesellschaft

Wer von Hass, Neid oder anderen negativen Gefühlen beherrscht ist, ist seelisch krank und steht im Widerspruch zur Harmonie des Universums. Besonders glückliche und fröhliche Menschen werden ihm unangenehm sein. Oft kritisiert so ein Mensch jene, denen er Gutes verdankt. Die Grundeinstellung ist verkehrt. Warum – sagt sich so ein Unglücklicher – sollen die anderen glücklich sein, wenn es mir selbst schlecht geht? Er würde am liebsten alle ihm gleichmachen. Unglück liebt Gesellschaft. Sobald Sie sich dies bewusst machen, wird es Ihnen leichtfallen, eine solche Einstellung zu vermeiden und eventuellen Angriffen dieser Art mit Ruhe zu begegnen.

Die Bedeutung des Einfühlungsvermögens

Einst besuchte mich eine junge Frau, die mir erzählte, sie habe einmal eine Kollegin geradezu gehasst, weil jene nicht nur hübscher, glücklicher und reicher als sie gewesen sei, sondern auch noch mit dem Chef verheiratet war. Eines Tages aber – so fuhr sie fort – sei das Töchterchen der Rivalin im Büro erschienen. Das Kind stammte aus deren erster Ehe und war sehbehindert. Dieses Mädchen umarmte seine Mutter und sagte: »Mutti, Mutti, ich liebe meinen neuen Vati! Schau nur, was er mir gegeben hat!« Dabei zeigte es glücklich ein neues Spielzeug.

Meine Besucherin fuhr fort: »Plötzlich öffnete sich mein Herz für das kleine Mädchen mit den strahlenden Augen. Ich versetzte mich in die Lage der anderen Frau und verstand, wie glücklich sie sein musste. Ich ging zu ihr hinüber und wünschte ihr mit ehrlicher Zuneigung alles Gute.«

Was die junge Dame an den Tag legte, nennen die Psychologen Empathie oder Einfühlungsvermögen; das ist die Fähigkeit, sich an die Stelle eines anderen versetzen zu können. Die junge Frau hatte versucht, die Lage aus dem Blickwinkel der unmittelbar Beteiligten zu sehen. So war es ihr gelungen, sich nicht nur mit dem Denken und Fühlen der anderen Frau, sondern auch mit dem des Kindes zu identifizieren.

Sobald Sie beginnen, schlecht von einem Mitmenschen zu denken oder ihn zu verletzen, überprüfen Sie Ihr Verhalten und versetzen Sie sich an seine Stelle.

Nachgiebigkeit lohnt sich nicht

Erlauben Sie niemandem, Sie auszunutzen oder zu manipulieren mit Zornesausbrüchen, Weinkrämpfen oder angeblichen Herzanfällen. Menschen dieser Art sind Tyrannen. Weigern Sie sich freundlich, aber entschieden, nachzugeben. Nachgiebigkeit lohnt sich nicht. Geben Sie sich nicht dazu her, den Egoismus und die Unkontrolliertheit solcher Menschen zu unterstützen. Sie sind auf diese Welt gekommen, um sich selbst zu verwirklichen und ein gutes, glückliches Leben zu führen. Räumen Sie keinem Menschen das Recht ein, Sie von Ihren Zielen abzubringen. Bleiben Sie Ihrem Ideal treu. Halten Sie sich immer vor Augen, dass alles, was Ihrem Glück und Ihrer Selbstverwirklichung dient, auch dem Allgemeinwohl nützt. Die Harmonie des Teils ist die Harmonie des Ganzen, denn das Ganze ist im Teil gegenwärtig und der Teil im Ganzen.

Leitgedanken

1. Ihr Unterbewusstsein gleicht einem Speicher, der Ihre Gedanken aufzeichnet und festhält. Denken Sie positiv von Ihrem Nächsten, und Sie denken dadurch letztlich positiv von sich selbst.
2. Jeder hass- oder neiderfüllte Gedanke ist geistiges Gift. Denken Sie nichts Negatives von Ihrem Nächsten, denn sonst fällt das auf Sie zurück. Sie schaffen Ihre eigene Welt, und dynamisch entfalten Ihre Gedanken ihre schöpferische Kraft.
3. Ihr Geist ist ein schöpferisches Medium. Was Sie über andere denken und fühlen, verwirklicht sich in Ihrem eigenen Leben. Wie Sie wollen, dass Ihre Mitmenschen über Sie denken, so müssen auch Sie über Ihren Nächsten denken.
4. Einen anderen zu täuschen, zu betrügen oder zu berauben, hat für den Schuldigen nur negative Auswirkungen. Das Unterbewusstsein hält alle Gedanken, Gefühle und Beweggründe fest. Sind die Motive negativer Art, dann wirken sie destruktiv. Was Sie Ihrem Nächsten tun, tun Sie sich selbst.
5. Jede Freundlichkeit, jeder Beweis des guten Willens wird Ihnen auf 100-fache Weise vergolten.
6. Sie schaffen Ihre eigene Welt. Sie allein entscheiden und verantworten, was Sie über Ihre Mitmenschen denken. Denken Sie immer daran: Die Verantwortung für Ihre eigene Denkweise können Sie nicht anderen anlasten. Ihre Gedanken und Gefühle fallen auf Sie selbst zurück.
7. Reagieren Sie auch in Ihrem Gefühlsleben als reifer Mensch. Gestehen Sie den Mitmenschen das Recht auf eine eigene Meinung zu. Das gleiche Vorrecht können Sie für sich selbst beanspruchen. Man kann seinen Standpunkt wahren, ohne deshalb grob zu werden oder unhöflich zu erscheinen.
8. Tiere haben ein feines Gespür für Abneigung und reagieren darauf widerspenstig oder angriffslustig. Wer Tieren mit Liebe be-

gegnet, wird niemals angegriffen werden. Viele Menschen haben für Gefühlslagen einen ähnlichen sechsten Sinn.

9. Vorstellungen, die Sie von anderen haben, und Gespräche, die Sie im Geist mit ihnen führen, lösen bei den Betroffenen die entsprechenden Reaktionen aus.
10. Wünschen Sie den Mitmenschen, was Sie sich selbst wünschen. Dies ist der Schlüssel zu harmonischen zwischenmenschlichen Beziehungen.
11. Wandeln Sie Ihre Einstellung zu Ihrem Chef oder Ihrer Chefin. Denken und fühlen Sie, dass er beziehungsweise sie nach der »Goldenen Regel« lebt und dem Gesetz der Liebe gehorcht. Die günstige Reaktion wird nicht lange auf sich warten lassen.
12. Worte und Taten Ihrer Mitmenschen können Sie nur dann treffen, wenn Sie es zulassen. Ihr Denken hat schöpferische Kraft – segnen Sie also Ihren Nächsten.
13. Liebe löst alle Probleme zwischenmenschlicher Beziehungen. Liebe bedeutet Verständnis, Offenheit und Achtung vor dem Nächsten.
14. Ein kranker Mensch würde in Ihnen niemals Hass, sondern nur Mitleid auslösen. Zeigen Sie Menschen, deren Geist und Seele krank sind, das gleiche Mitgefühl.
15. Freuen Sie sich über Erfolge, Gewinne, Beförderungen Ihrer Mitmenschen. Diese Gesinnung öffnet die Tür zum eigenen Glück.
16. Lassen Sie sich in Ihren Entscheidungen niemals manipulieren. Nachgiebigkeit lohnt sich nicht. Geben Sie sich nicht als Fußabstreifer für andere her. Lassen Sie sich nicht von Ihrem Weg abbringen. Halten Sie an Ihren Idealen fest, denn nur eine positive Weltsicht bringt Glück und Freude. Was für Sie selbst ein Segen ist, hilft auch anderen Menschen.
17. Alles, was Sie Ihrem Nächsten schulden, ist Liebe. Und Liebe besteht in nichts anderem als darin, jedem dasselbe zu wünschen, was Sie selbst sich erträumen: Gesundheit, Glück und Zufriedenheit.

Erlangen Sie emotionale Reife und gestehen Sie anderen Menschen das Recht zu, anderer Meinung zu sein. Dieses Vorrecht haben Sie auch. Man kann unterschiedlicher Meinung sein und dabei freundlich bleiben.

Kapitel 17

Wie Sie mithilfe des Unterbewusstseins anderen und sich selbst vergeben

Vergeben heißt zuallererst, sich selbst zu vergeben. Vergebung bringt Ihre Gedanken mit dem göttlichen Gesetz der Harmonie in Einklang. Selbstverachtung ist die Hölle (Unfreiheit und Beschränkung); Vergebung ist der Himmel (Harmonie und Frieden).

Wer den freien Fluss des Lebensstroms blockiert, verursacht Störungen in seinem Unterbewusstsein und setzt sich dem Unheil aus. Gott ist nicht schuld am Unglück dieser Welt. Das hat sich der Mensch durch sein destruktives Denken selbst zuzuschreiben. Deshalb ist es falsch, für Krankheiten oder Misserfolge Gott verantwortlich zu machen.

Aber es gibt viele Menschen, die für Krankheiten und Leiden, für ihre Schmerzen, Unglücksfälle und alle persönlichen Schicksalsschläge die Verantwortung auf Gott abwälzen.

Ein negativer Gottesbegriff rächt sich durch eine entsprechend negative Reaktion des Unterbewusstseins. Die Betreffenden wissen nicht, dass sie sich selbst bestrafen. Ehe Sie ein gesundes, glückliches und zufriedenes Leben führen können, müssen Sie die Wahrheit erkennen, Selbstbefreiung finden und sich von jeder Verurteilung, Bitterkeit und Zorn fernhalten. Sobald Denken und Fühlen von der Vorstellung eines Gottes der Liebe beherrscht werden, sobald Sie einen liebenden Gott erkennen, der für Sie sorgt, Sie leitet, erhält und stärkt, wird sich diese Gotteskonzeption dem Unterbewusstsein einprägen und die Quelle Ihres Glücks werden.

Das Leben verzeiht immer

Das Leben verzeiht Ihnen, wenn Sie sich in den Finger schneiden. Die vom Unterbewusstsein gesteuerte Heilung setzt ein; neue Zellen entstehen und schließen die Wunde. Isst jemand etwas Verdorbenes, gibt der Körper das Ungenießbare wieder von sich. Verbrennt man sich die Hand, so wird das zerstörte Gewebe ersetzt und eine neue Haut gebildet. Das Leben ist nachsichtig und nicht nachtragend. Es ist immer bereit zu vergeben. Die Geschenke des Lebens sind Gesundheit, Vitalität, Ausgeglichenheit und Frieden – vorausgesetzt, der Mensch lebt in Einklang mit der Natur.

Befreiung vom Schuldgefühl

Ich kannte einen Herrn, der täglich, genauer: jede Nacht bis in die frühen Morgenstunden hinein durcharbeitete. Seine Frau und seine zwei Jungen sah er kaum noch, da ihn sein Beruf zu sehr in Anspruch nahm. Als ich ihn kennenlernte, hatte er einen Blutdruck von über 200. Mir war klar, dass er von starken Schuldgefühlen heimgesucht sein musste und sich unbewusst mit harter Arbeit und dem völligen Verzicht auf ein Familienleben bestrafte. Ein normaler Mann würde nie so handeln, sondern ließe auch seine Frau an seinem Leben Anteil haben und müsste sich für seine Kinder und ihre Entwicklung interessieren.

Ich sagte zu ihm: »Irgendetwas nagt an Ihnen, sonst würden Sie sich nicht so quälen. Sie bestrafen sich und müssen lernen, sich selbst zu verzeihen.« Es stellte sich heraus, dass er in der Tat seinem Bruder gegenüber ein tiefes Schuldgefühl hegte.

Ich erklärte ihm, dass nicht Gott ihn bestrafe, sondern er selbst sich quäle. »Jeder Verstoß gegen die Gesetze des Lebens«, sagte ich ihm, »bringt eine entsprechende Strafe mit sich. Wer einen heißen Gegenstand berührt, verbrennt sich. Die Kräfte der Natur sind völlig neutral – allein der Gebrauch, den der Mensch von ihnen macht, bestimmt, ob sie positiv oder negativ wirken. Feuer ist weder gut noch schlecht: Man kann damit ein Haus entweder erwärmen oder verbrennen. Die einzige Sünde ist die Unkenntnis der Lebensgesetze, und die Strafe besteht in der negativen Reaktion, die sich als Folge jeder Nichtbeachtung der Lebensgesetze zwangsläufig einstellt. Wer gegen die Grundsätze der Chemie verstößt, kann eine verheerende Explosion herbeiführen. Wer gegen einen Felsen anrennt, verletzt sich. Beide Auswirkungen stellen die Vergeltung für eine Missachtung gesetzmäßiger Zusammenhänge dar.«

Meine Erläuterungen öffneten dem Mann die Augen. Er sah ein, dass seine »Strafarbeit« und das damit verbundene Leid keineswegs gottgewollt waren, sondern nur die Reaktion seines Unterbewusstseins auf seine destruktive Denkweise darstellte. Und der Anlass dazu? Obwohl es schon lange her war, konnte er es sich nicht verzeihen, seinen mittlerweile verstorbenen Bruder einmal hintergangen zu haben.

Ich fragte ihn: »Würden Sie Ihren Bruder auch heute noch betrügen?«

»Nein.«

»Glaubten Sie damals, für Ihre Verhaltensweise einen guten Grund zu haben?«

»Ja.«

»Würden Sie aber dasselbe heute noch einmal tun?«

Er schüttelte den Kopf und sagte: »Keineswegs. Heute möchte ich anderen helfen, mit dem Leben fertigzuwerden.«

»Sie verfügen jetzt über mehr Erfahrung und tiefere Einsicht. Um Verzeihung zu erlangen, muss man sich zuerst selbst verzeihen. Vergebung bedeutet, sich in die göttliche Harmonie einzufügen. ›Hölle‹ – die Hölle auf Erden – ist Selbstzerfleischung. Der ›Himmel‹ aber ist Harmonie, Frieden und Vergebung.«

Unter dem Eindruck dieser neuen Sicht gelang es dem Mann, sich von seinen Schuldgefühlen und Selbstvorwürfen zu befreien. Bei einer später erfolgten ärztlichen Untersuchung erwies sich sein Blutdruck wieder als völlig normal: Die Gesundung der Seele hatte die Heilung des Körpers bewirkt.

Ein Mörder lernte, sich selbst zu verzeihen

Einst besuchte mich ein Mann, der einen Nebenbuhler ermordet hatte. Er lebte in dauernder entsetzlicher Angst vor der göttlichen Strafe. Wie er mir erklärte, hatte er diesen anderen Mann mit seiner Frau überrascht und ihn in blinder Wut niedergeschossen. Das Gericht betrachtete die Tat nicht als Mord, sondern als Totschlag, sodass er nur wenige Jahre ins Gefängnis musste. Mittlerweile hatte er in Amerika wieder geheiratet und war Vater von drei Kindern. Er hatte sich von Grund auf verändert und nutzte seine einflussreiche Stellung, um möglichst vielen Menschen Gutes zu tun. Bei den Kollegen genoss er großes Ansehen, doch es half alles nichts: Er hatte nach wie vor große Schuldgefühle wegen seiner Tat.

Ich erklärte ihm, dass der Mann, der diese Tat begangen hatte, weder physisch noch psychisch mit ihm identisch sei. Es ist wissenschaftlich erwiesen, dass im Laufe von einigen Jahren jede Zelle unseres Körpers abstirbt und durch eine neue ersetzt wird. Ganz abgesehen davon sei er aber auch geistig und seelisch ein neuer Mensch, wie dies seine Liebe und Hilfsbereitschaft gegenüber seinen Mitmenschen beweise. Derjenige, der vor mehr als 15 Jahren getötet habe, sei geistig und seelisch tot. Wenn er sich trotz seiner völligen Wandlung heute noch Vorwürfe mache, so beschuldige er damit einen völlig Unbeteiligten!

Diese Erklärung wirkte befreiend auf ihn. Ihm hatte sich die eigentliche Bedeutung der folgenden Bibelworte enthüllt: *»›Dann kommt, und wir wollen verhandeln‹, spricht der Herr: ›Wenn eure Sünden blutrot sind, sollen sie doch weiß werden wie Schnee, und wenn sie rot sind wie Scharlach, sollen sie doch weiß werden wie Wolle.‹«* (Jesaja 1,18)

Wenn Sie wollen, kann Kritik Ihnen nur nützen

Eine Rat suchende Lehrerin erzählte mir, eine Kollegin habe einen von ihr gehaltenen Vortrag kritisiert: sie spreche so schnell, undeutlich, leise und eintönig, dass die Wirkung ihrer Worte völlig verloren gehe. Im Gespräch mit ihr bemerkte ich, wie sehr diese Vorwürfe sie getroffen hatten. Andererseits aber räumte sie auf meine Fragen hin bereitwillig ein, dass die Kritik im Grunde genommen berechtigt war. In diesem Licht besehen fand sie ihre eigene Reaktion kindisch und die Kritik der Kollegin als einen wertvollen Ansporn zur Selbstverbesserung. Sie machte sich daran, ihre Sprachtechnik durch den Besuch eines Rhetorikkurses zu verbessern. Und sie bedankte sich bei ihrer Kollegin für ihr Interesse und ihre konstruktive Kritik, die ihr den Weg gewiesen habe, die störenden Fehler abzulegen.

Wie man Verständnis beweist

Wäre die an dem Vortrag der Lehrerin geübte Kritik völlig unberechtigt gewesen, dann wäre nicht verborgen geblieben, dass Anlass zur Kritik nicht die Art, sondern der Inhalt des Gesagten war. Bei Kritikern dieses Schlages handelt es sich meist um geistig und seelisch unausgeglichene Menschen, deren Voreingenommenheit sie zu unsachlicher Kritik verleitet, mit der sie sich eine Art Selbstbestätigung verschaffen wollen. Kein Grund also, sich deswegen verletzt zu fühlen.

In solchen Fällen heißt es Verständnis zu beweisen. Der nächste logische Schritt besteht darin, für den Seelenfrieden und die Verständnisfähigkeit des anderen zu beten. Wer selbst über sein Denken und Fühlen bestimmt, kann von keinem anderen verletzt werden. Ihre Gefühle entsprechen Ihren Gedanken. Denkend haben Sie daher die Macht, alles aus Ihrem Geist zu verbannen, was Ihr inneres Gleichgewicht stören könnte.

Vergebung heißt, dem anderen von Herzen zu wünschen, was man sich für sich selbst wünscht: Harmonie, Frieden und all die Segnungen des Lebens.

Für eine effektive und dauerhafte Verbesserung müssen Sie sich dem Geist der Vergebung und des Wohlwollens öffnen.

Das Leben ist Ihnen gegenüber nicht nachtragend. Es vergibt Ihnen immer. Das Leben bringt Sie zurück zu Gesundheit, Lebensfreude, Harmonie und Frieden, wenn Sie kooperieren, indem Sie im Einklang mit der Natur denken. Sonst häufen sich negative und schmerzhafte Erinnerungen, Verbitterung und Krankheit und behindern den freien Fluss des Lebensprinzips in Ihrem Innern.

Am Altar verlassen

Einst war ich zu einer Trauung eingeladen. Der Bräutigam ließ auf sich warten, und nach zwei Stunden trocknete die enttäuschte Braut ihre Tränen und sagte zu mir: »Ich habe Gott gebeten, alles nach seinem Willen zu lenken. Sicher ist dies nun die Antwort auf mein Gebet. Gott verlässt uns nie.«

Das war ihre Reaktion – Ergebung und Vertrauen in Gottes Ratschluss. Ihre Worte bewiesen, dass sie überhaupt nicht verbittert war: »Offensichtlich hätte dieser Schritt uns beiden nur Unglück gebracht, denn ich hatte Gott gebeten, uns den rechten Weg zu zeigen.«

In ähnlicher Lage hätte manche andere Frau, der es an einer derart tiefen Einsicht mangelt, einen Nervenzusammenbruch erlitten, Beruhigungsmittel oder sogar ärztliche Hilfe gebraucht.

Hören Sie auf die Stimme der Ihnen innewohnenden unendlichen Weisheit und schenken Sie ihrem Rat dasselbe Vertrauen wie als Kind den Worten Ihrer Mutter. So werden Sie innerlich immer ausgeglichen und seelisch gesund sein.

Ohne Vergebung keine Genesung

Anderen zu verzeihen ist die unabdingbare Voraussetzung für die eigene geistige und körperliche Gesundheit. Wer glücklich und gesund sein will, muss zuerst jedem vergeben, der ihm je Negatives zugefügt hat:

»Und wenn ihr steht und betet, so vergebt, wenn ihr etwas gegen jemanden habt …« (Markus 11,25)

Seien Sie auch Ihren eigenen Fehlern und Schwächen gegenüber nachsichtig und bringen Sie Ihr Denken in Einklang mit der göttlichen Ordnung. Man kann sich selbst nicht verzeihen, wenn man nicht zuerst dem anderen verziehen hat. Wer sich selbst nicht vergeben will, beweist damit nur seine Überheblichkeit oder Unwissenheit.

Der psychosomatische Zweig der modernen Medizin demonstriert immer wieder mit allem Nachdruck, dass eine ganze Reihe von Krankheiten – von Gicht bis zu verschiedenen Herzleiden – durch Selbstvorwürfe, Gewissensbisse und Feindseligkeit verursacht wird. Ärzte erklären, dass die betreffenden Patienten regelmäßig daran erkrankten, dass sie voller Bitterkeit und Hass an die dachten, die sie verletzt, misshandelt, betrogen oder anders geschädigt hatten. Dagegen gibt es nur ein einziges Mittel: Hass und Bitterkeit müssen durch aufrichtiges Verzeihen beseitigt werden.

Verzeihen ist tätige Liebe

Um verzeihen zu können, ist guter Wille notwendig. Wer ehrlich wünscht, dem anderen zu vergeben, ist schon halbwegs am Ziel. Sicherlich brauche ich nicht zu betonen, dass Verzeihen nicht unbedingt Sympathie oder gar Freundschaft voraussetzt. Man kann niemanden zwingen, einen anderen Menschen zu mögen – genauso wenig, wie man Liebe, Verständnisbereitschaft oder Toleranz gesetzlich erzwingen könnte. Andererseits können wir aber auch jenen Menschen Liebe erweisen, die uns nicht sympathisch sind.

Die Bibel sagt: »*Liebet einander.*« Dessen ist jeder fähig, der es wirklich will. Liebe bedeutet nichts anderes, als dem anderen Gesundheit, Glück, Freude und Zufriedenheit zu wünschen. Nur etwas gehört unbedingt dazu: Aufrichtigkeit. Wer anderen vergibt, beweist eigentlich nicht seine Großmut, sondern handelt letztlich im eigenen Interesse, denn was man dem anderen wünscht, wünscht man sich selbst. Sie selbst sind es, der denkt und fühlt. Und so, wie wir denken und fühlen, so sind wir auch. Was könnte einleuchtender sein?

Die Technik des Verzeihens

Wer die folgende einfache Technik anwendet, dessen Leben wird sich verändern. Lassen Sie Ihre Gedanken zur Ruhe kommen und entspannen Sie Körper und Geist. Denken Sie an Gott und seine Liebe zu allen Menschen. Sagen Sie aufrichtig: »Ich verzeihe (nennen Sie hier den Namen des Betreffenden) voll und ganz. Ich bin frei von Bitterkeit. Ich verzeihe ohne jede Einschränkung alles, was mir in jenem Zusammenhang geschehen ist. Ich bin befreit, und er (oder sie) ist befreit. Es ist ein herrliches Gefühl! Heute ist der Tag einer ›Generalamnestie‹. Ich wünsche ihm (oder ihr) und allen Mitmenschen Gesundheit, Glück und Zufriedenheit. Ich tue dies aus eigenem, freiem Entschluss, voll Freude und Liebe, und sobald mir von nun an der Name eines Menschen in den Sinn kommt, der mich geschädigt hat, sage ich: ›Du bist frei von aller Schuld! Ich bin frei, und du bist frei. Mögen wir alle in Glück und Freude leben!‹«

Das große Geheimnis wahrer Vergebung liegt darin, dass ein einmaliger Akt der Verzeihung genügt. Sobald der Betreffende oder das von ihm verschuldete Unrecht wieder in der Erinnerung auftaucht, genügt es zu sagen: »Friede sei mit dir!« Tun Sie dies jedes Mal, wenn die Erinnerung Sie wieder überkommt. Nach einigen Tagen werden Sie feststellen, dass Ihre Gedanken immer seltener um diese Person oder den Anlass kreisen, bis beide schließlich völlig vergessen sind.

Der Prüfstein wahrer Vergebung

Sie können die Aufrichtigkeit der Vergebung prüfen. Stellen Sie sich vor, ich erzählte Ihnen von einem außerordentlichen Glück, das ein Mensch erlebt hat, der Ihnen wehgetan oder einen Schaden zugefügt hat. Wenn diese Nachricht Sie zornig macht, dann zeigt das, dass Hass nach wie vor in Ihrem Unterbewusstsein schwelt und Unheil stiftet. Nehmen wir andererseits an, Sie hätten vor einem Jahr eine schmerzhafte Entzündung gehabt und ich fragte Sie heute, ob Sie noch Schmerzen hätten, so würden Sie antworten: »Natürlich nicht. Ich erinnere mich zwar an die Entzündung, aber sie ist längst abgeheilt und tut nicht mehr weh.«

Das ist der Kernpunkt des Ganzen: Möglicherweise haben Sie sich die Erinnerung an das Ihnen zugefügte Leid bewahrt, es tut aber nicht mehr weh. Das ist Ihr Prüfstein – wenden Sie ihn ohne jede Selbsttäuschung an. Geist und Seele müssen in der oben beschriebenen Art reagieren, sonst haben Sie nicht in Wahrheit vergeben.

Alles verstehen heißt alles verzeihen

Wer das dynamisch-schöpferische Gesetz seines Geistes versteht, hört auf, anderen Menschen oder äußeren Umständen einen bestimmenden positiven oder negativen Einfluss auf sein Leben einzuräumen. Er weiß, dass ausschließlich seine eigenen Gedanken und Gefühle sein Schicksal bestimmen. Darüber hinaus ist ihm bewusst, dass Äußerliches niemals die eigentliche Ursache oder Triebkraft seines Lebens und seines Schicksals werden kann. Zu denken, dass andere das eigene Glück beeinträchtigen können, dass man der Spielball eines grausamen Geschicks ist, dass man gegen seine Mitmenschen kämpfen muss, um sich zu behaupten – all dies und andere ähnliche irrige Ansichten erweisen sich in dem Augenblick als unhaltbar, in dem man Gedanken als objektive, dingliche Gegebenheiten erfasst. Dieses Prinzip wird in der Bibel klar dargelegt: »Wie ein Mensch in seinem Herzen denkt, so ist er.« (Sprüche 23,7)

Leitgedanken

1. Gott – oder das Leben – achtet nicht auf die Person. Das Leben kennt keine Günstlinge. Das Leben – oder Gott – fördert Ihre Pläne und Absichten dann, wenn Sie mit dem Prinzip der Harmonie, Eintracht, Gesundheit und Freude in Einklang stehen.
2. Gott – oder das Leben – bringt niemals Krankheit oder Leid über uns. Jedes Unglück haben wir uns selbst zuzuschreiben beziehungsweise unserem negativen und destruktiven Denken.
3. Ihre Auffassung von Gott ist die entscheidendste Grundlage Ihres Lebens. Wenn Sie an einen Gott der Liebe glauben, wird Ihr Unterbewusstsein entsprechend reagieren und Sie zufrieden machen. Glauben Sie an einen Gott der Liebe!
4. Das Leben – oder Gott – ist nicht nachtragend. Das Leben verurteilt niemanden. Das Leben heilt schwere körperliche Verletzungen. Das Leben weiß zu verzeihen, wenn Sie sich die Hand verbrennen: Es schafft neue Zellen, neue Gewebe. Das Leben heilt alles.
5. Schuldkomplexe sind auf eine falsche Auffassung von Gott und vom Leben zurückzuführen. Gott – oder das Leben – verdammt und bestraft keinen Menschen. Schuldgefühle sind allein die Folge falscher Überzeugungen, das heißt negativen Denkens, das zur Selbstzerfleischung führt.
6. Gott – oder das Leben – verdammt oder bestraft den Menschen nicht. Die Kräfte der Natur sind völlig neutral. Ihre Wir-

kung hängt ausschließlich davon ab, wie Sie sie einsetzen. Mit Feuer kann man ein Haus heizen oder niederbrennen. Mit Wasser kann man den Durst eines Kindes stillen oder es ertränken. Gut und Böse sind die unmittelbare Folge menschlicher Gedanken und Zielsetzungen.

7. Gott – oder das Leben – kennt keine Rache. Der Mensch bestraft sich selbst durch seine falschen Auffassungen von Gott, dem Leben und dem Universum. Denkend schafft der Mensch aufgrund der seinem Geist innewohnenden schöpferischen Kraft sein eigenes Glück oder Elend.
8. Übt jemand berechtigte Kritik an Ihnen, so danken Sie ihm für seine wertvollen Hinweise, die Ihnen Ihre Selbstvervollkommnung erleichtern.
9. Wer weiß, dass er über sein Denken und Fühlen bestimmt, kann durch ungerechtfertigte Kritik nicht getroffen werden. Am besten ist es, dem Kritiker alles Gute zu wünschen.
10. Wenn Sie sich und Ihr Leben in die Hand Gottes gegeben haben, so nehmen Sie hin, was kommt. Seien Sie überzeugt, dass es letzten Endes zu Ihrem Besten ist. Wer die Dinge so sieht, wird nie Gefahr laufen, unsachlich zu kritisieren, sich selbst zu bemitleiden und verbittert zu werden.
11. Nichts ist an und für sich gut oder schlecht – erst das Denken macht es dazu. Das geschlechtliche Verlangen ist an sich genauso wenig unmoralisch wie der Wunsch nach Nahrung, Reichtum oder wahrer Selbstverwirklichung. Es kommt immer darauf an, was der Einzelne aus diesen Bedürfnissen, Wünschen und Bestrebungen macht, die ihm zu großem Glück verhelfen können.
12. Eine große Zahl von Krankheiten wird durch Neid, Hass, Rachsucht und Abneigung verursacht. Verzeihen Sie sich selbst und allen anderen, indem Sie an diejenigen mit Liebe, Freude und gutem Willen denken, die Ihnen Schmerzen zugefügt haben. Wünschen Sie diesen Mitmenschen Frieden, sobald die Erin-

nerung an erlittenes Unrecht auftaucht, und die Bitterkeit wird bald verblassen.

13. Vergeben heißt, dem anderen Liebe, Frieden, Freude, Weisheit und Zufriedenheit zu wünschen, bis Ihre Erinnerung jeden Stachel verloren hat. Dies ist der Prüfstein wahren Verzeihens.
14. Angenommen, Sie hatten vor einem Jahr eine schmerzhafte Entzündung. Haben Sie noch Schmerzen? Nein. Prüfen Sie sich auf dieselbe Weise, ob Sie noch negativ über einen Menschen denken, der Ihnen einmal irgendein Unrecht zugefügt oder Sie verleumdet hat. Sind Sie noch immer wütend auf ihn? Falls ja, so ist Ihr Hass im Unterbewusstsein noch nicht ausgemerzt und stiftet schweren Schaden. Dagegen gibt es nur ein Mittel: dem Betreffenden so lange alles Gute zu wünschen, bis dieser Wunsch völlig aufrichtig ist.

Anderen zu verzeihen ist eine wesentliche Voraussetzung für geistigen Frieden und strahlende Gesundheit. Sie müssen allen vergeben, die Ihnen jemals wehgetan haben, wenn Sie vollkommene Gesundheit und Zufriedenheit erlangen möchten. Vergeben Sie sich selbst, indem Sie Ihre Gedanken in Einklang mit der göttlichen Ordnung bringen. Erst wenn Sie den anderen verziehen haben, können Sie sich vollständig mit sich selbst versöhnen. Dieses abzulehnen, ist nichts anderes als geistige Arroganz beziehungsweise Ignoranz.

Kapitel 18

Wie das Unterbewusstsein geistige Barrieren beseitigt

Sie können die Konzepte des Seelenfriedens und der Freiheit in Ihren Geist aufnehmen, damit sie so zu den Tiefen Ihres Unterbewusstseins vordringen. Ihr allmächtiges Unterbewusstsein wird Sie von dem Verlangen befreien, in Ihre alten Gewohnheiten zu verfallen. So werden Sie besser verstehen, wie Ihr Geist funktioniert. Sie werden in sich selbst unendliche Ressourcen entdecken, mit denen Sie Ihrer Aussage Kraft verleihen und sich selbst die Wahrheit beweisen.

Jedes Problem trägt seine Lösung in sich. Jede Frage enthält die Antwort. Wer keinen Ausweg aus einer schwierigen Situation sieht, sollte alles Weitere seinem Unterbewusstsein überlassen. Seien Sie überzeugt, dass es Ihnen den richtigen Weg zur Lösung zeigen kann und wird. Diese positive geistige Einstellung, dass die schöpferische Intelligenz des Unterbewusstseins Ihr Problem zu lösen weiß, wird Sie die richtige Antwort finden lassen und alle Ihre Unternehmungen sinnvoll und zielführend gestalten.

Wie man eine Gewohnheit ablegt oder annimmt

Der Mensch ist ein »Gewohnheitstier«. Gewohnheitsmäßige Funktionen zu steuern, ist eine der Hauptaufgaben des Unterbewusstseins. Sie haben schwimmen, Rad fahren, tanzen und Auto fahren gelernt, indem Sie diese Fertigkeiten so lange übten, bis sie sich dem Unterbewusstsein einprägten. Von da an übernahmen die infolge ständiger Übung herausgebildeten bedingten Reflexe alles Weitere. Bei dieser sogenannten zweiten Natur des Menschen handelt es sich im Grunde genommen um die gewohnheitsmäßige unterbewusste Steuerung bestimmter Gedanken und Handlungen. Jedem Menschen steht es frei, sich gute oder schlechte Gewohnheiten zuzulegen. Wer negative Denk- oder Handlungsmuster längere Zeit hindurch regelrecht einübt, unterliegt schließlich dem Zwang dieser Gewohnheit. Das Gesetz des Unterbewusstseins wirkt sich in diesem Zwang aus.

Die Alkoholsucht besiegen

Mr. Jones sagte zu mir: »Mich überfällt des Öfteren ein unwiderstehliches Bedürfnis zu trinken, und dann werde ich zwei Wochen lang nicht mehr nüchtern. Ich bin einfach nicht imstande, mich zu beherrschen.«

Immer wieder hatte der Mann diese Erfahrung machen müssen. Die Alkoholexzesse waren ihm zur Gewohnheit geworden. Er hatte aus eigenem Antrieb zu trinken begonnen und musste nun einsehen, dass er eine Gewohnheit, die er sich selbst zugelegt hatte, auch selbst wieder ändern und ablegen konnte. Seinen Schilderungen nach genügte zwar seine Willenskraft dazu, der Versuchung eine Weile zu widerstehen, jedoch wurde seine Lage durch das dauernde Bemühen, die wachsende Gier nach Alkohol zu unterdrücken, immer verzweifelter. Wiederholte Fehlschläge hatten ihn schließlich resignieren lassen, sodass er seinem Alkoholismus völlig hilflos gegenüberstand. Die ständige Vorstellung seiner Hoffnungslosigkeit und Ohnmacht übte eine starke suggestive Wirkung auf sein Unterbewusstsein aus und machte aus einem schwachen Menschen einen Süchtigen, der nur noch Misserfolge erlebte.

Ich zeigte ihm, wie er die Funktionen des Bewusstseins und des Unterbewusstseins in Einklang bringen konnte – als Voraussetzung, um Gedanken und Wünsche in die Tat umzusetzen. War er imstande gewesen, eine Gewohnheit anzunehmen, so besaß er auch die Fähigkeit, eine neue zu schaffen, die ihm den Weg zur Enthaltsamkeit, zur Freiheit und zur Ausgeglichenheit bahnen würde. Da seinem Alkoholismus eine negative Gewohnheit und dieser wiederum ursprünglich ein freier Entschluss zugrunde gelegen hatte, konnte er in gleicher Entscheidungsfreiheit sich auch eine positive Verhaltensweise zur festen Übung machen. Er begann nun, gegen den Gedanken, er sei seiner Sucht hilflos ausgeliefert, anzukämpfen. Mittlerweile war ihm völlig klar geworden, dass seiner Heilung kein anderes Hindernis entgegenstand als seine eigenen Denkmuster. Deshalb brauchte er sich auch nicht geistig zu zwingen.

Die Macht der Fantasie

Mein Patient übte, sich körperlich und geistig völlig zu entspannen und sich in einen tranceartigen Zustand zu versetzen. In seiner Fantasie stellte er sich vor, wie er seinen Wunsch erfüllt hatte, und überließ die Wahl der geeigneten Entwöhnungsmittel vertrauensvoll seinem Unterbewusstsein. Im Geiste sah er sich seiner Tochter gegenüber, die sich freute: »Wie schön, Vater, dass du wieder zu Hause bist!« Sein Alkoholismus hatte nämlich Frau und Tochter veranlasst, sich von ihm zu trennen. Aufgrund eines Gerichtsbeschlusses war es ihm sogar verboten, seine Familie zu besuchen, und seine Frau war nicht bereit, noch ein einziges Wort mit ihm zu wechseln. Diese geistige Übung führte er systematisch und mit unbeirrbarer Regelmäßigkeit durch. Sobald seine Konzentration nachließ, rief er sich sofort die Erinnerung an die bewegte Stimme und das freudestrahlende Lächeln seiner Tochter ins Gedächtnis zurück. Ganz langsam, Schritt für Schritt, lenkte er so sein Denken in neue Bahnen. Unermüdlich widmete er sich dieser Aufgabe, fest überzeugt, dass sich über kurz oder lang seinem Unterbewusstsein ein neues Verhaltensmodell einprägen würde.

Ich sagte ihm, er möge sein Bewusstsein mit einer Kamera vergleichen und sein Unterbewusstsein mit einem Film, der die belichteten Bilder festhält. Dieser Vergleich machte einen starken Eindruck auf ihn, er bemühte sich von nun an umso mehr um klare Vorstellungsbilder. Filme werden im Dunkeln entwickelt – ganz ähnlich nehmen auch die Bilder der Fantasie in der Dunkelheit des Unterbewusstseins Gestalt an.

Die Bedeutung der Konzentration

Da er die Funktion des Unterbewusstseins begriffen hatte, brauchte er keine geistige Gewaltanstrengung. Mr. Jones ordnete in Ruhe seine Gedanken und konzentrierte seine Aufmerksamkeit auf die gewünschte Szene, bis sie in aller Lebendigkeit vor ihm stand und er sich mit ihr identifizieren konnte. Er zweifelte nicht mehr daran, dass er völlig geheilt werden würde. Sobald er die Versuchung fühlte, versetzte er sich in die glückliche Stimmung, die der Gedanke an die baldige Wiedervereinigung mit seiner Familie in ihm auslöste. Er hoffte fest, dass sich seine Vorstellungsbilder verwirklichen würden.

Der Erfolg stellte sich ein. Heute ist er Chef eines großen Unternehmens und einer der glücklichsten Menschen, die ich kenne.

Er nannte sich einen Pechvogel

Mr. Block, ein ehemals tüchtiger Vertreter, erzählte mir, er habe früher einen beträchtlichen Jahresumsatz erzielt, seit drei Monaten aber sei es wie »verhext«. Es gelänge ihm zwar, das Interesse neuer Kunden zu gewinnen, doch in allerletzter Sekunde, ehe sie den Auftrag endgültig erteilten, überlegten sie es sich immer wieder anders. Er hielt sich bereits für einen ausgewachsenen Pechvogel.

Als ich der Sache näher auf den Grund ging, entdeckte ich, dass Mr. Block vor etwa drei Monaten von einem Kunden arg enttäuscht worden war, einem Zahnarzt, der in letzter Minute von einem fertig vorliegenden Vertrag zurückgetreten war. Seitdem lebte er in der unbewussten Furcht, andere Geschäftspartner könnten sich genauso verhalten. Überall erwartete er plötzlich auftauchende Hindernisse und Absagen in letzter Minute. Seine bewussten und unbewussten negativen Vorstellungen drängten ihn in eine völlig pessimistische und ablehnende Haltung. »Was ich am meisten fürchtete«, sagte er, »passiert mir ständig.«

Mr. Block erkannte, dass die Ursache in seiner Denkweise begründet war, und er setzte seiner angeblichen Pechsträhne mit folgender regelmäßiger geistiger Betrachtung ein Ende: »Ich erkenne, dass ich identisch bin mit meinem Unterbewusstsein, das keine Hindernisse und keine Schwierigkeiten kennt. Ich vertraue auf das Gute. Mein Unterbewusstsein reagiert auf meine Gedanken. Ich weiß, dass nichts seiner Macht widerstehen kann. Sein Wissen führt alles zu einem erfolgreichen Ende. Mein Unterbewusstsein wirkt durch mich und führt alle meine Pläne und Absichten zum Erfolg. Was immer ich beginne, schließe ich erfolgreich ab. Mein Lebensziel ist es, allen Menschen zu helfen und insbesondere zum Segen meiner Geschäftspartner zu wirken. Meine Arbeit ist erfolgreich.«

Dies sagte er sich jeden Morgen, ehe er seine Kunden aufsuchte, und damit beschloss er jeden Tag. Nach kurzer Zeit reihte er Erfolg an Erfolg.

Wie sehr ersehnen Sie sich die Erfüllung Ihres Wunsches?

Ein Schüler fragte Sokrates, wie man weise werden könne. Der Philosoph sagte: »Komm mit!«, und führte den jungen Schüler zu einem Fluss, tauchte ihn unter Wasser und gab den verzweifelt nach Atem Ringenden dann frei. Nachdem der junge Mann wieder atmen konnte, fragte ihn Sokrates: »Wonach hast du dich am meisten gesehnt, als du unter Wasser warst?«

»Nach Luft«, antwortete der Junge.

Darauf erklärte ihm der berühmte Philosoph: »Sobald du Weisheit ebenso sehr ersehnst wie eben gerade die Luft zum Atmen, wirst du sie erlangen.«

Wer etwas eindeutig will, einen klaren Weg zu seinem Ziel sieht und diesen konsequent zu gehen bereit ist, wird mit absoluter Gewissheit seine Absichten verwirklichen.

Wenn Sie aufrichtig Ausgeglichenheit und innere Ruhe ersehnen, so werden Sie das erleben. Selbst der ungerechteste Chef und der treuloseste Freund werden den nicht aus der Ruhe bringen können, der sich der vollen Macht seiner geistigen und seelischen Kräfte bewusst ist. Sie wissen, was Sie wollen, und werden deshalb zu verhindern wissen, dass negative Gedanken Ihren Frieden, Ihre Ausgeglichenheit, Ihre Gesundheit und Ihr Glück beeinträchtigen. Sobald Sie Ihre Gedanken ausschließlich auf Ihr Lebensziel richten, verlieren widrige Menschen, Umstände und Ereignisse alles Gewicht und können Sie nicht mehr treffen oder aufregen. Ihr Hauptziel im Leben ist es, Gesundheit, Zufriedenheit, innere Ausgeglichenheit und Wohlstand zu erlangen. Wer daran festhält, wird jederzeit glücklich sein. Ihr Denken ist eine zwar unsichtbare, aber gewaltige Macht zum Guten.

Wenn Sie das dringende Verlangen verspüren, sich von einer zerstörerischen Gewohnheit zu befreien, sind Sie bereits zu 51 Prozent geheilt. Ist Ihr Wunsch, die schlechte Gewohnheit abzulegen, größer als das Bedürfnis, diese beizubehalten, werden Sie erstaunt feststellen, dass die grenzenlose Freiheit in greifbarer Nähe ist.

Wenn Sie beruflich aufsteigen wollen, stellen Sie sich Ihren Arbeitgeber, Abteilungsleiter oder Partner vor, wie er Ihnen zu Ihrem Karrieresprung gratuliert. Ihr Vorstellungsbild sollte so lebhaft und realistisch wie möglich sein. Hören Sie den Stimmen zu, beobachten Sie die Gesten und spüren Sie seine Realität. Wenn Sie dies regelmäßig tun, wird Ihr Gebet erhört werden.

Warum Alkohol nicht heilt

Ein verheirateter Mann mit vier Kindern nahm auf seine Geschäftsreisen heimlich seine Freundin mit. Er war krank, nervös, reizbar, streitsüchtig und konnte ohne Medikamente nicht mehr schlafen. Die vom Arzt verschriebenen Mittel blieben ohne jede Wirkung auf seinen hohen Blutdruck. An verschiedenen Organen traten Schmerzen und Störungen auf, deren Ursache die Ärzte weder erkennen noch beseitigen konnten. Überdies trank er zu viel Alkohol.

Die Ursache war ein tiefes, unterbewusstes Schuldgefühl, ausgelöst durch seine fortgesetzten Treuebrüche, die gegen seine im Unterbewusstsein verankerte moralische Überzeugung verstießen. Daher versuchte er, sein Gewissen im Alkohol zu ertränken.

Die Wendung zum Guten

Aufmerksam folgte er meiner Erklärung der Funktionsweise des menschlichen Geistes. Er sah, wie die Dinge wirklich lagen, zog die Konsequenzen und setzte seinem Doppelleben ein Ende. Er wusste, dass sein unmäßiger Alkoholgenuss nur ein unbewusster Versuch war, seinem Problem zu entfliehen. Zuerst musste die eigentliche Ursache beseitigt werden, dann erst war eine Veränderung möglich.

Er begann, sein Unterbewusstsein in der gewünschten Weise zu beeinflussen, indem er dreimal täglich wiederholte: »Mein Geist ist voll Friede, Ausgeglichenheit und Sicherheit. Ich fürchte nichts in der Vergangenheit, Gegenwart und der Zukunft. Mein Unterbewusstsein führt und leitet mich. Ich begegne von nun an jeder heiklen Lage mit Zuversicht, Ruhe, Unerschütterlichkeit und festem Vertrauen. Ich habe mich von meinem Alkoholproblem befreit. In mir herrschen Zufriedenheit, Freiheit und Freude. Ich verzeihe mir selbst – und auch mir wird verziehen. Selbstbeherrschung und Zuversicht bestimmen von nun an mein Denken.«

Diese Sätze wiederholte er in vollem Bewusstsein dessen, was er tat und warum er es tat. Die Klarheit seiner Zielsetzung verlieh ihm die nötige Zuversicht und ein unerschütterliches Selbstvertrauen. Er wusste, die langsame, emotionale und bewusste Wiederholung seiner Überzeugungen würde sich allmählich seinem Unterbewusstsein einprägen. Und da er seine Sätze laut von einem Zettel ablas, sah er sie, hörte er sie, und sie prägten sich seinem Unterbewusstsein ein und löschten alles Negative aus.

Der konstruktive Gedanke zerstört den negativen. Innerhalb eines Monats wurde er ein neuer Mensch.

Die Notwendigkeit, sich eine schlechte Gewohnheit einzugestehen

Sind Sie Alkohol oder Drogen verfallen? Hinterfragen Sie sich ehrlich und blicken Sie der Wahrheit ins Gesicht! Viele Menschen werden nur deshalb nicht von ihrem Alkoholproblem geheilt, weil ihnen der Mut zur Selbsterkenntnis fehlt.

Die Sucht dieser Menschen ist eine von Furcht oder Unsicherheit ausgelöste Krankheit. Sie bringen es nicht fertig, ihr Leben zu gestalten, und benutzen die Flasche als Mittel, sich ihrer Verantwortung zu entziehen. Jeder Alkoholiker ist willenlos, obwohl gerade der Trunksüchtige sich oft seiner Willenskraft rühmt. Sagt ein Gewohnheitstrinker: »Ich rühre keinen Tropfen mehr an«, so fehlt es ihm regelmäßig an Kraft, diesen Entschluss in die Tat umzusetzen. Wo sollte er diese Kraft hernehmen?

Er lebt im Gefängnis der von ihm selbst eingekerkerten Seele – ein Sklave seiner Gewohnheit, die ihn in Ketten legte und nun sein trauriges Leben beherrscht.

Wie man die Kraft zur Selbstbefreiung in sich findet

Sollten Sie selbst Alkoholiker sein, so ist es für Sie lebenswichtig, mit dieser Gewohnheit zu brechen. Die Kraft dazu werden Sie von der Vorstellung der Freiheit und der Zufriedenheit erhalten. Diese Vorstellung wird zu einer so festen Denkgewohnheit werden, dass sie sich dem Unterbewusstsein einprägen und Sie dank seiner eigengesetzlichen Dynamik von jedem Wunsch nach Alkohol befreien wird. Aus dem neuen Verständnis Ihrer geistigen Funktionen schöpfen Sie die Zuversicht und Kraft, sich von Ihrer Sucht zu befreien.

Zu 51 Prozent geheilt

Falls Sie aufrichtig wünschen, sich von schädlichen und gefährlichen Gewohnheiten zu befreien, sind Sie bereits zu 51 Prozent geheilt. Sobald der Wunsch, eine schlechte Gewohnheit aufzugeben, stärker wird als der, sie beizubehalten, wird es Ihnen nicht mehr sehr schwerfallen, sich völlig davon frei zu machen.

Ihr Unterbewusstsein vergrößert die Wirkung jedes Gedankens, den Sie ihm einprägen. Wer seinen Geist mit der Vorstellung der Freiheit (Freiheit von der schädlichen Gewohnheit) und des Seelenfriedens erfüllt und sich auf dieses neue Ziel konzentriert, versetzt sich allmählich in den freudigen und hoffnungsvollen Gefühlszustand, der für die Umsetzung der Absicht notwendig ist. Jede gefühlsbetonte Vorstellung wird vom Unterbewusstsein angenommen und verwirklicht.

Das Gesetz der Substitution

Denken Sie immer daran: Sie haben nicht umsonst gelitten, Sie werden geheilt. Trotzdem wäre es unklug, Beeinträchtigungen länger als unbedingt nötig auf sich zu nehmen.

Alkoholismus führt auf die Dauer unweigerlich zu geistigem und körperlichem Verfall. Fassen Sie Mut bei dem Gedanken, dass die ganze Macht Ihres Unterbewusstseins hinter Ihrem Entschluss steht, den Alkohol zu besiegen. Sofern Sie der Gedanke, Ihr Laster aufgeben zu müssen, im Augenblick traurig oder ängstlich stimmt, so müssen Sie sich stattdessen sofort auf die Freude der Selbstbefreiung – die vor Ihnen liegt – konzentrieren. Dies ist das Gesetz der Substitution. Ihre Fantasie führte Sie der Flasche zu – vertrauen Sie sich auf dem Weg zu Freiheit und Zufriedenheit der Führung der gleichen Kraft an. Die ersten Schritte werden Ihnen sicher schwerfallen, doch es lohnt sich. Im Gedanken an die bessere Zukunft werden Sie diese Krise gleich einer Mutter, die die Geburtswehen bald vergessen hat, überwinden und das Ergebnis Ihrer Anstrengungen genießen: Ihre neu entdeckte Freiheit.

Die Ursache des Alkoholismus

Die Ursache des Alkoholismus liegt im negativen und destruktiven Denken: *»Denn wie einer in seinem Herzen denkt, so ist er.«* Der Alkoholiker leidet an einem tief verwurzelten Gefühl der Minderwertigkeit, Hilflosigkeit und Hoffnungslosigkeit, das meist von starker Abneigung gegen alle Welt begleitet ist. Wie viele Entschuldigungen der Abhängige auch für seine Schwäche finden mag – im Grunde genommen ist sie auf eine einzige Ursache zurückzuführen, nämlich seine falsche Denkweise.

Drei magische Schritte

Der erste Schritt: Entspannen Sie sich geistig und körperlich. Versetzen Sie sich in einen tranceartigen Zustand, der Ihnen innere Ausgeglichenheit schenkt, Ihre Aufnahmefähigkeit erhöht und Sie für den zweiten Schritt vorbereitet.

Der zweite Schritt: Legen Sie sich einen kurzen, einprägsamen Leitsatz zurecht und wiederholen Sie diesen, bis Sie einschlafen. Geeignet dazu wäre zum Beispiel: »Ich bin nüchtern und ausgeglichen, und ich danke dafür.« Die Einprägsamkeit kann noch gesteigert werden, indem Sie Ihren Satz laut sprechen oder mit den Lippen formen. Wiederholen Sie den Satz fünf Minuten lang oder länger, bis Sie sich freier und glücklicher fühlen.

Der dritte Schritt: Folgen Sie unmittelbar vor dem Einschlafen Goethes Beispiel: Stellen Sie sich vor, ein guter Freund sei bei Ihnen. Ihre Augen sind geschlossen, Sie sind körperlich und seelisch entspannt. Nun malen Sie sich möglichst lebendig aus, dass der Freund oder Verwandte Ihnen glücklich lächelnd die Hand drückt und sagt: »Ich gratuliere dir!« In Ihrer Fantasie sehen Sie sein Lächeln, hören Sie seine Stimme, fühlen Sie die Berührung der Hand – alles ist wirklich und lebendig. Der Glückwunsch »Ich gratuliere dir« gilt Ihrer völligen Befreiung vom Hang zum Alkohol. Lassen Sie diesen geistigen Film so lange immer wieder ablaufen, bis sich die gewünschte unterbewusste Reaktion einstellt.

Durchhaltevermögen

Falls Sie Angst und Zweifel fühlen, richten Sie Ihre Augen voller Zuversicht auf Ihr Ziel, auf die Vision einer glücklichen, befreiten Zukunft.

Denken Sie an die ungeheure Macht Ihres Unterbewusstseins, die Sie durch Ihre Gedanken und Vorstellungen nutzen können – dies wird Ihnen Mut, Kraft und Selbstvertrauen schenken. Geben Sie nicht auf, kämpfen Sie weiter, bis Sie am Ziel sind.

Leitgedanken

1. Jedes Problem trägt seine Lösung in sich. Jede Frage enthält die Antwort. Die unendliche Weisheit kommt dem zu Hilfe, der sie in festem Vertrauen anruft.
2. Die Ausbildung von Gewohnheiten ist eine Hauptfunktion Ihres Unterbewusstseins. Es gibt keinen besseren Beweis für die Kraft ihres Unterbewusstseins als die ungeheure Bedeutung der eigenen Gewohnheiten. Der Mensch ist ein Sklave der Gewohnheit.
3. Durch ständige Wiederholung dessen, was man denkt oder tut, werden dem Unterbewusstsein automatisch ablaufende Reaktions- und Verhaltensmodelle eingeprägt. Auf diese Weise lernten wir gehen, schwimmen, tanzen, das Bedienen einer Tastatur, Auto fahren und so weiter.
4. Sie haben die Freiheit der Wahl. Sie können sich für eine gute oder für eine schlechte Gewohnheit entscheiden.
5. Jedes Vorstellungsbild, das Sie konsequent Ihrem Bewusstsein einprägen, wird vom Unterbewusstsein verwirklicht.
6. Das einzige Hindernis auf dem Weg zu Leistung und Erfolg sind Ihre eigenen negativen Gedanken oder Vorstellungen.
7. Sobald Ihre Konzentration nachlässt, müssen Sie sich zur Ordnung rufen und Ihr Denken wiederum ausschließlich auf das erstrebte Ziel richten. Machen Sie sich diese geistige Selbstdisziplin zur festen Gewohnheit.

8. Ihr Bewusstsein kann mit einer Kamera verglichen werden und Ihr Unterbewusstsein mit einem lichtempfindlichen Film, dem sich die Bilder dauerhaft einprägen.
9. Es gibt keine Pechsträhnen, sondern nur die negativen Auswirkungen Ihrer Ängste. Handeln Sie stattdessen in der festen Zuversicht, dass Sie alle Ihre Unternehmungen zum Erfolg führen werden. Stellen Sie sich im Geiste vor, wie Sie am Ziel sind, und halten Sie vertrauensvoll an diesem Bild fest.
10. Wer mit einer alten Gewohnheit brechen will, muss in der festen Überzeugung handeln, die Selbstbefreiung werde ihn zu einem glücklicheren und gesünderen Menschen machen. Sobald der Wunsch, mit einem »geliebten« Laster zu brechen, größer ist als der, es beizubehalten, ist man schon mehr als halbwegs am Ziel.
11. Worte und Handlungen anderer können Sie nur dann treffen, wenn Ihr Denken und Fühlen ihnen diese Macht einräumen. Verlieren Sie nie Ihr Lebensziel aus den Augen: Liebe, Harmonie und Freude. Sie schaffen Ihre Welt.
12. Wer übermäßig trinkt, versucht der Wirklichkeit zu entfliehen. Die wahre Ursache des Alkoholismus ist negatives und destruktives Denken. Geheilt wird jeder, der sein Denken auf ein Leben in Freiheit, Nüchternheit und Vollkommenheit konzentriert und sich in das seine Selbstbefreiung begleitende Glücksgefühl versetzt.
13. Viele Menschen bleiben deshalb der Trunksucht verfallen, weil sie nicht den Mut haben, sich die Wahrheit einzugestehen.
14. Eben dasselbe Gesetz Ihres Unterbewusstseins, das Sie bis jetzt versklavt hat und Ihre Handlungsfreiheit einschränkte, wird Ihnen Glück und Freiheit schenken. Es hängt einzig und allein von Ihnen ab, wie Sie dieses mächtige Prinzip einsetzen wollen.
15. Ihre Fantasie führte Sie der Flasche zu – stellen Sie sich von Ihrem Laster befreit vor, und die Macht Ihrer Fantasie wird Sie befreien.

16. Die eigentliche Ursache des Alkoholismus ist negatives und destruktives Denken. *»Denn wie einer in seinem Herzen denkt, so ist er auch.«*
17. Angst und Zweifel, die Ihre Seele bedrängen, werden durch Gottvertrauen und Lebenszuversicht schnell vertrieben.

Wenn Sie ein tiefes, ehrliches Verlangen haben, ein bestimmtes Hindernis in Ihrem Leben zu überwinden; wenn Sie zu der klaren Entscheidung kommen, dass es einen Ausweg gibt; wenn Sie mit Zuversicht beschließen, dass dies der richtige Weg ist, dann werden Sie siegreich und erfolgreich sein.

Kapitel 19

Wie die Kräfte des Unterbewusstseins die Furcht vertreiben

Furcht gehört zu den größten Feinden der Menschheit. Sie ist häufig die Ursache von Misserfolgen, Krankheit und angespannten menschlichen Beziehungen. Millionen von Menschen fürchten sich vor der Vergangenheit und der Zukunft, vor dem Alter, Geisteskrankheiten und dem Tod. Furcht ist aber nur Inhalt und Folge Ihrer Gedanken: Sie fürchten sich vor Ihren eigenen Gedanken!

Einer meiner Studenten erzählte mir einmal, er sei zu einer Konferenz eingeladen und müsse dort eine Rede halten. Der Gedanke an seine zahlreiche und hochkarätige Zuhörerschaft erfüllte ihn mit Panik. Trotzdem gelang es ihm, seine Furcht zu überwinden. Mehrere Abende hintereinander setzte er sich etwa fünf Minuten lang in einen bequemen Sessel und prägte sich langsam, ruhig und mit Bestimmtheit die folgenden Sätze ein: »Ich werde diese Furcht besiegen. Sie wird bereits jetzt schwächer. Ich werde meine Rede unbeirrt und vollkommen sicher halten. Ich bin äußerlich und innerlich völlig entspannt.«

Das gezielt angesprochene Unterbewusstsein sorgte für die erwünschte Wirkung.

Unser Unterbewusstsein kann jederzeit durch Suggestion beeinflusst werden. Sobald Sie sich körperlich und geistig entspannen, sinken Ihre bewussten Gedanken ins Unterbewusstsein ab, und kraft seiner schöpferischen Dynamik erfüllt sich Ihr Wunsch. So erlangen Sie über Nacht Selbstvertrauen und Sicherheit.

Unser größter Feind

Furcht gehört zu den größten Feinden der Menschheit. Sie ist häufig die Ursache von Misserfolgen, Krankheit und gespannten menschlichen Beziehungen. Millionen von Menschen fürchten sich vor der Vergangenheit und der Zukunft, vor dem Alter, Geisteskrankheiten und dem Tod. Furcht ist aber nur Inhalt und Folge Ihrer Gedanken: Sie fürchten sich vor Ihren eigenen Gedanken!

Ein kleiner Junge ist vor Furcht gelähmt, wenn er glaubt, ein Monster liege unter seinem Bett. Sobald die Eltern das Licht anmachen und ihm erklären, dass die Gefahr nur in seiner Fantasie besteht, verliert er seine Angst. Diese hätte nicht echter und nicht größer sein können, wenn es das gefürchtete Monster wirklich gäbe und dieses ihn bedroht hätte. Die Wahrheit aber befreit: Was er fürchtet, existiert gar nicht.

Den meisten menschlichen Ängsten fehlt jede wirkliche Grundlage.

Tun Sie das, wovor Sie Angst haben

Emerson sagte zu diesem Thema: »Tun Sie das, wovor Sie sich fürchten, und Ihre Furcht ist weg.«

Früher litt ich an Lampenfieber, das ich aber ganz einfach dadurch überwinden konnte, dass ich mich immer wieder zwang, öffentlich zu sprechen. Ich tat das, wovor ich mich fürchtete – und meine Furcht war bald verschwunden.

Sobald Sie mit innerer Überzeugung feststellen, dass Sie Ihre Angst überwinden werden, und diese Entscheidung bewusst treffen, mobilisieren Sie die Kraft Ihres Unterbewusstseins.

So überwinden Sie Ihr Lampenfieber

Eine Hausfrau und Mutter war stolz darauf, dass sie so schöne Blumenmotive auf Porzellan malen konnte. Viele ihrer Freunde dekorierten ihr Haus mit ihren Kunstwerken. Als der Lehrer ihrer Tochter sie bat, in die Schule zu kommen und der Klasse von ihrem Hobby zu berichten, lehnte sie ab, da sie große Angst hatte, vor vielen Leuten zu sprechen – selbst vor einer Gruppe von Achtjährigen. Sie hatte meine Anregungen zur Bekämpfung der Furcht in meinem Buch gelesen und beschloss, diese anzuwenden.

Jeden Morgen nach dem Aufwachen und jeden Abend vor dem Einschlafen entspannte sie sich und wiederholte folgende Meditation: »Ich bin eine begabte Malerin, und ich kann meine Fähigkeiten mit anderen teilen, sodass diese sie bewundern und sogar lernen können. Ich fürchte mich nicht davor, darüber vor einer Gruppe zu sprechen. Ich werde darüber in der Klasse meiner Tochter und sogar vor anderen Gruppen berichten.«

Nach einigen Monaten ging sie zu der Schule und zeigte den Kindern einige ihrer Werke und erklärte, wie sie sie gemalt hatte.

Sie schrieb mir, dass sich nicht nur die Kinder und der Lehrer bedankten, sondern sie sogar von anderen Lehrern gebeten wurde, einen Vortrag in deren Klassen zu halten. Von diesem Zeitpunkt an hatte die Frau keine Angst mehr, vor anderen Leuten zu sprechen, und wurde später Mitglied des Toastmaster-Clubs, einer Gruppe von Männern und Frauen, die sich regelmäßig treffen, um Vorträge zu halten und ihr rhetorisches Selbstvertrauen und ihre Fähigkeiten zu stärken.

Wer diese Methode anwendet, wird Angstkomplexe und Befürchtungen jeder Art überwinden.

Die Angst vor dem Misserfolg

Manchmal suchen mich Studenten unserer Universität auf, die bei Prüfungen an suggestiver Amnesie (Gedächtnisschwund durch Prüfungsangst, einem sogenannten Blackout) leiden. Ich höre sie immer wieder klagen (und auch Lehrern ist das Problem bekannt): »Sobald das Examen vorbei ist, fallen mir die Antworten ein. Während der Prüfung selbst aber kann ich mich an nichts erinnern.«

Bei allen meinen Patienten stellte ich fest, dass sie sehr große Angst hatten zu versagen. Die Furcht ist die eigentliche Ursache dieses vorübergehenden Gedächtnisschwundes. So kannte ich zum Beispiel einen jungen Medizinstudenten, der zu den begabtesten seines Jahrganges zählte, trotzdem konnte er bei mündlichen und schriftlichen Examen auch die einfachsten Fragen nicht beantworten. Ich erklärte ihm, was der eigentliche Grund seines Versagens ist. Er machte sich schon lange Zeit vor dem Examen Sorgen, und seine negative Erwartung steigerte sich jeweils zu einem Dauerzustand geradezu unüberwindlicher Panik.

Jeder Gedanke, der ein so machtvolles Gefühl auslöst, wird vom Unterbewusstsein in die Tat umgesetzt. Das Unterbewusstsein des jungen Mannes musste seine panische Examensangst als Aufforderung deuten, einen Misserfolg herbeizuführen – und genau das tat es auch. Am Tag der Prüfung befand sich daher der Kandidat jeweils in einem geistigen Zustand, der vom Psychologen als »suggestive Amnesie« bezeichnet wird.

Ich erklärte ihm, dass sein Unterbewusstsein der Speicher seines Gedächtnisses ist, alles, was er während seines medizinischen Studiums gehört und gelesen habe, ist hier verankert. Als Nächstes überzeugte ich ihn davon, dass das Unterbewusstsein reaktionsfähig und -bereit sei, dazu aber Zuversicht sowie geistige und körperliche Entspannung brauche.

Daraufhin begann er, sich jeden Abend und Morgen vorzustellen, seine Mutter beglückwünsche ihn zu seinen hervorragenden Zeugnissen. In seiner Fantasie rief sie ihn an und gratulierte. Sobald er sich das lebendig vorstellte, führte er eine entsprechende Reaktion herbei. Die Energie des Unterbewusstseins wurde mobilisiert, sein bewusstes Denken wurde in die gewünschte Bahn gelenkt, und schließlich fiel ihm der Weg an sein Ziel leicht: Er bestand alle Examen ohne Mühe. Anders ausgedrückt: Sobald sein Unterbewusstsein die Leitung übernommen hatte, zwang es ihn, Erfolg zu haben.

Furcht vor dem Wasser

Viele Menschen haben Angst davor, einen Aufzug zu betreten, über hohe Brücken zu gehen, bergzusteigen oder zu schwimmen. Häufig geht dies auf ein unangenehmes Erlebnis zurück, als der Betreffende ins Wasser geworfen wurde, ohne schwimmen zu können, oder in einem Aufzug stecken blieb und so die Furcht vor geschlossenen Räumen entstand.

Im Alter von etwa zehn Jahren fiel ich in einen Teich. Ich erinnere mich noch deutlich an meinen verzweifelten Kampf, wie ich in Todesangst nach Luft rang und wie sich schließlich das immer dunkler werdende Wasser über meinem Kopf zusammenschloss. Im letzten Augenblick wurde ich gerettet. Dieses Erlebnis grub sich tief in mein Unterbewusstsein ein, und noch Jahre danach hatte ich eine unüberwindliche Angst vor Wasser.

Ein älterer Psychologe riet mir: »Gehen Sie zu dem Teich, schauen Sie das Wasser an und sagen Sie laut und überzeugend: ›Ich bin stärker als du.‹ Lernen Sie dann schwimmen, gehen Sie ins Wasser und besiegen Sie es.«

Genau das tat ich. Sobald ich eine neue Einstellung gewonnen hatte, reagierte die Macht des Unterbewusstseins und gab mir die Kraft, die Zuversicht und das Selbstvertrauen, mit der ich meine Furcht überwand. Lassen Sie sich niemals einschüchtern – weder vom Wasser noch von etwas anderem. Denken Sie immer daran: Sie sind stärker!

Die unfehlbare Methode, jede Furcht zu überwinden

Die folgende Methode, mit jeder Angst fertigzuwerden, hat schon vielen Menschen geholfen. Sie wirkt wie ein Zauber. Ob Sie sich nun vor Wasser, großen Höhen, geschlossenen Räumen, einem Vortrag oder Interview fürchten – die Methode hilft immer. Versuchen Sie es selbst!

Nehmen wir an, Sie haben Angst vor dem Schwimmen. Setzen Sie sich drei- oder viermal täglich je fünf bis zehn Minuten völlig entspannt in einen Sessel und stellen Sie sich vor, Sie würden schwimmen. In Ihrer Fantasie schwimmen Sie tatsächlich. Es handelt sich hier um ein subjektives Erlebnis: Mithilfe Ihrer Vorstellungskraft versetzen Sie sich in ein Schwimmbad oder einen See. Sie fühlen die Kühle des Wassers und die rhythmischen Bewegungen Ihrer Arme und Beine. Sie genießen eine

Tätigkeit, die Ihnen Spaß bringt. Es handelt sich nicht um leere Träumereien, denn Sie wissen ja: Jedes Erlebnis Ihrer Fantasie teilt sich dem Unterbewusstsein mit. Über kurz oder lang werden Sie sich wünschen, das Ihrem Unterbewusstsein eingeprägte Bild zu verwirklichen. Dies ist eines der Prinzipien des Geistes.

Dieselbe Technik können Sie auf jede Angst anwenden. Wem schnell schwindelig wird, braucht sich nur lebhaft vorzustellen, er balanciere sicher über einen schmalen Steg oder er klettere auf einen Berg und freue sich über die wundervolle Landschaft tief unter ihm sowie über seine sichere Körperbeherrschung. Je wirklichkeitsnäher die Vorstellungsbilder, umso schneller wird sich die gewünschte Reaktion einstellen und jede Furcht verschwinden.

Er segnete den Aufzug

Ich kannte den Geschäftsführer eines großen Unternehmens, der es nicht über sich brachte, einen Aufzug zu benutzen. Jeden Morgen stieg er die fünf Stockwerke zu seinem Büro zu Fuß hinauf. Eines Tages begann er, seine Furcht zu bekämpfen. Er dachte mehrere Male während des Tages und noch einmal vor dem Schlafengehen an die Wohltat dieses Aufzuges, und zwar mit folgender Formulierung: »Der Aufzug in unserem Bürogebäude ist eine fabelhafte Sache. Er ist eine Wohltat und ein Segen für uns alle. Er leistet uns hervorragende Dienste. Wie alle anderen benutze ich ihn, und das macht mir Freude. Ich sehe mich im Aufzug: mit dem Rücken leicht angelehnt und im Beisein mehrerer unserer Angestellten. Ich spreche mit ihnen, und sie antworten mir freundlich. Es ist ein wundervolles Erlebnis der Selbstbefreiung, der Zuversicht und des Selbstvertrauens. Ich danke von ganzem Herzen dafür.«

Diese Sätze wiederholte er etwa zehn Tage lang, um seine Klaustrophobie, seine Angst vor der Enge des Lifts, zu überwinden; am elften Tag betrat er den Aufzug zusammen mit einer Reihe von Mitarbeitern und fühlte sich sehr wohl.

Das Unterbewusstsein ist offen für jede Suggestion. Es wird von Suggestionen gesteuert. Wenn Sie Ihren Geist beruhigen und sich entspannen, dringen die Gedanken Ihres Bewusstseins in Ihr Unterbewusstsein. Dieser Vorgang ist vergleichbar mit der Osmose, bei der Flüssigkeiten, die durch eine poröse Membran getrennt werden, sich miteinander vermischen. Wenn diese positiven Samen beziehungsweise Gedanken in den Bereich Ihres Unterbewusstseins vordringen, tragen Sie die entsprechenden Früchte, und Sie werden selbstsicher, gelassen und ruhig.

Wenn Sie eine unnatürliche Furcht überkommt, richten Sie Ihre Aufmerksamkeit auf das, was Sie sich unmittelbar wünschen. Lassen Sie sich von Ihrem Wunsch vereinnahmen und vertiefen Sie sich darin. Machen Sie sich bewusst, dass das Subjektive immer das Objektive aufhebt. Mit dieser Einstellung stärken Sie Ihr Selbstvertrauen und Ihren Geist. Die unendliche Macht Ihres Unterbewusstseins setzt sich für Sie in Bewegung. Sie kann nicht versagen. Daher sind Ihnen Frieden und Selbstsicherheit gewiss.

Wenn die Furcht Ihren Geist überkommt oder wenn Sorgen, Angstgefühle und Zweifel sich in Ihrem Geist breitmachen, betrachten Sie Ihre Vision, Ihr Ziel. Denken Sie an die unendliche Macht Ihres Unterbewusstseins, die Ihr Denken und Ihre Vorstellungen hervorbringen kann. Geben Sie nicht auf, halten Sie durch, bis ein neuer Tag beginnt und die Schatten sich auflösen.

Natürliche Angst

Menschen kennen nur zwei Ängste: die Furcht vor dem Fallen und die Furcht vor bedrohlichen Geräuschen. Die Natur hat zur Selbsterhaltung eine Art von Alarmsystem entwickelt. Normale Furcht ist etwas Gutes. Sie hören ein Auto auf sich zukommen und springen zur Seite, um Ihr Leben zu retten. Die Furcht, überfahren zu werden, löst spontan die entsprechende Abwehrhandlung aus. Aus diesem Beispiel ist deutlich, wie dieses Alarmsystem funktioniert.

Daneben gibt es viele Ängste und unbegründete Befürchtungen, die eine Folge negativen Denkens sind und für die oftmals Eltern, Verwandte, Lehrer und andere die Psyche eines Kindes beeinflussende Faktoren verantwortlich sind.

Unnatürliche Angst

Unnormale Furcht ist eine Folge unkontrollierter Fantasie. So begann zum Beispiel eine Frau, die zu einem Flug rund um die Welt eingeladen war, aus den Zeitungen alle Berichte über Flugzeugkatastrophen zu sammeln. Sie sah sich bereits abstürzen, im Meer ertrinken, verbrennen. Das sind Bilder einer unnormalen Furcht. Hätte sie diese Gedanken nicht kontrolliert, wäre bestimmt das eingetreten, was sie am meisten fürchtete.

Ein ehemals erfolgreicher und wohlhabender New Yorker Geschäftsmann ist ein weiteres Beispiel solcher unnormaler Befürchtungen. Obwohl es ihm in jeder Hinsicht gut ging, begann er, sich in seiner Fantasie in lebensechten Szenen ausschließlich Misserfolge auszumalen. Er sah sich in leeren Geschäftsräumen, fürchtete bankrottzugehen. Trotz aller Warnungen konnte er sich von diesen morbiden Vorstellungen nicht befreien, und er sagte zu seiner Frau immer wieder: »So kann es nicht weitergehen« – »Es gibt bestimmt eine Krise« – »Wir machen sicher noch Konkurs.«

Kein Wunder, dass seine Geschäfte immer schlechter gingen und schließlich seine schlimmsten Befürchtungen eintrafen. Er ging in der Tat bankrott. Dazu hätte es nach der objektiven Geschäftslage nie kommen müssen – hätte er nicht das Unglück selbst heraufbeschworen durch seine negative Sichtweise.

Manche fürchten, ihren Kindern könnte etwas Schreckliches passieren und sie selbst könnten eine Katastrophe erleben. Sobald sie von einer seltenen Krankheit lesen, leben sie in dauernder Angst vor einer Ansteckung oder glauben sich bereits davon befallen. Und Sie?

Das Mittel gegen unnatürliche Angst

Fassen Sie Mut! Wer sich seinen Ängsten hingibt, zerstört alles: sein Leben, seine Aussichten, seinen Körper und Geist. Sobald wir uns fürchten, hoffen wir gleichzeitig auf etwas, das uns hilft. Konzentrieren Sie sich sofort auf ein positives Bild. Beschäftigen Sie sich ausschließlich mit dieser positiven Vorstellung, denn Sie wissen, dass Ihre subjektive Vorstellung sich durchsetzen wird – dank der Macht Ihres Unterbewusstseins. Diese Einstellung wird Ihnen Mut machen und Ihre Stimmung heben. Ihnen kann nichts geschehen.

Schauen Sie der Furcht ins Auge

Der Chef eines großen Unternehmens erinnert sich noch heute daran, wie er in seiner ersten Zeit als Vertreter regelmäßig ein halbes Dutzend Mal um das Haus jedes Kunden herumging, ehe er den Mut fand zu klingeln. Als ihn eines Tages der Verkaufsleiter begleitete, sagte dieser: »Sie fürchten sich doch nicht vor einem Monster. Es gibt kein Monster. Ihre Angst ist völlig grundlos.«

Seither hatte er sich daran gewöhnt, jeder Furcht entgegenzublicken, und soweit ihr nicht eine wirkliche Gefahr zugrunde lag, hat sie sich jedes Mal in Luft aufgelöst.

Ausweg aus dem Dschungel der Angst

Ein Geistlicher erzählte mir einmal von seinen Erlebnissen im Zweiten Weltkrieg. Eines Tages musste er mit dem Fallschirm aus einem brennenden Flugzeug abspringen und landete im Dschungel. Er hatte große Angst, doch er wusste, dass es zwei Arten von Furcht gibt, die normale und die unnormale.

Er beschloss, seine Lage ruhig durchzudenken, und sagte sich: »Du darfst deiner Furcht nicht nachgeben. Deine Angst ist nichts anderes als der Wunsch nach einem Ausweg, nach Rettung und Sicherheit.«

Dann stellte er voll Vertrauen fest: »Die Kraft meines Unterbewusstseins führt mich aus diesem Dschungel heraus.«

Diese Sätze sprach er laut vor sich hin. »Dann«, so fuhr er fort, »begann sich etwas in mir zu regen. Ich wurde zuversichtlich. Und ich machte mich auf. Nach einigen Tagen war ich den Gefahren des Dschungels wie durch ein Wunder entronnen und wurde von einem Rettungsflugzeug in Sicherheit gebracht.«

Seine geistige Einstellung hatte ihn gerettet. Vertrauen und der unerschütterliche Glaube an seine Kraft hatten ihm aus einer scheinbar ausweglosen Situation herausgeholfen.

Er schloss: »Hätte ich einmal damit angefangen, meiner Furcht nachzugeben, so wäre ich sicher ein Opfer der Angst geworden und wahrscheinlich gestorben.«

Er entließ sich selbst

Ein Bekannter, Prokurist eines großen Unternehmens, erzählte mir, dass er früher etwa drei Jahre lang in der dauernden Furcht gelebt habe, entlassen zu werden. Er habe immer nur an mögliche Misserfolge gedacht. Seine Befürchtungen hatten keine wirkliche Grundlage und waren die Folge morbider Gedanken. Seine äußerst lebendige Fantasie dramatisierte die Situation so lange, bis er vor Angst, seine Stellung zu verlieren, nervös und unsicher wurde. Schließlich wurde er tatsächlich gebeten, seinen Posten zur Verfügung zu stellen.

Genau genommen aber hatte er sich selbst entlassen. Seine negativen Vorstellungen und Selbstsuggestionen hatten eine entsprechende Reaktion des Unterbewusstseins herbeigeführt. Nur deshalb machte er auf einmal wirklich Fehler und traf falsche Entscheidungen, die ihn als Prokuristen schließlich untragbar werden ließen. Er hätte niemals seine Stellung eingebüßt, wenn er seine Gedanken sofort auf positive Bilder konzentriert hätte, die seiner Angst entgegengesetzt gewesen wären.

Ein Bild der Ruhe

Während einer Vortragsreise rund um die Welt führte ich ein zweistündiges Gespräch mit einem hohen Regierungsbeamten. Er strahlte eine unerschütterliche Gelassenheit aus. Er erklärte mir, alle Angriffe der Zeitungen und seiner politischen Gegner hätten ihn niemals aus der Ruhe gebracht. Jeden Morgen stellt er sich eine Viertelstunde lang vor, dass er völlig ruhig und selbstsicher sei. Aus diesem Gedanken ziehe er die Kraft, alle Schwierigkeiten zu überwinden.

Vor einiger Zeit hatte ihn mitten in der Nacht ein Kollege angerufen, um ihn vor einer Intrige zu warnen. Er antwortete darauf: »Ich werde jetzt schlafen. Sie können die Angelegenheit morgen Vormittag um zehn Uhr mit mir besprechen.«

Er fuhr fort: »Ich weiß, dass sich kein negativer Gedanke je verwirklichen kann – es sei denn, ich lasse mich zu unkontrollierten Reaktionen hinreißen. Ich weigere mich strikt, mir irgendwelche Befürchtungen suggerieren zu lassen. Deshalb kann mir auch nichts Negatives geschehen.«

Wie unerschütterlich, ruhig und zuversichtlich! Es wäre ihm nie eingefallen, verzweifelt zu sein. In sich selbst gab es ein großes Kraftreservoir, aus dem er seine unerschütterliche Ruhe schöpfte.

Befreien Sie sich von Furcht

Wenden Sie folgende zuverlässig wirkende Formel an, um sich von Furcht zu befreien: *»Als ich den Herrn suchte, da erhörte er mich und machte mich frei von allen meinen Ängsten.«* (Psalm 34,5) Das Wort »Herr« ist auszulegen als die unendlichen Kräfte Ihres Unterbewusstseins.

Lernen Sie die fantastische Energie Ihres Unterbewusstseins kennen, seine Arbeits- und Wirkungsweise. Lernen Sie, die in diesem Kapitel beschriebenen Techniken zu beherrschen. Wenden Sie sie noch heute an!

Ihr Unterbewusstsein wird reagieren und Sie von aller Furcht befreien.

Leitgedanken

1. Tun Sie das, wovor Sie Angst haben, und Ihre Furcht ist weg. Sagen Sie sich aus voller Überzeugung: »Ich werde diese Furcht überwinden«, und es wird Ihnen gelingen.

2. Angst ist ein negatives Gedankenmuster. Ersetzen Sie es durch konstruktive Vorstellungen. Furcht hat schon Millionen von Menschen getötet. Hoffnung und Selbstvertrauen sind stärker als Furcht.
3. Die Furcht ist die größte Feindin der Menschheit. Sie ist die eigentliche Ursache vieler Misserfolge, Krankheiten und gespannter menschlicher Beziehungen. Die Liebe vertreibt Furcht. Liebe bedeutet emotionale Bindung an die guten Dinge des Lebens. Lernen Sie, Ehrlichkeit, Offenheit, Gerechtigkeit, Glück, Freude und Erfolg zu lieben. Leben Sie in der freudigen Erwartung des Besten, und genau das wird Ihr Leben bestimmen.
4. Setzen Sie jeder suggestiven Kraft von Angstvorstellungen positive Feststellungen entgegen wie zum Beispiel: »Ich bin völlig ruhig, gefasst und sicher.« Diese Methode wird Ihnen Gewinn bringen.
5. Angst ist die eigentliche Ursache des Gedächtnisschwunds während mündlicher und schriftlicher Examen. Sie können diesen Zustand überwinden, indem Sie sich wiederholt und überzeugt sagen: »Ich besitze ein vollkommenes Gedächtnis, das alles Wichtige festhält und mir bei Bedarf sofort zur Verfügung steht.« Stellen Sie sich einen Freund vor, der Ihnen zum hervorragend bestandenen Examen gratuliert. Lassen Sie sich durch nichts von diesem positiven Bild abbringen, und Sie werden Erfolg haben.
6. Falls Sie sich vor Wasser fürchten, gehen Sie schwimmen. Versetzen Sie sich im Geist an den Strand oder in ein Schwimmbad. Fühlen Sie, wie das kühle Wasser Ihren Körper umspült und Sie trägt. Spüren Sie Ihre rhythmischen Bewegungen. Ihre kraftvoll ausholenden Züge. Wer sich im Geiste lange genug in diese Tätigkeit hineinsteigert, wird bald den Wunsch zur Verwirklichung verspüren. Er wird furchtlos ins Wasser gehen und schwimmen können.

7. Wer sich vor geschlossenen Räumen, wie zum Beispiel Aufzügen, fürchtet, sollte sich geistig in einen Lift versetzen, sich vorstellen, mit ihm zu fahren und das zu genießen. Mit Überraschung werden Sie feststellen, wie schnell diese Methode die Furcht besiegt.
8. Menschen kennen eigentlich nur zwei Ängste: die Furcht vor dem Fallen und die Furcht vor bedrohlichen Geräuschen. Alle anderen Ängste sind das Ergebnis negativer Einflüsse. Werfen Sie solche Befürchtungen über Bord.
9. Normale Furcht ist etwas Gutes. Die unnormale Furcht stellt eine ernste Bedrohung dar. Wer sich ständig vor etwas fürchtet, wird zum Schluss das Opfer unnormaler Furcht, von fixen Ideen und Komplexen. In dauernder Furcht vor einer imaginären Gefahr zu leben, führt zu Panik und lähmendem Entsetzen.
10. Sie können jede unnormale Furcht überwinden, indem Sie daran denken, dass Ihr Unterbewusstsein alle Umstände zu Ihren Gunsten wandeln und Ihre Wünsche erfüllen kann. Wenn Sie eine Angstvorstellung heimsucht, konzentrieren Sie sich sofort auf ein entgegengesetztes Wunschbild. Generell ist es die Liebe, die die Furcht vertreibt.
11. Wer sich vor Misserfolg fürchtet, muss sein Denken auf Erfolg konzentrieren. Wer sich vor Krankheit fürchtet, muss sein Denken auf völlige Gesundheit richten. Wer vor dem Tod Angst hat, soll an das ewige Leben denken. Gott ist Leben – und Sie leben in Gott.
12. Das Prinzip der Substitution ist ein wirksames Heilmittel gegen jede Furcht. Jeder Befürchtung steht eine bestimmte Hoffnung gegenüber. Wenn Sie krank sind, hoffen Sie auf Gesundheit; wenn Sie im Gefängnis der Angst leben, ersehnen Sie sich Befreiung.

    Erwarten Sie stets das Beste. Konzentrieren Sie sich geistig unausgesetzt auf das Gute, und Ihr Unterbewusstsein wird entsprechend reagieren. Es lässt Sie nie im Stich.

13. Furcht ist letzten Endes nichts anderes als ein Gedankenmuster. Gedanken besitzen aber schöpferische Kraft. Denken Sie das Gute, und das Gute wird eintreten.
14. Schauen Sie Ihrer Furcht ins Auge. Untersuchen Sie Ihre Ängste im Licht der Vernunft. Lernen Sie, über Ihre Befürchtungen zu lachen, das ist die beste Medizin.
15. Nichts kann Ihnen etwas anhaben mit Ausnahme Ihrer eigenen Gedanken. Die Suggestionen, Feststellungen oder Drohungen anderer Menschen haben keine Macht über Sie. Diese Macht ruht nur in Ihnen selbst – und wer seine Gedanken auf das Gute richtet, wird beschützt.

Das Prinzip der Substitution ist ein wirksames Heilmittel gegen jede Furcht. Jeder Befürchtung steht eine bestimmte Hoffnung gegenüber. Wenn Sie krank sind, hoffen Sie auf Gesundheit; wenn Sie im Gefängnis der Angst leben, ersehnen Sie sich Befreiung. Erwarten Sie stets das Beste. Konzentrieren Sie sich in Ihrem Geiste auf das Gute, und Ihr Unterbewusstsein wird entsprechend reagieren. Es lässt Sie nie im Stich.

Kapitel 20

Wie Sie für immer im Geiste jung bleiben

Ihr Unterbewusstsein altert nicht. Es ist weder der Zeit noch Alterserscheinungen oder anderen Begrenzungen unterworfen. Es ist ein Teil des universellen Prinzips, das ohne Anfang und Ende ist und weder Geburt noch Tod kennt.

Ermüdungs- und Alterserscheinungen können unmöglich geistige oder seelische Ursachen haben. Geduld, Güte, Wahrheitsliebe, Hilfsbereitschaft, Harmonie und Nächstenliebe sind Eigenschaften, die niemals alt werden. Wer diese Charakterzüge in sich lebendig erhält, wird im Geiste jung bleiben.

Vor einigen Jahren veröffentlichte eine Gruppe von Ärzten an der De-Courcy-Klinik in Cincinnati, Ohio, eine Studie, die beschrieb, dass Alters- und Abnutzungserscheinungen nicht durch das biologische Alter hervorgerufen werden. Dieselbe Studie stellte fest, dass nicht die Zeit, sondern die Furcht vor dem Verstreichen der Zeit sich schädlich auf den menschlichen Geist und Körper auswirke. Die eigentliche Ursache verfrühten Alterns müsse man in der neurotischen Angst vor den negativen Auswirkungen des zunehmenden Lebensalters sehen.

Während der vielen Jahre meines Lebens, die ich in der Öffentlichkeitsarbeit tätig war, hatte ich Gelegenheit, die Lebensgeschichte berühmter Männer und Frauen zu studieren, die weit über die normale Lebensspanne hinaus ihren Aufgaben nachgingen. Manche von ihnen erreichten die Spitze ihrer Leistungskraft erst im hohen Alter. Außerdem lernte ich viele Menschen kennen, die in aller Stille lebten und deren bescheidenes Leben den Beweis lieferte, dass das Alter allein die produktiven Kräfte von Körper und Geist nicht zerstört.

Alt im Denken

Vor mehreren Jahren besuchte ich einen alten Freund in London. Er war über 80, sehr krank und ganz von der Last seiner Jahre regelrecht gebeugt. Jedes seiner Worte bewies seine körperliche Schwäche, ein Gefühl der Hoffnungslosigkeit und einen allgemeinen Verfall – fast als wäre er schon tot. Verzweifelt beklagte er sich, sein Leben sei inhaltslos geworden und kein Mensch brauche ihn mehr. Mit einem hoffnungslosen Kopfschütteln fasste er seine destruktive Philosophie zusammen: »Wir werden geboren, wachsen auf, altern, werden eine Last für uns und andere, und das ist dann das Ende.«

Die feste Überzeugung, unbrauchbar geworden zu sein, war der Hauptgrund für seinen Kräfteverfall. Die Zukunft konnte ihm nur noch fortschreitende Vergreisung bieten, mit dem Tod war für ihn alles zu Ende. Sein Unterbewusstsein sorgte dafür, dass seine negativen Vorstellungen Realität wurden.

Das Alter – die Morgendämmerung der Weisheit

Leider denken viele Menschen genauso. Sie fürchten sich vor dem sogenannten Alter, vor dem Ende, dem Ausgelöschtwerden. Im Grunde genommen fürchten sie sich vor dem Tod, weil sie das Leben nicht kennen. Das Leben nämlich kennt kein Ende. Das hohe Alter ist nicht der Abend des Lebens, sondern die Morgendämmerung der Weisheit.

Weisheit bedeutet die Erkenntnis der ungeheuren Kräfte des Unterbewusstseins und wie sie für ein erfülltes, sinnvolles und glückliches Leben genutzt werden können. Schlagen Sie sich ein für alle Mal den Gedanken aus dem Kopf, ein Alter von 65, 75 oder 85 Jahren sei gleichbedeutend mit Ihrem Ende oder dem eines anderen Menschen. Jedes noch so hohe Alter kann der Beginn eines herrlichen, fruchtbaren, aktiven und äußerst schöpferischen Lebensabschnittes sein, der alle vorhergehenden weit in den Schatten stellt. Glauben Sie daran, stellen Sie sich darauf ein, und Sie werden es erleben.

Heißen Sie jede Veränderung willkommen

Altern ist kein tragischer Vorgang. Was wir den Alterungsprozess nennen, ist im Grunde genommen nur eine Veränderung. Jeder Wandel aber verdient es, freudig begrüßt zu werden, denn jede Phase des menschlichen Lebens ist nur ein weiterer Schritt vorwärts. Der Mensch verfügt über Kräfte, die seinen körperlichen Fähigkeiten weit überlegen sind. Er besitzt Sinne, deren Schärfe jene der ihm angeborenen fünf Sinne weit übertrifft.

Die heutige Wissenschaft, insbesondere die Parapsychologie, hat unwiderlegbare Beweise dafür gefunden, dass mit Bewusstsein ausgestattete geistige Substanz den Körper des lebendigen Menschen verlässt, Tausende von Kilometern zurücklegt und am Zielort andere sehen, hören, berühren und ansprechen kann, obwohl sich der Betreffende physisch nicht einen Millimeter von seinem Standort fortbewegt.

Das menschliche Leben ist geistiger Natur und ewig. Der Mensch braucht nicht alt zu werden, denn das Leben kann nicht altern. Das Leben erneuert sich selbst, ist unzerstörbar und stellt die größte, tiefste Wirklichkeit unserer Erfahrung dar.

Das Leben »ist«

Eine Dame fragte einmal Thomas Alva Edison, den Entdecker der Elektrizität: »Mr. Edison, was ist Elektrizität?«

Er antwortete: »Gnädige Frau, Elektrizität *ist*, nutzen Sie sie.«

Elektrizität ist unsere Bezeichnung für eine unsichtbare Kraft, deren eigentliches Wesen wir bis jetzt noch nicht wirklich verstehen. Durch Forschung erweitern wir aber unsere Kenntnisse und finden immer neue Anwendungsmöglichkeiten. Der Wissenschaftler kann das Elektron nicht mit bloßem Auge sehen, doch nimmt er seine Existenz als wissenschaftlich erwiesen hin, da sie sich als logische Schlussfolgerung aus den Ergebnissen zahlloser Experimente ergibt. Auch das Leben können wir nicht sehen, doch wissen wir, dass wir am Leben sind. Das Leben ist – wir sind geboren, um all seiner Schönheit Ausdruck zu verleihen.

Geist und Seele altern nicht

»*Das ist aber das ewige Leben, dass sie Dich, der Du allein wahrer Gott bist [...], erkennen.*« (Johannes 17,3)

Wer denkt oder glaubt, der Kreislauf von Geburt, Heranwachsen, Reife und Alter sei das ganze Leben, ist zu bemitleiden. Ein so denkender Mensch hat keinen Anker, keine Hoffnung, keinen Weitblick – das Leben ist für ihn ohne jeden Sinn. Eine solche Fehlüberzeugung kann nur Enttäuschung, Zynismus und Hoffnungslosigkeit nach sich ziehen, die meistens zu schweren seelischen, geistigen und körperlichen Krankheiten führen. Falls Sie ein rasantes Tennismatch nicht mehr durchhalten oder nicht mehr so schnell schwimmen können wie Ihr Sohn, wenn Ihre physischen Reaktionen langsamer geworden sind, bedeutet das nur, sich ins Gedächtnis zu rufen, dass sich das Leben wandelt und stets in neuen Formen äußert. Was die Menschen Tod nennen, ist nur ein Aufbruch zu einer anderen Dimension des Lebens.

Die Männer und Frauen, die meine Vorträge besuchen, ermahne ich immer wieder, dem sogenannten Altern gegenüber Haltung zu bewahren. Das Alter hat seine eigenen Vorzüge, seine eigene Schönheit und Weisheit. Friede, Liebe, Freude, Schönheit, Glück, Weisheit, Hilfsbereitschaft und Verständnis sind Eigenschaften, die niemals altern und sterben. Ihr Charakter, Ihre geistigen Qualitäten, Ihr Glaube und Ihre Überzeugungen altern nicht. Emerson sagte zu diesem Thema treffend: »Die Jahre eines Menschen beginnt man erst zu zählen, wenn in seinem Leben sonst nichts mehr zählt.«

Jeder Mensch ist so jung wie seine Denkweise

Nach einem meiner Vorträge in London kam einmal ein Chirurg zu mir und sagte: »Ich bin jetzt 84. Ich operiere jeden Morgen, mache nachmittags Visite und schreibe am Abend Artikel für medizinische und andere wissenschaftliche Fachzeitschriften. Jeder Mensch ist so jung und so nützlich, wie er denkt und sich fühlt.« Und er pflichtete der von mir geäußerten Ansicht lebhaft bei: »Wir sind so stark und so wertvoll, wie wir uns selbst einschätzen.«

Dieser Chirurg lässt sich von seinem hohen Alter nicht einschüchtern. Er weiß, dass er unsterblich ist. Seine Worte beim Abschied waren: »Wenn ich morgen sterben sollte, dann nur, um meine Operationen in der nächsten Dimension fortzusetzen – allerdings nicht mehr mit dem Skalpell, sondern auf der Ebene rein geistiger und seelischer Chirurgie.«

Ihr Alter ist ein Gewinn

Ziehen Sie sich niemals mit der Begründung zurück: »Ich bin zu alt, mit mir ist Schluss.« Vergreisung und Tod würden wahrscheinlich nicht mehr lange auf sich warten lassen. Manche sind schon mit 30 alt, während andere mit 80 noch jung sind. Der Geist bestimmt den Zustand des Körpers, genau wie die Fantasie des Architekten, des Designers und des Bildhauers die Materie formt. George Bernard Shaw war mit 90 Jahren noch unermüdlich tätig, sein Genie war unverwüstlich.

Immer wieder hört man, dass Stellungssuchende von manchen Arbeitgebern abgewiesen, ja geradezu vor die Tür gesetzt werden, sobald diese hören, dass sie älter als 40 sind. Diese Einstellung ist nicht nur gefühllos, verabscheuungswürdig, mitleid- und verständnislos; sie ist schlichtweg dumm. Eine solche offensichtlich nur auf die Generation unter 35 setzende Denkweise erweist sich als äußerst oberflächlich. Würde ein solcher Arbeitgeber nur einen Augenblick nachdenken, so müsste er einsehen, dass ja die Stellungssuchenden nicht etwa ihr Alter oder graues Haar anzubieten haben, sondern bereit sind, die Fertigkeiten, Erfahrungen und das Wissen zur Verfügung zu stellen, die sie durch viele Jahre hindurch gesammelt haben.

Falls Sie bereits zu den älteren Angestellten zählen, so ist gerade Ihr Alter ein wichtiger Gewinn für jedes Unternehmen. Graue Haare sollten besser als Symptom für Souveränität, Weisheit, Geschicklichkeit, Erfahrung und Verständnis gewertet werden. Emotionale und geistige Reife sind ein zusätzlicher Nutzen für jeden Arbeitgeber.

Niemand sollte in Pension gehen müssen, nur weil er 65 Jahre alt ist. Gerade in diesem Alter bietet man die idealen Voraussetzungen zum Beispiel für einen Personalchef oder um Dispositionen und Entscheidungen zu treffen, kurz gesagt, um jüngeren Mitarbeitern die Erkenntnisse langjähriger Erfahrungen mitteilen zu können und sie in das konstruktive Denken einzuführen.

Seien Sie so alt, wie Sie wirklich sind

Ein in der Film- und Fernsehindustrie tätiger Schriftsteller in Hollywood erzählte mir, er müsse Drehbücher schreiben, die dem Denkvermögen eines Zwölfjährigen angepasst seien. Es ist wirklich tragisch, wenn gerade die Massenmedien mit der geistigen und emotionalen Unreife des Publikums rechnen müssen und den Reifeprozess zusätzlich behindern. Wer Jugend so versteht und die jugendliche Unreife betont, der unterstreicht damit deren Mangel an Erfahrung und Urteilsvermögen sowie die Neigung zu vorschnellem Urteil.

»Ich halte noch mit den Besten Schritt«

Unter meinen Bekannten ist ein 65-jähriger Mann, der verzweifelt versucht, jung zu erscheinen. Jeden Sonntag geht er zusammen mit jungen Männern schwimmen, unternimmt lange Fußwanderungen, spielt Tennis und beschwört seine Energie: »Schauen Sie mich an, ich halte noch mit den Besten Schritt!«

Keine Diät, kein Training und kein Sport werden diesen Mann jung erhalten. Er muss einsehen, dass Jugend und Alter relative Begriffe sind und nicht von der körperlichen Verfassung, sondern vom Denken abhängen. Wer stets an das Schöne und Positive denkt, wird immer jung bleiben, gleichgültig, wie viele Jahre er zählen mag.

Die Furcht vor dem Alter

Viele Menschen haben Angst vor dem Alter und ihrem zukünftigen Schicksal, weil sie glauben, mit ihrem Altern müsse ein zunehmender körperlicher und geistiger Verfall einhergehen. Was sie aber ständig denken und fühlen, verwirklicht sich auch.

Man wird alt, sobald man das Interesse am Leben verliert und aufhört zu träumen und nach Neuem zu suchen. Wer offen ist für neue Ideen und neue Interessen, wird immer jung und lebenskräftig bleiben.

Sie haben viel zu geben

Ob Sie nun 65 oder 95 Jahre alt sind – denken Sie immer daran, wie viel Sie noch zu geben haben. Sie können dazu beitragen, die jüngere Generation zu stützen, zu beraten und zu leiten.

Sie können andere teilhaben lassen an Ihrem Wissen, Ihrer Erfahrung und Weisheit. Sie können Ihren Blick getrost nach vorne richten, denn das Leben des Menschen kennt kein Ende. Sie werden die Erfahrung machen, dass es immer neue Schönheiten und Wunder des Lebens zu entdecken gibt. Versuchen Sie mit jedem neuen Tag, mit jedem Augenblick hinzuzulernen, und Ihr Geist wird sich ewig jung erhalten.

Mit Freude alt werden

Als ich vor einigen Jahren in Indien Vorträge hielt, wurde ich einem Mann vorgestellt, der angab, 110 Jahre alt zu sein. Er hatte das schönste Gesicht, das ich je gesehen habe. Er schien von innen zu strahlen. In seinen Augen lebte eine beispiellose Schönheit, die mir bewies, dass er glücklich alt geworden war, ohne dass sein Geist an Schärfe und Kraft eingebüßt hätte.

Die Pension – ein neues Abenteuer

Lassen Sie niemals zu, dass sich Ihr Geist »in den Ruhestand begibt«. Bleiben Sie immer empfänglich für neue Ideen. Ich habe Männer mit 65 und 70 in Pension gehen sehen – es war, als würden sie von einer Krankheit zerstört, und die meisten von ihnen starben bereits nach wenigen Monaten oder Jahren. Offensichtlich waren sie überzeugt, dass ihr Leben vorbei war.

Gerade das Rentenalter kann aber zu einem neuen Abenteuer, einer neuen Phase mit neuen Aufgaben werden, zu einer Gelegenheit, Träume endlich zu verwirklichen. Es gibt kaum etwas Deprimierenderes als die Worte »Was soll ich nur als Rentner oder Pensionär mit mir anfangen?« Ein solcher Satz bedeutet im Grunde genommen eine geistige Bankrotterklärung: »Ich bin geistig und physisch tot. Mein Geist ist zu keiner neuen Idee mehr fähig.«

Das sind jedoch völlig falsche Vorstellungen. In Wahrheit kann man mit 90 mehr leisten als mit 60, weil Ihr Verständnisvermögen und Ihre Weisheit mit jedem Tag zunehmen und sich Ihnen der Sinn des Lebens durch neue Studien und Interessen immer mehr erschließt.

Anstatt zu sagen: »Ich bin alt«, sagen Sie: »Im Hinblick auf das Göttliche Leben bin ich weise.« Lassen Sie sich weder von Ihrem Unternehmen noch von Zeitungen oder Statistiken ein Bild des Alters, des Rückschritts, von Altersschwäche, Senilität und Nutzlosigkeit vorschreiben. Lehnen Sie es ab, denn es ist eine Lüge. Weigern Sie sich, sich von solch einer Propaganda hypnotisieren zu lassen. Bejahen Sie das Leben – nicht den Tod. Sehen Sie sich selbst als glücklich, strahlend, heiter und voller Kraft.

Akzeptieren Sie das Altern und begegnen Sie ihm mit Freude. Das Alter hat seine eigenen Vorzüge, Schönheit und Weisheit. Frieden, Liebe, Freude, Schönheit, Zufriedenheit, Weisheit, Wohlwollen und Verständnis sind Qualitäten, die nie altern oder sterben.

Der Ruhestand kann ein neues Projekt, eine neue Herausforderung, ein neuer Weg, der Beginn der Erfüllung eines langersehnten Traums sein.

Eine weitere Stufe nach oben

Ein Nachbar, der eine leitende Stelle in einem Konzern ausgefüllt hatte, musste vor einigen Monaten wegen Erreichung der Altersgrenze in Pension gehen. Er sagte mir: »Ich betrachte meine Pensionierung als Aufstieg zur nächsthöheren Stufe.«

In seiner philosophischen Sicht hatte sich sein ganzes Leben jeweils von der niedrigeren hinauf zur höheren Stufe »emporgespielt«: von der Schule zur Universität – ein Fortschritt in seiner Erziehung und Lebenserfahrung –, von der Universität in die Berufstätigkeit und vom Berufsleben in den Ruhestand. Die Pensionierung bot ihm jetzt Gelegenheit, alles das zu tun, was er sich immer gewünscht hatte. Deshalb betrachtete er sie als eine weitere Stufe auf der Leiter des Lebens und der Weisheit.

Er gelangte zu der klugen Einsicht, dass er es nun nicht mehr nötig habe, sich auf den Beruf zu konzentrieren und seinen Lebensunterhalt zu verdienen. Von nun an würde er sein Leben voll ausschöpfen. Er war ein begeisterter Amateurfotograf und hatte nun endlich die Zeit, sich auf dem Gebiet der Fotografie und des Filmens zu vervollkommnen. Er unternahm eine Weltreise und filmte dabei die schönsten und interessantesten Gegenden der Welt. Heute reicht seine Zeit fast nicht mehr aus, alle Einladungen der verschiedenen Clubs, Gesellschaften und Vereine anzunehmen und die erbetenen Filmvorträge zu halten. Dem geistig regen Menschen bieten sich unzählige Beschäftigungsmöglichkeiten und Interessengebiete. Begeistern Sie sich für neue, schöpferische Ideen, bemühen Sie sich, Geist und Verstand höher zu bilden, werden Sie nie müde zu lernen und an Alter und Weisheit zuzunehmen. Auf diese Weise bleibt Ihr Herz immer jung, und Ihr Körper ist der Spiegel Ihrer Denkweise.

Seien Sie kein Gefangener, sondern ein Gestalter der menschlichen Gesellschaft

In den Medien wurde in letzter Zeit oft berichtet, dass nicht nur die Gesamtbevölkerung im Durchschnitt immer älter wird, sondern dass die Zahl der Altwähler sprunghaft ansteigt. Dies bedeutet, dass sich die älteren Jahrgänge in wachsendem Maß bei den Regierenden Gehör verschaffen. Meiner Überzeugung nach wird darum ein neues Gesetz nicht mehr lange auf sich warten lassen, das den Arbeitgebern verbieten wird, Arbeitnehmer nur aufgrund fortgeschrittenen Alters zu benachteiligen.

Ein Mann von 65 Jahren kann geistig, seelisch und physisch jünger sein als viele andere mit 30. Es ist ebenso dumm wie lächerlich, einen Stellungssuchenden abzuweisen, nur weil er über 40 ist.

Was können Sie tun, wenn Sie 40 und darüber sind? Müssen Sie sich verbergen und Ihre Talente verstecken? Wer aus Altersgründen des Rechtes auf Arbeit beraubt wird, fällt der Gemeinde-, Landes- oder Bundeskasse zur Last. Dieselben Unternehmen, die sich weigern, ältere Stellungssuchende zu berücksichtigen, müssen diese in Form höherer Steuern dennoch aus eigener Tasche miternähren, ohne einen Nutzen aus dem Erfahrungsschatz der Abgewiesenen ziehen zu können. Dies läuft auf einen finanziellen Selbstmord hinaus. Angesichts allgemein hoher Arbeitslosenquoten kann man nur ein baldiges Erwachen der Regierenden herbeibeten.

Der Mensch hat ein Recht darauf, die Ergebnisse seiner Arbeit zu genießen, und einen Anspruch, nicht ein Gefangener, sondern ein Gestalter der menschlichen Gesellschaft zu sein, die ihn zur Untätigkeit verurteilen will.

Die körperlichen Funktionen und Reaktionen werden im Laufe der Jahre allmählich langsamer. Die geistigen Fähigkeiten aber können mithilfe des Unterbewusstseins immer mehr geschärft und gesteigert werden. Der menschliche Geist wird niemals alt.

> »*O dass ich wäre wie in den vorigen Monden, in den Tagen, da mich Gott behütete, da seine Leuchte über meinem Haupt schien und ich bei seinem Licht in der Finsternis ging; wie war ich in der Reife meines Lebens, da Gottes Geheimnis über meiner Hütte war.*« (Hiob 29,2 ff.)

Das Geheimnis der Jugend

Falls Sie sich in Ihre Jugend zurückversetzen wollen, brauchen Sie nur zu fühlen, wie die erneuernde Kraft des Unterbewusstseins Ihr ganzes Leben durchfließt. Freuen Sie sich darauf, dass Sie geistig erleuchtet, verjüngt und von neuer Kraft erfüllt werden. Wie früher können Sie voller Begeisterung und Freude sein, weil Sie jederzeit fähig sind, sich geistig und gefühlsmäßig in jenen Zustand zurückzuversetzen. Ohne Rücksicht auf den äußeren Anschein ermöglicht Ihnen diese Kraft, die Wirklichkeit und Gegenwart des Positiven durchzusetzen. Mit Zuversicht vertrauen Sie sich der Führung Ihres Unterbewusstseins an, weil Sie wissen, dass es das Beste für Sie erreichen wird.

Bemühen Sie sich um ein neues Selbstverständnis

Anstatt zu sagen: »Ich bin alt«, sollten Sie sich freuen: »In mir wächst die Weisheit des göttlichen Lebens.« Lassen Sie sich nicht durch verständnislose Arbeitgeber, Zeitungsartikel oder Statistiken einreden, Altern sei gleichbedeutend mit geistigem und körperlichem Verfall, Gebrechlichkeit und Nutzlosigkeit.

Weisen Sie eine solche Darstellung von sich, denn sie ist falsch. Lassen Sie sich nicht durch solche Lügen beirren. Konzentrieren Sie sich auf das Leben – nicht auf den Tod. Bemühen Sie sich um Selbsterkenntnis und ein neues Selbstverständnis, in dem Sie so erscheinen, wie Sie sind: glücklich, strahlend, erfolgreich, voller Kraft.

Ihr Geist altert nicht

Herbert Hoover, der frühere Präsident der Vereinigten Staaten, bewältigte bis in das höchste Alter mit ungebrochener Energie ein unglaubliches Arbeitspensum. Vor Jahren interviewte ich ihn im Waldorf-Astoria-Hotel, New York. Ich begegnete einem gesunden, glücklichen, kraftvollen, lebendigen und begeisterungsfähigen Menschen. Mehrere Sekretärinnen waren damit beschäftigt, seine umfangreiche Korrespondenz zu erledigen, während er nebenbei noch die Zeit fand, politische und historische Bücher zu schreiben. Wie alle bedeutenden Männer, deren Bekanntschaft ich machen konnte, war auch er zugänglich, freundlich, liebenswürdig und äußerst verständnisvoll.

Die Schärfe seines Geistes und die Weisheit seines Urteils waren für mich ein unvergessliches Erlebnis, das mich ihn als tief religiösen Menschen und mit dem unerschütterlichen Glauben an das Gute im Leben kennenlernen ließ. Obgleich er in den Jahren der großen Wirtschaftskrise scharfer Kritik und üblen Verleumdungen ausgesetzt gewesen war, hatte er das ohne Hass, ohne Abneigung, Enttäuschung oder Bitterkeit überstanden und den Frieden seiner Seele gefunden.

Man ist so alt, wie man sich fühlt und wie man denkt

Mein Vater begann mit 65 Jahren Französisch zu lernen und beherrschte mit 70 diese Sprache nahezu perfekt. Als er die 70 schon überschritten hatte, begann er Gälisch zu studieren und wurde ein anerkannter und berühmter Lehrer dieser Sprache. Er half meiner Schwester bei ihrem Studium und ihrer Lehrtätigkeit, bis er im Alter von 99 Jahren starb. Am Tage seines Todes war sein Geist noch so klar wie mit 20 Jahren. Mit fortschreitendem Alter waren seine Handschrift immer schöner und sein Geist stetig klarer geworden. An meinem Vater habe ich es selbst erlebt: Der Mensch ist so alt, wie er denkt und fühlt.

Wir brauchen unsere älteren Mitbürger

Marcus Porcius Cato (der Ältere), der römische Staatsmann, lernte Griechisch mit 80. Ernestine Schumann-Heink, die berühmte deutsch-amerikanische Sängerin, erreichte den Höhepunkt ihrer künstlerischen Laufbahn, als sie bereits Großmutter geworden war. Es ist eine wahre Freude, die Leistungen der »Alten« zu betrachten.

Sokrates lernte noch im Alter von 70 Jahren mehrere Musikinstrumente spielen und bis zur Meisterschaft beherrschen. Michelangelo schuf seine größten Gemälde im Alter von 80 Jahren. Im gleichen Alter wurde Simonides von Keos mit dem Lyrikerpreis ausgezeichnet, beendete Goethe seinen Faust und begann Ranke seine »Weltgeschichte«, die er mit 91 beendete.

Alfred Lord Tennyson schrieb mit 83 Jahren sein berühmtes, schönes Gedicht *»Crossing the Bar«*. Newton war noch mit 85 Jahren rastlos tätig. Mit 88 stand John Wesley noch an der Spitze der Methodisten. Auch in meinem Bekanntenkreis gibt es mehrere Männer von 95 Jahren, die mir übereinstimmend versichern, dass sie sich jetzt gesünder fühlen als im Alter von 20.

Diese Beispiele zeigen, welcher Platz den »Alten« zusteht. Sollten Sie selbst schon pensioniert sein, so ist immer noch Zeit, Ihr Interesse für die Gesetze des Lebens und für die Wunder des Unterbewusstseins zu wecken. Unternehmen Sie alles, was Sie schon immer tun wollten. Widmen Sie sich neuen Themen, machen Sie sich mit neuen Gedanken vertraut.

»Wie der Hirsch schreit nach frischem Wasser, so schreit meine Seele, Gott, zu dir. Meine Seele dürstet nach Gott, nach dem lebendigen Gott.« (Psalm 42,2 f.)

Die Früchte unseres hohen Alters

»Sein Fleisch wird wieder grünen wie in der Jugend und er wird wieder jung werden.« (Hiob 33,25)

Im hohen Alter zu stehen, bedeutet im Grunde genommen nichts anderes, als die Wahrheiten des Lebens von einer hohen Stufe aus zu sehen. Denken Sie immer daran: Sie befinden sich auf einer niemals endenden Reise. Sie dringen immer weiter vor, und vor Ihnen liegt der unendliche Ozean des Lebens. Hören Sie auf die Stimme des Psalmisten: *»Noch im Alter blühen sie auf, bleiben üppig und frisch.«* (Psalm 92,14)

> *»Die Frucht aber des Geistes ist Liebe, Freude, Friede, Geduld, Freundlichkeit, Gütigkeit, Glaube, Sanftmut, Keuschheit. Wider solche ist das Gesetz nicht.«* (Galater 5,22 f.)

Sie sind ein Geschöpf des unermesslichen Lebens und ein Kind der Ewigkeit!

Leitgedanken

1. Geduld, Güte, Liebe, Hilfsbereitschaft, Freude, Glück, Weisheit und Verständnis sind Eigenschaften, die niemals alt werden. Wer sie immer höher ausbildet und in seinem Leben verwirklicht, wird körperlich und geistig jung bleiben.
2. Manche Forscher und Ärzte stellen fest, die neurotische Furcht vor den negativen Auswirkungen der Zeit sei vermutlich die eigentliche Ursache vorzeitigen Alterns.
3. Das Alter ist nicht der Abend des Lebens, sondern die Morgendämmerung der Weisheit.
4. Die fruchtbarsten Jahre des Lebens können zwischen einem Alter von 65 und 95 liegen.
5. Begrüßen Sie Ihre Jahre. Sie lassen Sie immer steigen auf der unendlichen Bahn des Lebens.
6. Gott ist das Leben, und Sie leben in Gott. Das Leben erneuert sich stets von selbst, ist ewig, unzerstörbar und die Wirklichkeit unserer Welt. Sie leben für immer und ewig, denn Ihr Leben hat Anteil am Leben Gottes.
7. Sie können Ihren Verstand nicht sehen, und doch wissen Sie, dass Sie einen besitzen. Sie können den Geist nicht sehen, aber Sie wissen, dass der Geist des Künstlers, des Musikers, des Redners, des Philosophen unbestreitbare Wirklichkeit ist. Der Geist der Güte, der Wahrheit und Schönheit in Ihnen besitzt die gleiche unwiderlegbare Wirklichkeit. Sie können das Leben nicht sehen, doch Sie wissen, dass Sie lebendig sind.
8. Hohes Alter kann man definieren als die Fähigkeit, die Wahrheiten des Lebens von der höchsten Warte aus zu betrachten. Die Freuden des Alters sind größer als die der Jugend. Auch im geistigen Sport kann man sich bewähren, auch in geistigen Disziplinen gibt es Wettbewerbe und Sieger. Die Natur lässt das Körperliche zurücktreten zugunsten des Geistes: Es besitzt die Freiheit, sich mit dem Göttlichen auseinanderzusetzen.

9. Wir zählen die Jahre eines Menschen so lange nicht, wie in seinem Leben noch andere Dinge zählen. Glaube und Überzeugungen sind keinem Verfall ausgesetzt.
10. Sie sind so jung, wie Sie denken und sich fühlen. Sie sind so stark, wie Sie sich selbst einschätzen. Sie sind ebenso nützlich, wie Sie von Ihrer Nützlichkeit überzeugt sind. Sie sind so jung wie Ihre Denkweise.
11. Ihre grauen Haare sind ein Gewinn. Denn sie zeigen Ihre Fähigkeiten, die Erfahrungen und die Weisheit, die Sie im Laufe der Jahre gesammelt haben.
12. Diät und Sport halten niemanden für immer jung. »*Denn wie einer in seinem Herzen denkt, so ist er.*«
13. Die Furcht vor dem Altern kann zu körperlichem und geistigem Verfall führen.
14. Sie werden alt, sobald Sie zu träumen aufhören und das Interesse am Leben verlieren. Sie werden alt, sobald Sie reizbar, eigenbrötlerisch und streitsüchtig werden. Bleiben Sie offen für die Wahrheiten des Lebens, und Sie strahlen von innen – das ist wahre Jugend.
15. Richten Sie Ihren Blick immer nach vorne, immer in die Zukunft, denn das Leben ist unendlich.
16. Pensionierung ist der Beginn eines neuen Abenteuers. Wenden Sie sich neuen Interessen zu, erweitern Sie Ihren Horizont. Nun haben Sie Gelegenheit, alles zu tun, wonach Sie sich sehnten, solange Ihnen der Beruf keine Zeit ließ. Richten Sie Ihre ganze Aufmerksamkeit darauf, Ihr Leben voll auszuschöpfen.
17. Seien Sie kein Gefangener, sondern werden Sie ein Gestalter der Gesellschaft. Verstecken Sie Ihre Talente und Fähigkeiten nicht.
18. Das Geheimnis der Jugend ist Liebe, Freude, innerer Friede und frohes Lachen.
19. Sie werden gebraucht. Manche Philosophen, Dichter, Künstler, Wissenschaftler oder andere Persönlichkeiten vollbrachten ihre größten Leistungen erst im Alter von über 80.

20. Die Früchte des Alters sind Liebe, Freude, Frieden, Geduld, Sanftmut, Güte, Glaube, Milde und Ausgeglichenheit.
21. Sie sind ein Geschöpf des unermesslichen Lebens, das kein Ende kennt. Sie sind ein Kind der Ewigkeit. Sie selbst sind ein Wunder der Schöpfung.

Das Alter ist kein tragisches Ereignis. Was wir den Alterungsprozess nennen, ist in Wahrheit ein Wandel. Jede Phase des menschlichen Lebens ist ein weiterer Schritt auf einem Weg, der niemals endet. Wir verfügen über gewaltige Kräfte, die die Grenzen unserer körperlichen Kräfte überschreiten. Wir verfügen über wunderbare Sinne, die weit über die Grenzen unserer fünf körperlichen Sinne hinausgehen. Das Leben ist spirituell und ewig.

Teil 2

Kommentare und Übungen

von C. James Jensen

In der Einleitung habe ich beschrieben, wie ich Dr. Joseph Murphys Lehren über die Macht der unglaublichen Beziehung zwischen dem Bewusstsein und dem Unterbewusstsein kennengelernt und schließlich elf Jahre lang viertägige Seminare zu diesem Thema gehalten habe.

Seit dem Erscheinen von Dr. Murphys Werk vor über 50 Jahren hat sich auf diesem Gebiet sehr viel getan, was sein Schaffen, das uns in die Macht des Unterbewusstseins einführt, weiter bestätigt. Der zeitgenössische Autor Dr. Bruce H. Lipton schrieb in seinem bemerkenswerten Buch *Spontane Evolution*: »Das Unterbewusstsein steuert 95 Prozent unseres Verhaltens und unserer genregulierenden kognitiven Aktivitäten durch Programme, die hauptsächlich aus dem Bereich der Überzeugungen stammen. Wenn wir die Kontrolle über unsere eigenen unterbewussten Überzeugungen und Emotionen übernehmen, sowohl individuell als auch kollektiv, gewinnen wir die kreative Kontrolle über unser Leben zurück.«[2]

In diesem Teil werde ich Sie durch meine Lektionen und Erfahrungen führen und dabei Dr. Murphys Lehren über das Unterbewusstsein und dessen Manifestation in unserem täglichen Leben vertiefen. Zunächst werden wir uns mit der Wechselbeziehung zwischen unserem Unterbewusstsein und unserem Bewusstsein befassen. Dann werde ich Ihnen eine Einführung in die überbewusste und kreative Problemlösung geben, indem ich eine spezielle Technik anwende, um auf das universelle Wissensfeld zuzugreifen, das über alle in unserem Unterbewusstsein gespeicherten Informationen hinausgeht. In Kapitel 23 werden wir uns ansehen, wie sich unser Selbstbild durch unsere inneren Monologe entwickelt, und erklären, warum es in jedem Bereich unseres Lebens immer eine direkte Beziehung zwischen unserem Selbstbild und unseren Leistungen gibt.

Die abschließenden Kapitel bieten ein Toolkit an Übungen, die mein Leben sowohl beruflich als auch persönlich mehr verändert und verbessert haben, als ich es mir je hätte vorstellen können. Dieses Toolkit beinhaltet Affirmationen, Visualisierungen, Kommunikation, Resilienz, Meditation und Führung. Sie werden auch mehrere Erfahrungsberichte von Mitarbeitern lesen, deren Vorgesetzter ich war und denen ich dieselben Tools vermittelt habe. Sie waren so freundlich, mir zu berichten, wie sehr diese täglichen Übungen – insbesondere Affirmationen und Meditation – ihren Erfolg und ihre Lebensqualität gesteigert haben.

Wenn Sie diese Tools beherrschen, wird sich Ihr Leben in allen Bereichen verbessern: Ihre Leistungen, Ihre Beziehungen, Ihr Glückslevel und Ihr Wohlbefinden. Egal, wo Sie beginnen: Sie werden Ihrem Ziel, das Leben zu erschaffen und zu genießen, das Sie sich wirklich wünschen, immer näher kommen.

Kapitel 21

Die tatsächliche Wechselbeziehung zwischen Bewusstsein und Unterbewusstsein verstehen

Der Grund für Unordnung und Schmerzen liegt meistens in dem mangelnden Verständnis der Menschen für die Wechselbeziehungen zwischen Bewusstsein und Unterbewusstsein. Wenn und solange diese beiden Prinzipien zusammenwirken, ist das Ergebnis Gesundheit, Glück, Friede und Freude. Krankheit und Ärger können vor der gemeinsamen Kraft dieser beiden geistigen Sphären nicht bestehen.
Dr. Joseph Murphy

Lassen Sie uns die Wechselbeziehung zwischen dem Bewusstsein und dem Unterbewusstsein, von der Dr. Murphy spricht, näher betrachten und untersuchen, wie die in unserem Unterbewusstsein gespeicherten Daten weitgehend bestimmen, welche Entscheidungen wir treffen und wie wir uns verhalten.

Unser Verstand besteht aus drei Bereichen, welche die Grundlage dafür bilden, wie wir denken, Dinge gestalten und Entscheidungen treffen, sowohl bewusst als auch unbewusst:

1. Das Bewusstsein
2. Das Unterbewusstsein
3. Das Überbewusstsein

Es handelt sich dabei nicht um drei verschiedene Arten von Verstand, sondern um drei Sphären unseres einen Verstandes.

Eine der Hauptfunktionen des Unterbewusstseins ist das Speichern von Daten. Es ist der Bereich unseres Verstandes, der Erinnerungen aufnimmt und abspeichert. In Computersprache könnten wir es als unsere Festplatte bezeichnen. Alles, was wir gesehen, gehört und erfahren haben – und mit welchen Empfindungen wir diese Erfahrungen seit unserer Geburt verbunden haben –, ist in unserem Unterbewusstsein oder unserer Gedächtnisbank gespeichert. Alles.

Was wir vergessen haben, kann mithilfe chemischer Substanzen oder hypnotischer Regression wiederhergestellt werden. Viele Psychotherapeuten setzen Hypnose ein, um frühe Kindheitstraumata aufzuspüren, die das Verhalten eines Menschen als Erwachsener negativ beeinflussen können. Starke Phobien und tief verwurzelte Ängste werden oft im Kindesalter angelegt, und wir vergessen als Erwachsene, woher sie stammen; wir wissen aber, dass bestimmte Umstände oder Situationen ein oftmals irrationales Verhalten auslösen.

Unser gesamtes Verhalten wird von den Daten bedingt, die wir auf unserem Lebensweg gesammelt haben und die unsere Reaktionen auslösen. Auf der Bewusstseinsebene geschehen vier grundsätzliche Dinge:

1. Wir nehmen eintreffende Impulse mit unseren Sinnen wahr.
2. Wir durchlaufen einen Prozess des Vergleichens oder Wiedererkennens.
3. Wir analysieren, was wir erkannt haben.

4. Wir treffen eine Entscheidung für gezieltes Vorgehen, eine Reaktion oder Untätigkeit.

Wenn wir also unsere Reaktionen besser verstehen wollen, können wir die vier Phasen der Entscheidungsfindung näher betrachten, um einige Erkenntnisse daraus zu ziehen:

- **Wahrnehmung**: Wir nehmen eintreffende Impulse im Bewusstsein durch unsere Sinne wahr. Wir sehen, hören, fühlen, riechen oder schmecken etwas. Ich möchte noch hinzufügen, dass wir einen sechsten Sinn haben, die Intuition.
- **Vergleich**: Wir gehen gleichzeitig in unser Unterbewusstsein, um zu erkennen, was wir wahrnehmen. Ein Auto? Ein Flugzeug? Einen Vogel? Einen Elefanten? Etwas Essbares? Einen Freund? Einen Feind? Oder etwas, zu dem uns keinerlei Daten vorliegen?
- **Analyse**: Sobald wir die Daten abgefragt haben, die uns sagen, was wir wahrnehmen, fragen wir uns: Ist das etwas Gutes? Etwas Schlechtes? Etwas, das mich glücklich machen wird? Traurig? Angenehm? Unangenehm? Und so weiter.
- **Entscheidung**: Auf der Grundlage dieser inneren Selbstanalyse treffen wir eine Entscheidung über Handeln, Untätigkeit oder Reaktion.

Die Quintessenz: Wir alle treffen Entscheidungen, die größtenteils auf unseren früheren Erfahrungen oder auf Daten beruhen, die wir über etwas erhalten haben; diese können der Wahrheit entsprechen oder auch nicht. Zu unseren Daten gehören auch alle Überzeugungen, Einstellungen und Meinungen, die wir von Geburt an bis zum heutigen Tag formuliert haben und von denen viele möglicherweise völlig überholt sind. Viele von uns werden zu »Gefangenen« ihrer Daten. Unsere Daten oder unser Unterbewusstsein sind wie die Software eines Computers, der uns im wahrsten Sinne des Wortes steuert. Wir alle arbeiten mit bestimmten Programmen, aber viele Menschen sind sich nicht bewusst, dass sie mit alten Programmen oder Glaubenssystemen arbeiten, die vielleicht nicht mehr aktuell sind. Wie Eric Hoffer, amerikanischer Autor und Träger der Presidential Medal of Freedom, einer der höchsten zivilen Auszeichnungen der USA, so schön sagt: »In einer Zeit des Wandels übernehmen die Lernenden die Erde, während die Gelehrten bestens gerüstet sind, sich mit einer Welt auseinanderzusetzen, die es nicht mehr gibt.«[3]

Wir alle kennen Menschen, die nur sehr wenige Grautöne in ihrem Leben zulassen. Für sie ist nahezu alles schwarz oder weiß. Sie haben entschiedene Meinungen zu fast allem und sind wenig daran interessiert, andere Standpunkte oder neue Daten zu berücksichtigen, die ihre alten Programme verändern könnten.

Die Lernenden, die »die Welt übernehmen«, betrachten Bildung als kontinuierlichen, lebenslangen Prozess. Sie suchen ständig nach neuen Daten, stellen ihre eigenen Annahmen infrage und sind bereit, nach innen zu schauen und die Datenbank ihres Unterbewusstseins zu analysieren, um festzustellen, welche Programme eventuell aktualisiert werden müssen und welche alten Daten unter Umständen fehlerhaft sind und zu Entscheidungen führen, die ihnen nicht mehr nützlich sind. Ihre Egos stehen auf dem Prüfstand, und die Wahrheit ist ihnen wichtiger, als recht zu haben.

Lassen Sie uns untersuchen, wie drei verschiedene Menschen auf die gleiche Situation reagieren können, nicht auf Grundlage der Wahrheit oder Realität der Situation, sondern vielmehr auf der Grundlage ihrer eigenen Erfahrungen.

Stellen Sie sich vor, ich halte einen Vortrag zu diesem Thema und bitte drei Freiwillige auf die Bühne. Jessica, Sarah und Alex melden sich, und wir setzen uns an einen runden Tisch. Ich sage ihnen, dass wir über Schlangen diskutieren werden. Wir werden über die Strumpfbandnatter sprechen. Ich erzähle ihnen, dass die Strumpfbandnatter keine Zähne hat, nicht beißen kann und Insekten frisst, Menschen aber nicht beißt und es daher keinen vernünftigen Grund gibt, vor einer Strumpfbandnatter Angst zu haben. Vom Verstand her stimmen mir alle drei zu. Dann sage ich: »Gut, jetzt, wo wir wissen, dass es absolut keinen Grund gibt, Angst vor einer Strumpfbandnatter zu haben, möchte ich euch Larry vorstellen«, hole eine lebendige Strumpfbandnatter heraus und lege sie auf den Tisch.

Noch bevor die Schlange den Tisch berührt, ist Jessica schon aufgesprungen und stößt einen Schrei aus, während sie von der Bühne springt, den Gang hinuntersprintet und auf Nimmerwiedersehen durch die Tür verschwindet. Was ist gerade passiert? Gehen wir einmal die vier Phasen der Entscheidungsfindung durch.

1. **Wahrnehmung**: Jessica nimmt mit ihren Sinnen, in diesem Fall den Augen, das Bild von etwas Lebendigem, Langem und Dünnem wahr, das sich in Schlangenlinien bewegt.
2. **Vergleich**: Jessicas unterbewusste Gedächtnisbank findet einige Daten, die ihr schnell sagen, dass es sich um eine »Schlange« handelt.
3. **Analyse**: Bei der Entscheidung für eine Reaktion braucht sie nur eine Nanosekunde, um das im Unterbewusstsein abgespeicherte Bild des Jungen aus der dritten Klasse abzurufen, der sie mit einer Strumpfbandnatter in der Hand die Straße hinunterjagt. Damals fasste Jessica den Entschluss, nie wieder einer Schlange so nahe zu kommen. Wenn sie sich einen Film ansieht und eine Schlange auf dem Bildschirm erscheint, schließt sie die Augen oder steht auf und verlässt den Raum. Schon das Bild einer Schlange kann bei ihr Angst und Unbehagen auslösen, und zwar nicht aufgrund der Realität der

Situation, sondern aufgrund ihrer früheren Erfahrung. Sie können sicher sein, dass wir alle »Schlangen« in unserer Vergangenheit haben, die immer noch irrationale Reaktionen auf bestimmte Situationen hervorrufen können.

4. **Entscheidung**: Das ist leicht. Auf der Grundlage ihrer Analyse trifft Jessica eine reaktive Entscheidung und flüchtet umgehend.

Wie reagiert nun Sarah auf dieselbe Situation? Sie ist auf einem Bauernhof aufgewachsen und war ihr Leben lang von Tieren umgeben. Schlangen gehören zu ihren Lieblingstieren. Tatsächlich hält sich Sarah eine Boa constrictor als Haustier in ihrer Wohnung.

Sarah durchläuft denselben Prozess der Entscheidungsfindung wie Jessica:

1. Die **Wahrnehmung** erfolgt mit ihren Sinnen/Augen.
2. Durch einen **Vergleich** identifiziert sie das Objekt als »Schlange«.
3. Eine schnelle **Analyse** erweckt warme Gefühle.
4. Sie trifft die **Entscheidung**, sich der Schlange zu nähern, und nimmt sie liebevoll in die Hand.

Kommen wir nun zu Alex, der von der ganzen Situation eher unbeeindruckt ist. Er fühlt sich weder zu Schlangen hingezogen, noch hat er Angst vor ihnen, also bleibt er untätig oder neutral.

Unsere gegenwärtigen Entscheidungen beruhen größtenteils auf unseren früheren Erfahrungen oder Informationen, die wir über etwas haben. Wir müssen verstehen, dass wir auch darauf konditioniert worden sind, bestimmte Dinge aus einer sehr subjektiven Perspektive zu betrachten. Daher rühren auch unsere Vorurteile.

Sobald wir die notwendigen Werkzeuge haben, positive Veränderungen in unserem Leben herbeizuführen, und wirklich lernen, diese Werkzeuge zu nutzen, haben wir eine enorme Chance, unser Unterbewusstsein zu überprüfen, um festzustellen, welche Daten für unsere aktuelle Lebenserfahrung nicht mehr relevant sind.

Es ist wichtig zu verstehen, dass, wenn wir etwas wahrnehmen und erkennen, das auf ein negatives Gewohnheitsmuster trifft, unsere Analysefähigkeit ausgeschaltet wird und wir so reagieren, wie wir konditioniert wurden: völlig irrational. Wenn wir unsere negativen Gewohnheitsmuster erkennen, können wir unser Unterbewusstsein mit neuen Daten so umprogrammieren, dass wir unsere Reaktionen wunschgemäß steuern und uns von hinderlichen negativen Gewohnheitsmustern befreien können.

***

Der dritte Bereich des Verstandes ist das Überbewusstsein, auch »höheres Selbst« genannt. Der Großteil der Forschung auf dem Gebiet des Überbewusstseins erfolgte, nachdem Dr. Murphy sein Buch 1963 geschrieben hatte, daher verweist er nicht auf diesen Bereich.

Das Überbewusstsein ist unsere Quelle der reinen Weisheit und Kreativität.

Wie wir in einem späteren Kapitel sehen werden, ist es der Bereich, durch den wir große Inspiration und kreative Lösungen erhalten; es ist der Bereich, in dem die Informationen, die zur Lösung einer Situation benötigt werden, über die Daten hinausgehen, die in unserem Unterbewusstsein oder unserer Gedächtnisbank gespeichert sind. Das Überbewusstsein ist auch unsere Quelle der Intuition, der Impulse und der freien Energie, wenn wir positiv motiviert sind. Menschen, die als echte Genies gelten, scheinen diesen riesigen Speicher nach Belieben anzapfen zu können.

Zusammenfassend lässt sich sagen, dass wir drei Bereiche des Verstandes haben, die miteinander interagieren: das Bewusstsein, das Unterbewusstsein und das Überbewusstsein. Wenn wir uns ihrer nicht bewusst sind und nicht wissen, wie sie zusammenwirken, neigen wir dazu, im Autopilot-Modus durch das Leben zu treiben, wobei wir in bestimmten Bereichen gut und in anderen schlecht abschneiden und immer wieder dieselben Fehler machen. Wenn Sie lernen, die Funktionen dieser drei Verstandesbereiche zu verstehen und die verfügbaren Tools benutzen, um alte oder überholte Informationen mit neuen Daten zu überschreiben, werden Sie Ihre Ziele mit weniger Anstrengung erreichen, da Sie die echte Kontrolle über Ihr Leben übernehmen und es nach Ihren Wünschen gestalten können.

Reflexionsübung

Nehmen Sie sich heute die Zeit, über eine kürzlich getroffene Entscheidung oder Reaktion nachzudenken, die negativer ausfiel, als Sie wollten. Untersuchen Sie, was sie ausgelöst hat. Betrachten Sie die Situation genau und gliedern Sie sie in die vier Phasen von Wahrnehmung, Vergleich, Analyse und Entscheidung auf. Wenn Sie das tun, erfahren Sie vielleicht, dass das, was Ihre Entscheidung beeinflusst hat, eine automatische Reaktion war, die auf einer früheren Erfahrung oder Erinnerung beruht – ein altes Programm oder eine alte Überzeugung, die unter Umständen nicht mehr relevant ist.

Kapitel 22

Überbewusstsein und kreative Problemlösung

Ihre neue geistige Einstellung, dass die schöpferische Intelligenz des Unterbewusstseins Ihr Problem zu lösen weiß, wird Sie die richtige Antwort finden lassen.
Dr. Joseph Murphy

Obwohl das Konzept des Überbewusstseins erst nach Erscheinen von Dr. Murphys Buch aufkam, ist es ein so wichtiger Teil unseres allgemeinen Wohlbefindens, dass es in jede Erörterung der kreativen Problemlösung einbezogen werden muss.

Wie ich weiter oben bereits geschrieben habe, sind sowohl das Bewusstsein als auch das Unterbewusstsein und das Überbewusstsein Sphären unseres einen Verstandes, und jede dieser Sphären hat ihre spezielle Funktion. Lassen Sie uns nun tiefer in die Materie eindringen, indem ich Ihnen eine Schritt-für-Schritt-Anleitung gebe, wie Sie bei der kreativen Problemlösung auf das transzendente und intuitive Überbewusstsein zugreifen können.

Lassen Sie uns zunächst die Funktionen und Merkmale des Überbewusstseins untersuchen.

Das Überbewusstsein ist die Quelle aller reinen Kreativität.

Wie wir gelernt haben, ist das Bewusstsein nicht kreativ und kann nichts Eigenes hervorbringen. Es zieht Rückschlüsse aus Daten, die im Unterbewusstsein gespeichert sind, oder greift auf Daten und Informationen aus anderen Quellen zu, zum Beispiel von Menschen (Fachleuten), aus Büchern, von Computern und so weiter. Das Bewusstsein kann Probleme lösen, indem es auf Daten zugreift, die Lösungen für solche Probleme liefern, und daraus Schlussfolgerungen zieht.

Das Überbewusstsein hat dagegen Zugriff auf Daten, die nicht im Unterbewusstsein gespeichert sind. Es hat im wahrsten Sinne des Wortes Zugang zu universellem Wissen, das zu reiner Kreativität führt, die über die normalen Schlussfolgerungen des Bewusstseins und des Unterbewusstseins hinausgeht. Künstler behaupten beispielsweise, dass ihre Werke (Musik, Literatur und so weiter) zu ihnen oder durch sie kommen, nicht von ihnen. Die Idee(n) kommen auf der Ebene durch, auf der das Bewusstsein arbeitet und Verlangen empfindet.

Das Überbewusstsein ist zu zielorientierter Motivation fähig.

Es gibt zwei Arten von Motivation:

1. **Intrinsische Motivation**: Das ist der Fall, wenn wir unbedingt ein Ziel erreichen oder etwas verwirklichen wollen, das uns sehr wichtig ist.
2. **Extrinsische Motivation**: Dabei tun wir etwas, das wir tun müssen und das oft von jemand anderem gewünscht oder gefordert wird, zum Beispiel unserem Arbeitgeber, unseren Eltern, Lehrern und so weiter. Unsere Handlungen beruhen dann nicht auf unseren Wünschen; wir tun etwas, weil wir müssen.

Das Überbewusstsein liefert frei fließende Energie, aber nur dann, wenn wir intrinsisch motiviert sind. Wir werden es selten müde, Dinge zu machen, die uns begeistern und die wir gern tun, während es uns ermüdet, Dinge zu tun, die wir tun müssen. Um auf diesen Energiefluss zugreifen zu können, müssen wir unsere Ziele an unserer intrinsischen Motivation ausrichten und unser Pflichtprogramm möglichst oft reduzieren oder abstellen. Es genügt schon, unseren inneren Monolog von »ich muss« auf »ich will« umzuschalten, um den Energieverlust zu reduzieren oder abzustellen, der durch eine extrinsische Motivation entsteht.

Das Überbewusstsein funktioniert auf einer nicht bewussten Ebene.

Sie können es nicht beobachten. Sie können es nirgendwo suchen.

Das Überbewusstsein verfügt über ein eigenständiges »Computersystem«, das jedes Problem löst, welches ihm das Bewusstsein überträgt, und die zu diesem Zeitpunkt bestmögliche Lösung liefert.

»Zu diesem Zeitpunkt« ist wichtig. Wenn Sie sich dafür entscheiden, die vom Überbewusstsein gelieferte Lösung nicht sofort umzusetzen, sollten Sie sie vielleicht später noch einmal abrufen, wenn sich neue Aspekte des Problems ergeben haben. Das Überbewusstsein liefert Ihnen unter Umständen dieselbe Lösung oder eine neue Lösung, die besser zum jetzigen Problem oder der aktuellen Situation passt. Sie müssen das Überbewusstsein nicht für jedes Problem bemühen; 90 Prozent aller Themen können mit dem Bewusstsein gelöst werden, sobald es auf die Daten für eine solche Lösung zugreifen kann.

Das Überbewusstsein hat unmittelbaren Zugriff auf alle im Unterbewusstsein gespeicherten Daten und kann bei der Verarbeitung zwischen gültigen und ungültigen Daten unterscheiden.

Vergessen Sie nicht, dass die in unserem Unterbewusstsein gespeicherten Daten die Erinnerungen an frühere Erfahrungen und die mit diesen Erfahrungen einhergehenden Gefühle sind. Dazu gehören auch »Fakten«, die wir in der Vergangenheit in unserem Leben gelernt haben und die unter Umständen vollkommen falsch oder irrelevant für unsere heutigen Bedürfnisse sind. Solche falschen Daten können uns oft daran hindern, die Wahrheit oder Wirklichkeit einer bestimmten Situation zu erkennen. Das Überbewusstsein zeigt uns die Wahrheit.

Das Überbewusstsein kann sich nicht mit einem Problem auseinandersetzen, während das Bewusstsein mit diesem Problem beschäftigt ist.

Wenn wir uns in ein Problem verbeißen und es auf der Ebene des Bewusstseins scheinbar nicht mehr loslassen können, verhindern wir, dass das Überbewusstsein die Antwort liefert, die wir uns wünschen und die wir brauchen. In diesem Kapitel werde ich Ihnen zeigen, wie man Probleme konstruktiv an das Überbewusstsein überträgt.

Sich Sorgen zu machen, ist eine große Zeitverschwendung! Wenn wir wiederholt versucht haben, ein Problem bewusst zu lösen, und es uns nicht gelungen ist, übertragen wir das Problem an das Überbewusstsein, weil wir wissen, dass wir die perfekte Antwort oder Lösung erhalten werden. Dadurch können wir uns auf der Bewusstseinsebene von diesem Problem lösen, wodurch es möglich wird, dass uns das Überbewusstsein in Momenten der Muße und mentalen Entspannung eine großartige Lösung liefert.

Das Überbewusstsein verfügt über alle Kontrollmechanismen.

Lassen Sie mich Ihnen ein einfaches praktisches Beispiel geben. Sagen wir, dass Sie normalerweise jeden Morgen gegen sechs Uhr aufwachen. Morgen fliegen Sie allerdings in Urlaub und Ihr Flieger geht sehr früh, Sie müssen also schon um vier Uhr aufstehen. Sie stellen Ihren Wecker und bitten vielleicht außerdem Ihre Reisebegleitung, Sie vorsichtshalber um diese Zeit anzurufen. Als Sie sich schlafen legen, sagen Sie sich selbst, wie wichtig es ist, um vier Uhr aufzustehen. Der innere Monolog ist eine Aufforderung des Bewusstseins an das Überbewusstsein, um vier Uhr geweckt zu werden. Sie fallen in einen tiefen Schlaf und wachen nach ein paar Stunden plötzlich auf. Sie wissen, dass Sie viel früher aufgewacht sind als sonst, weil es draußen noch dunkel ist, und Sie rollen sich auf die Seite, um auf Ihren Digitalwecker zu schauen, der 3:59 Uhr anzeigt. Sie wollen den Wecker gerade abstellen, als die Uhr auf 4:00 Uhr springt und der Wecker zu läuten beginnt. Sie stellen den Wecker ab, machen das Licht an, setzen sich im Bett auf und freuen sich auf den tollen Urlaub, der vor Ihnen liegt. In dem Moment klingelt dasTelefon, und Ihr Reisebegleiter sagt Ihnen, dass es Zeit ist, aufzustehen. Aber wer oder was hat Sie wirklich geweckt? Ihr Überbewusstsein hat Sie geweckt, weil das die Anweisung war, die Sie ihm vor dem Schlafengehen gegeben haben. Das Überbewusstsein schläft nie.

Das Überbewusstsein sorgt dafür, dass alle unsere Handlungen und deren Auswirkungen in ein Muster passen, das mit unserem Selbstbild übereinstimmt.

Wenn Ihr Selbstbild im Hinblick auf Ihr Gedächtnis beispielsweise lautet: »Ich kann mir keine Namen merken«, wird das Überbewusstsein gezielt verhindern, dass wir den Namen eines Menschen aufnehmen, um »die Ergebnisse unseres Handelns in ein Muster einzupassen, das mit dem Stand unseres Selbstbildes übereinstimmt«. Denken Sie daran, dass unser Selbstbild unser Leistungsniveau in jedem Bereich unseres Lebens bestimmt (siehe Kapitel 23).

Wenn wir das Bild, das wir von uns selbst in unserem Unterbewusstsein hinterlegt haben, nicht ändern, werden wir immer und immer wieder dieselben Verhaltensweisen an den Tag legen. Der Schlüssel liegt darin, das Bild zu ändern. Und das tun wir mithilfe unseres inneren Monologs, indem wir Methoden und Techniken der Affirmation einsetzen (siehe Kapitel 24).

Die fünf Schritte der kreativen Problemlösung

Auch wenn wir uns scheinbar in einer Sackgasse befinden, müssen wir, um das Überbewusstsein zur Lösung von Problemen in Anspruch nehmen zu können, folgendermaßen vorgehen:

1. Das Problem definieren
2. Daten sammeln
3. Versuchen, das Problem bewusst zu lösen
4. Wenn das nicht gelingt, das Problem an das **Überbewusstsein übertragen**
5. Den bewussten Verstand mit etwas anderem beschäftigen

Peter Drucker unterscheidet in seinem wunderbaren Buch *The Effective Executive: Effektivität und Handlungsfähigkeit in der Führungsrolle gewinnen* zwischen Effektivität und Effizienz. Er schreibt: »Effektivität ist die Fähigkeit, Dinge richtig zu machen. Effizienz ist die Fähigkeit, die richtigen Dinge zu machen.« Er legt dar, dass von Hunderten Entscheidungen, die eine Führungskraft treffen muss, nur etwa fünf einen wesentlichen Einfluss auf das Geschäft haben.[4] Der Punkt ist, dass Sie keinen Supercomputer brauchen, um Ihr Kleingeld zu zählen. Genauso wenig müssen Sie für jede Problemlösung Ihr Überbewusstsein einschalten.

1. ***Definieren Sie das Problem!***
   - Schreiben Sie das Problem auf.
   - Stellen Sie sicher, dass Sie das Problem deutlich darstellen und genau wissen, welcher Aspekt gelöst werden muss.

2. ***Sammeln Sie Daten!***
    - Das können Daten sein, die aus Ihrer eigenen Erfahrung stammen und in Ihrem Unterbewusstsein gespeichert sind.
    - Sie können einen Berater oder Fachmann hinzuziehen.
    - Suchen Sie Daten in Büchern und Artikeln, im Internet und so weiter.
3. ***Versuchen Sie das Problem bewusst zu lösen!***
    - Arbeiten Sie auf der Bewusstseinsebene an dem Problem. Ist es ein einfaches Problem, zu dem es nur eine richtige Lösung gibt, oder eines mit verschiedenen Lösungsmöglichkeiten, von denen Sie eine auswählen müssen?
    - In diesem Schritt ist Schnelligkeit das Wesentliche. Die meisten Probleme können mit diesen drei Schritten auf der Bewusstseinsebene gelöst werden.
4. ***Wenn Sie das Problem nicht auf der Bewusstseinsebene lösen können, dann übertragen Sie es an das Überbewusstsein!***
    - Sie haben die drei oben genannten Schritte sorgfältig ausgeführt – das Problem klar definiert, Daten gesammelt und alle Lösungen, die Ihnen eingefallen sind, aufgelistet – aber keine davon funktioniert, und Sie ertappen sich dabei, wie Sie mögliche Lösungen wiederholen.
    - Übertragen Sie das Problem also an das Überbewusstsein: indem Sie es mental definieren und es mit der Bitte an Ihr Überbewusstsein übergeben, die bestmögliche Lösung zu finden (innerhalb einer festgesetzten Zeit, wenn es eine Frist gibt).
5. ***Beschäftigen Sie Ihren bewussten Verstand mit etwas anderem!***
    - Lösen Sie sich auf der Bewusstseinsebene von dem Problem. Kreativität entsteht aus Muße. Gehen Sie Golf spielen – wörtlich oder im übertragenen Sinn.

- Holen Sie das Problem nicht auf die Bewusstseinsebene zurück, um zu sehen, welche Fortschritte erfolgt sind. Wenn Sie es einmal an das Überbewusstsein übertragen haben, dann vertrauen Sie auf dessen Macht.

Wie man eine überbewusste Lösung erkennt

Es werden keine Kirchenglocken läuten. Es werden keine Engel erscheinen oder farbiger Rauch aufsteigen. Sie werden aber wissen, dass die Lösung aus Ihrem Überbewusstsein stammt, weil es die umfassende sein wird. Es wird keine offenen Enden geben. Sie werden sich vielleicht ein bisschen ärgern, wie vom Blitz getroffen sein, weil die Antwort so offensichtlich ist, und sich fragen, warum Sie nicht schon früher darauf gekommen sind.

Die Lösungen tauchen normalerweise auf, wenn Sie weitestgehend untätig sind. Vielleicht fahren Sie gerade Auto, hängen Tagträumen nach oder wachen soeben aus einem erholsamen Schlaf auf.

Ich erinnere mich an Meetings, bei denen alle darauf angewiesen waren, dass ich die Lösung für ein Problem liefere. Ich kam ohne die Lösung zu diesen Terminen, vertraute aber immer darauf, dass die Antwort auftauchen würde, wenn die Reihe an mir war. Und wenn ich dann den Mund aufmachte und zu reden begann, hatte ich die perfekte Lösung. Obwohl ich weiß, wie diese Mechanismen funktionieren, war ich genauso erstaunt wie alle anderen. Es funktioniert fast immer.

Sie mögen fragen, woher diese Lösungen kommen. Carl Gustav Jung beschreibt die Quelle allen Wissens als das kollektive Unterbewusstsein, und seiner Theorie zufolge können wir auf einer gewissen Ebene unseres tieferen Bewusstseins mit allen Menschen des Universums in Kontakt treten. Das entspricht der

Theorie über die übersinnliche beziehungsweise außersinnliche Wahrnehmung (ASW) und mentale Telepathie. Nur, weil wir etwas nicht sehen können, heißt das nicht, dass es nicht existiert.

Die fortgeschrittene Wissenschaft zeigt, wie wir das Quantenfeld der Informationen anzapfen können. Ralph Waldo Emerson bezeichnet es als »den universellen Fundus allen Wissens«, auf den wir alle auf einer tieferen Ebene des Bewusstseins Zugriff haben. Manche nennen es vielleicht Gott oder göttliche Intervention, andere bezeichnen es als Intuition oder Bauchgefühl. Es funktioniert immer gleich, unabhängig davon, was jemand glaubt. Das Überbewusstsein hat für viele eine unglaubliche, lebensverändernde Macht.

Reflexionsübung

Üben Sie, wenn Sie diese Woche bei der Arbeit oder zu Hause auf ein Problem stoßen, die ersten drei Schritte zu absolvieren:

1. Definieren Sie das Problem.
2. Sammeln Sie Daten.
3. Versuchen Sie, das Problem bewusst zu lösen.

Wenn es Ihnen nicht gelingt, bewusst eine Lösung zu finden, bitten Sie Ihr Überbewusstsein, Ihnen zu helfen, indem Sie die letzten beiden Schritte befolgen:

1. Übertragen Sie das Problem an das Überbewusstsein.
2. Beschäftigen Sie Ihren bewussten Verstand mit etwas anderem.

Denken Sie daran, dass nur die Fähigkeit, den bewussten Verstand zu entspannen, es dem Überbewusstsein erlaubt, eine kreative und universelle Wissensquelle anzuzapfen. Wenn Sie es als entspannend empfinden, im Garten zu arbeiten, spazieren zu gehen, zu joggen oder zu meditieren, dann tun Sie das, damit sich Ihr aktiver Geist beruhigt und von innen heraus eine überbewusste Lösung entstehen kann.

Kapitel 23

Innerer Monolog und Selbstbild

Das Gesetz des menschlichen Geistes ist das Gesetz des Glaubens. Was immer Sie erleben und tun, alle Ereignisse und Umstände Ihrer Existenz sind Reaktionen des Unterbewusstseins auf Ihre Gedanken. Nicht der Inhalt Ihres Glaubens also, sondern das bloße Vorhandensein dieses Glaubens in Ihrem Geist ist es, was diese Wirkungen hervorruft.
Dr. Joseph Murphy

Nichts beeinflusst unser Verhalten und unsere Effektivität stärker als die Überzeugungen und Gedanken, die wir in unserem Geist kreieren. Die Ergebnisse unserer Bestrebungen werden weitgehend von unseren Glaubenssätzen bestimmt, positiv wie negativ.

Als Kleinkind sprechen wir unsere Gedanken einfach laut aus. Ich erinnere mich daran, wie ich eines Abends von der Arbeit nach Hause kam und nach oben ging, um meinem jüngsten Sohn Gute Nacht zu sagen. Als ich mich der Tür zu seinem Zimmer näherte, hörte ich aufgeregtes Gemurmel. Ich vermutete, dass Freunde oder Geschwister bei ihm im Zimmer wären. Aber als ich die Tür öffnete, sah ich BJ allein, mit dem

Rücken zu mir auf dem Boden sitzen und mit einigen seiner Stofftiere spielen. Er hatte großen Spaß und führte eine begeisterte und angeregte Unterhaltung. Dabei übernahm mein Sohn die Stimme für jedes seiner Tiere. Für ihn war das Gespräch mit seinen Tierfreunden Wirklichkeit.

Als Erwachsene lernen wir oft, diese Dialoge für uns zu behalten, aber von Zeit zu Zeit überraschen wir uns selbst, indem wir unsere Gedanken laut aussprechen, auch wenn wir allein sind. Und wir haben alle schon Menschen beobachtet (vor allem bevor es Mobiltelefone gab), die allein in ihrem Auto saßen, aber offenbar ein angeregtes Gespräch mit sich selbst führten.

Wenn wir mit anderen sprechen, erleben wir gleichzeitig einen ständigen inneren Dialog, in dem wir interpretieren, was die andere Person sagt, und unsere Antwort vorbereiten, während wir der Person, die spricht, immer noch »zuhören«. Die intensivsten Dialoge führen wir jedoch mit uns selbst, wenn wir allein sind. Dies sind Selbstgespräche oder *innere Monologe*, in denen wir uns selbst für etwas loben, das wir gut gemacht haben, oder mit uns selbst ins Gericht gehen, weil wir etwas schlecht gemacht haben.

Denken Sie daran, dass es unser Bewusstsein ist, das all diese Selbstgespräche führt. Es ist wichtig, sich bewusst zu machen, dass es auch Anweisungen an das Unterbewusstsein gibt, das wiederum unsere Handlungen, Entscheidungen und Überzeugungen beeinflusst – und damit letztlich unser Selbstbild. Wenn wir besser verstehen und uns bewusster machen, dass unsere gegenwärtigen Gedanken und inneren Monologe unsere Zukunft bestimmen, können wir uns dafür entscheiden, unsere Denkweise sorgfältiger zu kontrollieren, um diejenigen Gedanken auszumustern oder zu ändern, die uns nicht mehr guttun.

Wie wir unser Selbstbild entwickeln

Wir kommen nicht mit einem Selbstbild auf die Welt und haben bei unserer Geburt auch keine Meinungen oder Haltungen zu irgendetwas. Wir haben vielleicht gewisse physische Eigenschaften, angeborene Sportlichkeit, ein bestimmtes Intelligenzniveau geerbt, aber wir haben keine Gedanken, Meinungen oder Einstellungen zu irgendetwas geerbt, zumindest nicht genetisch.

Wenn wir Kleinkinder sind, geben unsere Eltern, Geschwister, Lehrer, Trainer und so weiter eine unvorstellbare Menge gut gemeinter Fakten zu *allem* an uns weiter. »Wenn du das tust, bist du böse; wenn du das tust, bist du gut; das ist richtig, das ist falsch; diese Leute sind gut, diese Leute sind böse; und nimm dich vor diesen Leuten in Acht, sie haben nicht denselben Glauben/nicht dieselbe politische Einstellung/nicht dieselben nationalen Überzeugungen.«

Bis zum Alter von sechs Jahren haben wir eine ziemlich gute Vorstellung davon, wie die Welt (unsere Welt) aussieht. Wir haben Meinungen und Einstellungen zu vielen Dingen, und wir haben ein frühes Selbstbild entwickelt. Und obwohl sie bei unserer Geburt nicht genetisch angelegt waren, haben wir normalerweise die Ansichten unserer Eltern »geerbt«, einfach, indem wir in ihrem Umfeld leben.

Nehmen wir an, Logan schneidet bei einem Mathetest schlecht ab. Vielleicht hatte Logan am Vorabend lang am Computer gespielt, vergessen, dass er am nächsten Tag einen Mathetest schreiben muss, seine Hausaufgaben nicht gemacht und aus all diesen Gründen schlecht abgeschnitten. Der gut meinende Lehrer erwähnt gegenüber Logans Mutter, dass dessen Mathearbeit schlecht ausgefallen ist (aber nicht, dass Logan schlecht in Mathe ist). Seine Mutter erzählt seinem Vater, dass Logan den Test verhauen hat. Der Vater wird wütend und fragt Logan frustriert, warum er so mies in Mathe ist. Logan denkt, dass er in Mathe mies sein muss, weil sein Vater sagt, dass er es ist. Von da an sagt Logan, wenn ihn seine Freunde oder Geschwister fragen: »Ich bin mies in Mathe.« Während er sich das in seinem inneren Monolog immer wieder vorsagt, beginnt sich sein Selbstbild zu formen: wie er sich selbst im Hinblick auf Mathe sieht. Sein innerer Monolog formt sein Selbstbild. Sein Selbstbild bestimmt seine Effektivität beziehungsweise seine Leistungen. Wenn er eine Leistung erbringt, die mit seinem Selbstbild übereinstimmt, wiederholt sein innerer Monolog die Bewertung der Leistung (»Mist, ich habe wieder eine schlechte Note im Test. Ich bin wirklich grottenschlecht in Mathe«) und festigt damit Logans Selbstbild, dass er »schlecht in Mathe« ist.

In Wahrheit verfügt Logan über die Fähigkeiten und die natürliche Intelligenz, um gut in Mathe zu sein. Er benötigt vielleicht ein paar Nachhilfestunden oder zusätzliche Ermutigung, aber sobald Logan beginnt, eine negative Meinung oder Haltung im Hinblick auf seine Mathefähigkeiten zu entwickeln, sabotiert er auf kreative Weise jede Gelegenheit, besser zu werden. Seine neu erworbene Haltung veranlasst ihn, sich zu sagen: »Warum sollte ich meine Mathe-Hausaufgaben machen? Ich bin sowieso schlecht in Mathe.«

Als kleine Kinder sind wir sehr beeinflussbar. Wir neigen dazu, die festen Überzeugungen, die wir von Autoritätspersonen vermittelt bekommen, für bare Münze zu nehmen. Schließlich leben wir in einem Land der Riesen. Und wenn Mama, Papa, Frau Mathelehrer, Herr Englischlehrer oder der Sporttrainer nachdrücklich sagen, dass wir gut oder schlecht in etwas sind, hat das einen starken Einfluss auf die Bildung unseres Selbstbildes. In manchen Fällen verleiht einer dieser einflussreichen Menschen seiner Aussage noch mehr Nachdruck mit einem Kommentar wie: »Weißt du was, Logan, du bist genau wie dein

Bruder. Er war auch immer schlecht in Mathe!«, und verschlimmert damit Logans negatives Selbstbild und seine eigene Frustration. Bald wird Logan nachts wach liegen und zu sich sagen: »Ich wünschte, ich wäre nicht so schlecht in Mathe, aber ich schätze mal, dass ich es einfach bin.«

Wenn wir das Erwachsenenalter erreichen, haben wir ziemlich feste Meinungen darüber, was wir gut oder nicht gut können, was wir mögen oder nicht mögen, mit welchen Leuten wir gern zusammen sind oder welche wir lieber meiden und so weiter. Wir denken, dass wir eben einfach so sind und immer so sein werden. Im Wesentlichen werden wir Gefangene unserer eigenen Fakten, weil wir sie irrtümlich als Tatsachen akzeptieren. Weil die meisten von uns nie gelernt haben, wie man sein Verhalten konstruktiv ändert, führen wir unser Leben wie im Autopilot-Modus.

Meine Frau und ich wurden zu besseren Eltern, nachdem ich verstanden hatte, wie sich das Selbstbild entwickelt. Wir haben gelernt, uns auf die Dinge zu konzentrieren, die unsere Kinder gut machten, und sie in Verhaltensweisen zu bestärken, über die wir uns freuten, statt das aufzugreifen, was sie falsch machten. Schimpfen war keine Option mehr, aber ehrliches Lob wurde begrüßt und wertgeschätzt. Wie Dr. Phil es ausdrückt: »Es braucht tausend ›gut gemacht‹, um einen ›du Idiot‹ zu tilgen.«

Der Kreislauf des Selbstwertgefühls

Unser innerer Monolog formt unser Selbstbild. Unser Selbstbild bestimmt unsere Effektivität. Dieser Kreislauf vom inneren Monolog über das Selbstbild bis zur Effektivität unserer Leistungen formt unser Selbstwertgefühl und kann für viele Menschen zum Teufelskreis werden, in dem sie für den Rest ihres Lebens gefangen bleiben. Im Allgemeinen entspricht unsere

Leistung unserem Selbstbild, und schwache Leistungen *verstärken* ein bereits negatives Selbstbild und bewirken, dass unsere Leistungen weiter auf demselben Niveau bleiben.

Was passiert in den seltenen Fällen, wenn jemand eine erheblich bessere oder schlechtere Leistung erbringt, als es seinem Selbstbild entspricht? Im Fall einer besseren Leistung sagt sich dieser Mensch nicht: »Toll, schau mal, wie gut ich das gemacht habe. Ich kann wirklich gut ____«, sondern: »Das kann nicht sein. Normalerweise kann ich das nicht«, und erhöht damit die Wahrscheinlichkeit, dass seine Leistung beim nächsten Mal zu seinem Selbstbild passt. Wenn unsere Leistung im umgekehrten Fall schlechter ist als unser Selbstbild, sagen wir Dinge wie: »Das war wirklich miserabel. Ich kann das viel besser«, und haben vor unserem inneren Auge ein Leistungsniveau, das mehr mit unserem Selbstbild übereinstimmt. Wir werden nicht nur kreativ, um wieder in Einklang mit unserem zentralen Selbstbild zu kommen, wenn unsere Leistung schlechter ist als unser unterbewusstes Bild der *Wirklichkeit*, sondern jedes Mal, wenn unsere Leistung davon *abweicht*.

Warum sabotieren wir unseren Erfolg, wenn wir beginnen, bessere Leistungen zu erbringen, als es unserem Selbstbild entspricht? Weil unser Selbstbild unser Leistungsniveau reguliert. Es geht darum, wie wir uns selbst in jedem Bereich unseres Lebens sehen. Und wenn wir dieses Bild zum Positiven oder Negativen ändern, verändern wir das Ergebnis unserer Leistung zum Positiven oder Negativen.

Wenn wir unser Leistungsniveau wirklich verbessern wollen, müssen wir unser zentrales Selbstbild verändern. Wir alle haben konditionierte Reaktionen entwickelt, die unsere Fähigkeit hemmen, all das zu werden, was wir wirklich sind.

Den meisten von uns wurde beigebracht, dass wir hart an unserer Leistung arbeiten müssen und es uns erst erlauben können, uns besser zu fühlen, wenn wir ein bestimmtes Leistungsniveau erreicht haben. Zum Glück funktioniert das nicht so. Unterricht, Übung und Praxis haben durchaus ihren Platz, aber das Selbstbild bestimmt, welche Leistungen wir erbringen.

Indem wir uns die Macht unseres Unterbewusstseins durch bewusste Achtsamkeit und kreative Affirmationen zunutze machen und sie vergrößern, können wir die Kette lang gehegter Überzeugungen, Muster und Selbstbilder, die uns nicht mehr guttun, sprengen. Wie man das macht, erfahren Sie im nächsten Kapitel.

Artie Buerk, ein Freund und Kollege, hat mir von seinen persönlichen Erkenntnissen darüber berichtet, wie sehr innerer Monolog und Selbstbild miteinander verknüpft sind und wie sehr dieses Wissen uns hilft, wenn wir uns aus ihrem negativen Griff befreien wollen:

> *Besonders aufschlussreich war für mich die Erkenntnis, wie wir im Leben zurückblicken und den Ursprung unserer Überzeugungen erkennen können: wie ein Mensch zu seinem Standpunkt kommt – im Hinblick auf Stärken und Schwächen, auf Dinge, die er seiner Meinung nach gut kann, und Dinge, die er seiner Meinung nach nicht gut kann. Es geht darum, unseren inneren Monolog und die Macht des Unterbewusstseins, in dem viele dieser Überzeugungen gespeichert sind, zu verstehen und zu begreifen, dass sie äußerst stark sind, egal, wie sehr wir ganz bewusst versuchen, sie zu überwinden. Wenn ich verstehe, woher einige meiner Blockaden und Schwächen stammen, ist es viel leichter, sie zu überwinden und neue Gewohnheiten und Auffassungen zu entwickeln, die die alten überschreiben. Zu wissen, wie das Selbstbild funktioniert, erlaubt es mir, in meinem eigenen Tempo im Leben weiterzukommen, ohne Ballast mitzuschleppen.*[5]

Reflexionsübung

Denken Sie über folgende Fragen nach und halten Sie Ihre Erkenntnisse schriftlich fest:

- Was sind die Kernpunkte Ihres zentralen Selbstbildes?
- Wie wirkt sich Ihr Selbstbild auf Ihr Selbstwertgefühl aus?
- Wenn Ihr Selbstbild Ihr Selbstwertgefühl verletzt, dann versuchen Sie, mögliche Quellen dieser Überzeugungen oder Muster zu ermitteln. Prüfen Sie, ob diese Quellen vielleicht nachteilige Gewohnheiten oder negative innere Monologe erzeugt haben. Noch wichtiger: Suchen Sie nach positiven Aspekten Ihres Selbstbildes, überlegen Sie, wie diese entstanden sind und wie Ihnen das Wissen über diesen Prozess jetzt helfen kann, ein ehemals negatives Selbstbild zu überwinden.

Kapitel 24

Affirmations- und Visualisierungstechniken

Um Ihr Leben so zu beeinflussen, wie Sie es sich wünschen, müssen Sie uneingeschränkt über Ihre Gedanken herrschen können. Sobald Sie richtig denken und die Wahrheit begreifen gelernt haben und wenn die in Ihrem Unterbewusstsein verankerten Gedanken positiv, harmonisch und glücklich sind, wird die magische Kraft Ihres Unterbewusstseins zur Geltung kommen und angenehme, erfolgreiche Lebensbedingungen schaffen.
Dr. Joseph Murphy

Lassen Sie uns jetzt untersuchen, wie der konstruktive Gebrauch von Affirmationen uns dabei helfen kann, unser Unterbewusstsein mit aktualisierten, relevanten und wahren Daten neu zu programmieren, die mit dem übereinstimmen, wer und was wir heute sein wollen – und nicht damit, wer wir waren!

Eine Affirmation ist die Äußerung einer – positiven oder negativen – Tatsache oder Überzeugung, die Sie tendenziell zu dem Ergebnis führt, das Sie erwarten. Die Aussage kann wahr sein oder nicht, aber wir halten sie für wahr und handeln entsprechend. Auch das erwartete Endergebnis entspricht vielleicht nicht dem, was Sie wollten. Wenn Sie aber davon überzeugt sind, dass Sie nie gut in ____ waren, geben Sie sich mit dieser einschränkenden »Wahrheit« zufrieden und programmieren Ihr Unterbewusstsein mit entsprechenden Daten im Hinblick auf Ihre Einschränkungen, sodass das Unterbewusstsein gewährleistet, dass Ihr Verhalten Ihre Überzeugungen entsprechend unterstützt.

Sie und ich benutzen schon unser Leben lang Affirmationen. Jede Aussage, die wir gegenüber uns selbst oder anderen machen und die mit »ich bin« oder »ich« beginnt, ist eine Affirmation. Alle folgenden Aussagen sind Affirmationen:

Ich bin ein toller Ehepartner.
Ich bin ein miserabler Ehepartner.
Ich bin eine liebevolle und geduldige Mutter/ein liebevoller und geduldiger Vater.
Ich werde nie wütend.
Ich bin einfach keine gute Mutter/kein guter Vater.
Ich bin effizient und gut organisiert.
Ich bin schlampig und finde nie etwas.
Ich bin ein toller Redner.
Ich bin immer nervös und unsicher, wenn ich vor einer Gruppe stehe.

Wir kommen nicht gut oder schlecht organisiert auf die Welt. Wir wurden nicht als gute oder schlechte Redner geboren. Unsere Einstellungen, unsere Meinungen und unser Selbstbild im Hinblick auf diese Dinge haben sich entwickelt, ob positiv oder negativ. In sehr jungem Alter wurden uns von Autoritätspersonen Fakten und Daten vermittelt, die wir als wahr interpretiert haben, die es aber unter Umständen gar nicht waren. Im Laufe vieler Jahre wurden uns Einstellungen, Meinungen,

Überzeugungen und innere Monologe eingepflanzt, bis wir glaubten, was wir glauben, und die sich in unserer persönlichen Realität wie unumstößliche Wahrheit anfühlen. Diese Überzeugungen sind tatsächlich so wahr geworden, dass wir in extremen Fällen bereit sind, dafür zu sterben.

***

Zum ersten Mal begegnete ich der offiziellen Lehre von den Affirmationstechniken, als ich das Omega-Seminar besuchte, das von seinem Gründer, dem verstorbenen John Boyle gehalten wurde. Als ich begann, Affirmationen zu benutzen, war ich eher skeptisch, ob ich tatsächlich eine Veränderung bewirken würde, indem ich einfach beschrieb, was ich sein oder werden wollte. Andere Teilnehmer, die das Seminar schon einmal mitgemacht und schon eine Zeit lang Affirmationen benutzt hatten, erzählten begeistert von ihren Erfolgen. Es gab ihnen zufolge keinen Lebensbereich, der nicht durch den bewussten Einsatz von Affirmationen (positiv) beeinflusst wurde. Beziehungen, Elternschaft, Gesundheit, Geschäfte und Finanzthemen – alle Bereiche im Leben der Menschen, die ihre Erfahrungen mit Affirmationen schilderten, schienen von positiven Veränderungen oder Verbesserungen zu profitieren.

Ich dachte mir: »Wenn es bei ihnen funktioniert, warum nicht auch bei mir?« Das ist jetzt 50 Jahre her – und ich setze immer noch Affirmationen ein. Das soll nicht heißen, dass ich in dieser Zeit nicht auch Rückschläge und Misserfolge erlebt habe. Mir hat mal jemand gesagt: »Wir unterrichten das, was wir am meisten selbst lernen müssen«, und in meinem Leben gibt es sicher noch ausreichend Raum für noch mehr Wachstum und Weiterentwicklung, was ich begeistert begrüße. Aber die Qualität meiner Gedanken wurden positiv beeinflusst, was wiederum zu einer erheblich höheren Qualität meiner Lebensweise geführt hat.

Eine meiner ehemaligen Angestellten, Linda Creswell, bestätigt ebenfalls, dass nicht nur Unternehmen und Organisationen von Affirmationen profitieren, sondern auch unser Privatleben:

> *Affirmationen sind Teil meines Lebens, seit Jim [Jensen] mir dieses Konzept vor vielen Jahren vorgestellt hat. Ich hatte das große Glück, für die Mitarbeiter unserer Firma Motivations-/Zielsetzungsseminare abhalten zu dürfen. Die Mitarbeiter profitierten enorm und damit auch die Firma. Ich glaube aber, dass ich selbst die größte Nutznießerin der Dinge war, die ich lehrte.*
>
> *Zu Beginn gab es eine Menge neuer Informationen, die ich aufnehmen und so weit verinnerlichen musste, dass ich in der Lage war, vor einem Publikum zu sprechen und dabei Fragen zu beantworten und Gespräche zu moderieren. Außerdem hatte ich ja auch noch ein Privatleben, und es dauerte eine Weile, diese Informationen in meine Alltagsgewohnheiten zu integrieren. Ich musste diese Gewohnheiten in vielerlei Hinsicht ändern, wozu gehörte, dass ich sehr oft nicht zu Hause war. Ich wohnte damals mit meiner besten Freundin und ihrem Verlobten zusammen. Wir scherzten oft, dass wir die lebensechte Version der Serie Herzbube mit zwei Damen wären, und wir kamen sehr gut miteinander aus.*
>
> *Kurz nachdem ich mein neues Projekt in Angriff genommen hatte, begann ich mich unwohl zu fühlen, wenn ich mit meinen Mitbewohnern zusammen war. Das beunruhigte mich eine Zeit lang, bis ich mir sagte: »Nun, wenn du diese Dinge in deinen Seminaren predigst, solltest du es vielleicht mal in deinem eigenen Leben ausprobieren!« Das ist ein Beispiel für einen Aha-Effekt. Ich befolgte also die Anweisung, positive*

Affirmationen aufzuschreiben, formulierte eine, die auf meine damalige Situation passte, und begann, sie täglich zu wiederholen. Innerhalb weniger Wochen änderten meine Mitbewohner ihr Verhalten! Die negativen Gefühle verflogen, und die Situation verbesserte sich! Sie sehen also, dass mich mein Unterbewusstsein durch die positive Formulierung einer Situation, die ich als negativ empfand, zu einem Verhalten veranlasste, das das gewünschte Resultat brachte.

Das war nur eines der Dinge, die ich mit positiven Affirmationen in meinem Leben bewirken konnte. Der Nutzen ist enorm, aber es passiert nicht einfach, weil man will, dass es passiert. Es erfordert Arbeit, Sorgfalt und Aufmerksamkeit für die Einzelheiten, wenn man Affirmationen formuliert. Und dann muss man sie natürlich einsetzen. Es sind geistige Übungen, und wie bei körperlichen Übungen auch verändert sich nichts, wenn man sie nicht macht.[6]

Der Affirmationsprozess

Vorausgesetzt, Sie haben eine Liste von Zielen und Bedürfnissen, dann benutzen Sie Affirmationen als ergänzende Technik, um diese zu erreichen beziehungsweise zu befriedigen. Durch tägliche Wiederholung, verbunden mit Visualisierungen und starken Emotionen, konditionieren – oder rekonditionieren – Sie Ihr Unterbewusstsein, damit es Sie bei der Erreichung Ihrer Ziele unterstützt.

Um eine Affirmation zu schreiben, müssen Sie einen Satz in der ersten Person Präsens formulieren, der das gewünschte Endergebnis so beschreibt, als wäre es schon eingetreten. Anders ausgedrückt sagen Sie nicht: »Meine Beziehung zu ____ wird besser«, oder: »Meine Geschäfte werden besser laufen«

(das heißt, Sie hoffen auf eine Verbesserung in der Zukunft). Stattdessen formulieren Sie die Affirmation: »Ich habe eine wunderbare Beziehung mit ____ und sie wird jeden Tag stärker«, oder: »Ich bin geschäftlich sehr erfolgreich und finde Wege, mein Geschäft täglich zu verbessern.«

Nehmen wir an, Sie wollen eine Affirmation benutzen, um ein gesundheitliches Ziel zu erreichen. Sagen wir, Sie wollen abnehmen. Wenn ein Blick auf die Waage zeigt, dass Ihre »aktuelle Realität« ein Gewicht von 100 Kilo ist und Sie das Ziel haben, 90 Kilo zu wiegen, muss Ihre Affirmation lauten: »Ich wiege 90 Kilo, sehe gut aus und fühle mich wohl.« Dieser Satz ist in der ersten Person Präsens geschrieben, als wäre er heute schon wahr. Sie dürfen nicht schreiben: »Ich habe kein Übergewicht«, weil das den Fokus auf das Übergewicht legt – und genau dieses Bild wollen Sie nicht erzeugen.

Sie sollten auch ein paar unterstützende Affirmationen entwickeln wie: »Ich esse nur so viel, dass ich mein perfektes Gewicht von 90 Kilo halte«, oder: »Es macht mir Spaß, jeden Tag Sport zu treiben, und ich lasse keinen Tag aus.« Vergessen Sie nicht, dass unsere Affirmationen eine Änderung unseres Verhaltens bewirken sollen. Die Affirmation: »Ich wiege 90 Kilo, sehe gut aus und fühle mich wohl«, lässt nicht zu, dass wir unser Bett neben den Kühlschrank stellen!

Ihre Affirmation sollte Visualisierungen unterstützen, die das Bild des Erfolgs so vor Ihrem inneren Auge entstehen lassen, wie Sie es sich wünschen. Wenn Sie sich beispielsweise sagen: »Ich habe eine wunderbare Beziehung mit ___«, stellen Sie sich selbst zusammen mit diesem Menschen in einer Umgebung vor, in der Sie beide die Gesellschaft des anderen genießen und tatsächlich eine »wunderbare Beziehung« haben. Es kann das geistige Bild einer positiven Erfahrung sein, die Sie in der Vergangenheit miteinander erlebt haben, oder ein imaginäres Bild, das Sie sich einfach ausmalen. Jedes dieser Bilder, ob real oder imaginär, prägt sich in Ihrem Unterbewusstsein als Realität ein – vorausgesetzt, das Bild wird von einem weiteren Schritt begleitet: von der Unterstützung durch starke, positive Emotionen.

Der Zweck von Sprache (Wörtern) ist es, ein Bild zu kreieren oder abzurufen. Diese Visualisierung eines Bildes (nicht der Wörter) prägt sich, zusammen mit den Gefühlen und Emotionen, die das Bild begleiten, im Unterbewusstsein ein. Deswegen ist die Visualisierung, die die Wörter unterstützt und von Gefühlen und Emotionen begleitet wird, so ein wichtiger Schritt beim Affirmationsprozess.

Ich gebe jetzt sechs Affirmationen an Sie weiter, die im Leben vieler Menschen substanzielle Verbesserungen bewirkt haben. Wenn Sie zum ersten Mal mit Affirmationen arbeiten, empfehle ich Ihnen, in den ersten 30 Tagen nur diese zu benutzen, bevor Sie weitere dazunehmen.

Ich mag (liebe) mich bedingungslos selbst.

Das ist die Verbindung zu allen anderen Zielen. Diese Affirmation sollten Sie unbedingt für den Rest Ihres Lebens benutzen. Es ist eine Affirmation, die Ihr Selbstwertgefühl kontinuierlich aufbaut. Wir können anderen Menschen nicht mehr Liebe geben, als wir für uns selbst empfinden. Es ist gut, schon kleinen Kindern beizubringen, »Ich mag mich selbst« zu sagen. Mit der Zeit verwandelt sich dies in »Ich liebe mich selbst«, was sich dann wiederum in »Weil ich mich jetzt selbst liebe, kann ich alle Menschen lieben« verwandelt.

Ich vermeide es, mich durch destruktive Selbstkritik selbst abzuwerten.

Es ist zwecklos, die Affirmation »Ich mag mich selbst« zu benutzen, wenn wir uns gleichzeitig mit erniedrigender und destruktiver Selbstkritik quälen. Manche Menschen mit einem schwachen Selbstwertgefühl finden es leichter, Kritik anzunehmen als ein Kompliment. Zu solchen Menschen würde ich wahrscheinlich sagen: »Wie fändest du es, wenn dein bester Freund oder deine beste Freundin dauernd so über dich sprechen würde, wie du ständig über dich selbst sprichst? Würdest du gern Zeit mit diesem Menschen verbringen? Natürlich nicht.« Hören Sie umgehend mit destruktiver Selbstkritik auf. Machen Sie Ihr »ehemaliges Ich« daraus. Kehren Sie zur ersten Affirmation zurück: »Ich mag (liebe) mich bedingungslos selbst.«

Ich empfinde jederzeit für alle Menschen uneingeschränkte Wertschätzung.

Der Gebrauch der Wörter »alle« und »jederzeit« dient dem Nachdruck. Sicher können wir niemandem Wertschätzung entgegenbringen, der seinem Ehepartner, seinen Kindern oder anderen Menschen körperlichen Schaden zufügt. Wir suchen einfach nach Möglichkeiten, »jederzeit für alle Menschen uneingeschränkte Wertschätzung zu empfinden«.

Ich bin ruhig, friedlich und an Körper und Seele gesund.

Wissenschaftliche Erkenntnisse beweisen immer mehr, dass viele Gesundheitsprobleme mit Anspannung, Stress und unserer Unfähigkeit zur Entspannung zusammenhängen. In einer rasant wachsenden Technologie- und Informationswelt scheint die Geschwindigkeit des Hamsterrads immer höher zu werden. Wir laufen schneller, kommen aber offensichtlich nicht weiter. Wir müssen den Stress in unserem Leben proaktiv bewältigen. Wenn wir zulassen, dass der Stress zunimmt und wir keine Ventile haben, um ihn abzubauen, beispielsweise durch Sport oder Meditation, können wir körperlich krank werden.

Ich bin selbstbestimmt und gestehe anderen dasselbe Recht zu.

Die meisten von uns haben kein Problem mit der ersten Hälfte dieser Affirmation, sträuben sich aber ein wenig, wenn unsere Geschäftspartner, Ehepartner oder andere Menschen dasselbe Recht für sich in Anspruch nehmen.

Dieser Widerstand kommt in der Regel von unserem Bedürfnis, das zu kontrollieren, was wir für wichtig erachten. Oft bewerten wir Menschen, die starke Meinungen und Ansichten haben, die von unseren eigenen abweichen, fälschlicherweise als »gegen uns eingestellt«, was zu Aussagen führt wie: »Entweder so oder gar nicht.«

In einem vorurteilsfreieren Umfeld entwickelt sich das Kontrollbedürfnis zu dem Wunsch, Einfluss zu nehmen. Und Andersdenkende werden respektiert und können ihre Meinungen äußern, ohne Angst vor ungerechten Sanktionen zu haben. Alle Diskussionen sind offen und werden wertgeschätzt, und die Affirmation: »Ich bin selbstbestimmt und gestehe anderen dasselbe Recht zu«, ist ein hoher Wert innerhalb der Organisation oder Familie, wenn gegensätzliche Ansichten zugestanden und respektiert werden.

Ich bin für alle meine Reaktionen auf Menschen und Situationen verantwortlich.

Das bedeutet einfach, dass wir Verantwortung für unsere Handlungen und Reaktionen auf die Informationen übernehmen, die wir durch Lesen oder Gespräche mit anderen Menschen und uns selbst aufnehmen. Menschen, die diese Verantwortung nicht übernehmen, neigen dazu, anderen die Schuld zu geben. Alles, was nicht perfekt ist oder aus Versehen schiefgeht, ist nie ihre eigene Schuld, sondern liegt immer an den falschen Informationen, die vielleicht ihren persönlichen Ansichten zuwiderlaufen. Wir müssen also die Tatsache verstehen und respektieren, dass jeder das Recht auf seine oder ihre eigene Wahrnehmung hat. Und wenn die Ansichten anderer Menschen unseren zuwiderlaufen, besteht kein Grund, ihnen die Schuld für die Unterschiede zu geben.

***

Beginnen Sie heute, 30 Tage lang diese sechs Affirmationen zu benutzen, und nur diese. Wahrscheinlich werden Sie merken, dass Leute anfangen, Ihnen positive und konstruktive Dinge zu sagen, zum Beispiel: »Was hast du gemacht? Du hast dich verändert!«

Die verborgene Macht der direkten Visualisierung

Menschen, die sehr effektiv sind, haben ein klares Bild davon, was sie wollen und wohin sie gehen. Dieses Bild ist gestochen scharf. Wenn es um ein schöneres Zuhause geht, haben sie eine ganz klare Vorstellung davon, wie dieses Zuhause aussieht: die Anzahl der Schlafzimmer und Stockwerke, Schwimmbecken, Nachbarschaft, Preislage und so weiter. Menschen, die ihre Ziele oft nicht erreichen, fehlt die Intensität dieses klar umrissenen Bildes. Wenn die Affirmation »Ich möchte ein schöneres Zuhause« nicht von einer klaren Abbildung, wie dieses Zuhause aussieht, begleitet wird, verflüchtigt sich die Energie, die notwendig ist, um das Ziel zu verwirklichen.

Wir wissen alle, dass ein Blatt Papier, über das man an einem heißen Sommertag längere Zeit ein Vergrößerungsglas hält, irgendwann zu brennen beginnt. Denken Sie mal kurz darüber nach. Die Energiequelle, die Sonne, ist konstant. Aber das Vergrößerungsglas nutzt, wenn man es richtig hält, diese Energie und vervielfacht ihre Kraft. Dasselbe passiert, wenn wir uns absolut im Klaren sind, was wir wollen, und wenn wir diesen Gedanken (dieses Bild) und die emotionale Intensität, die mit diesem Bild verbunden ist, nicht loslassen. Dann nutzen und vervielfachen wir die Macht des Unterbewusstseins, um dieses Bild umzusetzen und es in unserem Leben Wirklichkeit werden zu lassen.

An dieser Stelle möchte ich Ihnen eine wahre Begebenheit erzählen, die die Macht direkter Visualisierungen nochmals belegt. Auf einem Heimflug von Los Angeles nach Portland, Oregon, las ich *Tennis – Das innere Spiel: Durch entspannte Konzentration zur Bestleistung* von W. Timothy Gallwey. Ich war so beeindruckt vom Inhalt des Buches, dass ich bei meiner Ankunft zu Hause das Telefon zur Hand nahm und anfing, Leute oder Institutionen anzurufen, die in diesem Buch erwähnt wurden, um Tim ausfindig zu machen.

Nach ungefähr zehn Telefonaten erreichte ich Tim schließlich in seinem Haus in Malibu, Kalifornien. Meine ersten Worte waren: »Tim, Sie kennen mich nicht, aber ich kenne Sie, weil ich gerade Ihr Buch gelesen habe. Ich würde Sie gern als meinen Gast (und gegen Honorar) nach Portland einladen, um vor unseren Mitarbeitern zu sprechen.« Und er willigte ein.

Tim kam also nach Portland, um sowohl vor der Geschäftsleitung unseres Unternehmens als auch vor dem Oregon-Ableger der Young Presidents' Organization zu sprechen, einer Gemeinschaft von Führungskräften aus aller Welt. Aus dieser Begegnung entwickelte sich eine enge Freundschaft und Verbindung. Bis heute halte ich ihn für einen der größten Mentoren/Lehrer meines Lebens. Er hat mich gelehrt, das »innere Spiel« in jedem Bereich meines Lebens anzuwenden, wobei er einfach Tennis als Metapher verwendet hat.

Tim lud meine Frau Jeri und mich ein, ihn und eine Gruppe von Leuten nach Copper Mountain, Colorado, zu begleiten. Für ihn und seinen Mitautor Bob Kriegel sollte der Skiaufenthalt in Copper Mountain Grundlage für sein nächstes Buch werden, *Skifahren – Das innere Spiel*. Meine Frau und ich fahren seit Kindertagen Ski. Ich war Mitglied des Skiteams unserer Highschool und habe bis zum Alter von 50 Jahren an halbprofessionellen Skirennen teilgenommen. Selbst während ich dies schreibe, genießen meine Frau und ich einen Monat Skiurlaub in Sun Valley, Idaho. Ich will damit sagen, dass mir Skifahren oder konventionelle Skikurse nicht fremd sind. Eine Gruppe von etwa 30 Leuten traf sich also in Copper Mountain, um eine Woche »inneres Skifahren« zu erleben. Wie die Skifahrer unter Ihnen wissen werden, ist konventioneller Skiunterricht sehr linear, wobei der Skilehrer Sie ein paar Kurven lang beobachtet und dann sagt: »Mehr in die Knie gehen« oder »Gewicht mehr auf den Talski verlagern«. Der ganze Ablauf ist sehr mechanisch.

Nichts dergleichen geschah in Copper Mountain, und trotzdem verbesserten sich unsere Fähigkeiten erheblich. Wir begannen jeden Tag damit, uns nach dem Frühstück in einem der Festsäle des Hotels zu treffen, in dem wir untergebracht waren. Wir trugen unsere Skikleidung und wurden aufgefordert, uns auf den Teppich des Festsaals zu legen. Wir machten gemeinsam eine Übung zur Tiefenentspannung und wurden dann aufgefordert, uns mit geschlossenen Augen selbst beim Skifahren vorzustellen. Wir erhielten verschiedene visuelle Szenarien, wie unterschiedliche Geländetypen, Buckelpisten, Flachhänge, Steilhänge und mittelsteile Pisten. In jedem Szenario sollten wir uns selbst auf diesen Pisten beim Skifahren visualisieren. Diese Übung dauerte 30 bis 45 Minuten. Dann nahmen wir einen Ortswechsel vor, trafen uns mit unserer jeweiligen Gruppe, zogen unsere Skier an und gingen auf die Piste.

Sobald wir auf dem Berg waren, sagte uns unser Lehrer (eigentlich eher ein Unterstützer), dass er die Piste mit zehn oder fünfzehn Schwüngen hinunterfahren würde und wir ihm dann einzeln folgen sollten. Sobald wir bei ihm ankamen, stellte er uns eine einzige Frage: »Wie war das im Vergleich zu Ihrer Visualisierung heute Morgen?« Die Antworten lauteten: «Ich glaube, ich habe mich zu weit nach vorn gebeugt«, oder: »Ich habe meinen Oberkörper zu stark eingesetzt«, und so weiter. Der Lehrer sagte einfach: »Gut, machen Sie sich das Bild von heute Morgen noch bewusster.«

Unsere eigene Einschätzung wurde nicht kommentiert, weder positiv noch negativ. Es erfolgten keine Korrekturen – einfach nur die Aussage: »Machen Sie sich Ihr geistiges Bild von heute Morgen bewusst.«

Wenn Sie visualisieren, wie Sie eine Aktivität ausführen, sehen Sie sich dabei keine Fehler machen. Beim Skifahren sehen Sie sich nicht fallen, Sie sehen sich fehlerfrei die Piste hinunterfahren. Wenn Sie sich selbst beim Golfspielen visualisieren, sehen Sie sich nicht den Ball ins Aus schlagen, Sie sehen sich den Ball in die Mitte des Fairways oder auf das Grün neben dem Pin schlagen. Wenn Sie sich beim Klavierspielen visualisieren, sehen Sie sich nicht die falschen Tasten anschlagen. Sie sehen sich das Stück perfekt spielen. Das ist ein sehr wichtiger Aspekt bei der Visualisierung, weil es zu einem unterbewusst gespeicherten Bild wird, das Sie anleitet, wie Sie Ihre Aktivität ausführen sollen.

Bei den nächsten zehn oder fünfzehn Schwüngen fragte uns unser Lehrer wieder: »Wie war das?« Unsere Antworten lauteten in etwa: »Ich habe mich weniger stark nach vorn gebeugt, und die Bewegungen meines Oberkörpers waren zentrierter.« Der Lehrer bewertete die Aussagen nicht, er sagte nur: »Toll, konzentrieren Sie sich weiter auf das Bild aus Ihrer Visualisierung heute Morgen.« Im Verlauf des Tages und der Woche wurden unsere Leistungen immer besser, ohne dass wir angeleitet wurden. Wir waren unsere eigenen »Lehrer«.

Eine sehr beeindruckende Übung erfolgte, als wir eines Tages am Ausgangspunkt einer schwarzen Piste standen. Das sind die schwierigsten und anspruchsvollsten Pisten in einem Skigebiet. Unser Lehrer öffnete alle Schnallen an seinen Skistiefeln und forderte uns auf, dasselbe zu tun. Er sagte: »Wenn ich unten angekommen bin, folgen Sie mir einer nach dem anderen.« Dann fuhr er die Piste meisterhaft hinunter, und als er unten ankam, hielt er abrupt an, pflanzte seine Stöcke in den Schnee, sprang aus seinen Skistiefeln und landete auf seinen Socken weich im Schnee. Wir waren alle total entgeistert.

Als ich dran war, stieß ich mich oben ab, machte ein paar ungeschickte Schwünge und hörte meine innere Stimme schreien: »Du wirst dich umbringen!« Auf einer anderen Ebene war mir jedoch bewusst, dass es in der gesamten Woche darum ging, diese Stimme der Angst und des Zweifels (was Tim das »Selbst Eins« nennt) abzuschalten und darauf zu vertrauen, dass mein inneres Selbst (»Selbst Zwei«) genau weiß, was zu tun ist, wenn wir Selbst Eins in Schach halten.

Also befahl ich meinem Selbst Eins freundlich, still zu sein, und überließ mich vertrauensvoll der Überzeugung, dass Selbst Zwei genau wusste, was zu tun war. Ich fuhr den Rest der Piste besser hinunter als je zuvor, mit offenen Schuhschnallen, was die absolute Antithese zu jedem konventionellen Unterricht oder Training darstellt. (Und nichts, was man auf eigene Faust ausprobieren sollte.)

Selbst Eins fordert ständige Aufmerksamkeit und ist die leise Stimme, die es liebt, alles zu bewerten. Nachdem mir bewusst wurde, wie störend und destruktiv Selbst Eins sein kann, sage ich ihm heute, wenn es wieder an meine Tür klopft, freundlich (nicht zu freundlich), aber bestimmt, es soll Leine ziehen, und zentriere mich wieder in der Gegenwart. Egal, was Sie deutlich visualisieren und Ihrem Unterbewusstsein einprägen, es wird sich in Ihrer gegenwärtigen Realität verwirklichen.

***

Ein Kollege von mir, Bob Sherwin, hat mir einen Erfahrungsbericht anvertraut, der die Vorzüge und die Macht der Visualisierung bei der Verwirklichung seines Traumhauses bezeugt. Sein erster Schritt war es, detailliert aufzuschreiben, wie sein Traumhaus aussehen und sich anfühlen sollte – von der Anzahl der Schlafzimmer über die Größe des Gartens bis hin zum Stadtteil, in dem er leben wollte. Sobald er die Visualisierung seines

Traumhauses kreiert hatte, verstärkte er diese Vision, indem er seine Wünsche, seine Vorstellungskraft und seine Erwartungen nutzte – und seine Vision damit an eine höhere Quelle übertrug.

Mit täglicher Übung und Fokussierung wurde Bobs Vision Wirklichkeit. Als er sein Traumhaus zum ersten Mal betrat, war er erstaunt, wie sehr es dem ähnelte, was er sich vorgestellt hatte. »Ich empfand großes Glück und Ehrfurcht gegenüber dem, was ich sah. Direkt vor meinen Augen breitete sich alles aus, was ich aufgeschrieben hatte, und sogar noch mehr.« Diese Erfahrung hat einen tiefen Eindruck bei ihm hinterlassen und ihn darin bestärkt, dass mit fokussierter Aufmerksamkeit, praktischer Übung und Überzeugung alles möglich ist:

> *Alle Gedanken, Gefühle, Einstellungen, Überzeugungen, Möglichkeiten und Entscheidungen sind die Samen, die wir täglich pflanzen. Unsere Wünsche, Ängste und Vorstellungen sind die Nahrung für unsere Schöpfungen. Leben, Gott, Quelle oder wie immer Sie es gern nennen, sind die Erde, das Wasser und die Sonne, die unsere Samen keimen, sprießen und wachsen lassen. Es ist unsere Aufgaben auszuwählen, welche Samen wir pflanzen wollen.*
>
> *Was der Mensch sät, wird er ernten! Diese zweitausend Jahre alten spirituellen Gesetze sind genauso gültig wie die physikalischen Gesetze, mit denen wir leben, wie das Gesetz der Schwerkraft. Um die besten Ergebnisse zu erzielen … richte dich nach deinem Schöpfer und deinen Schöpfungen aus und triff eine weise Wahl.*[7]

Reflexionsübung

Erstellen Sie mit diesen vier grundlegenden Schritten Ihre eigene Affirmation:

1. Notieren Sie Ihre Affirmation in der ersten Person Präsens und wiederholen Sie sie so, als ob Sie Ihr Ziel schon erreicht hätten. Zum Beispiel: »Ich sehe mit (Ziel) Kilo gut aus und fühle mich wohl.« »Ich mag (Name) uneingeschränkt und führe eine sehr gute Beziehung mit ihm/ihr.«
2. Entwerfen Sie ein Bild davon, wie Sie sich sehen, nachdem Ihre Affirmation Wirklichkeit geworden ist.
3. Nehmen Sie bewusst wahr, wie gut Sie sich durch die Verwirklichung Ihrer Affirmation fühlen; kosten Sie das Gefühl voll aus.
4. Wiederholen Sie die Affirmation mehrmals am Tag.

Jede Affirmation sollte mindestens einige Sekunden lang dauern und drei bis fünf Mal pro Tag wiederholt werden. Wie im Fall von persönlichen Zielen sollten Sie möglichst nicht mehr als 15 Affirmationen gleichzeitig anstreben.

Unser Geist ist am empfänglichsten für Affirmationen, wenn wir morgens aufwachen und wenn wir abends ins Bett gehen. Ich kenne viele Leute, die ihre Affirmationen auf kleinen Karteikarten oder auf einem Mobilgerät in der Nähe ihres Betts aufbewahren.

Tägliche Praxis kann geradezu wundersame Änderungen im Leben bewirken; aber wie bei allem anderen sind es zwei Paar Stiefel, zu wissen, wie man etwas tut, und es auch wirklich zu tun. Wenn Sie Ihre Affirmationen täglich wiederholen und praktizieren, wird es zu einer Gewohnheit werden. Und wie bei anderen Gewohnheiten, wird Ihnen an Tagen, an denen Sie es nicht tun, etwas fehlen. Zu meinen persönlichen Affirmationen gehört, dass ich meine Affirmationen täglich praktiziere. Ich habe eine Aussage aufgeschrieben, die ich meinen Affirmationen vorausschicke: »Ich genieße es, als Erstes am Morgen und als Letztes am Abend meine Affirmationen zu lesen. Meine tägliche Affirmationspraxis, verbunden mit unterstützenden Visualisierungen und stark empfundenen Emotionen, prägt die Werte, Ziele und Einstellungen, die ich zur Bereicherung meines Lebens für wichtig halte, in mein Unterbewusstsein ein.«

Kapitel 25

Die Macht in der Kommunikation

Beginnen Sie jetzt, Ihrem Unterbewusstsein Bilder des Glücks, der Zufriedenheit und des Wohlstands anzubieten. Durchdenken Sie dies in Ruhe und stellen Sie sich alles mit Ihrem bewussten Verstand als bereits verwirklicht vor.
Dr. Joseph Murphy

Wir haben alle schon einmal erlebt, dass wir im Publikum sitzen, einem Redner zuhören und uns denken: »Toll, *das* ist wirklich beeindruckend! Was ist das?« In diesem Kapitel möchte ich Ihnen das Geheimnis verraten, welche Macht in der Kommunikation liegt.

Wenn man fragt, woher diese Macht kommt, werden die Leute verschiedene Dinge nennen: die Worte des Redners, seine rhetorischen Fähigkeiten, seine Persönlichkeit, den Inhalt der Rede und so weiter. Das sind verschiedene Faktoren, die den Erfolg und Wert eines Vortrags beeinflussen, aber sie sind nicht die eigentliche Macht, die im Gesagten liegt.

Wörter sind zum Beispiel nur Wörter. Im Englischen sind wir durch den Gebrauch oder die Kombination von 26 Symbolen, unserem Alphabet, eingeschränkt; wir müssen diese in eine bestimmte Reihenfolge bringen, damit sie für die Person oder die Personen, die sie hören, einen Sinn ergeben. Oft erzeugt dasselbe Wort bei verschiedenen Menschen komplett andere Bilder und Gefühle. Wie im Beispiel weiter oben, als drei Personen völlig unterschiedlich auf den Begriff Schlange reagierten. Bei der Tierliebhaberin, deren Lieblingstier eine Boa ist, kann schon das Wort »Schlange« ganz andere Emotionen und Reaktionen hervorrufen als bei derjenigen, die aufgrund einer früheren Erfahrung schreckliche Erinnerungen an Schlangen hat.

Seine Zuhörer zu kennen und den Inhalt sowie die Wortwahl entsprechend anzupassen, ist eine wichtige Fähigkeit, aber sie reicht nicht aus, um die Macht innerhalb des Gesagten zur Entfaltung zu bringen.

Wer die Kunst der Kommunikation beherrscht, weiß entweder intuitiv oder verstandesmäßig, dass die Macht in der Fähigkeit liegt, die eigene Energie auf Geist, Herz und Verstand des Publikums zu übertragen. Diese Energieübertragung ist ein echtes Phänomen. Sie lässt sich nicht eigens messen oder in Zahlen ausdrücken, aber ihre Wirkung ist sichtbar. Lassen Sie mich Ihnen ein Beispiel geben.

Früher habe ich oft öffentlich gesprochen. Ich habe buchstäblich auf der ganzen Welt Vorträge gehalten: in Australien, Neuseeland, Brasilien, Südafrika, Großbritannien, Russland, Kanada und den USA. Meistens ging es um die Themenbereiche Zielsetzung, Motivation und unser unerschöpfliches Potenzial. Ich kannte mich in den Themen meiner Vorträge sehr gut aus. Oft war der Inhalt von zwei Vorträgen vollkommen identisch. Der Vortrag selbst und die Reaktionen des Publikums konnten aber absolut unterschiedlich sein. Ich lernte früh (mit Ende 20), dass der Inhalt meines Vortrags nicht annähernd so wichtig war wie die *Art und Weise* des Vortrags. Und wie alle Redner hatte ich neben guten Tagen gelegentlich auch schlechte Tage. An einem meiner schlechten Tage landete mein Flug mit Verspätung, ich hastete zum Veranstaltungsort und musste sofort auf die Bühne, um den Zeitplan einzuhalten. Ich brachte den Inhalt des Vortrags gut rüber und erhielt viel Applaus, einschließlich der üblichen begeisterten Zuhörer, die nach dem Vortrag auf mich warteten, um mir zu sagen, wie toll meine Rede war. Aber ich fühlte mich leer. Ich hatte das Gefühl, das Publikum betrogen zu haben.

Was fehlte? Die übliche starke Übertragung meines Energiefelds auf das Publikum.

Ich lernte, dass ich nicht nur den Inhalt meines Vortrags vorbereiten musste, sondern auch mein Energiefeld am Gruppenbewusstsein und am Energiefeld der Menschen ausrichten musste, zu denen ich sprach, wenn ich ihnen wirklich den größten Nutzen bieten und den besten Dienst leisten wollte.

Und so habe ich das gemacht: Etwa eine Stunde vor meinem Vortrag suchte ich mir einen Raum, in dem ich ungestört war. Ich versenkte mich tief in eine Meditation und sprach dabei vielleicht ein Gebet wie: »Bitte gib mir das Verständnis und die Informationen, die den Menschen, die ich heute treffe, den größten Nutzen bringen.« Ich bemühte mich *bewusst*, mein Energiefeld, so wie es *an diesem Tag* war, an das Energiefeld meiner physischen Umwelt an diesem Tag anzupassen.

Viele Jahre lang wusste ich, dass ich über die Macht effektiver Kommunikation verfüge, aber ich wusste nicht, was genau diese Macht ist. Nach reiflicher Überlegung kam ich zu dem Schluss, dass diese Macht die Fähigkeit ist, die eigene Energie nachhaltig auf die Menschen zu übertragen, mit denen man kommuniziert. Das ergibt sehr viel Sinn.

Haben Sie zum Beispiel schon mal festgestellt, dass manche Menschen ständig Witze reißen können, über die andere sich totlachen, während jemand anderes mit denselben Witzen nur ein gequältes Lächeln hervorruft? Nehmen wir an, Sie halten einen Vortrag und sind voll in Ihrem Element. Am Ende Ihrer

Präsentation erhalten Sie Standing Ovations. Sie wissen, dass Sie Ihre Sache gut gemacht haben. Wir könnten das Video Ihres Vortrags nehmen und einen Profi-Redner bitten, Ihren Text auswendig zu lernen und Ihren Vortragsstil, Ihre Gestik, Ihre Anekdoten, Ihre Witze und so weiter zu imitieren und diesen Vortrag dann theoretisch vor demselben Publikum halten. Obwohl der Inhalt exakt derselbe ist, wird die Reaktion der Zuhörer völlig anders ausfallen. Was fehlt, ist Ihre Energieübertragung.

Der Zweck von Sprache ist es, ein Bild zu schaffen oder abzurufen, das wiederum Gefühle und Emotionen hervorruft. In unserem Unterbewusstsein werden nicht die Wörter gespeichert, sondern die Bilder, die diese Wörter auslösen, und die Gefühle, die mit diesen Bildern einhergehen. Wenn Sie also Ihre nächste Rede oder Präsentation vorbereiten, sollten Sie, sobald der Inhalt steht, sicherstellen, dass Sie am Vortragstag ausreichend Zeit einplanen, Ihre Energie für diese spezielle Präsentation zu entwickeln. Gehen Sie in den Raum oder Saal, in dem Sie die Präsentation halten werden, und stellen Sie sich vor, wo Sie stehen werden, wo die Zuhörer sitzen werden und so weiter.

Unsere persönlichen Energiefelder und Schwingungen ändern sich täglich. Deswegen gewöhnte ich mir an, mich an Tagen, an denen ich einen Vortrag hielt, den ich schon einmal woanders gehalten hatte, nicht einfach auf meine alten Aufzeichnungen zu verlassen, sondern mich hinzusetzen und die Stichpunkte für diesen speziellen Tag neu aufzuschreiben. Obwohl die Worte vielleicht dieselben waren, waren meine *Gefühle* anders. Bei meiner gedanklichen Wiederholung ging es nicht darum, die Worte auswendig zu lernen, sie diente vielmehr dazu, mein Energiefeld auszurichten und zu sehen, wie ich mich an diesem Tag bei diesen Worten fühlte. Durch diese Angewohnheit war jede meiner Präsentationen einzigartig, auch wenn der Inhalt scheinbar derselbe war.

Manchmal berichteten mir Leute, die auch am Vortag meine Präsentation besucht hatten, wie viel mehr sie am zweiten Tag von meinem Vortrag profitiert hätten. Ironischerweise war der Inhalt identisch. Was sie bemerkten, war die unterschiedliche Energieübertragung der beiden Tage, von mir oder auch von ihnen selbst. Das Publikum bringt seine eigenen Energien und Stimmungen mit und ist in unterschiedlichem Maße aufnahmefähig. Oft scheint es, als *transzendiere* ein großartiger Redner diese verschiedenen Möglichkeiten, die Zuhörer zu erreichen und seine Energie auf sie zu übertragen.

Unsere Energieübertragung ist so einzigartig wie unser Fingerabdruck. Im Gegensatz zu unserem Fingerabdruck, der statisch ist, schwankt unsere Energieübertragung zwar – sie bleibt aber einzigartig und individuell. Außerdem liefert sie den Kontext für ein Feld von Informationen. Dieses Zusammenspiel wird im Gedächtnis des Empfängers abgespeichert. Auf dieselbe Weise stellt ein Schauspieler oder Drehbuchautor eine sehr emotionale Szene dar.

Ich erinnere mich, als Alfred Hitchcocks Klassiker *Psycho* in den Kinos lief und viele Frauen berichteten, dass sie beim Duschen plötzlich Angst und Panik empfanden. Die emotionale Wirkung der Mordszene, in der die Schauspielerin in der Dusche mit mehreren Messerstichen niedergestochen wird, beeinflusste das Verhalten einiger Zuschauerinnen. In Wirklichkeit war das, was im Kino geschah, nur eine Lichtreflexion auf der Leinwand. Emotional gesehen war das Geschehen für die Zuschauerinnen aber real, und der *eingebildete* Schrecken und die damit verbundene Beunruhigung prägte sich ihrem Gedächtnis ein.

Diese Analogie illustriert, wie das Publikum eines Vortrags oder auch eines Theaterstücks durch die Präsentation angesprochen wird. Auf dieselbe Art und Weise übertragen große Autoren durch das geschriebene Wort ihre Energie auf Geist,

Körper und Gefühle des Lesers. Der Leser nimmt nicht nur die Wörter und ihre Bedeutung auf, sondern auch die Gefühlswallungen und die Energieausstrahlung, die der Autor genau in dem Augenblick empfand, als er die Wörter schrieb. Ein Schriftsteller wird Ihnen sagen, dass die Qualität seiner Texte stark variiert, abhängig davon, wie er sich gerade fühlt und wie hoch sein Energieniveau beim Schreiben ist. Und trotzdem erzeugen große Autoren eine beständige, gleichbleibende Energie.

Die *Kombination* aus dem von Ihnen ausgearbeiteten Inhalt und Ihrem Energiefeld, das Sie vorbereitet und an Ihr Publikum angepasst haben, bestimmt die Effektivität und die Wirkung Ihrer Botschaft. Die meisten Menschen legen ihren Schwerpunkt auf die erste Hälfte dieser Gleichung (den Inhalt) und gehen davon aus, dass die zweite Hälfte (die Energie) kommt, wie sie kommt. Die bewusste Vorbereitung Ihres Energiefelds ist eine wichtige, wenn nicht sogar die wichtigere Disziplin. Aber erst die Kombination von beidem erzeugt die Macht in der Kommunikation.

Die Gabe des Schweigens

Die andere, aber ebenso wertvolle Seite der Kommunikation ist die Praxis des Schweigens und die Fähigkeit des Zuhörens. Dieser Aspekt gehört in vielerlei Hinsicht zur Entwicklung der Kunst der Kommunikation. Die Menschen, von denen ich am meisten lerne, sind diejenigen, die am wenigsten reden und am meisten zuhören. Wenn sie sprechen, sprechen sie langsam, methodisch und effizient. Ich hänge wie gebannt an jedem ihrer Wörter. Sie sind so großartige Zuhörer und Beobachter, dass sie Einsichten und Erkenntnisse über eine Person oder eine Situation zu erlangen scheinen, die über das gesprochene Wort hinausgehen. Ich bin sicher, dass Sie auch schon mal Menschen begegnet sind, von denen Sie gebannt waren, auch wenn Sie selbst derjenige waren, der den größten Teil des Gesprächs bestritten hat. Solche Menschen sind in der Lage, Ihnen Ihre innersten Gedanken, Gefühle und Emotionen zu entlocken, indem sie Ihnen einfach *zuhören*. Es fühlt sich fast so an, als würde man nackt vor ihnen stehen. Ihre wahre Macht liegt in ihrem Schweigen.

Wenn ich vor einem großen Publikum spreche, bitte ich die Leute oft, die Hand zu heben, wenn sie schon einmal einen Rhetorikkurs besucht haben. Sehr viele heben die Hand. Dann bitte ich sie, die Hand zu heben, wenn sie schon einmal einen Kurs zum Thema Zuhören besucht haben. Bei dieser Frage sehe ich nur sehr selten eine erhobene Hand.

Beim Zuhören beschränkt sich die Fähigkeit der meisten Menschen darauf, einfach ihren Mund zu halten, während der andere spricht, während sie selbst schon darüber nachdenken, was sie sagen wollen, wenn der andere aufhört zu sprechen. Es geht beim Zuhören aber nicht einfach darum, den anderen sprechen zu hören. Es geht darum, sich aktiv mit den Worten zu beschäftigen, die gesprochen werden, und sich selbst zu fragen: »Was sagt dieser Mensch wirklich?« Wir haben alle schon die Erfahrung gemacht, dass unser Gesprächspartner versucht, etwas Bestimmtes zu sagen, und wir durch aktives Zuhören, oft verbunden mit Fragen, feststellen, dass die Worte unseres Gegenübers in Wirklichkeit etwas anderes bedeuten als das, was tatsächlich aus seinem Mund kommt. Ein aktiver Zuhörer zu sein, kann oft auch bedeuten, ein kreativer Zuhörer zu sein.

In Gruppensituationen achte ich mehr auf diejenigen, die wenig sprechen, als auf diejenigen, die das Gespräch dominieren. Die Stillen ziehen mich an. Viele Jahre der Beobachtung und meine Verkaufserfahrungen als »Überreder« haben mich gelehrt, stillen Menschen am meisten zuzuhören.

Das unzeitgemäße Verkaufstraining nach dem Motto »Überreden statt überzeugen« besteht darin, *jedem* Interessenten ein Standard-Verkaufsgespräch aufzudrängen. Heute lernen Verkäufer, mehr zuzuhören und weniger zu reden. Sie bestimmen, was sie sagen werden, indem sie den potenziellen Kunden zum Beispiel fragen, was seinen Ehepartner an dem Produkt oder der Dienstleistung interessiert, und lassen sich in ihrer Vorgehensweise von diesen Antworten leiten.

Den Stillen zuzuhören, klingt paradox, ist es aber tatsächlich nicht. Ich möchte Ihnen eine Geschichte erzählen, die beweist, dass effektives Zuhören selbst in der Vertriebswelt eine Win-win-Situation ist.

In der Vergangenheit lernten Verkäufer, die im Direktvertrieb und verwandten Bereichen tätig waren, ein vorgefertigtes Verkaufsgespräch auswendig zu lernen. Unterstützt wurde diese Anweisung in den Schulungszentren von einer großen Tafel mit der Aufschrift: *»Keine Abweichung!«* Es war die Standardpraxis, mit der potenziellen Käufern die Produkte und Dienstleistungen eines Unternehmens präsentiert werden sollten.

Ich weiß, wovon ich spreche, denn wie ich in der Einleitung beschrieben habe, war die erste berufliche Laufbahn, die ich in meinem letzten Studienjahr begann, eine wunderbare, elfjährige Tätigkeit bei Encyclopaedia Britannica Inc. Auf meinem Weg zum Gebietsleiter, zum Verkaufsleiter für Australien und Neuseeland und schließlich zum Leiter des internationalen Vertriebs wurde unser Verkaufspersonal genau nach dem oben beschriebenen Verfahren geschult: Die Spitzenverkäufer lernten, wie sie das Verkaufsumfeld ihrer potenziellen Kunden *steuern* (und dominieren) konnten.

Zum Glück sind die Verbraucher heutzutage wesentlich besser informiert und gebildet. Die Top-Verkäufer von heute sind viel *kreativere* Zuhörer, die es dem potenziellen Käufer durch einen zielgerichteten Fragenkatalog *ermöglichen*, sich auf die

Vorteile des Produkts oder der Dienstleistung zu konzentrieren, die die individuellen Bedürfnisse des jeweiligen Käufers optimal erfüllen. Die überholte Verkaufskommunikation im Sinne einer Patentlösung für alle hat ausgedient, zumindest bei den Verkäufern, die an der Spitze der Verkaufszahlen eines Unternehmens stehen. Deren Begabung besteht nicht darin, wie gut sie sprechen, sondern wie gut sie *zuhören*.

Obwohl das genannte Beispiel aus der Welt des Vertriebs stammt, gelten seine Prinzipien auch für andere Führungspositionen, Beziehungen, Coaching, Elternschaft und so weiter. Die Laute, die aus dem Mund eines Menschen kommen, haben oft wenig oder nichts mit dem zu tun, was der Sprechende wirklich fühlt oder mitteilen möchte. Es gibt viele andere Wege zu »hören«, was ein Mensch denkt oder fühlt, statt sich nur darauf zu beziehen, was er sagt, nämlich zum Beispiel, auf seine eigenen Gefühle, Instinkte und Beobachtungen zu vertrauen.

Reflexionsübung

Denken Sie daran: Die Kunst der Kommunikation besteht in Ihrer Fähigkeit, Ihre Energie auf Geist, Herz und Seele Ihrer Zuhörer zu übertragen. Machen Sie es sich zur Aufgabe, diese Technik bewusst zu praktizieren – vor allem, wenn es um eine wichtige Präsentation oder Begegnung geht –, indem Sie Ihre volle Präsenz und Aufmerksamkeit darauf richten, ehrlich und empathisch zu sprechen und zuzuhören. Nehmen Sie sich nach der Präsentation oder der Unterhaltung Zeit zu reflektieren und schreiben Sie auf, welche Erfahrungen Sie gemacht haben und was Sie beim nächsten Mal besser machen können. Auch in dieser Hinsicht macht Übung den Meister.

Kapitel 26

Resilienz: sich von Rückschlägen erholen

Falls Sie Angst und Zweifel fühlen, richten Sie Ihre Augen voller Zuversicht auf Ihr Ziel, auf die Vision einer glücklichen, befreiten Zukunft. Denken Sie an die ungeheure Macht Ihres Unterbewusstseins, die Sie durch Ihre Gedanken und Vorstellungen nutzen können – dies wird Ihnen Mut, Kraft und Selbstvertrauen schenken. Geben Sie nicht auf, kämpfen Sie weiter, bis Sie am Ziel sind.
Dr. Joseph Murphy

Jeder von uns muss Rückschläge einstecken. Egal, ob im Beruf, in der Beziehung, bei der Gesundheit oder bei den Finanzen: Das Leben stellt uns immer wieder vor Herausforderungen. Oft ist es aber nicht der Rückschlag selbst, der uns handlungsunfähig macht, sondern unsere Unfähigkeit, damit umzugehen. In diesem Zusammenhang definiert das Wörterbuch von Merriam-Webster Resilienz als »eine Fähigkeit, sich von Unglücksfällen schnell zu erholen oder sich leicht an Veränderungen anzupassen«.

Besonders leistungsstarke Menschen sind tendenziell auch äußerst resilient. Wenn sie umgehauen werden, stehen sie schnell wieder auf. In diesem Kapitel werden wir erfahren und diskutieren, was die meisten Menschen davon abhält, sich schnell von Rückschlägen zu erholen, zum Beispiel

- ihre mangelnde Bereitschaft, die Vergangenheit loszulassen und zu verzeihen,
- eine verzerrte Wahrnehmung der Realität und
- ihre Unfähigkeit oder ihr innerer Widerstand, Wut und Groll aufzulösen.

Was Sie in diesem Kapitel lernen, dient nicht dazu, zukünftige Rückschläge zu verhindern, denn sie sind Teil des Menschseins. Es soll Sie vielmehr in die Lage versetzen, anders mit Rückschlägen umzugehen, als Sie dies vielleicht bisher getan haben. Mein Ziel ist es, Ihnen Instrumente und Techniken an die Hand zu geben, die Ihre Resilienz steigern können und Ihnen helfen, mit künftigen Rückschlägen besser zurechtzukommen.

Wie oben bereits beschrieben, ist einer der Schlüsselfaktoren, der unsere Resilienz beeinträchtigt, die mangelnde Bereitschaft, die Vergangenheit loszulassen. Die einzige existierende Zeit ist das Jetzt! Es gibt keine Vergangenheit, es gibt keine Zukunft, und es wird sie nie geben. Die einzige Zeit, in der wir glücklich sein können, ist jetzt. Können Sie gestern glücklich sein? Nur zu, ich warte. Nein, Sie können nur jetzt glücklich oder unglücklich sein. Sie denken vielleicht über etwas nach, was Sie gestern gemacht haben, aber das Glück oder Unglück, das Sie empfinden, ist gegenwärtig. Können Sie morgen glücklich sein? Nein, Sie können nicht morgen glücklich sein. Sie können jetzt glücklich sein, wenn Sie an etwas denken, was Sie morgen vorhaben, aber wieder empfinden Sie dieses Glück genau jetzt.

Weil wir nur jetzt glücklich sein können, stellt sich die Frage, wie viel dieses möglichen Glücks in der Jetztzeit uns entgeht, weil wir über unglückliche Erfahrungen von gestern nachgrübeln und jammern. Oder uns (jetzt) Sorgen über etwas machen, das in der Zukunft passieren könnte (oder auch nicht). Deswegen liebe ich das Akronym für das englische Wort FEAR, also Angst: False Expectations Appearing Real – falsche Erwartungen, die real erscheinen.

Wenn wir also wirklich glücklich sein wollen und verstehen, dass wir nur in der Gegenwart glücklich sein können, dann müssen wir die Disziplin entwickeln, *die Vergangenheit loszulassen*. Fehler sind Teil des Menschseins. Zu den lustigsten Teilen eines Films gehört oft der Abspann, in dem die Outtakes gezeigt werden, die bei der Produktion des Films entstanden sind. Und oft sind es die Schauspieler selbst, die am lautesten über ihre Fehler lachen.

Stellen Sie sich folgende Frage: »Wie hoch ist der Anteil meiner Jetztzeit, die ich damit verbringe, über vergangene Ereignisse zu grübeln oder mir über Dinge Sorgen zu machen, die unter Umständen in der Zukunft passieren könnten?« Unglückliche Menschen sind wirklich nur zu einem geringen Anteil ihrer Zeit in der Gegenwart präsent. Nehmen wir zum Beispiel an, dass sie 20 Prozent ihrer Jetztzeit glücklich sind, aber 40 Prozent unglücklich, weil sie an früheren Jetztzeiten (der Vergangenheit) festhalten und diese beklagen, und die übrigen 40 Prozent lang Angstgefühle haben, weil sie sich über mögliche Geschehnisse in künftigen Jetztzeiten Sorgen machen.

Resiliente und glückliche Menschen leben in der Gegenwart und verschwenden ihre wertvolle Jetztzeit nicht damit, der Vergangenheit nachzuhängen oder sich über die Zukunft zu sorgen. Es sind Menschen, denen man nachsagen kann, dass sie eine positive Einstellung zum Leben haben. Ja, sie sind Menschen, und auch sie werden sicherlich hin und wieder über eine falsche Entscheidung in der Vergangenheit nachdenken oder sich vor einem zukünftigen Ereignis fürchten, aber diese Gefühle dominieren nicht ihr Leben.

***

Als junger Erwachsener hatte ich das große Glück, Howard Behar als Partner und leitenden Angestellten in zwei Unternehmen zu haben, in denen ich Vorsitzender war. Später wechselte Howard zu Starbucks und stieg bis zum Vorsitzenden von Starbucks International auf, bevor er in den Ruhestand ging.

In den beiden Unternehmen, in denen wir zusammenarbeiteten, gab es freiwillige Fortbildungsprogramme für Personalentwicklung, bei denen Mitarbeiter Affirmationstechniken und Meditationspraxis lernen konnten. Als ich kürzlich mit Howard darüber sprach, wie er persönlich Affirmationen nutzt, sagte er mir, dass es ihm als jungem Menschen mithilfe von Affirmationen gelungen sei, resilient zu bleiben und mit persönlichen Rückschlägen fertigzuwerden. Er erzählte mir Folgendes:

Zwischen Mitte 20 und Mitte 30 war ich ständig unzufrieden mit meiner Lebenssituation. Ich litt an Depressionen und Ängsten. Ich begann mit einer täglichen Affirmation: »Ich bin genug, ich habe genug, ich tue genug.« Es dauerte eine Weile, aber innerhalb von fünf Jahren war ich zufriedener mit meiner Lebenssituation. Diese Affirmation nahm mir den Druck und half mir, wesentlich mehr zu erreichen. Meine Depressionen und Ängste schwanden, und ich wurde viel glücklicher.

Das Schwierigste war, zu lernen, mich selbst zu lieben. Es quälte mich sehr, wenn ich einen Fehler machte oder für mich selbst oder jemand anderen nicht das Richtige erreich-

te. Ich begann mit der Affirmation: »Ich liebe mich selbst bedingungslos.« Ich hängte diese Affirmation in meinem Badezimmer auf, um mehrmals am Tag daran erinnert zu werden, mir meine Selbstliebe und Selbstakzeptanz zu bestätigen. Wenn ich mich im Badezimmer selbst lieben konnte, so dachte ich, konnte ich das überall. Und so ist es.[8]

Reflexionsübung

Genau wie Howard habe auch ich festgestellt, dass Affirmationen bei Rückschlägen eine hilfreiche Übung sind, um das eigene Verhalten und die Umstände zum Besseren wenden zu können. Sie helfen uns auf jeden Fall, mit Resilienz und Mut auf Rückschläge zu reagieren. Meine persönliche Affirmation lautet beispielsweise: »Für mich sind alle Rückschläge vorübergehend. Ich bin resilient und erhole mich schnell von Rückschlägen oder Unglücksfällen.« (Werfen Sie einen Blick in Kapitel 24, um Ihre eigene Affirmation für einen Rückschlag zu formulieren.)

Eine weitere hilfreiche Übung ist die Konzentration auf die Gegenwart. Stellen Sie sich selbst die Frage, ob Sie immer wieder einen vergangenen Rückschlag wiederholen. Wenn das der Fall ist, dann nutzen Sie die Zeit, um konstruktiv darüber nachzudenken, wie Sie die Dinge beim nächsten Mal anders angehen können: »Was kann ich aus dem Rückschlag lernen?« Kehren Sie dann zurück in die Gegenwart, indem Sie ruhig sitzen bleiben und Ihre Aufmerksamkeit mit sanften, tiefen Atemzügen wieder ins Jetzt lenken.

Kapitel 27

Meditation

Sobald Sie richtig denken und die Wahrheit begreifen gelernt haben und wenn die in Ihrem Unterbewusstsein verankerten Gedanken positiv, harmonisch und glücklich sind, wird die magische Kraft Ihres Unterbewusstseins zur Geltung kommen und angenehme, erfolgreiche Lebensbedingungen schaffen. Alles wird sich zum Besten verändern.
Dr. Joseph Murphy

Es wundert mich schon seit einiger Zeit, dass nur so wenige Menschen in unserer westlichen Kultur regelmäßig irgendeine Form von täglicher Meditation praktizieren, obwohl sie nachweislich so viele Vorteile hat.

Die wissenschaftlichen Erkenntnisse über die physiologischen Effekte der Meditation auf Körper, Geist und Gefühle sind kaum zu widerlegen. Es handelt sich um messbare, belastbare Daten, die von Quantenphysikern unter strengen Laborbedingungen entwickelt wurden. Dazu kommen die unzähligen Erfahrungsberichte von Menschen, die Meditation praktizieren und die Verbesserungen in all ihren Lebensbereichen beschreiben.

Ich hatte das Glück, mehr als ein Jahrzehnt lang Mitglied im Vorstand des Instituts für Noetische Wissenschaften (IONS) zu sein. In dieser Zeit freundete ich mich mit Dr. Dean Radin an, dem Wissenschaftsdirektor des IONS und Mitherausgeber der medizinischen Fachzeitschrift *Explore*, in der viele Forschungsarbeiten zum Thema Meditation veröffentlicht werden. Ich habe Dr. Radin zu seinen Ansichten über Meditation befragt, und das war seine Antwort:

> *Die Meditation wurde ehemals als exotischer Import aus dem Osten angesehen und im Westen hauptsächlich durch bekiffte Hippies bekannt; sie galt bei den meisten seriösen Wissenschaftlern nicht als ernsthafter Untersuchungsgegenstand. Diese abschätzige Einstellung begann sich im Lauf der 1970er-Jahre zu verändern, als einige Artikel über die Vorteile der Meditation in der Wissenschaftsliteratur erschienen. Die Anzahl an Veröffentlichungen nahm langsam zu, weil immer mehr Forscher auch andere positive Auswirkungen der Meditation beobachteten, und im Lauf der nächsten fünf Jahrzehnte wuchs die Literatur von einer Handvoll Artikel auf Tausende kontrollierte Studien an.*
>
> *Heute steht, basierend auf Labordaten, nicht länger infrage, dass Meditation die physische und mentale Gesundheit fördert. Viele hochrangige Wissenschaftsjournale veröffentlichen regelmäßig Studien, welche die Meditationspraxis untersuchen, um den Schlaf zu verbessern, Depressionen zu behandeln, Ängste zu verringern, den Blutdruck zu regulieren, Entzündungsgene herunterzuregulieren, Gene des Immunsystems hochzuregulieren, Insulin- und Glukosegene zu verbessern und sogar die Telomerase zu erhöhen, was auf eine Verlangsamung des Alterungsprozesses hindeutet. Es gibt auch Hinweise darauf, dass Meditation das prosoziale*

Verhalten verbessert, also beispielsweise Mitgefühl und Empathie steigert.

Infolgedessen konzentriert sich die Meditationsforschung heute nicht mehr darauf, ob sie nützlich ist, sondern auf die zugrunde liegenden Mechanismen ihrer Wirkungsweise, verglichen mit verschiedenen Arten kontemplativer Praktiken, und auf die Weiterentwicklung der geistigen Fähigkeiten, die mit langfristiger Meditationspraxis einhergeht.[9]

Ich glaube, dass jeder wachsende und sich entwickelnde Mensch zwangsläufig von der Meditation fasziniert sein wird, wenn er ihre Praxis mit offenem Geist betrachtet. Zu den weiteren positiven Auswirkungen regelmäßiger Meditationspraxis gehören Untersuchungen zufolge:

- eine verbesserte Gehirnfunktion,
- gesteigerte Kreativität und Intelligenz,
- schnellere Reaktionsfähigkeit
- Blutdrucksenkung und
- verminderte Ängste und Depressionen.

Immer mehr Führungskräfte und Prominente haben die Vorzüge der Meditation erkannt, unter anderem Rupert Murdoch, Bill Ford, Oprah Winfrey, Robert Stiller und Arianna Huffington. Etliche Fortune-500-Unternehmen, einschließlich Google, AOL, Apple und Aetna bieten ihren Mitarbeitern Meditations- und Achtsamkeitskurse an. Die US-Unternehmenswelt versteht allmählich, dass Meditation Mitarbeitern und Führungskräften helfen kann, ein hohes Maß an Erfolg zu erzielen und aufrechtzuerhalten.

Auf den letzten Seiten dieses Kapitels gebe ich Ihnen meine eigenen Erfahrungen mit Meditation weiter und fasse die Vorzüge regelmäßiger Meditation auf die physischen, mentalen, emotionalen und spirituellen Aspekte des Lebens zusammen.

***

Meine Frau und ich lernten die Transzendentale Meditation (TM) vor über 45 Jahren kennen und praktizieren seitdem TM oder andere Formen der Meditation.

Ich gebe der TM nicht den Vorzug vor anderen Meditationsformen; tatsächlich ist Qigong die wirkungsvollste Meditation, die ich je erlebt habe, um zur Verbesserung der Heilkräfte und Immunität des Körpers Energie durch den Körper fließen zu lassen. Egal, ob ich TM, Qigong oder eine andere Form der Meditation gelernt habe, nie wurde mir gesagt, dass eine dieser Formen zwangsläufig besser sei als eine andere. Es wurde nie Geld von mir verlangt (außer dem Honorar für den Lehrer), und ich wurde nie aufgefordert, andere Menschen von einer bestimmten Lehre zu überzeugen. Folglich wurden mir in meiner eigenen Erfahrung mit Meditation keinerlei Dogmen oder Glaubenssysteme beigebracht. Wenn ich Körperübungen mache, gebe ich keiner Form der körperlichen Betätigung den Vorzug gegenüber einer anderen. An einem Tag jogge ich vielleicht, am nächsten trainiere ich mit Gewichten, und am übernächsten Tag nehme ich an einer Yogastunde teil. Training ist einfach Training, so wie Meditation einfach Meditation ist.

Von meiner regelmäßigen Meditationspraxis habe ich ungeheuer profitiert. Ich habe ein hohes Energielevel und entspreche genau der Beschreibung einer typischen Typ-A-Persönlichkeit. Ich kann sehr umtriebig und energisch sein und bin leicht zu motivieren. Wenn ich regelmäßig meditiere, fühle ich mich ruhiger, entspannter und ausgeglichener. Ich fühle mich einfach besser.

Jetzt zu den körperlichen Aspekten. Interessanterweise war der Gründer der TM, Maharishi Nahes Yogi, Physiker. Er und seine Organisation stellten Forschungen über die körperlichen Vorteile der Meditation (besonders der TM) an, die zeigten, dass sich in einem meditativen Zustand die Pulsfrequenz verlangsamt, der Blutdruck sinkt, der Stoffwechsel steigt und die Hirnstromaktivität von Beta-Wellen zu Alpha- und sogar Theta--Wellen (unser kreativster und entspanntester Gemütszustand) wechselte. Außerdem fanden sich weitere physiologische Messergebnisse, die auf Wohlbefinden und eine gute allgemeine Gesundheit hinweisen.

Wenn ich mich erschöpft oder müde fühle oder befürchte, dass ich krank werden könnte, richte ich die Energie auf den Bereich meines Körpers, der meiner Meinung nach einen besonderen Schub oder spezielle Heilkräfte braucht, und kann damit die körperlichen Symptome einer Krankheit meistens abwehren. Ich kann mich nicht erinnern, in den letzten 20 Jahren eine normale Erkältung oder Grippe gehabt zu haben – toi, toi, toi.

Ich möchte Ihnen eine Geschichte erzählen, für die ich keine wissenschaftliche Erklärung habe.

Als ich vor vielen Jahren mit meiner Familie in Sun Valley, Idaho, lebte, fühlte ich mich eine Zeit lang sehr angeschlagen, hatte Halsschmerzen und schien mich nicht zu erholen (was sehr ungewöhnlich für mich ist). Ich suchte einen befreundeten Arzt auf, der mich untersuchte und mir sagte, ich litte akut an Pfeifferschem Drüsenfieber. Er bestand darauf, mich über Nacht in ein Krankenhaus einzuweisen, um mich dort intravenös und anderweitig behandeln zu lassen. Man sagte mir, dass es einen Monat dauern könnte, bis ich ausgeheilt wäre, was für mich inakzeptabel war, weil ich in der folgenden Woche nach Seattle umziehen wollte, um eine neue Stelle anzutreten. Der befreundete Arzt lächelte mich mitfühlend an und sagte: »Jim, ich schätze deine positive Einstellung, aber deine roten und weißen Blutkörperchen ...«, um mir im weiteren Verlauf zu erklären, warum es aus medizinischer Sicht so viele Wochen dauern würde, meinen normalen Gesundheitszustand wiederherzustellen.

Nun ja, er hatte seinen Zeitplan, und ich hatte meinen. Ich war entschlossen, meinen Körper noch in *derselben* Nacht zu heilen.

Ich versetzte mich in einen tiefen meditativen Zustand und stellte mir dabei eine weiße Lichtenergie vor, die mich heilte und meine Blutkörperchen wieder in den Normalzustand versetzte. Ich glaube nicht, dass ich in dieser Nacht geschlafen habe, aber ich befand mich – für einen längeren Zeitraum als je zuvor (oder danach wieder) – im tiefsten Ruhezustand (Theta). Es war wirklich etwas Besonderes.

Am nächsten Morgen fühlte ich mich voller Energie, rief meine Frau an und bat sie, mir meine Joggingschuhe, eine Sporthose und ein T-Shirt ins Krankenhaus zu bringen. Ich sagte der Krankenschwester, sie solle die Schläuche aus meinen Armen entfernen, und teilte dem diensthabenden Arzt mit, dass ich eine Runde Laufen ginge. Er wollte mir nicht erlauben, das Krankenhaus zu verlassen, und meinte, ich käme keine 100 Meter weit. Er hatte recht. Stattdessen lief ich die zwölf Kilometer lange sogenannte Sun-Valley-Schleife. Ich fühlte mich großartig!

Als ich ins Krankenhaus zurückkam, erklärte mich der befreundete Arzt freundlich für verrückt. Ich bat ihn, mir Blut abzunehmen und mich später zu Hause anzurufen, um mir die Ergebnisse mitzuteilen. Ein paar Stunden später rief er mich an und forderte mich auf, noch mal ins Krankenhaus zu kommen, weil sie einen weiteren Test machen müssten. Ich sagte: »Du hast keine Erreger mehr gefunden, oder?" Ich fuhr zurück ins Krankenhaus und machte einen weiteren Bluttest, der ebenfalls negativ war.

Er hatte nie zuvor etwas Ähnliches erlebt und ich auch nicht. Es gab keine wissenschaftliche Erklärung dafür, aber auf einer tieferen Ebene wusste ich, dass ich eine Heilung erfahren hatte, die meines Erachtens durch meine tiefe Meditation unterstützt wurde. Ich machte kein großes Aufheben davon, sondern sagte nur »Danke, Gott!« und ging wieder an meine Arbeit.

In geistiger Hinsicht kommen mir einige meiner besten Ideen und Eingebungen während der Meditation. Meditation beruhigt den Geist. Wenn Ihr Geist ruhig ist, sind Sie in der Lage, diejenigen Gedanken besser zu hören oder zu verstehen, die aus Ihrem höheren Bewusstsein oder dem kreativen Zentrum Ihres Geistes kommen.

***

Ich hatte das Glück, Geschäftsführer der Firma Grantree Furniture Rental zu werden, deren Hauptsitz in Portland, Oregon lag. Wir waren ein junges, dynamisches und schnell wachsendes Unternehmen und wurden bald zum Branchenführer. »Work hard, play hard« war unser Motto.

Ich erinnere mich, dass ich immer wieder vor einer Gruppe von Managern oder Mitarbeitern sprechen musste und nicht wusste, was ich sagen sollte. Ungefähr 45 Minuten vor meiner Rede suchte ich mir einen ruhigen Raum und begann zu meditieren. Bevor ich mich in die Meditation versenkte, bat ich mein höheres Selbst (mein Überbewusstsein), mir die am besten geeigneten Gedanken für diesen speziellen Anlass zu übermitteln. (Manche betrachten das als eine Form des Gebets, ich werde gleich auf den Unterschied zur Meditation eingehen.) Wenn ich in den meditativen Zustand eintrat, dachte ich nicht an meine Rede, die Zuhörer oder wie »ich« (das Ego) auftreten würde. Alles, was ich tat, war, meinen Geist zu beruhigen, in einen tiefen meditativen Zustand einzutauchen und darauf zu *vertrauen*, dass ich die beste Information erhalten würde, wenn ich aus der Meditation zurückkehrte.

Zwanzig Minuten später kehrte ich ausgeruht und entspannt ins Hier und Jetzt zurück; ich notierte ein paar Gedanken und begab mich zu meinem Publikum. Manchmal wusste ich selbst in dem Moment, während ich zum Podium oder nach vorne in den Raum ging, immer noch nicht, was ich sagen wollte, bis ich den Mund öffnete und die richtigen Worte herauskamen.

In emotionaler Hinsicht betrachte ich die Meditation als großen Beruhiger, vergleichbar mit bestimmten Beruhigungsformeln wie: »Die Dinge sind nie so gut oder so schlecht, wie sie scheinen« oder »Es gibt keine stressigen Situationen, nur stressige Reaktionen«.

Aber auch ich empfinde, so wie Sie, Stress und Ängste. In der Regel liegt das an einer Flut von Gedanken und Was-wäre-wenn-Szenarien, die mir immer wieder durch den Kopf gehen. Indem die Meditation den Geist zur Ruhe bringt, stellt sie übermäßige Störgeräusche ab und führt uns nach innen, zu diesem Heiligtum des Friedens und der Stille. Darüber hinaus ist sie der Pfad in den Bereich des Überbewusstseins. Nach der Meditation ist das Problem nicht zwangsläufig weg, aber die Ängste und Spannungen sind es, und das Gesamtbild ist klar. Wir können die Wahrheit über eine Situation ohne Angst und Sorgen erkennen, was uns erlaubt, die möglichen Optionen und Lösungen klarer einzuordnen. Menschen, die unter starken Ängsten und Depressionen leiden, werden mit Gewissheit von Meditation profitieren.

Eine ehemalige Mitarbeiterin, Barbara Basile, hat mir geschrieben, wie sehr Meditation und Affirmationen ihren Lebensweg verändert haben:

> *Mit Anfang 20 arbeitete ich für einen Riesenkonzern. Zwei Wochen vor Weihnachten wurde ich, zusammen mit 4999*

weiteren Angestellten, urplötzlich entlassen. Im Sommer des folgenden Jahres nahm ich eine Arbeit bei einer kleineren Firma auf. Ich freute mich, Wertschätzung zu erfahren, selbst als neue Mitarbeiterin. Es herrschte ein respektvolles Klima, und es gab sehr durchdachte Fortbildungen. Diese Firma bot mir etliche Werkzeuge, erfolgreich zu sein, was natürlich dazu führte, dass auch die Firma erfolgreich war. Allen Mitarbeitern standen Seminare für Zielerreichung, Stressmanagement und sogar Meditation zur Verfügung.

Tägliche Meditation war für mich der Schlüssel zur Stressbewältigung und führte zu einem beständigen, positiven Führungsstil, den das Unternehmen förderte. Die Affirmationen waren von wesentlicher Bedeutung, um ein Bewusstsein für die unterstützenden Verhaltensweisen aufrechtzuerhalten, die alle Beteiligten in Bezug auf die Unternehmensziele und die Philosophie des Selbstwerts aller Mitarbeiter einbeziehen.

Affirmationen, Meditationen und Visualisierungen haben mir geholfen zu realisieren, wer ich bin. Das hat mich dazu inspiriert, wieder an die Uni zu gehen und Psychologie zu studieren. Ich arbeite mit Tätern und Opfern häuslicher Gewalt und bringe den Kindern und Familien, mit denen ich arbeite, diese Instrumente bei. Das Feedback meiner Klienten zeigt mir, dass diese Methoden eine enorme positive Wirkung haben. Auch heute, 38 Jahre später, sind diese Werkzeuge immer noch ein fester Bestandteil meines Lebens, und ich hatte das Privileg, sie auch vielen anderen Menschen nahezubringen.[10]

Reflexionsübung

Wenn Sie bereits meditieren, dann setzen Sie Ihre Praxis fort und machen Sie ein tägliches Ritual daraus. Wenn Sie es noch nicht probiert haben, ist jetzt eine großartige Gelegenheit, damit anzufangen. Beginnen Sie langsam und ungezwungen, vielleicht ein paar Wochen lang mit fünf oder zehn Minuten täglich. Wenn Sie das Gefühl haben, dass Sie diese Zeit fest in Ihren Terminkalender einplanen müssen, dann tun Sie es, oder verwenden Sie eine der vielen verfügbaren Meditationsapps. Geführte Meditationen sind ebenfalls eine gute Option.

Hier eine einfache 10- bis 15-minütige Meditation für Anfänger:

1. Setzen oder legen Sie sich bequem hin.
2. Schließen Sie Ihre Augen.
3. Atmen Sie natürlich.
4. Richten Sie Ihre Aufmerksamkeit auf das Fließen Ihres Atems. Spüren Sie, wie sich Ihr Körper beim Ein- und Ausatmen bewegt.

Kapitel 28

Vom Ich zum Wir: Prinzipien aufgeklärter Führung

Ein erfolgreicher Mensch liebt seine Arbeit und verwirklicht sich in ihr. Zum Erfolg gehört mehr als nur der Wunsch, reich zu werden. Nur der ist wirklich erfolgreich, der zutiefst zufrieden ist. Viele leitende Menschen der Wirtschaft haben ihren Erfolg auf dem richtigen Einsatz ihres Unterbewusstseins begründet.
Dr. Joseph Murphy

Haben Sie sich schon einmal gefragt, warum manche Menschen fast jeden zu mögen scheinen, während andere oft mürrisch sind und sich ständig über jede Kleinigkeit beschweren? In der Geschäftswelt ist viel über die Unternehmenskultur geschrieben worden und über die – positiven oder negativen – Auswirkungen, die sie auf den Erfolg eines Unternehmens haben kann.

Ich hatte das Glück, im Management von Unternehmen tätig zu sein, in denen die Führungskräfte darin geschult wurden, darauf zu achten, ob Mitarbeiter etwas richtig machten (und nicht falsch), und ihr Verhalten proaktiv mit Lob und positiver Verstärkung zu unterstützen. Es ist großartig, bei Unternehmen zu arbeiten, deren Führungskräfte die erfolgreichen Leistungen ihrer Mitarbeiter kontinuierlich würdigen. Ich empfinde Freude, Glück und Erfolg, wenn ich eine Unternehmenskultur unterstütze, die auf einem Bewusstsein der Fülle statt auf einem Bewusstsein des Mangels basiert. Meinem persönlichen Anwalt, den ich seit mehr als 40 Jahren kenne, habe ich mal gesagt: »Gerry, ich bin einfach ein Mensch, für den das Glas immer halb voll ist.« Er lachte und antwortete: »Jensen, für dich ist das Glas nicht halb voll, für dich ist es übervoll!« Ich habe für mich entschieden, mein Leben genau nach diesem Motto zu leben.

So unterscheiden sich die beiden gegensätzlichen Führungsumgebungen:

Bewusstsein der Fülle	**Bewusstsein des Mangels**
beruht auf Liebe	beruht auf Angst
vertraut fast jedem	misstraut jedem
es geht nur um das Team	es geht nur um mich
großartiger Arbeitsplatz	einfach nur ein Job
zweckorientiert	Ego-gesteuert
loyal gegenüber dem Team	loyal vor allem sich selbst gegenüber
lebenslanges Lernen	weiß schon alles
Das Glas ist halb voll	Das Glas ist halb leer
erzeugt Energie	verschwendet Energie
schließt alle und alles ein	schließt fast alle und alles aus
kreativer Zuhörer	Überreder

Das bedeutet nicht, dass Führungskräfte und Mitarbeiter in Umgebungen mit einem Bewusstsein der Fülle keine Fehler machen oder dass sie nicht manchmal konstruktive Kritik brauchen. Wie überall gibt es auch hier Mitarbeiter, die nicht gut an einen bestimmten Arbeitsplatz passen und möglicherweise ersetzt werden müssen. Es bedeutet lediglich, dass die Atmosphäre am Arbeitsplatz im Allgemeinen sehr positiv und nicht angstbasiert ist. In solchen Umgebungen macht die Arbeit Spaß.

Unternehmen, die großen Wert auf die Qualität ihrer Mitarbeiter und einen Arbeitsplatz legen, der neben der Weiterbildung der Mitarbeiter auch deren persönliche Entwicklung fördert, genießen den Ruf eines guten Unternehmens und ziehen auch Mitarbeiter mit hohem Selbstwertgefühl an. Menschen werden lieber geschätzt und gewürdigt als kritisiert und verunglimpft. Das Gleiche gilt auch außerhalb des Arbeitsplatzes.

Manche Führungskräfte stehen scheinbar jeden Morgen mit dem falschen Bein auf und kommen mit dem Vorsatz zur Arbeit, andere bei Fehlern zu erwischen; es scheint, als mache es ihnen fast schon Spaß, Mitarbeiter zu maßregeln und Missetäter zurechtzuweisen. Manager mit einer solchen Einstellung haben in der Regel ein geringes Selbstwertgefühl, und ihre Vorgehensweise besteht darin, sich selbst wichtigzumachen, indem sie andere niedermachen. Dann wundern sie sich, warum sie keine guten Leute für ihr Unternehmen finden. Nur Menschen mit einem schlechten Selbstbild lassen sich auf ein derart negatives Arbeitsumfeld ein. Ihnen geht es nur darum, Geld zu verdienen. »Spaß« ist das, was abseits der Arbeit passiert. Leider führen die Leute, die ihre Unternehmen mit einer solch negativen Einstellung leiten, oft auch ihre Beziehungen zu ihrer Familie und ihren Freunden mit derselben Arroganz und Respektlosigkeit.

Die besten Führungskräfte, die ich kenne, haben eine hohe zwischenmenschliche Kompetenz. Sie mögen Menschen wirklich. Sie haben großartige Einstellungen, und Einstellungen sind eine Frage der persönlichen Entscheidung. Warum sollten wir also nicht Wert auf gute zwischenmenschliche Beziehungen legen? Dann macht das Leben viel mehr Spaß, und in guten Teams, die auf eine gemeinsame Vision hinarbeiten und in denen jedes Teammitglied sowohl seine individuellen Ziele als auch die Ziele der anderen Teammitglieder verfolgt, kommen Dinge müheloser zustande.

Ich empfehle die beiden folgenden ausgezeichneten Affirmationen, um ein hohes Maß an zwischenmenschlicher Kompetenz zu entwickeln (die zweite wurde schon in Kapitel 24 vorgestellt): »Ich empfinde jederzeit bedingungslose Wärme für alle Menschen«, »Ich bin selbstbestimmt und gestehe anderen dasselbe Recht zu!«

In der ersten Affirmation wird das Wort »alle« zur Betonung verwendet. Die wichtigsten Worte in der zweiten Affirmation sind: »… und gestehe anderen dasselbe Recht zu!« Viele Menschen sind selbstbestimmt, gestehen aber anderen nicht dasselbe Recht zu. Diese Menschen sind meistens unsympathisch. Wenn wir »anderen dasselbe Recht zugestehen«, können wir uns darauf einigen, anderer Meinung zu sein, ohne unfreundlich zu werden.

Die Entwicklung guter zwischenmenschlicher Beziehungen ist ein lohnenswertes Ziel und macht diejenigen, die daran arbeiten, noch wertvoller. Führungskräfte von Unternehmen und Organisationen, die über gute zwischenmenschliche Kompetenzen verfügen, schätzen und mögen ihre Mitarbeiter wirklich. Nicht nur als Mitarbeiter, sondern als Menschen.

Ich habe Tony Hsieh, den CEO von Zappos, noch nicht kennengelernt, aber die Lektüre seines Buches *Delivering Happiness: Wie konsequente Kunden- und Mitarbeiterorientierung einzigartige Unternehmen schaffen* hat mich inspiriert. Obwohl es als Kundenerlebnis gedacht war, haben Tony Hsieh und sein Team das Glück auf ihre Mitarbeiter, Familien, Verkäufer, Aktionäre und alle, mit denen Zappos in Kontakt kommt, ausgeweitet. Tony hat wirklich verstanden, worum es geht! (Ich kann sein Buch nur empfehlen.)

Vor 50 Jahren waren solche neuen Managementstile und Unternehmenskulturen im Geschäftsleben noch kein Thema. Das Management funktionierte meistens traditionell von oben nach unten, und die Führungskräfte hatten wenig Interesse oder Geduld, sich Ideen anzuhören oder Input von der Belegschaft zu bekommen. Die Organisationshierarchie war unantastbar, und die meisten Mitarbeiter lebten in der Angst, den Chef zu verärgern. Diese Haltung förderte das Wachstum der Gewerkschaften.

In den erfolgreichen Unternehmen von heute, die das alte Management-Paradigma überwunden haben, gibt es eine fast umgekehrte Pyramide, in der aufgeklärte Führungskräfte den Wert und die Bedeutung der Arbeit für die ihnen anvertrauten Mitarbeiter verstehen. Sie erhalten ständig Input und Feedback von ihren Mitarbeitern, um die Ursachen von Produktionsproblemen besser zu erkennen. Die Rolle der Führungskraft besteht darin, Barrieren und Hindernisse auf dem Weg zu besseren Ergebnissen und höherer Leistung auszuräumen.

Über Organisationsentwicklung, Managementstruktur und Führungsstil sind viele Bücher geschrieben worden. Man bedenke, dass im Jahr 1900 über 90 Prozent der Arbeitskräfte in den USA in der Landwirtschaft tätig waren; die meisten waren männliche Farmarbeiter. Die industrielle Revolution war gerade im Entstehen begriffen. Innerhalb von 15 Jahren meldeten sich diese jungen Männer zum Militärdienst oder wurden eingezogen, um im Ersten Weltkrieg zu dienen. Für viele waren die Streitkräfte ihr erstes »Vorbild« für Führung und Management.

Es handelte sich zwangsläufig um ein Top-down-Modell. Damit die Dinge funktionieren konnten, musste es ein klares Verständnis des Ranges geben. Es wurde einem beigebracht, die Uniform (den Titel) ebenso zu respektieren wie die Person, die sie trug. Auch das ist völlig verständlich (und akzeptiert). Wenn man unter feindlichem Beschuss steht, nimmt sich niemand die Zeit, einen Konsens zu finden oder die Mitarbeiter um ihre Meinung zu bitten. Wir haben den Krieg größtenteils dank einer starken Führung, einer großartigen strategischen Planung an der Spitze und eines Militärs, das Befehle wie angewiesen befolgt, gewonnen. Welche Bedeutung hat dies nun für die Organisationsentwicklung?

Als unsere Soldaten nach Hause kamen, wanderten viele Familien vom Land in die Großstädte ab. Für diese jungen Männer war es ein Leichtes, in Unternehmen und Konzernen mit ähnlichen Managementstrukturen unterzukommen. Sogar der Militärjargon fand Eingang in den Sprachgebrauch am Arbeitsplatz, wie zum Beispiel:

> »Wir stehen in der Schusslinie und müssen unser Territorium verteidigen.«
> »Wir müssen die Konkurrenz mit ihren eigenen Waffen schlagen.«
> »Stellen Sie sicher, dass Sie für das Meeting gut gerüstet sind.«
> »Wir müssen den Gegner mit voller Wucht angreifen.«
> »Dies ist nicht der richtige Zeitpunkt für einen Rückzug.«
> »Sie sind gefeuert!«

Im alten Management-Paradigma war die Hauptmotivation von Menschen, Führungskraft zu werden, dass sie persönliche Macht haben, andere kontrollieren und von der Belegschaft bedient werden wollten. In der streng von oben nach unten geführten Organisation waren Titel sehr wichtig, und man wagte es nie, eine Person mit höherer Autorität infrage zu stellen.

»Jensen, so spricht man nicht mit dem Vizepräsidenten!« Es war nicht unüblich, dass Chefs ihre Macht demonstrierten, indem sie einen Untergebenen vor den Augen der Kollegen lautstark zurechtwiesen. Personalabteilungen und Begriffe wie Arbeitnehmerrechte und Belästigung am Arbeitsplatz gab es nicht. Die Grundstimmung in Unternehmen war von Angst geprägt. Die Angst, dass man etwas Falsches tat oder sagte, was zur Entlassung führen könnte. Das Arbeitsumfeld beruhte auf Unterdrückung. Und hinter der äußeren Fassade des Macho-Chefs verbarg sich eine Person, die ebenfalls von Angst und Zweifeln getrieben war. Angst vor dem Versagen und Angst davor, andere könnten erfahren, dass man selbst daran zweifelte, wirklich das Zeug zu haben, erfolgreich zu sein.

Solche Umgebungen zogen Arbeitnehmer mit überwiegend geringem Selbstwertgefühl an. Sie fühlten sich buchstäblich »wertlos«, und da ihre Hauptmotivation darin bestand zu überleben, hielten sie einfach den Mund und taten, was man ihnen sagte. Im Lauf der Zeit konnten immer mehr Menschen ein College besuchen, und das allgemeine Bildungsniveau stieg. In den 1950er-Jahren kamen Seminare, Bücher und Lehren auf, die sich mit dem Thema der Selbstfindung und der Bedeutung der Entwicklung unseres Selbstbildes und Selbstwertgefühls befassten. Es traten zunehmend aufgeklärtere Führungskräfte auf den Plan: Führungspersönlichkeiten, die die Genialität des menschlichen Geistes in allen Menschen wirklich erkannten, deren Selbstbild intakt war und die kreative Ideen und Lösungen aus allen Bereichen des Unternehmens begrüßten und wertschätzten. Sie schufen ein Umfeld, das Offenheit förderte, und entwickelten Belohnungs- und Anerkennungssysteme für diese wertvollen Beiträge.

Aufgeklärte Führungskräfte sehen sich selbst als Lehrer und Ratgeber. Anstatt nach persönlicher Macht zu streben, erkennen sie den Wert, der darin liegt, andere zu stärken. Anstatt ihre Mitarbeiter zu kontrollieren, sind sie davon beflügelt, sie positiv zu beeinflussen. Sie erkennen, dass man jemanden nicht mehr positiv beeinflussen kann, wenn man ihn kontrolliert. Wollen Sie beispielsweise als Eltern Ihre Kinder lieber kontrollieren oder positiv beeinflussen? Ich hoffe, die Antwort ist klar. Und zu guter Letzt will eine aufgeklärte Führungskraft nicht von anderen bedient werden, sondern ihren Mitarbeitern selbst dienen.

In welchem Arbeitsumfeld würden Sie lieber arbeiten?

Reflexionsübung

Listen Sie die Eigenschaften einer Führungspersönlichkeit auf, die Sie bewundern und der Sie nacheifern möchten. Überlegen Sie, wie Sie sich in Ihrem Leben als eine solche Führungspersönlichkeit zeigen können, sei es zu Hause, am Arbeitsplatz oder in der Gemeinschaft. Nehmen Sie sich diese Woche Zeit, eine der von Ihnen aufgelisteten Eigenschaften in die Praxis umzusetzen. Ich bewundere zum Beispiel die Fähigkeit des Zuhörens. Als Vater und Opa übe ich genaues Zuhören in meinen Beziehungen, indem ich für meine Familie zur Verfügung stehe und vollkommen präsent bin, ohne zu urteilen.

Fazit

Weitere Ausführungen zum Thema Erkenntnis

Beim Streben nach Wissen wird täglich etwas dazugetan. Beim Streben nach Erkenntnis wird täglich etwas zurückgelassen.
Laotse

Was haben wir also gelernt? Wir benötigen ein Verständnis für die drei Bereiche unseres Geistes – Bewusstsein, Unterbewusstsein und Überbewusstsein – und dafür, wie sie interagieren.

Denken Sie daran, dass das Unterbewusstsein unsere Festplatte ist, auf der wir das Gelernte und andere Erfahrungen speichern, einschließlich der Gefühle, die wir mit allem verbinden. Es ist ständig in Aktion und führt dabei die Anweisungen aus, die es vom Bewusstsein erhält – im Guten wie im Schlechten. Das Unterbewusstsein ist unvoreingenommen und hilft, die Wünsche und Befehle des Bewusstseins zu erfüllen. Es überwacht und steuert auch unsere Körperfunktionen.

Das Bewusstsein bestimmt, was gut oder schlecht, richtig oder falsch ist; das ist nicht immer die Wahrheit, sondern vielmehr seine Wahrnehmung der Wahrheit, die auf früheren Informationen und Erfahrungen beruht, die im Unterbewusstsein gespeichert sind. Das Bewusstsein bringt uns dazu, wohltuende, angenehme Ereignisse und Situationen anzustreben und unangenehme, schmerzhafte Situationen zu umgehen (das heißt, Vergnügen anzustreben und Schmerz zu vermeiden).

Das Überbewusstsein ist unsere höhere Quelle reiner Kreativität und bietet dem Bewusstsein Zugang zu allen Daten oder Informationen, die nicht in unserer unterbewussten Gedächtnisbank gespeichert sind. Es versorgt uns auch mit großzügiger, frei fließender Energie, wenn wir konstruktiv motiviert sind.

Es ist wichtig zu verstehen, dass das Bewusstsein Materie und Form erschafft. Materie erschafft kein Bewusstsein. Dieses Buch – in gedruckter Form, als E-Book oder wie auch immer Sie diese Seiten lesen – wurde durch bewusstes Denken geschaffen, ebenso wie die geschriebenen Worte. Der Stuhl, auf dem Sie sitzen, oder das Bett, auf dem Sie liegen, wurde durch Bewusstsein erschaffen. Sehen Sie sich in dem Raum um, in dem Sie sich gerade befinden, und erkennen Sie, dass alles, was Sie sehen, durch bewusste Absicht geschaffen wurde.

Wir haben also dieses unglaubliche Geschenk der Kreativität erhalten. Wir erschaffen wirklich unsere eigene Realität durch unsere bewusste Absicht. Jetzt, da Sie wissen, wie das funktioniert, und die Werkzeuge haben, um zu kreieren, was immer Sie wollen, können Sie damit beginnen, die falschen Überzeugungen und fehlerhaften Daten zu beseitigen, die Sie zu lange mit sich herumgetragen haben und die Ihnen nicht mehr guttun.

Zum Abschluss dieses Buches möchte ich Ihnen eine persönliche Erfahrung mitteilen, die mein Konzept von Erkenntnis erweitert hat. Erinnern Sie sich an die Geschichte in der Einleitung, wie ich meinen Freund Tim Gallwey kennenlernte, nachdem ich sein Buch gelesen hatte und ihn sofort kontaktierte, damit er einen Vortrag in meiner Firma hält?

Tim ist einer der klarsten Denker, den ich je getroffen habe. Er scheint auf jede Frage, die ich stelle, eine tiefgründige Antwort zu haben, unabhängig vom Thema. Ich dachte immer, dass niemand so viel gelernt haben kann und dass Tim irgendwelche Kanäle hat, über die er Wissen erhält, das über das hinausgeht, was er persönlich »weiß«.

Nachdem ich ihn eine Weile kannte, stellte ich ihm bei einem unserer vielen Treffen folgende Frage: »Tim, was ist Erkenntnis?«

Ich erinnere mich nicht mehr an seine genauen Worte, aber ich glaube, ich weiß noch, was er meinte. (Verzeih mir, Tim, wenn ich mir hier eine kleine redaktionelle Freiheit herausnehme.) Die Essenz dessen, was ich hörte und was mir seit vielen Jahren im Gedächtnis geblieben ist, ist Folgendes: *Erkenntnis wird zu einem Prozess, in dem wir zu erkennen beginnen, dass alles, was wir immer sein wollten, bereits in uns steckt.* In dieser Haut, die wir »ich« nennen, sind vollkommene Liebe, Wahrheit, Weisheit, Wissen, Intelligenz, Schönheit und so weiter bereits enthalten. Aber um zu dem zu werden, was wir in Wahrheit schon sind, müssen wir in der Lage sein, weniger zu sein, was wir zu sein *glauben*.

Für den wirklich aufgeklärten Menschen wird Wachstum daher zu einem Prozess des Weglassens. Die meisten von uns sind darauf trainiert worden, zu glauben, dass Wachstum ein Prozess des Dazutuns ist. Wir werden süchtig danach, immer mehr dazuzutun. Ein besseres Auto, ein größeres Haus, mehr Spielzeug und so weiter.

Tim deutete an, dass echtes Wachstum dann eintritt, wenn wir anfangen, die Dinge zu verlernen oder wegzulassen, die uns daran hindern, das zum Ausdruck zu bringen, was wir in Wahrheit schon sind. Ich verstand Tim so, dass wir Glaubenssätze, Einstellungen und überholte Sichtweisen auf die Welt ablegen sollten, die uns einfach nicht mehr dienen.

Wenn wir auf die Welt kommen, sind wir wie ein leeres Gefäß. Wir haben keine Meinungen, Einstellungen, Überzeugungen oder Vorurteile zu irgendetwas. Ich glaube, das ist ein Teil dessen, was uns an Säuglingen und kleinen Kindern fasziniert und anzieht. Wir haben geradezu Ehrfurcht vor ihrer Unschuld und ihrem Glauben, dass nichts unmöglich ist. Eltern, Lehrer, Betreuer und andere Personen, die wir als kleine Kinder bewundern, haben ebenfalls einen bedeutenden Einfluss darauf, wie wir zu dem werden, was wir zu sein glauben. Es ist dieses »was wir zu sein glauben«, unsere Persönlichkeit, die Art und Weise, wie wir uns anderen gegenüber beschreiben, die dazu führt, dass wir zu dieser Beschreibung werden und die durch unsere Wahrnehmung der Erwartungen, die andere an uns haben, gefiltert ist. Die meisten von uns gehen durchs Leben, ohne zu verstehen oder zu begreifen, dass diese Beschreibung (oder dieses Selbstbild) nichts anderes ist als eine Verkleidung. Aber wir glauben fälschlicherweise, dass diese Verkleidung unser wahres Ich ist.

Wenn wir erkennen, dass sich unser wahres Selbst oft radikal von unserer Selbstwahrnehmung unterscheidet, können wir anfangen zu wachsen. Und wieder wird Wachstum zu einem Prozess, in dem wir die Mythen und falschen Überzeugungen, die unser Wachstum und unsere Entwicklung behindert haben, abbauen. Und schließlich werden wir frei und selbstwirksam, wenn wir den Unterschied zwischen der Wahrheit und unserer Wahrnehmung der »Wahrheit« erkennen. Wir übernehmen die volle Verantwortung für unser Handeln und spielen nicht mehr die Rolle, ein Opfer des Schicksals zu sein. Das ist Erkenntnis.

Schließlich ist es nicht immer dasselbe, die Wahrheit zu kennen und die Wahrheit zu leben. Etwas über ein Thema zu wissen, in diesem Fall über Erkenntnis, beweist nicht, dass die Person, die über Erkenntnis spricht oder schreibt, unbedingt aufgeklärt ist. Über mich selbst sage ich beispielsweise: »Gott ist immer bei mir, aber ich bin vielleicht nicht immer bei Gott.« (Es heißt, dass wir das unterrichten, was wir am meisten lernen müssen.) Wir stecken viel Zeit und Mühe in die Herstellung unserer Verkleidung, und alte Gewohnheiten sind manchmal schwer zu ändern. Aber es wird leichter, wenn wir lernen, wie die Verkleidung entstanden ist, und sie klar als das sehen, was sie ist.

***

Vielen Dank, dass Sie Dr. Murphy und mich auf dieser Reise begleitet haben. Sie sind wirklich fantastisch, so wie Sie sind. Akzeptieren Sie Ihre Großartigkeit.

Stellen Sie sich vor, Sie sind ein Schlepper, der mit großer Anstrengung einen Lastkahn voller Müll durchs Wasser zieht. Stellen Sie sich vor, dass der Lastkahn Ihr Übergepäck ist. Stellen Sie sich vor, dass sich auf dem Lastkahn der gesamte Müll befindet, den Sie unterwegs gesammelt haben und der für die Art und Weise, wie Sie Ihr Leben heute leben wollen, nicht mehr von Belang ist. Zu Hause entsorgen wir den Müll jeden Tag. Warum sollten wir das nicht auch bei unserem Geist tun?

Und jetzt wissen Sie wie. Kappen Sie die Leine, an der Sie Ihren Müll hinter sich herziehen, damit Ihr Schlepper fröhlich und von unnötigem Ballast befreit durch die Gewässer des Lebens kreuzen kann.

Herzliche Grüße an Sie und an die bessere Welt, die wir alle mitgestalten können, als unser eigenes Vermächtnis und Geschenk an die Generationen unserer Kinder und Enkelkinder.

Der Künstler identifiziert sich nicht mit den Farben, die er verwendet. Er weiß, dass er sie auswählt und sie mit einem Pinsel aufträgt. Auf dieselbe Weise malt ihr eure Realität mit-

hilfe eurer Vorstellungen. Sie sind nicht eure Vorstellungen und auch nicht eure Gedanken. Sie sind das Selbst, das diese erfährt. Wenn ein Maler am Ende des Tages feststellt, dass seine Hände mit Farbpigmenten befleckt sind, kann er sie leicht abwaschen, weil er weiß, wie sie beschaffen sind. Wenn ihr denkt, dass einschränkende Gedanken ein Teil eures Selbst sind und deshalb dauerhaft an euch haften, werdet ihr nicht auf die Idee kommen, dass ihr sie abwaschen könnt.[11]

Jane Roberts, *Die Natur der persönlichen Realität*

Danksagungen

Mein erster Dank gilt Ihnen, dem Leser. Die Tatsache, dass der Titel dieses Buches für Sie von Interesse sein könnte, sagt viel darüber aus, wo Sie in Ihrer eigenen Entwicklung stehen. Ich danke Ihnen. Ich heiße Sie als Mitstreiter für den Wandel willkommen, um die Lebensqualität auf unserem Planeten zu verbessern.

Als Nächstes möchte ich mich bei den mehr als fünftausend Mitarbeitern bedanken, mit denen ich das Privileg hatte, über einen Zeitraum von 30 Jahren in drei Unternehmen zusammenzuarbeiten. Jedes dieser Unternehmen wurde zum führenden Unternehmen in seiner jeweiligen Branche. Viele der in diesem Buch gelehrten Grundsätze wurden unseren Mitarbeitern weithin zugänglich gemacht. Bei all denjenigen, die sich entschieden haben, sich auf das Wagnis einzulassen, habe ich viele, viele bedeutsame Veränderungen erlebt, sowohl persönlich als auch beruflich. Ich liebe euch (alle) bedingungslos.

Ich danke meiner Lebensgefährtin Jeri, die die verschiedenen Entwürfe meines Manuskripts viele Male gelesen und mit ihren konstruktiven Beiträgen dazu beigetragen hat, dass dieses Buch noch besser wurde.

Und Mary Fabish, die seit 23 Jahren meine Assistentin ist und jedes Wort in diesem Buch viele, viele Male getippt und mich auch redaktionell unterstützt hat. Danke vielmals, Mary.

Unserer Tochter Julie und unserem Schwiegersohn Ted Kalmus, die mich an meinem Geburtstag damit überraschten, mir vier Stunden Zeit für die Durchsicht des fertigen Manuskripts zu schenken (das Mary ihnen heimlich besorgt hatte). Ihre Anmerkungen und Anregungen führten zu vielen Änderungen in der endgültigen Fassung des Buches.

Danke an unsere Tochter Jill und ihren Ehemann Jason Anderson für ihren Beitrag und ihre Hilfe bei der grafischen Gestaltung. Und an unsere Söhne Brian und JJ und unsere Schwiegertochter Wendy für ihren ständigen Beistand. Ein besonderes Lob geht an JJ und Wendy für ihre technische Unterstützung.

Und an die Menschen, die es möglich gemacht haben, dass Sie dies jetzt lesen. Vielen Dank, Richard und Michele Cohn, für eure Führung, und an alle Mitarbeiter von Beyond Words Publishing. Ihr seid kreativ, und es ist eine Freude, mit euch zu arbeiten. Ein besonderes Dankeschön an unsere Lektorin Emily Han, die mehrere Monate lang unermüdlich mit meiner Assistentin Mary und mir zusammengearbeitet hat.

Mein herzlicher Dank gilt meinem langjährigen Freund Dr. Lee Pulos, der seine Zeit und sein Fachwissen so großzügig zur Verfügung gestellt hat, um wichtige und aufschlussreiche Beiträge zu diesem Buch zu liefern. Deine Freundschaft hat mein Leben durch viele lustige und faszinierende Reisen voller Abenteuer und Entdeckungen bereichert.

Ein besonderer Dank geht schließlich an das Team von Trifilm Productions unter der Leitung von CEO Mike Morrisroe und dem verstorbenen Gründer und CEO Mark Dickison. Wir danken euch für eure Vision, mit der ihr die Grundlage geschaffen habt, die Leserschaft zu erreichen, die dieses Buch unserer Meinung nach verdient.

Ich danke euch allen sehr.

Besonderer Hinweis

Ich möchte besonders auf eine Organisation hinweisen, die eine spezielle Bedeutung für mich hat. Ich lade Sie ein, selbst herauszufinden, welche Nutzen ihre Lehren auch für Ihr Leben haben können.

Institute of Noetic Sciences

Unsere Vision

Das Institute of Noetic Sciences (IONS) steht im Dienst einer aufstrebenden Bewegung global bewusster Bürger, die sich der Entfaltung unserer höchsten Fähigkeiten widmen. Wir glauben, dass es wesentlich ist, ein Bewusstsein für einen Paradigmenwechsel zu entwickeln, der zu einer nachhaltigeren Welt führen wird. Wir fördern die aufgeschlossene Erforschung des Bewusstseins durch die Begegnung von Wissenschaft und Geist. Wir lassen uns von den großen Entdeckungen der Menschheitsgeschichte inspirieren, die aus Erkenntnissen und Intuition hervorgegangen sind und die Vernunft und Logik für ihren äußeren Ausdruck nutzbar gemacht haben. Wir sind davon überzeugt, dass die systematische Erforschung des Bewusstseins positive, konkrete Veränderungen in der Welt bewirken wird. In diesem Prozess ist es unsere Vision, zur Entstehung einer neuen Weltanschauung beizutragen, die unsere grundlegende Verbundenheit und gegenseitige Abhängigkeit anerkennt und das Gedeihen des Lebens in all seinen großartigen Formen fördert.

Unsere Mission

Unser Wissen über die Natur und die Möglichkeiten des Geistes und des Bewusstseins zu vergrößern und dieses Wissen anzuwenden, um das menschliche Wohlbefinden und die Lebensqualität auf unserem Planeten zu verbessern.

Das EarthRise Retreat Center liegt auf einem 200 Hektar großen, hügeligen Gelände etwa zehn Minuten von der Innenstadt von Petaluma, Kalifornien, entfernt.

101 San Antonio Road
Petaluma, CA 94952
Tel: 707-775-3500
Fax: 707-781-7420
www.noetic.org

Anmerkungen

1 Dr. Joseph Murphy, *Die Macht Ihres Unterbewusstseins.* München: Ariston 2016
2 Dr. Bruce H. Lipton und Steve Bhaerman, *Spontane Evolution – Unsere positive Zukunft und wie wir sie erreichen.* Dorfen: Koha Verlag 2014
3 Eric Hoffer, *Reflections on the Human Condition.* Titusville, NJ: Hopewell Publication, 2006
4 Peter F. Drucker, *The Effective Executive: Effektivität und Handlungsfähigkeit in der Führungsrolle gewinnen.* München: Vahlen Verlag 2014
5 Artie Buerk, im Gespräch mit dem Autor, 11. März 2019
6 Linda Creswell, im Gespräch mit dem Autor, 14. März 2019
7 Bob Sherwin, im Gespräch mit dem Autor, 20. März 2019
8 Howard Behar, im Gespräch mit dem Autor, 10. März 2019
9 Dean Radin, im Gespräch mit dem Autor, 9. März 2019
10 Barbara Basile, im Gespräch mit dem Autor, 11. März 2019
11 Jane Roberts, *Die Natur der persönlichen Realität: Spezifische praktische Methoden für die Lösung alltäglicher Probleme und zur Bereicherung des euch bekannten Lebens.* Auenstein: Seth Verlag 2018

Bereichern Sie Ihr Leben

288 Seiten, Flexobroschur, ISBN 978-3-424-20227-4

Viele Menschen aus allen Bereichen und Lebenslagen erreichen und meistern Tag für Tag große Dinge. Sie sind voller Energie, stark und glücklich. Ihnen scheint eine Urkraft innezuwohnen, die sich konstant zu ihrem Vorteil auswirkt. Dr. Joseph Murphy, der Wegbereiter des positiven Denkens, zeigt anhand vieler Geschichten und Beispiele, wie wir alle diese innere Kraft für uns nutzen können, um zu erlangen, was uns glücklich macht.

ARISTON